信息系统项目管理师考试 32 小时通关

主　编　薛大龙

副主编　姜美荣　孙烈阳　唐　徽

扫码看视频

中国水利水电出版社
www.waterpub.com.cn
·北京·

内 容 提 要

信息系统项目管理师是全国计算机技术与软件专业技术资格考试中报考人数最多的专业，通过信息系统项目管理师考试者，可获得高级工程师职称资格。

与普通的教材相比，本书在保证了知识的系统性与完整性的基础上，在易学性、学习有效性等方面进行了大幅度改进和提高。全书在全面分析知识点的基础之上，对整个学习架构进行了科学重构，可以极大地提高学习的有效性。在此基础上，本书还配备全真模拟试题（包括典型单选题及分析、典型案例题及分析、典型论文及判卷标准，分别应对信息系统项目管理师考试的三科考试），一站式解决考生的学习及练习问题。

本书可作为考生备考信息系统项目管理师考试的学习教材，也可供各类培训班使用。考生可通过学习本书，掌握考试的重点，熟悉试题形式及解答问题的方法和技巧等。

图书在版编目（CIP）数据

信息系统项目管理师考试32小时通关 / 薛大龙主编
. -- 北京：中国水利水电出版社，2018.3（2023.2重印）
ISBN 978-7-5170-6351-3

Ⅰ.①信… Ⅱ.①薛… Ⅲ.①信息系统－项目管理－资格考试－自学参考资料 Ⅳ.①G202

中国版本图书馆CIP数据核字(2018)第045175号

策划编辑：周春元　责任编辑：杨元泓　加工编辑：孙 丹　封面设计：李 佳

书　名	信息系统项目管理师考试 32 小时通关 XINXI XITONG XIANGMU GUANLISHI KAOSHI 32 XIAOSHI TONGGUAN
作　者	主　编　薛大龙 副主编　姜美荣　孙烈阳　唐　徽
出版发行	中国水利水电出版社 （北京市海淀区玉渊潭南路1号D座　100038） 网址：www.waterpub.com.cn E-mail: mchannel@263.net（答疑） 　　　　sales@mwr.gov.cn 电话：（010）68545888（营销中心）、82562819（组稿）
经　售	北京科水图书销售有限公司 电话：（010）68545874、63202643 全国各地新华书店和相关出版物销售网点
排　版	北京万水电子信息有限公司
印　刷	三河市鑫金马印装有限公司
规　格	184mm×240mm　16开本　22.5印张　1插页　523千字
版　次	2018年3月第1版　2023年2月第27次印刷
印　数	79001—84000册
定　价	58.00元

凡购买我社图书，如有缺页、倒页、脱页的，本社营销中心负责调换

版权所有·侵权必究

丛书序

迎接"技术成就梦想"的时代来临

大家常用"悲催"形容IT技术人，因为"一入IT深似海，从此学习无绝期"。但IT技术人员也是幸运的，因为在这个行业里，只要坚持学习，路永远就在脚下，梦想就在不远的前方——这是个最坏的年代，也是个最好的年代。

学习真的能改变命运吗？答案是肯定的。随着大数据、人工智能和深度学习的时代的到来，中国出现了一个冲向全球IT产业巅峰的最佳时机，各条战线都在加大IT的投入，全力拥抱"互联网+"的浪潮。数据显示，按照目前的产业规划，中国目前IT高端技术人才的缺口高达近百万！可以说，经历了十余年辛勤的播种、耕耘，IT技术人员已经迎来了郁郁葱葱的盛夏。

当然，盛夏的果实不是那么容易就结出来。IT发展到今天，技术的复杂度已经远非当年可比，从业者的学习压力更大、更迫切，学习的容量和深度也和十年前不可同日而语。但同时，移动时代的来临使得随时随地学习成为可能，技术平台的发展使得"以人为本"的学习环境逐步深入人心。如何能够帮助IT技术人员随时随地、用最适合自己的方式学习，这是摆在所有IT技术人才培养从业者面前的一个必须解决的问题，也是51CTO学院一直孜孜探索的核心方向。

12年来，51CTO有幸和众多技术专家、讲师、机构一起，用汗水铸成一个个视频课程、一篇篇经验文章、一本本技术书籍，为近1500万注册用户提供一站式技术到家的学习服务，为中国IT技术人员数量的提升尽自己一份力，也为帮助中国IT产业的快速推进贡献了自己的价值。

更为重要的是，在此过程中，51CTO学院积累了许多关于IT技术人员提升和学习的新经验、新方法。以薛大龙老师的计算机技术与软件专业技术资格考试（以下简称软考）系列课程为例，在目前已经陆续上线了视频课程（学员自行用各种平台随时随地学习）、在线直播课程、微职位培训班（班级化体系学习）等多种形式，形成了一整套有效帮助学员提升技术水平、提供软考通过率的学习方法，三年多来，已经有效帮助了十几万IT技术人员。如今，我们在阅读IT技术书籍的时候，也许依然是"宅"在家，但作者和老师，也许就在身边，打开手机就可以面对面交流！

这样的探索，只是当前互联网学习模式发展的一个缩影。数千名和薛大龙老师一起默默奉献的老师，以及和51CTO学院一起并肩前行的学习平台，都在努力为中国的IT技术人员学习和提升贡献自己的力量，帮助他们用技术成就梦想。在我们看来，这已经不是一个个体、一个团队或者一家公司的事情，而是事关国家发展、中华民族复兴的大事！

51CTO副总裁、51CTO学院联合创始人　邱文平

本书序

2017年9月12日,根据国务院推进简政放权、放管结合、优化服务改革部署,为进一步加强职业资格设置实施的监管和服务,人力资源社会保障部研究制定了《国家职业资格目录》,经国务院同意,并予以公布。

建立国家职业资格目录是转变政府职能、深化行政审批制度和人才发展体制机制改革的重要内容,是推动大众创业、万众创新的重要举措。建立公开、科学、规范的职业资格目录,有利于明确政府管理的职业资格范围,解决职业资格过多过滥问题,降低就业创业门槛;有利于进一步清理违规考试、鉴定、培训、发证等活动,减轻人才负担,对于提高职业资格设置管理的科学化、规范化水平,持续激发市场主体创造活力,推进供给侧结构性改革具有重要意义。

国家按照规定的条件和程序将职业资格纳入国家职业资格目录,实行清单式管理,目录之外一律不得许可和认定职业资格,目录之内除准入类职业资格外一律不得与就业创业挂钩;目录接受社会监督,保持相对稳定,实行动态调整。设置准入类职业资格,其所涉职业(工种)必须关系公共利益或涉及国家安全、公共安全、人身健康、生命财产安全,且必须有法律法规或国务院决定作为依据;设置水平评价类职业资格,其所涉职业(工种)应具有较强的专业性和社会通用性,技术技能要求较高,行业管理和人才队伍建设确实需要。今后职业资格设置、取消及纳入、退出目录,须由人力资源社会保障部会同国务院有关部门组织专家进行评估论证、新设职业资格应当遵守《国务院关于严格控制新设行政许可的通知》(国发〔2013〕39号)规定并广泛听取社会意见后,按程序报经国务院批准。人力资源社会保障部门要加强监督管理,各地区、各部门未经批准不得在目录之外自行设置国家职业资格,严禁在目录之外开展职业资格许可和认定工作,坚决防止已取消的职业资格"死灰复燃",对违法违规设置实施的职业资格事项,发现一起、严肃查处一起。行业协会、学会等社会组织和企事业单位依据市场需要自行开展能力水平评价活动,不得变相开展资格资质许可和认定,证书不得使用"中华人民共和国""中国""中华""国家""全国""职业资格"或"人员资格"等字样和国徽标志。对资格资质持有人因不具备应有职业水平导致重大过失的,负责许可认定的单位也要承担相应责任。

而全国计算机技术与软件专业技术资格考试作为《国家职业资格目录》中IT行业唯一被保留的考试,含金量将进一步增强。

全国计算机技术与软件专业技术资格考试,是由人力资源和社会保障部、工业和信息化部领导的国家级考试,其目的是对全国计算机技术与软件专业技术人员进行职业资格、专业技术资格认定和专业技术水平测试。

根据原人事部、原信息产业部颁布的《关于印发〈计算机技术与软件专业技术资格考试暂行规定〉和〈计算机技术与软件专业技术资格考试实施办法〉的通知》(国人部发〔2003〕39

号），软考纳入全国专业技术人员职业资格证书制度的统一规划。**通过考试获得证书的人员，表明其已具备从事相应专业岗位工作的水平和能力，用人单位可根据工作需要从获得证书的人员中择优聘任工程系列相应专业技术职务。计算机技术与软件专业实施全国统一考试后，不再进行相应专业和级别的专业技术职务任职资格评审工作。**

根据考试大纲的要求，信息系统项目管理师应该掌握如下内容：

（1）掌握信息系统知识。
（2）掌握信息系统项目管理知识和方法。
（3）掌握大型、复杂项目管理和多项目管理的知识和方法。
（4）掌握项目整体绩效评估方法。
（5）熟悉知识管理和战略管理。
（6）掌握常用项目管理工具。
（7）熟悉过程管理。
（8）熟悉业务流程管理知识。
（9）熟悉信息化知识和管理科学基础知识。
（10）熟悉信息系统工程监理知识。
（11）熟悉信息安全知识。
（12）熟悉信息系统有关法律法规、技术标准与规范。
（13）熟悉项目管理师职业道德要求。
（14）熟练阅读并准确理解相关领域的英文文献。

信息系统项目管理师考试是软考资格的高级资格考试，通过本考试的合格人员能够掌握信息系统项目管理的知识体系，具备管理大型、复杂信息系统项目和多项目的经验和能力；能根据需求组织制订可行的项目管理计划；能够组织项目实施，对项目的人员、资金、设备、进度和质量等进行管理，并能根据实际情况及时做出调整，系统地监督项目实施过程的绩效，保证项目在一定的约束条件下达到既定的项目目标；能分析和评估项目管理计划和成果；能在项目进展的早期发现问题，并有预防问题的措施；能协调信息系统项目所涉及的相关人员；具有高级工程师的实际工作能力和业务水平。

薛大龙教授在软考领域深耕多年，曾多次参与全国计算机技术与软件专业技术资格考试的命题、阅卷等工作，并担任命题组组长、阅卷组组长，作为规则制定者，非常熟悉软考的命题要求、命题形式、命题难度、命题深度、命题重点及判卷标准。本书为广大潜在的信息系统项目管理师们顺利通过考试指明了一条捷径。

可以这么说，对于 IT 项目管理从业人员，参加考试并获得信息系统项目管理师证书，非常必要。花最少的时间，轻松通过信息系统项目管理师考试，本书将是一本惊喜之作！

中国软件行业协会电子政务分会会长、易极科技集团董事长　温怀玉

前　言

为什么选择本书

软考高级资格的历年全国平均通过率一般不超过 10%。高级资格考试所涉及的知识范围较广，而考生一般又多忙于工作，仅靠官方教材，考生在有限时间内很难领略及把握考试的重点难点。

本人作为众多软考培训一线讲师中的一员，多年来潜心研究软考知识体系，对历年的软件试题进行了深入分析、归纳与总结，并把这些规律性的东西融入到软考培训的教学当中，取得了非常显著的效果。但限于各方面条件，能够参加面授的学生还是相对较少，为了能让更多同学分享到我们的一些经验与成果，本人组织编写了本书。本书具有以下几个特点：

- **青出于蓝**：本书保留了普通教材的知识系统性及完整性的特点，但在易学性、学习有效性等方面进行了大幅度改进和提高。
- **有的放矢**：通过对考试大纲的细致分析，让一些考试中的重点、难点而考生在学习过程中极容易忽略的知识点在本书中都有所体现。
- **超高效率**：本书把我们团队中多名杰出讲师的软考教学经验、多年试题研究及命题规律经验融汇在一起，形成了 32 小时超强学习架构。
- **超大幅项目管理十大知识域输入、输出、方法和工具表格**：精心整理的项目管理十大知识域的输入、输出、方法和工具表格，几分钟内就让同学们在脑子中建立项目管理的学习地图，不盲目，不迷失。
- **一站式解决**：本书在以上基础上，还增加了典型的单选题及解析、案例题及分析、优秀论文范文等众多内容，所以同时具备了教材与实战的功能。

本书作者不一般

本书由薛大龙任主编，姜美荣、孙烈阳、唐徽任副主编。为了精心设计重要性高、代表性强、命题机率大、学一可得三的知识点，每章还配备了章节练习题。全书由薛大龙确定架构，由邹月平统稿。

薛大龙，北京理工大学博士研究生，多所大学客座教授，北京市评标专家，全国计算机技术与软件专业技术资格考试辅导教材编委会主任，曾多次参与全国软考的命题与阅卷，作为规则制定者非常熟悉命题要求、命题形式、命题难度、命题深度、命题重点及判卷标准等。

姜美荣，硕士、注册一级建造师、注册咨询工程师（投资）、注册环评工程师、系统集成项目管理工程师。有20多年的项目管理经验，从开始的大型外企设计开发工程师兼任项目经理，到后来的专职项目经理，多年各种项目的实际管理工作使得她对项目管理的各过程组和各知识领域具有非常丰富的实践经验和理解能力，对各种项目管理的工具和技术都非常熟悉，是从实际工作中锻炼出来的资深项目管理师。

孙烈阳，信息系统项目管理师、软件设计师，全国计算机技术与软件专业技术资格考试用书编委会委员，就职于黄河水利委员会信息中心，曾作为项目总监、项目经理参与多项项目的管理工作，具有丰富的项目管理经验。曾担任《软件设计师考试32小时通关》副主编、《系统分析师考试32小时通关》副主编。

唐徽，信息系统项目管理师，面授名师，全国计算机技术与软件专业技术资格（水平）考试用书编委会委员，他项目实践经验丰富，讲课深入浅出、理论结合实践，深入学员喜爱。

本书的超大幅项目管理十大知识域输入、输出、方法和工具表格，由万达信息股份有限公司的系统架构师郑加威高工负责整理，另外参与本书编写的还有王倩、何鹏涛、吴芳茜、兰帅辉、李莉莉等专家，在此一并表示感谢。

给读者的学习提示

每天1小时，共32小时的时间，对我们每个人来说，都是挑战，尤其是对于离开学校好多年的读者。

但是，如果你坚持下来了，你会发现自己每天都有一个小的提升，通过量的积累，最终会有一个质的飞跃。尤其是拿到证书的喜悦心情，获得高级职称的自豪感，会让自己感觉所有的努力都是值得的。

王国维在《人间词话》中说，古今之成大事业、大学问者，必经过三种之境界：昨夜西风凋碧树，独上高楼，望尽天涯路，此第一境也。衣带渐宽终不悔，为伊消得人憔悴，此第二境也。众里寻他千百度，蓦然回首，那人正在灯火阑珊处，此第三境也。

给我们的启示是：

第一步，要确立一个目标，就是一次考试通过，千万不要想着本次不过还有下次，今天不学还有明天。否则，明日复明日，明日何其多。只有确立了这样的目标，你才会真正空出时间或挤出时间，来进行每天1小时的学习。

第二步，为了考试通过，一定要努力、努力、再努力，考试不外乎是理解加记忆。想想当年的高考，那么多的数理化知识点，几千个英语单词，多少现代文和文言文，我们都记下来了，这样的考试，知识点比高考的十分之一还要少得多，经过考前1~2个月的突击，是能够通过的，它比高考容易。

第三步，当你学完本书，并把书中的知识点或理解，或记忆，或融会贯通后，你会发现，蓦然回首，你在获得高级职称证书的同时，还增加了这方面的知识和能力。

技术成就梦想，相信自己，只需努力！

致谢

感谢中国水利水电出版社万水分社周春元副总经理以及孙丹编辑在本书的策划、选题的申报、写作大纲的确定以及编辑、出版等方面，付出了辛勤的劳动和智慧，给予了我们很多帮助。

联系方式

有关信息系统项目管理师考试学习，读者可以加入信息系统项目管理师读者群（QQ 群号：287386547）与作者面对面交流，也可以发邮件到作者电子邮箱 pyxdl@163.com 与我们交流，我们会及时地解答读者的疑问或建议。

编 者

目 录

丛书序
本书序
前言

第一篇　项目管理预备知识

第 1 小时　信息化和信息系统 ·········· 2
 1.0　章节考点分析 ······················· 2
 1.1　信息系统综合知识 ················ 2
 1.2　信息化 ································ 4
 1.3　信息系统 ···························· 9
 1.4　IT 服务管理 ······················· 10
 1.5　软件工程 ··························· 11
 1.6　面向对象系统分析与设计 ····· 13
 1.7　应用集成技术 ····················· 19
 1.8　计算机网络技术 ·················· 21
 1.9　信息安全管理 ····················· 25
 1.10　新一代信息技术 ················ 27
 1.11　企业首席信息官及其职责 ···· 30

 1.12　练习题 ····························· 31

第 2 小时　信息系统项目管理基础 ······ 38
 2.0　章节考点分析 ····················· 38
 2.1　项目管理基础 ····················· 38
 2.2　项目管理知识体系构成 ········ 40
 2.3　IPMP/PMP ························ 41
 2.4　PRINCE2 ·························· 42
 2.5　组织结构对项目的影响 ········ 43
 2.6　信息系统项目的生命周期 ····· 46
 2.7　信息系统项目典型生命周期模型 ··· 47
 2.8　单个项目的管理过程 ··········· 50
 2.9　练习题 ······························ 51

第二篇　项目管理基础知识

第 3 小时　项目立项管理 ················· 55
 3.0　章节考点分析 ····················· 55
 3.1　立项管理内容 ····················· 56
 3.2　可行性研究 ························ 57

 3.3　项目的评估与论证 ··············· 58
 3.4　练习题 ······························ 59

第 4 小时　项目整体管理 ················· 62
 4.0　章节考点分析 ····················· 62

4.1 项目整体管理概述 …………………… 63
4.2 制定项目章程 ………………………… 64
4.3 制定项目管理计划 …………………… 65
4.4 指导与管理项目执行 ………………… 66
4.5 监控项目工作 ………………………… 67
4.6 实施整体变更控制 …………………… 67
4.7 结束项目或阶段 ……………………… 68
4.8 练习题 ………………………………… 68

第 5 小时　项目范围管理 …………………… 72
5.0 章节考点分析 ………………………… 72
5.1 范围管理概述 ………………………… 74
5.2 规划范围管理 ………………………… 74
5.3 收集需求 ……………………………… 75
5.4 范围定义 ……………………………… 78
5.5 创建工作分解结构（WBS）………… 79
5.6 确认范围 ……………………………… 80
5.7 控制范围 ……………………………… 82
5.8 练习题 ………………………………… 82

第 6 小时　项目进度管理 …………………… 86
6.0 章节考点分析 ………………………… 86
6.1 项目进度管理 ………………………… 88
6.2 项目进度管理过程 …………………… 88
6.3 项目进度管理的技术和工具 ………… 89
6.4 练习题 ………………………………… 95

第 7 小时　项目成本管理 …………………… 99
7.0 章节考点分析 ………………………… 99
7.1 概述 …………………………………… 100
7.2 项目成本管理过程 …………………… 101
7.3 项目成本管理的技术和工具 ………… 103
7.4 练习题 ………………………………… 105

第 8 小时　项目质量管理 …………………… 109
8.0 章节考点分析 ………………………… 109
8.1 质量管理基础 ………………………… 110
8.2 项目质量管理过程 …………………… 111
8.3 项目质量管理的技术和工具 ………… 112

8.4 练习题 ………………………………… 116

第 9 小时　项目人力资源管理 ……………… 120
9.0 章节考点分析 ………………………… 120
9.1 项目人力资源管理概念 ……………… 121
9.2 项目人力资源管理过程 ……………… 122
9.3 项目人力资源管理工具 ……………… 123
9.4 练习题 ………………………………… 127

第 10 小时　项目沟通管理和干系人管理 …… 131
10.0 章节考点分析 ……………………… 131
10.1 基础知识 …………………………… 132
10.2 管理过程 …………………………… 134
10.3 技术与工具 ………………………… 135
10.4 练习题 ……………………………… 137

第 11 小时　项目风险管理 ………………… 140
11.0 章节考点分析 ……………………… 140
11.1 基础知识 …………………………… 140
11.2 规划和识别风险 …………………… 143
11.3 风险的定性和定量分析 …………… 146
11.4 应对和控制风险 …………………… 148
11.5 练习题 ……………………………… 149

第 12 小时　项目采购管理 ………………… 152
12.0 章节考点分析 ……………………… 152
12.1 基础知识 …………………………… 153
12.2 规划采购 …………………………… 154
12.3 实施采购 …………………………… 155
12.4 控制采购 …………………………… 156
12.5 结束采购 …………………………… 156
12.6 招投标相关知识 …………………… 157
12.7 练习题 ……………………………… 157

第 13 小时　项目合同管理 ………………… 161
13.0 章节考点分析 ……………………… 161
13.1 合同管理基本概念 ………………… 162
13.2 合同管理过程 ……………………… 164
13.3 练习题 ……………………………… 165

第 14 小时　信息文档管理与配置管理 ……… 169

14.0	章节考点分析	169
14.1	信息系统文档管理	170
14.2	配置管理	171
14.3	文档管理和配置管理工具	175
14.4	练习题	176

第三篇　高级项目管理知识

第 15 小时　知识管理 … 180
- 15.0 章节考点分析 … 180
- 15.1 知识与知识管理 … 181
- 15.2 知识管理常用的方法和工具 … 182
- 15.3 知识产权保护 … 183
- 15.4 练习题 … 184

第 16 小时　项目变更管理 … 187
- 16.0 章节考点分析 … 187
- 16.1 项目变更管理基本概念 … 188
- 16.2 项目变更管理的原则和工作流程 … 188
- 16.3 项目变更管理工作内容 … 189
- 16.4 练习题 … 190

第 17 小时　战略管理 … 193
- 17.0 章节考点分析 … 193
- 17.1 组织战略管理 … 194
- 17.2 组织战略的类型和层次 … 195
- 17.3 组织战略目标分解 … 197
- 17.4 练习题 … 198

第 18 小时　组织级项目管理 … 202
- 18.0 章节考点分析 … 202
- 18.1 组织级项目管理概述 … 202
- 18.2 组织级项目管理对战略的支持 … 203
- 18.3 组织级项目管理框架内容 … 203
- 18.4 成熟度模型 … 204
- 18.5 练习题 … 205

第 19 小时　流程管理 … 207
- 19.0 章节考点分析 … 207
- 19.1 流程管理基础概念知识 … 207
- 19.2 流程管理过程 … 209
- 19.3 BPR（业务流程重构） … 210
- 19.4 流程管理的优化 … 211
- 19.5 练习题 … 212

第 20 小时　项目集管理 … 214
- 20.0 章节考点分析 … 214
- 20.1 项目集管理基础概述 … 214
- 20.2 项目集的管理过程 … 216
- 20.3 项目集治理 … 216
- 20.4 项目集生命周期 … 217
- 20.5 项目集管理过程域 … 218
- 20.6 练习题 … 218

第 21 小时　项目组合管理 … 220
- 21.0 章节考点分析 … 220
- 21.1 项目组合管理基础概述 … 221
- 21.2 项目组合管理 … 222
- 21.3 项目组合组件 … 223
- 21.4 项目组合管理过程实施 … 224
- 21.5 项目组合治理及管理过程组 … 224
- 21.6 项目组合风险管理 … 225
- 21.7 练习题 … 227

第 22 小时　信息系统安全管理 … 229
- 22.0 章节考点分析 … 229
- 22.1 信息安全策略 … 230
- 22.2 信息安全系统 … 230
- 22.3 PKI 公开密钥基础设施 … 231
- 22.4 PMI 权限（授权）管理基础设施 … 232
- 22.5 信息安全审计 … 233
- 22.6 练习题 … 234

第 23 小时　信息系统综合测试与管理 … 239
- 23.0 章节考点分析 … 239
- 23.1 测试基础 … 240

23.2 软件测试技术 254
23.3 信息系统测试管理 255
23.4 练习题 256

第 24 小时　项目管理成熟度模型 258
24.0 章节考点分析 258
24.1 项目管理成熟度模型概述 259
24.2 OPM3 260
24.3 CMMI 262

24.4 练习题 264

第 25 小时　量化的项目管理 266
25.0 章节考点分析 266
25.1 量化的项目管理概述 266
25.2 量化的项目管理过程 267
25.3 量化的项目管理工具 267
25.4 练习题 268

第四篇　深度项目管理知识

第 26 小时　知识产权与标准规范 271
26.0 章节考点分析 271
26.1 中华人民共和国民法典 271
26.2 招投标法 274
26.3 著作权法 277
26.4 政府采购法 278
26.5 软件工程国家标准 281
26.6 练习题 284

第 27 小时　管理科学基础知识 288
27.0 章节考点分析 288
27.1 最小生成树 289
27.2 最大流量 290
27.3 决策论 293
27.4 灵敏度分析 294
27.5 线性规划 295
27.6 动态规划 295

27.7 练习题 296

第 28 小时　项目管理过程实践和案例分析 299
28.0 章节考点分析 299
28.1 考点梳理 299
28.2 如何答题 301
28.3 案例分析常见问题与对策 301
28.4 通用答题方法 312
28.5 练习题 312

第 29 小时　项目收尾管理 314
29.0 章节考点分析 314
29.1 项目验收 314
29.2 项目总结 315
29.3 系统维护 316
29.4 项目后评价 316
29.5 练习题 316

第五篇　全真模拟

第 30 小时　全真模拟题（单项选择题及解析） 319
第 31 小时　全真模拟题（案例题及评分标准） 338
　试题一（26 分） 338
　试题二（26 分） 339
　试题三（23 分） 341

第 32 小时　全真模拟题（论文题及判卷标准） 343
　信息系统项目管理师下午考试试题 II 343
　信息系统项目管理师下午考试试题 II 参考写作要点 345

第一篇
项目管理预备知识

第1小时
信息化和信息系统

1.0 章节考点分析

第 1 小时主要学习信息、信息化、信息系统、信息系统服务管理、软件工程、面向对象系统分析与设计、应用集成技术、计算机网络技术、信息系统安全、新技术、CIO 职责等。

根据考试大纲，本小时知识点会涉及单项选择题，约占 6~18 分。这部分内容偏重于概念知识，根据以往全国计算机技术与软件专业技术资格（水平）考试的出题规律而言，概念性知识的考查多参照教材，扩展内容较少。本小时的架构如图 1-1 所示。

1.1 信息系统综合知识

【基础知识点】
1. 信息的基本概念。
（1）控制论的创始人维纳认为：信息就是信息，它既不是物质也不是能量。
（2）信息化的奠基者香农认为：信息是能够用来消除不确定性的东西。
（3）信息的概念存在两个基本的层次，即本体论层次和认识论层次。前者是纯客观的层次，只与客体本身的因素有关，与主体的因素无关。后者是从主体立场来考查信息层次，既与客体因素有关，又与主体因素有关。
2. 信息的定量描述。
（1）香农用概率来定量描述信息的公式如下：

$$H(X) = -\sum_{i} p_i \log p_i$$

（2）其中，$H(X)$ 表示 X 的信息熵，p_i 是事件出现第 i 种状态的概率，在二进制的情况下，对数的底是 2，这是信息熵可以作为信息的度量，称为信息量，单位是比特（bit）。

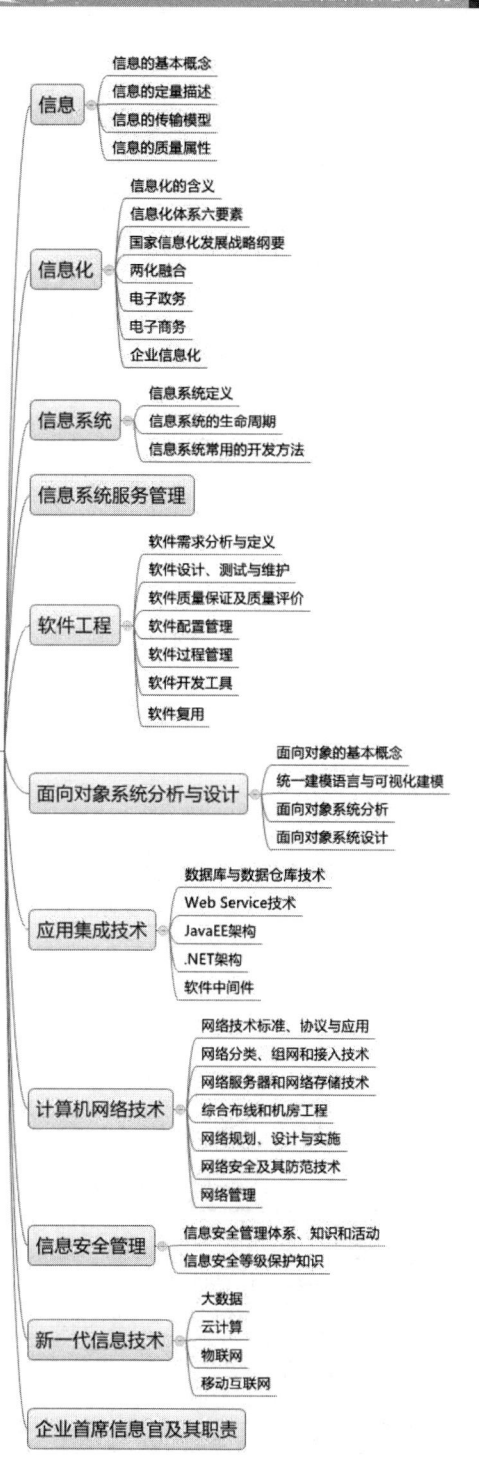

信息化和信息系统
├─ 信息
│   ├─ 信息的基本概念
│   ├─ 信息的定量描述
│   ├─ 信息的传输模型
│   └─ 信息的质量属性
├─ 信息化
│   ├─ 信息化的含义
│   ├─ 信息化体系六要素
│   ├─ 国家信息化发展战略纲要
│   ├─ 两化融合
│   ├─ 电子政务
│   ├─ 电子商务
│   └─ 企业信息化
├─ 信息系统
│   ├─ 信息系统定义
│   ├─ 信息系统的生命周期
│   └─ 信息系统常用的开发方法
├─ 信息系统服务管理
├─ 软件工程
│   ├─ 软件需求分析与定义
│   ├─ 软件设计、测试与维护
│   ├─ 软件质量保证及质量评价
│   ├─ 软件配置管理
│   ├─ 软件过程管理
│   ├─ 软件开发工具
│   └─ 软件复用
├─ 面向对象系统分析与设计
│   ├─ 面向对象的基本概念
│   ├─ 统一建模语言与可视化建模
│   ├─ 面向对象系统分析
│   └─ 面向对象系统设计
├─ 应用集成技术
│   ├─ 数据库与数据仓库技术
│   ├─ Web Service技术
│   ├─ JavaEE架构
│   ├─ .NET架构
│   └─ 软件中间件
├─ 计算机网络技术
│   ├─ 网络技术标准、协议与应用
│   ├─ 网络分类、组网和接入技术
│   ├─ 网络服务器和网络存储技术
│   ├─ 综合布线和机房工程
│   ├─ 网络规划、设计与实施
│   ├─ 网络安全及其防范技术
│   └─ 网络管理
├─ 信息安全管理
│   ├─ 信息安全管理体系、知识和活动
│   └─ 信息安全等级保护知识
├─ 新一代信息技术
│   ├─ 大数据
│   ├─ 云计算
│   ├─ 物联网
│   └─ 移动互联网
└─ 企业首席信息官及其职责

图 1-1　架构图

3．信息的传输模型。

信息的传输模型如图 1-2 所示。

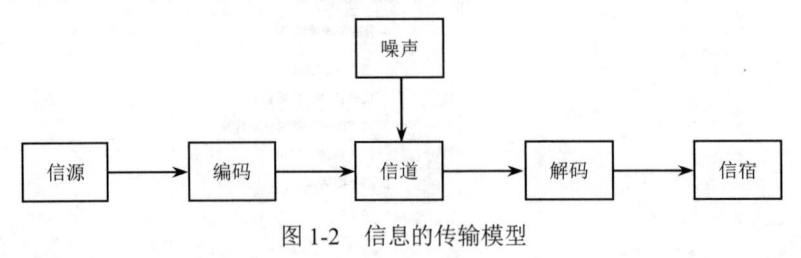

图 1-2　信息的传输模型

4．信息的质量属性。

信息的质量属性速记词：<u>精完可及经验安</u>，多读几遍，读顺口即可记住。信息的质量属性及解释如表 1-1 所示。

表 1-1　信息的质量属性及解释

信息的质量属性	解释
精确性	对事物状态描述的精准程度
完整性	对事物状态描述的全面程度
可靠性	信息来源合法，传输过程可信
及时性	信息的获得及时
经济性	信息获取、传输成本经济
可验证性	信息的主要质量属性可以证实或证伪
安全性	信息可以被非授权访问的可能性，可能性越低，安全性越高

1.2　信息化

【基础知识点】

1．信息化的含义。

（1）信息化从小到大分为 5 个层次，如表 1-2 所示。速记词：<u>产企业国社</u>。

表 1-2　信息化的层次及解释

信息化层次	解释
产品信息化	如集成了车载计算机系统的小汽车
企业信息化	如 CRM、ERP 等
产业信息化	如交通运输业、制造业等传统产业广泛利用信息技术来完成工艺、产品的信息化，实现资源优化与重组，从而实现产业升级
国民经济信息化	指在经济大系统内实现统一的信息大流动，使<u>生产、流通、分配、消费</u>等经济的 4 个环节，通过信息进一步联成一个整体

续表

信息化层次	解释
社会生活信息化	指包括商务、教育、日常生活等在内的整个社会体系，采用先进的信息技术拓展我们的活动时空，提升生活品质。如智慧城市等

（2）信息化的<u>主体</u>是全体社会成员，包括政府、企业、事业、团体和个人。<u>空域</u>是政治、经济、文化、军事和社会生活的一切领域。<u>时域</u>是一个长期的过程。

2．信息化体系六要素。

信息资源是核心，信息技术应用是龙头，信息网络是基础，信息技术和产业是国家信息化建设的基础，信息化人才是关键，信息化政策法规和标准规范是保障，如图 1-3 所示。

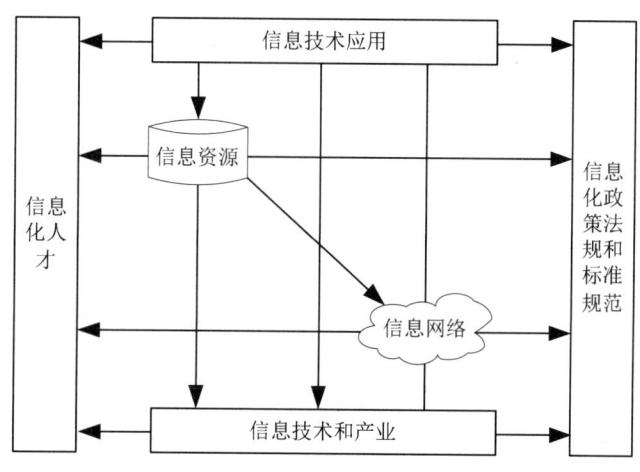

图 1-3　国家信息化体系六要素关系图

3．国家信息化发展战略纲要。

2016 年 7 月，中共中央办公厅、国务院办公厅印发了《国家信息化发展战略纲要》，主要内容如表 1-3 所示。

表 1-3　《国家信息化发展战略纲要》主要内容

战略纲要	时间要求（年）	解释
第 1 步	2017—2020	围绕全面建成小康社会的奋斗目标，服务重大战略布局，促使信息化成为驱动现代化建设的先导力量，网信事业在践行新发展理念上先行一步
第 2 步	2020—2025	紧紧围绕网络强国建设目标，实现<u>技术先进、产业发达、应用领先、网络安全坚不可摧</u>
第 3 步	2025—21 世纪中叶	信息化全面支撑富强、民主、文明、和谐的社会主义现代化国家建设，网络强国地位日益巩固，引领全球信息化发展

4．两化融合的含义。
（1）是指<u>信息化与工业化发展战略</u>的融合。
（2）是指<u>信息资源与材料、能源</u>等<u>工业资源</u>的融合。
（3）是指<u>虚拟经济与工业实体经济</u>融合。
（4）是指<u>信息技术与工业技术、IT 设备与工业装备</u>的融合。

5．电子政务。
电子政务主要包括 4 个方面：<u>G2G、G2B、G2C、G2E</u>。

6．电子商务。
（1）凡使用了诸如电报、电话、<u>广播</u>、电视、传真以及计算机、计算机网络等手段、工具和技术进行商务活动，都可以称之为电子商务。
（2）<u>电子数据交换（EDI）</u>是连接原始电子商务和现代电子商务的手段。
（3）电子商务的基本特征如图 1-4 所示。

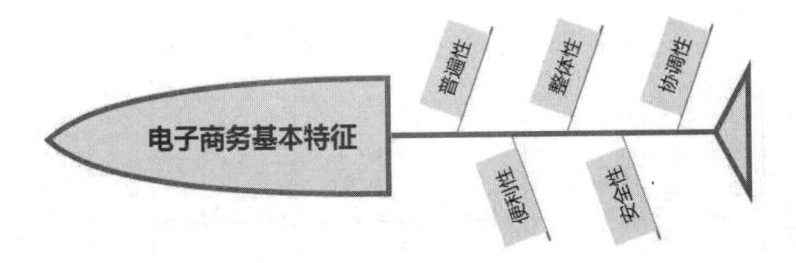

图 1-4　电子商务基本特征

（4）电子商务系统的结构如图 1-5 所示。

图 1-5　电子商务系统的结构

(5）电子商务的类型如图 1-6 所示。

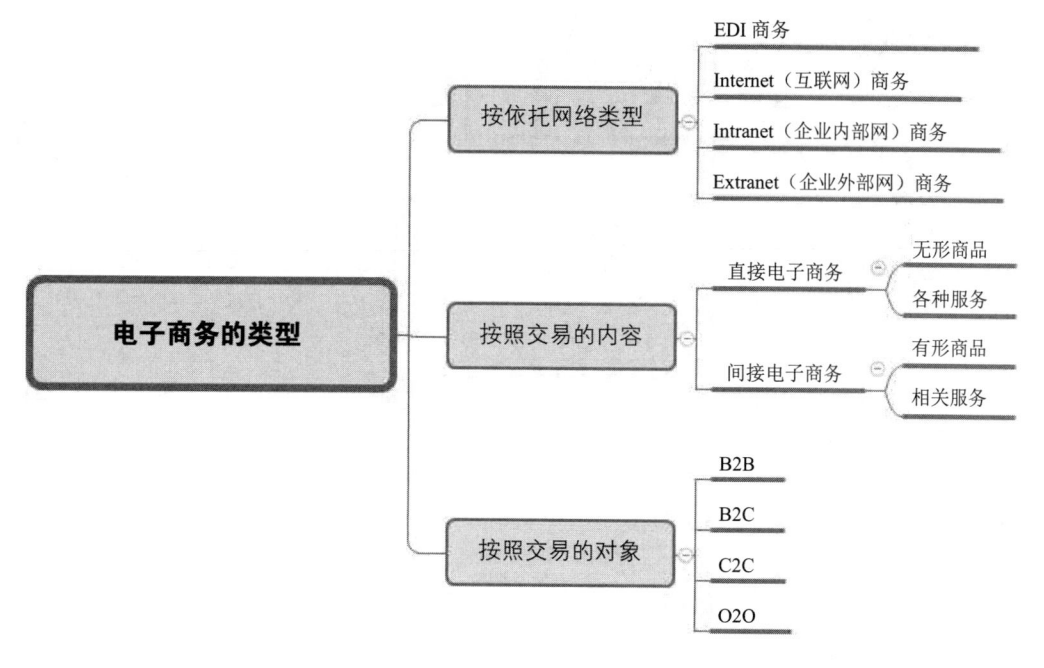

```
                                          ┌── EDI 商务
                          按依托网络类型 ──┤── Internet（互联网）商务
                                          │── Intranet（企业内部网）商务
                                          └── Extranet（企业外部网）商务

                                          ┌── 直接电子商务 ──┬── 无形商品
电子商务的类型 ──┤── 按照交易的内容   │                 └── 各种服务
                                          └── 间接电子商务 ──┬── 有形商品
                                                             └── 相关服务

                                          ┌── B2B
                          按照交易的对象 ──┤── B2C
                                          │── C2C
                                          └── O2O
```

图 1-6 电子商务的类型

说明：B2B 是指企业和企业之间通过互联网进行产品、服务和信息的交换，它的发展经过了<u>电子数据交换、基本的电子商务、电子交易集市和协同商务 4 个阶段</u>，如阿里巴巴。

B2C 是企业与消费者个人之间的电子商务，如京东、当当等。

C2C 是指消费者与消费者之间通过电子商务交易平台进行交易的一种商务模式，如淘宝、易趣等。

O2O 是指线上购买线下的商品和服务，<u>实体店提货或享受服务</u>，特别适合餐饮、院线、会所等服务连锁企业。

（6）加强电子商务发展的基本原则。

➢ 企业主体、政府推动。

➢ 统筹兼顾、虚实结合。

➢ 着力创新、注重实效。

➢ 规范发展、保障安全。

（7）电子商务发展的支撑保障体系（速记词：法标安信在现技服运）如图 1-7 所示。

7. 企业信息化。

（1）概念：企业信息化就是在<u>企业作业、管理、决策的各个层面</u>，<u>科学计算、过程控制、事务处理、经营管理的各个领域</u>，引进和使用现代信息技术，全面改革管理体制和机制，从而大幅度提高企业工作效率、市场竞争能力和经济效益。

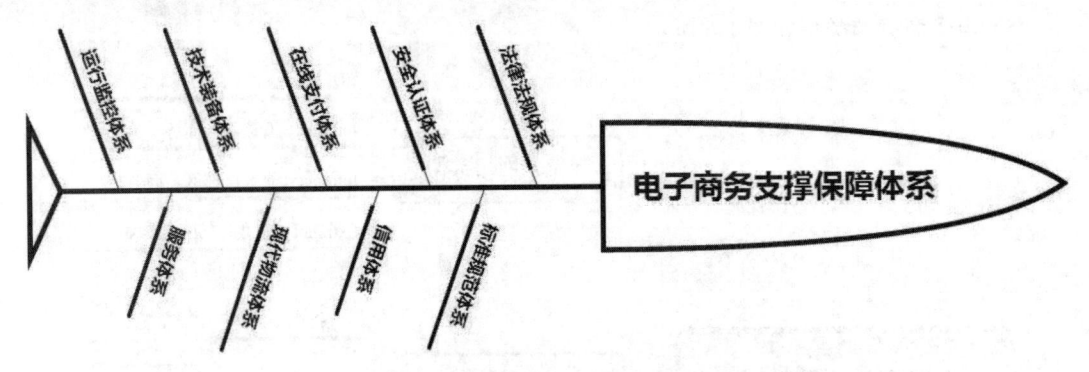

鱼骨图：电子商务支撑保障体系
- 运行监控体系
- 技术装备体系
- 在线支付体系
- 安全认证体系
- 法律法规体系
- 服务体系
- 现代物流体系
- 信用体系
- 标准规范体系

图 1-7 电子商务支撑保障体系

（2）目前企业竞争中的"大"吃"小"，正在转向为"快"吃"慢"。
（3）企业信息化发展过程应遵循如下原则：
➢ 效益原则。
➢ 一把手原则。
➢ 中长期与短期建设相结合的原则。
➢ 规范化和标准化原则。
➢ 以人为本的原则。

【补充知识点】
十二金工程如图 1-8 所示。

全国"两网一站四库十二金"工程

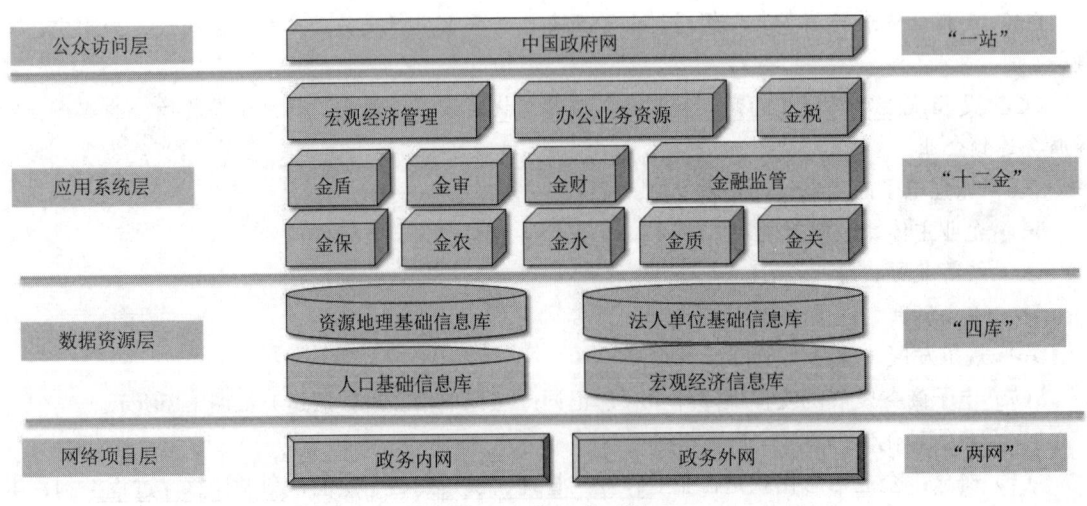

公众访问层	中国政府网	"一站"
应用系统层	宏观经济管理　办公业务资源　金税 金盾　金审　金财　金融监管 金保　金农　金水　金质　金关	"十二金"
数据资源层	资源地理基础信息库　法人单位基础信息库 人口基础信息库　宏观经济信息库	"四库"
网络项目层	政务内网　政务外网	"两网"

图 1-8 十二金工程

1.3 信息系统

【基础知识点】

1. 信息系统定义。

（1）信息系统：是一种以处理信息为目的的专门的系统。信息系统的组成部分包括：<u>硬件、软件、数据库、网络、存储设备、感知设备、外设、人员以及把数据处理成信息的规程</u>等。

（2）信息系统集成：采用现代管理理论（如软件工程、项目管理等）作为计划、设计、控制的方法论，将硬件、软件、数据库、网络等部件按照规划的结构和秩序，有机地整合到一个有清晰边界的信息系统中，以达到既定系统的目标，这个过程称为<u>信息系统集成</u>。

2. 信息系统的生命周期。

信息系统生命周期包括：立项（系统规划）、开发（系统分析、系统设计、系统实施、系统验收）、运维和消亡 4 个阶段。

3. 信息系统开发方法。

常用的开发方法及特点如表 1-4 所示。

表 1-4 常用的信息系统开发方法及特点

常用的开发方法	特点
结构化方法	理论基础严密，注重开发过程的整体性和全局性。 但是开发周期长；文档、设计说明繁琐，工作效率低；<u>要求在开发之初全面认识系统的信息需求</u>
原型化方法	<u>适用于用户需求开始时定义不清、管理决策方法结构化程度不高的系统开发</u>。 但如果用户配合不好，盲目修改，就会拖延开发进程
面向对象方法	<u>关键点在于能否建立一个全面、合理、统一的模型</u>，它既能反映问题域，又能被计算机系统求解域所接受
面向服务方法	面向对象的应用构建在类和对象上，随后发展起来的建模技术将相关对象按照业务功能进行分组，就形成了构建的概念。对于跨构件的功能调用，则采用接口的形式暴露出来，进一步将接口的定义与实现进行解耦，则催生了服务和面向服务的开发方法。 从应用的角度来看，组织内部、组织之间各种应用系统的互相通信和互操作性，直接影响着组织对信息的掌握程度和处理速度。如何使信息系统快速响应需求与环境变化，提高系统可复用性、信息资源共享和系统之间的互操作性，成为影响信息化建设效率的关键问题，而面向服务的思维方式恰好满足了这类需求。它代表着不拘泥于具体技术实现方式的一种新的系统开发思想，已成为大趋势

1.4 IT 服务管理

【基础知识点】

1. 早期的 IT 服务管理主要针对企业内部的 IT 部门，传统的 IT 服务管理都是由企业内部的 IT 部门提供服务，即<u>内部提供服务</u>。

2. IT 服务管理（IT Service Management，ITSM）是一套帮助组织对 IT 系统的规划、研发、实施和运营进行有效管理的方法，是<u>一套方法论</u>。

3. ITSM 的核心思想是，IT 组织不管是组织内部的还是外部的，都是 IT 服务提供者，其主要工作就是提供<u>低成本</u>、<u>高质量</u>的 IT 服务。

4. ITSM 是一种 IT 管理，与传统的 IT 管理不同，它是一种以<u>服务为中心</u>的 IT 管理。

5. 实施 ITSM 的根本目标有三个：<u>以客户为中心提供 IT 服务</u>，<u>提供高质量、低成本的服务</u>，<u>提供的服务可准确计价</u>。

6. ITSM 的基本原理可简单地用"二次转换"来概括，第一次是"<u>梳理</u>"，第二次是"<u>打包</u>"。详见图 1-9。

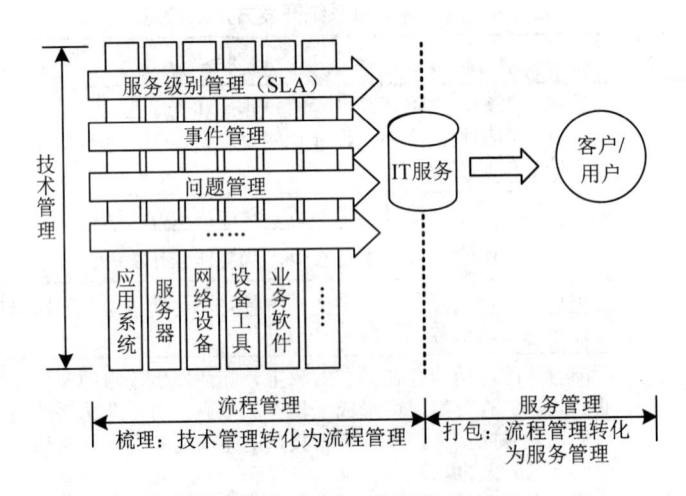

图 1-9 ITS 基本原理

7. 虽然技术管理是 ITSM 的重要组成部分，但 <u>ITSM 的主要目标不是管理技术</u>。有关 IT 的技术管理是系统管理和网络管理的任务，ITSM 的主要任务是<u>管理客户和用户的 IT 需求</u>。

8. 信息系统监理的内容如图 1-10 所示。

9. ITSS 的构成如图 1-11 所示。

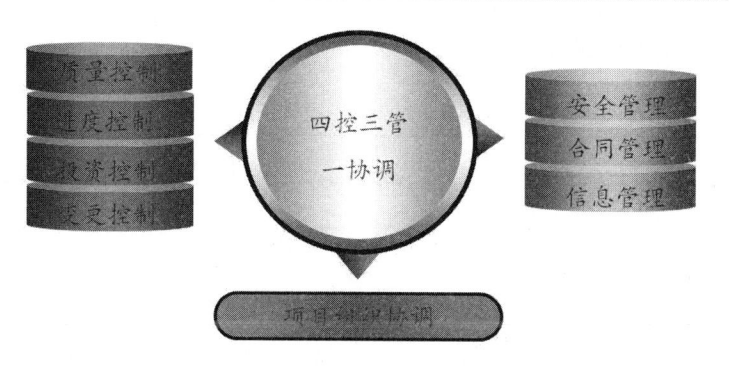

图 1-10 信息系统工程监理

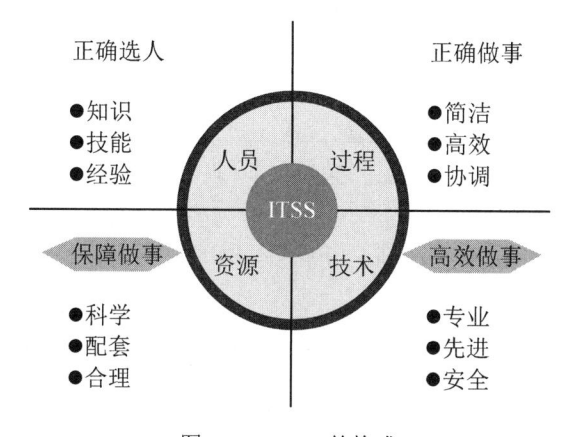

图 1-11 ITSS 的构成

1.5 软件工程

【基础知识点】

1. 软件需求分析与定义。
（1）需求<u>必须</u>可以被验证。
（2）需求分析的目标：<u>检测和解决需求之间的冲突、发现系统的边界、详细描述出系统需求</u>。
2. 软件设计、测试与维护。
（1）软件设计：根据软件需求，产生一个软件内部结构的描述，并将其作为软件构造的基础。通过软件设计，描述出软件架构及相关组件之间的接口；然后，进一步详细地描述组件，以便构成这些组件。
（2）软件测试：为了评价和改进软件质量、识别产品的缺陷和问题而进行的活动。

（3）软件维护类型及解释如表 1-5 所示。

表 1-5 软件维护类型及解释

软件维护类型	解释
更正性维护	更正交付后发现的错误
适应性维护	使软件产品能够在变化后或变化中的环境中继续使用
完善性维护	改进交付后产品的性能和可维护性
预防性维护	在软件产品的潜在错误成为实际错误前，检测并更正它们

3．软件质量保证及质量评价。

（1）软件质量包括<u>内部质量、外部质量和使用质量</u>三部分。

（2）<u>验证过程</u>试图确保活动的输出产品构造正确，即活动的输出产品满足活动的规范说明。<u>确认过程</u>则试图确保构造了正确的产品，即产品满足其特定目的。

4．软件配置管理。

（1）软件配置管理活动包括：<u>软件配置管理计划、软件配置标识、软件配置控制、软件配置状态记录、软件配置审计、软件发布管理与交付</u>等活动。

（2）配置库的权限设置。

配置管理员负责为项目成员分配权限，如表 1-6 所示。

表 1-6 配置库的操作权限

权限	内容
Read	可以读取文件内容，但不能对文件进行变更
Check	可使用[check in]等命令，对文件内容进行变更
Add	可使用[文件追加]、[文件重命名]、[删除]等命令
Destroy	有权执行文件不可逆毁坏、清除、[rollback]等命令

（3）受控库的权限设置如表 1-7 所示。

表 1-7 受控库的权限设置

权限	人员	项目经理	项目成员	QA	测试人员	配置管理员
文档	Read	√	√	√	√	√
	Check	√	√	√	√	√
	Add	√	√	√	√	√
	Destroy	×	×	×	×	√

续表

权限\人员		项目经理	项目成员	QA	测试人员	配置管理员
代码	Read	√	√	√	√	√
	Check	√	√	×	×	√
	Add	√	√	×	×	√
	Destroy	×	×	×	×	√

说明：√表示该人员具有相应权限，×表示该人员没有相应权限。

（4）产品库的权限设置如表 1-8 所示。

表 1-8　产品库的权限设置

权限\人员	项目经理	项目成员	QA	测试人员	配置管理员
Read	√	√	√	√	√
Check	×	×	×	×	√
Add	×	×	×	×	√
Destroy	×	×	×	×	√

说明：√表示该人员具有相应权限，×表示该人员没有相应权限。

5．软件过程管理。

包括五个方面：<u>项目启动与范围定义、项目规划、项目实施、项目监控与评审、项目收尾与关闭</u>。

6．软件开发工具。

软件开发工具是用于辅助软件生命周期过程的基于计算机的工具。例如：<u>软件需求工具包括需求建模工具和需求追踪工具</u>。

7．软件复用。

软件复用的主要思想是：将软件看成是由不同功能的"组件"组成的有机体，每一个组件在设计编写时可以被设计成完成同类工作的通用工具。

1.6　面向对象系统分析与设计

【基础知识点】

1．面向对象的基本概念。

（1）对象的三个基本要素分别为：对象标识、对象状态、对象行为。

（2）对象是类的实例，类是对象的模板。如果将对象比作房子，类就是房子的设计图纸。

（3）类的构成如图 1-12 所示。

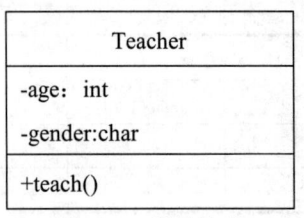

图 1-12　类的构成

（4）类的继承如图 1-13 所示。

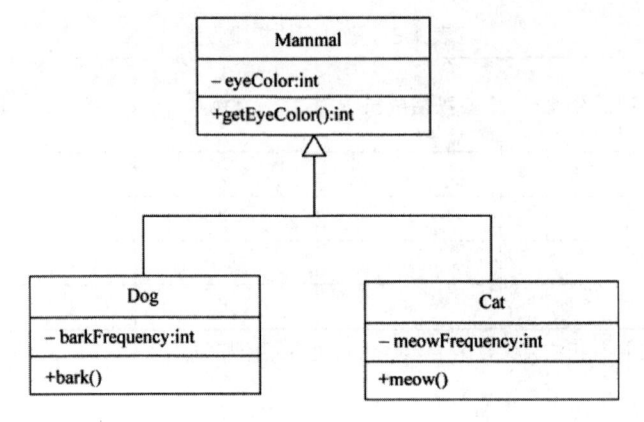

图 1-13　类的继承

（5）类的多态如图 1-14 所示。

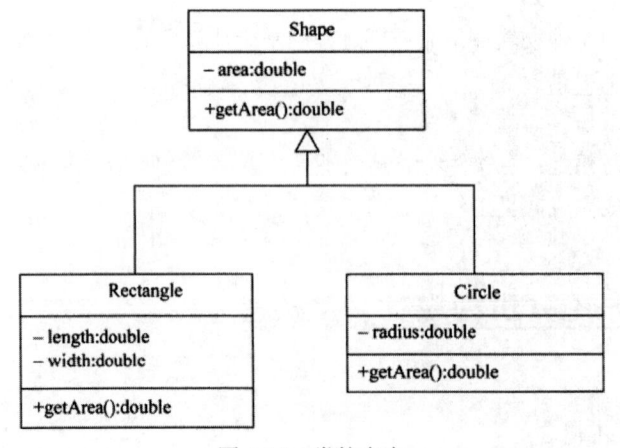

图 1-14　类的多态

2．统一建模语言与可视化建模。

（1）UML 的 5 种视图。

1）用例视图，Use case view：用例视图定义系统的外部行为，定义了系统的需求，是描述系统设计和构建的其他视图的基础，即用例驱动。又叫用户模型视图。

2）逻辑视图，Logic view：逻辑视图描述逻辑结构，该逻辑结构支持用例视图描述的功能，它描述了问题空间中的概念以及实现系统功能的机制，如类、包、子系统等。又叫结构模型视图或静态视图。

3）实现视图，Implementation view：实现描述用于组建系统的物理组件，如可执行文件、代码库和数据库等系统程序员所看到的软件产物，是和配置管理以及系统集成相关的信息。也叫组件视图。

4）过程视图，Process view：过程视图描述将系统分解为过程和任务，以及这些并发元素之间的通信与同步。也叫并发视图、动态视图或者协作视图等。

5）部署视图，Deployment view：描述系统的物理网络布局，是系统工程师和网络工程师所感兴趣的。又叫物理视图。

（2）UML 提供了 9 种不同的图。

静态图：用例图、类图、对象图、组件图、配置图。

动态图：序列图、状态图、协作图、活动图。

1）用例图，Use case diagram：描述系统的功能，由系统、用例和角色三种元素组成。例：用例图（机房收费系统）如图 1-15 所示。

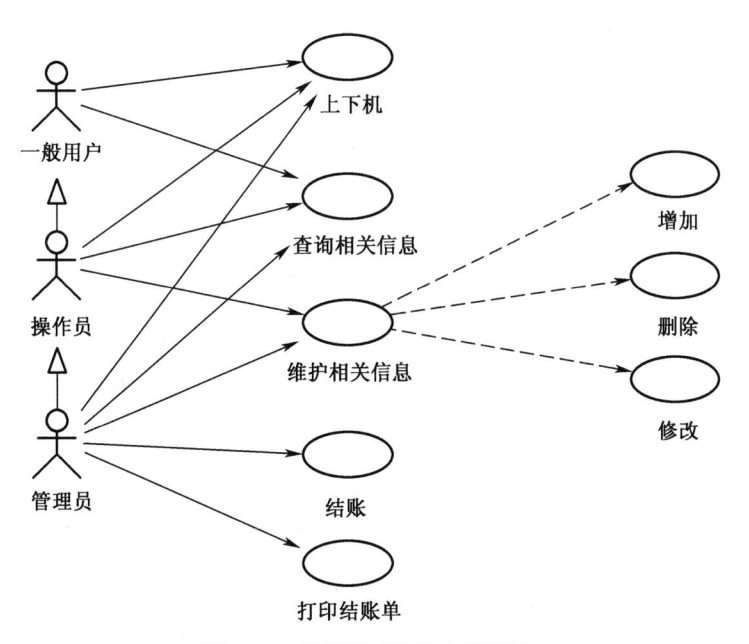

图 1-15　用例图（机房收费系统）

2）类图，Class diagram：用来表示系统中的类以及类与类之间的关系，描述系统的静态结构，用于逻辑视图中。

类图（机房收费系统）如图 1-16 所示。

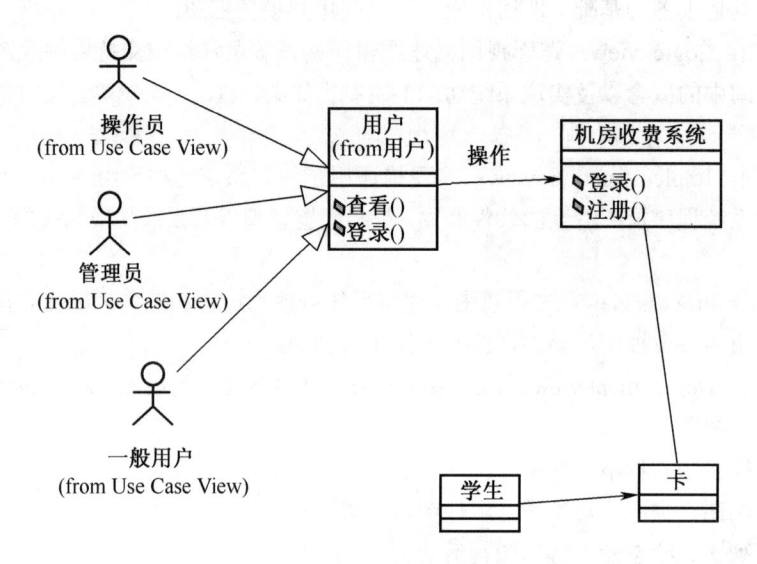

图 1-16 类图（机房收费系统）

3）对象图，Object diagram：对象图是类图的实例，表示在某一时刻这些类的具体实例以及这些实例之间的具体连接关系，可以帮助人们理解比较复杂的类图。对象图也可以用于显示类图中的对象在某一点的连接关系。对象图常用于用例视图和逻辑视图中。对象图如图 1-17 所示。

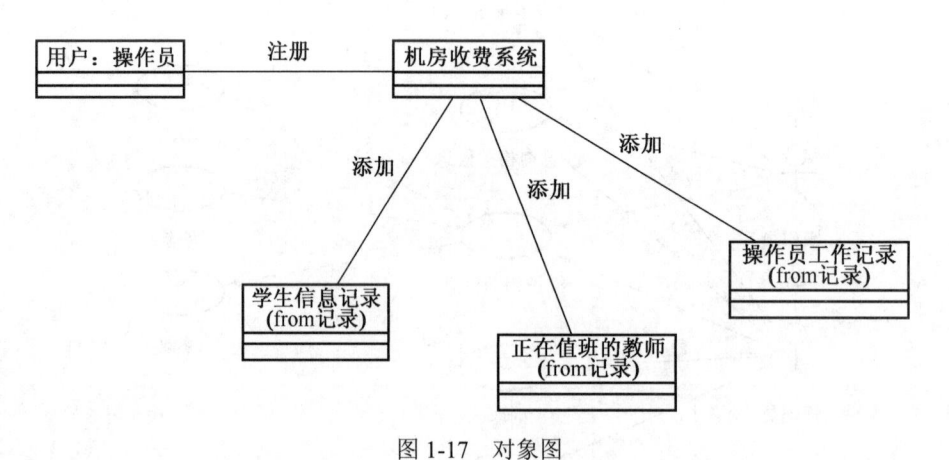

图 1-17 对象图

4）状态图，State diagram：主要用来描述对象、子系统、系统的生命周期。通过状态图可以了解一个对象可能具有的所有状态、导致对象状态改变的事件，以及状态转移引发的动作。状态图是对类描述的事物的补充说明，用在逻辑视图中描述类的行为。

状态图如图 1-18 所示。

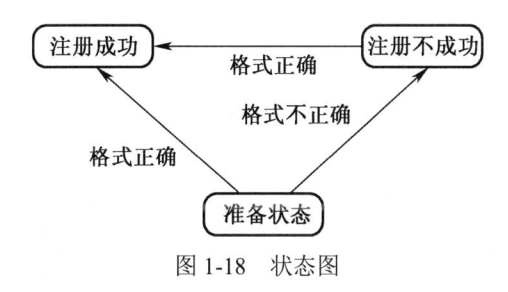

图 1-18　状态图

5）序列图，Sequence diagram：面向对象系统中对象之间的交互表现为消息的发送和接收。序列图反映若干个对象之间的动态协作关系，即随着时间的流逝，消息是如何在对象之间发送和接收的。序列图中重点反映对象之间发送消息的先后次序，常用在逻辑视图中。序列图如图 1-19 所示。

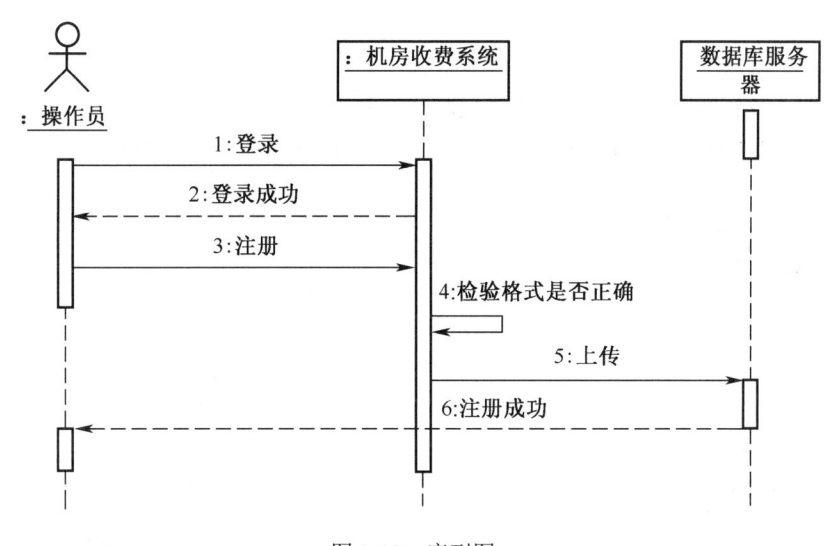

图 1-19　序列图

6）协作图，Collaboration diagram：主要描述协作对象之间的交互和连接。协作图和序列图同样反映对象间的动态协作，也可以表达消息序列，但重点描述交换消息的对象之间的关系，强调的是空间关系而非时间顺序。协作图如图 1-20 所示。

7）活动图，Activity diagram：显示动作及其结果，着重描述操作实现中所完成的工作以及用例实例或对象中的活动。活动图中反映了一个连续的活动流，常用于描述一个操作执行过程中所完成的工作。活动图如图 1-21 所示。

图 1-20　协作图

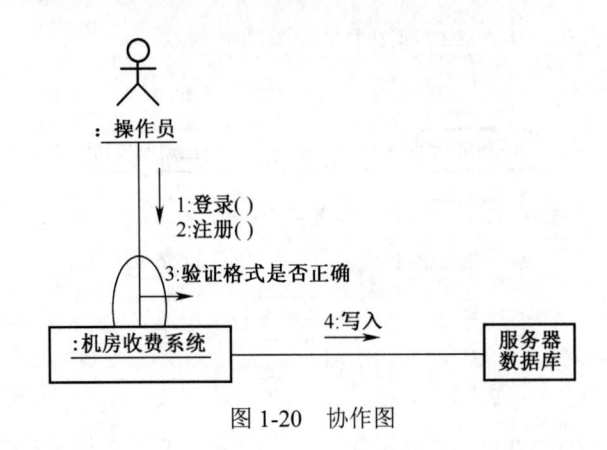

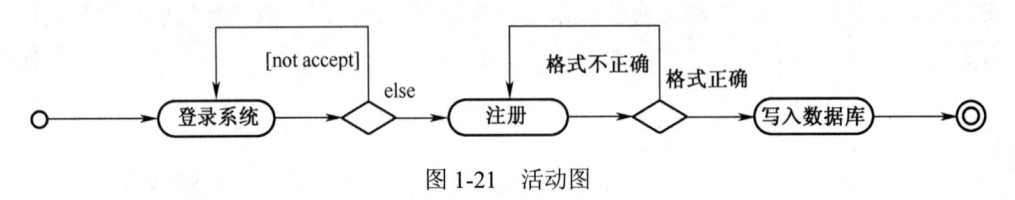

图 1-21　活动图

8）组件图，Component diagram：用来反映代码的物理结构，组件可以是源代码、二进制文件或可执行文件，包含逻辑类的实现信息。实现视图由组件图构成。组件图如图 1-22 所示。

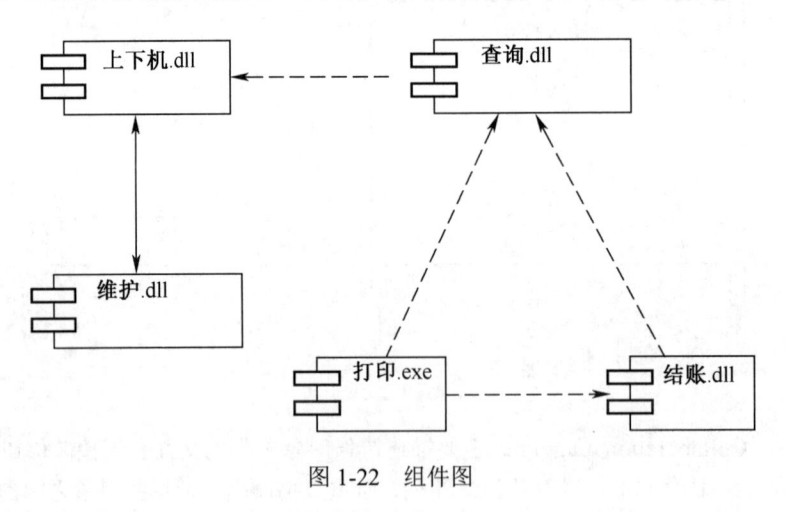

图 1-22　组件图

9）配置图，Deployment diagram：配置图用来显示系统中软件和硬件的物理架构。图中通常显示实际的计算机和设备及其之间的关系。配置图用来构成配置视图，描述系统的实际物理结构。配置图如图 1-23 所示。

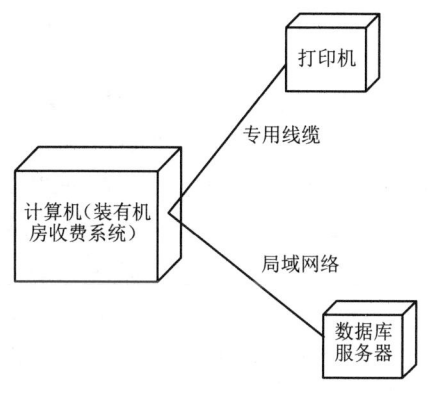

图 1-23 配置图

3．面向对象系统分析。

即运用面向对象方法分析问题域，建立基于对象、消息的业务模型，形成对客观世界和业务本身的正确认识。

4．面向对象系统设计。

基于系统分析得出的问题域模型，用面向对象的方法设计出软件基础架构（概要设计）和完整的类结构（详细设计），以实现业务功能。

1.7　应用集成技术

【基础知识点】

1．数据库与数据仓库技术。

（1）数据仓库是一个面向主题的、集成的、相对稳定的、反映历史变化的数据集合，用于支持管理决策。

（2）数据仓库系统结构如图 1-24 所示。

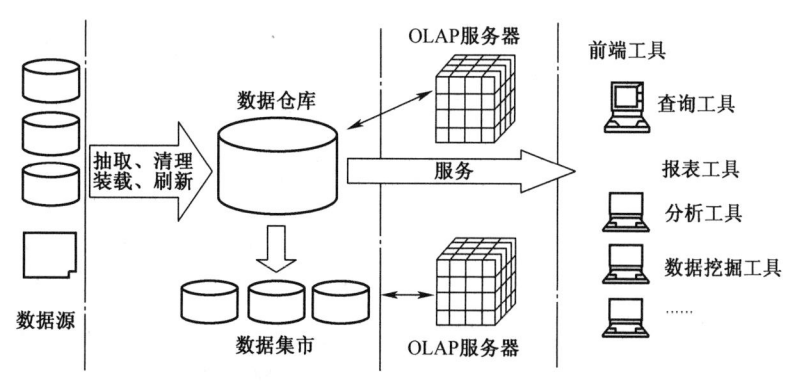

图 1-24　数据仓库系统结构

2．Web Service 技术。

（1）Web 服务典型技术。

<u>用于传递信息的简单对象访问协议 SOAP（Simple Object Access Protocol），用于描述服务的 Web 服务描述语言 WSDL（Web Services Description Language），用于 Web 服务注册的统一描述、发现及集成规范 UDDI（Universal Description, Discovery and Integration），用于数据交换的 XML。</u>

（2）适用于 Web Service 的情况：<u>跨越防火墙、应用程序集成、B2B 集成、软件重用。</u>

（3）不适用于 Web Service 的情况：<u>单机应用程序，局域网上的同构应用程序。</u>

3．JavaEE 结构。

（1）JavaEE 应用将开发工作分成两类：<u>业务逻辑开发和表示逻辑开发</u>，其余的系统资源则由应用服务器负责处理，不必为中间层的资源和运行管理进行编码。

（2）JavaEE 应用服务器运行环境主要包括<u>组件、容器、服务</u>三部分。组件是代码，容器是环境，服务是接口。

4．.NET 架构。

通用语言运行环境处于.NET 开发框架的最底层，倒数第二层是基础类库，如图 1-25 所示。

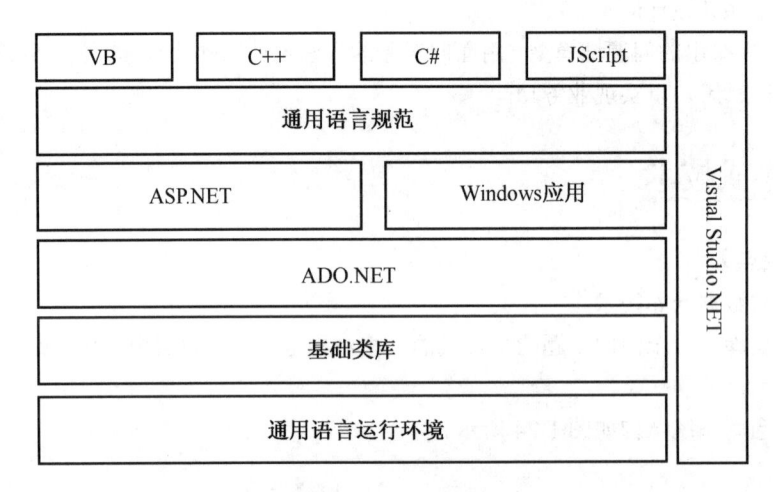

图 1-25　.NET 框架

5．软件中间件（图 1-26）。

（1）中间件解决了分布系统的异构问题，具有标准的程序接口和协议。

（2）通常将中间件分为：

1）数据库访问中间件，典型技术 Windows 平台的 ODBC 和 Java 平台的 JDBC。

2）远程过程调用中间件（RPC），从效果上来看和执行本地调用相同。

3）面向消息中间件（MOM），进行平台无关的数据传递，如 IBM 的 MQSeries。

4）分布式对象中间件，如 OMG 的 CORBA、Java 的 RMI/EJB、Microsoft 的 DCOM 等。

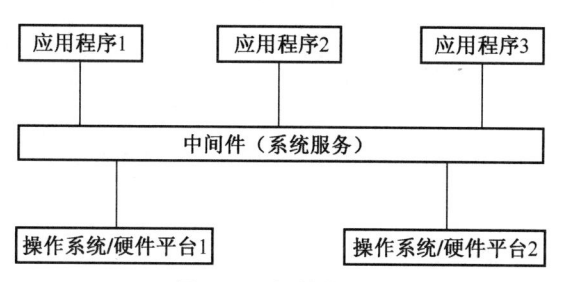

图 1-26　软件中间件

5）事务中间件，完成事务管理与协调、负载平衡、失效恢复等任务，如 IBM/BEA 的 Tuxedo、支持 EJB 的 JavaEE 应用服务器等。

1.8　计算机网络技术

【基础知识点】

1．OSI 七层协议。

（1）图 1-27 左侧为 OSI/ISO 体系结构，右侧为 TCP/IP 体系结构图。

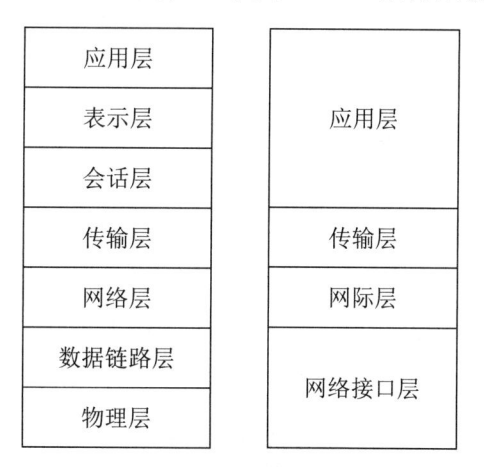

图 1-27　OSI/ISO 体系结构和 TCP/IP 体系结构图

（2）Internet 协议的主要协议及其层次关系如图 1-28 所示。

2．网络分类、组网和接入技术。

（1）根据计算机网络覆盖的地理范围分类，可以分为：局域网、城域网、广域网。

（2）根据链路传输控制技术分类，可以分为：以太网、令牌网、FDDI 网、ATM 网、帧中继网和 ISDN 网。其中，<u>总线争用技术</u>是以太网的标识，ATM 称为异步传输模式，ISDN 是综合业务数据网。

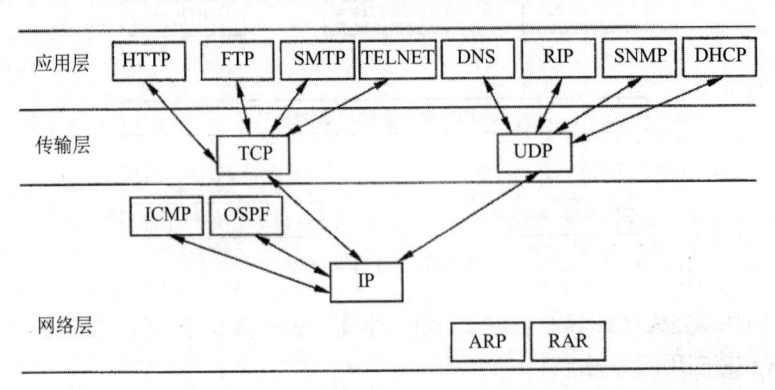

图 1-28　Internet 协议的主要协议及其层次关系

（3）根据网络拓扑结构分类，分为<u>总线型、星型、树型、环型、网状</u>，如图 1-29 所示。

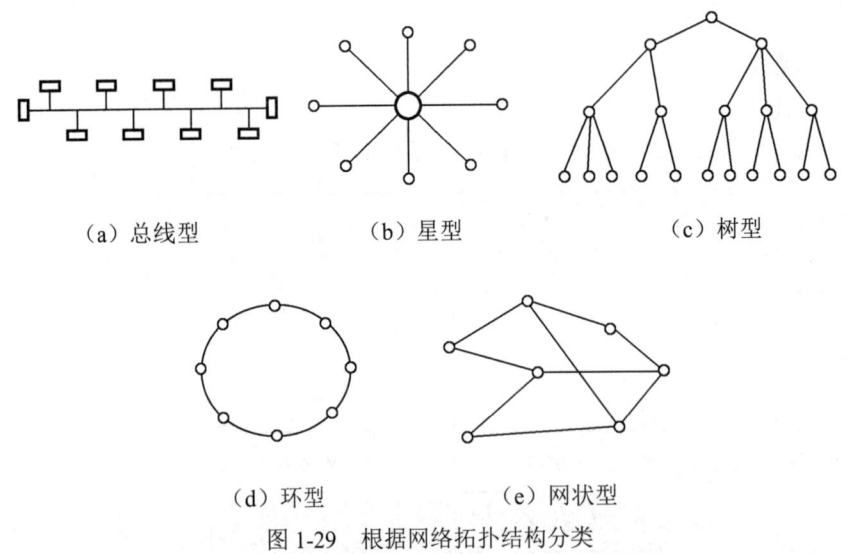

（a）总线型　　　（b）星型　　　（c）树型

（d）环型　　　（e）网状型

图 1-29　根据网络拓扑结构分类

（4）网络中的数据交换可以分为：<u>电路交换、分组交换、ATM 交换、全光交换和标记交换</u>。
（5）网络接入技术分为光纤接入、同轴电缆接入、铜线接入、无线接入。
（6）无线网络是指以无线电波作为信息的传输媒介，根据应用领域可分为：无线个域网、无线局域网、无线城域网、蜂窝移动通信网。

3．网络服务器和网络存储技术。
（1）网络服务器与个人计算机<u>最大的差异</u>就是在多用户多任务环境下的可靠性上。
（2）网络存储技术包括 <u>DAS、NAS、SAN</u> 三种。

4．综合布线和机房工程。
（1）综合布线系统包括 6 个子系统，如图 1-30 所示。

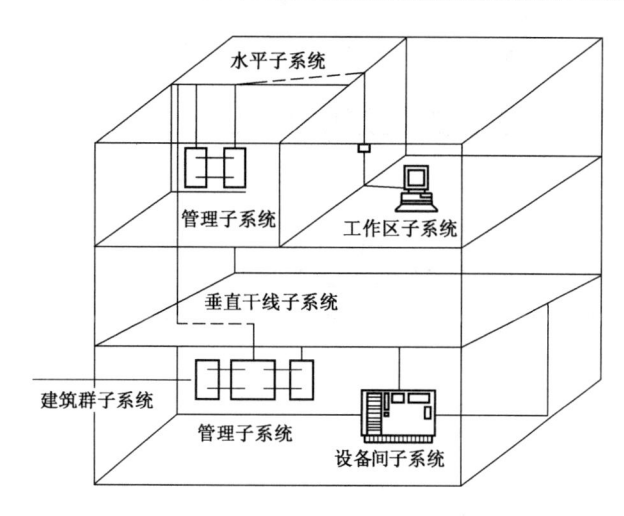

图 1-30 综合布线系统的 6 个子系统

（2）机房计算机设备宜采用分区布置，主要包括：<u>主机区、存储器区、数据输入区、数据输出区、通信区和监控调度区</u>等。

（3）主机房内通道与设备间的距离应符合以下规定：

1）两相对机柜正面之间的距离<u>不应小于 1.5m</u>；

2）机柜侧面（或不用面）距墙<u>不应小于 0.5m</u>，当需要维修测试时，机柜距墙不应小于 1.2m；

3）走道净宽<u>不应小于 1.2m</u>。

（4）机房照明一般采用<u>无眩光多隔栅灯</u>；主机房照度不小于 300LUX，辅助间不小于 200LUX，故障照明不小于 60LUX，机房照明应分别有开关控制，符合相关电气设计施工规范。

（5）机房供电系统应采用<u>双回路供电</u>，并选择<u>三相五线制供电</u>。

（6）机房应采用四种接地方式：

1）交流工作接地，接地电阻不应大于 4Ω；

2）安全工作接地，接地电阻不应大于 4Ω；

3）直流工作接地，接地电阻应按计算机系统具体要求确定；

4）防雷接地，应按《建筑防雷设计规范》GB 50057－95 执行。

（7）开机时计算机机房的温度、湿度要求如表 1-9 所示。

表 1-9 开机时计算机机房的温度、湿度要求

级别项目	A 级		B 级
	夏季	冬季	全年
温度	23℃±2℃	20℃±2℃	18℃～28℃
相对湿度	45%～65%		40%～70%
温度变化率	<5℃/h 并不得结露		<10℃/h 并不得结露

（8）停机时计算机机房的温度、湿度要求如表 1-10 所示。

表 1-10　停机时计算机机房的温度、湿度要求

项目	A 级	B 级
温度	5℃～35℃	5℃～35℃
相对湿度	40%～70%	20%～80%
温度变化率	<5℃/h 并不得结露	<10℃/h 并不得结露

（9）RJ45 接头需求量的计算公式：

RJ45 的需求量：$m = n \times 4 + n \times 4 \times 15\%$

——m 为 RJ45 的总需求量。

——n 为信息点的总量。

——$n \times 4 \times 15\%$ 为留有的富余量。

（10）信息模块的需求量计算公式：

信息模块的需求量：$m = n + n \times 3\%$

——m 为信息模块的总需求量。

——n 为信息点的总量。

——$n \times 3\%$ 为富余量。

（11）相关拐弯曲率半径的要求。

1）光缆拐弯曲率半径不能小于 30cm。

2）同轴粗电缆拐弯曲率半径不应小于 30cm。

3）同轴细缆拐弯曲率半径不应小于 20cm。

（12）暗敷管路的要求。

1）暗敷管路的敷设路由应以直线为主，不选弯曲路由，如必须弯曲时，曲率半径不应小于管外径的 6 倍。

2）如暗管外径大于 50mm，要求曲率半径不应小于该管外径的 10 倍。

3）转弯的夹角角度不应小于 90°，且不应有两个以上弯曲。

4）如有两次弯曲，应设法把弯曲处设在该弯管段落的两端，并要求该段落的长度不超过 15m，同时要求在这一段落内不得有 S 形弯或 U 形弯。

5）如弯曲管的段长超过 20m，应在该段落中装接头箱（接头盒或过渡盒）。

5．网络规划、设计与实施

（1）如今局域网技术主要是交换以太网技术。

（2）选择拓扑结构时，应该考虑的主要因素有：地理环境、传输介质、传输距离、可靠性。

（3）汇聚层的存在与否，取决于网络规模的大小。

（4）网络通信设备选型包括：核心交换机选型、汇聚层/接入层交换机选型、远程接入与访问

设备选型。

6. 网络安全及其防范技术。

（1）信息安全的基本要素有：机密性、完整性、可用性、可控性、可审查性。为了达成上述目标，需要做的工作有：制定安全策略、用户验证、加密、访问控制、审计和管理。

（2）典型的网络攻击步骤一般为：信息收集、试探寻找突破口、实施攻击、消防记录、保留访问权限。

（3）信息安全的 5 个等级分别为：用户自主保护级、系统审计保护级、安全标记保护级、结构化保护级、访问验证保护级。

（4）防火墙无法阻止和检测基于数据内容的黑客攻击和病毒入侵，同时也无法控制内部网络之间的违规行为。扫描器无法发现正在进行的入侵行为，而且它还有可能成为攻击者的工具。防毒软件对基于网络的攻击行为（如发描、针对漏洞的攻击）无能为力。目前市场上鲜见成熟的安全审计系统，即使存在冠以审计名义的产品，也更多的是从事入侵检测的工作。

7. 网络管理。

网络管理包括对硬件、软件和人力的使用、综合与协调，以便对网络资源进行监视、测试、配置、分配、评价和控制，这样就能以合理的价格满足网络的一些需求，如实行运行性能、服务质量等。当网络出现故障时也能及时报告和处理，同时网络管理中一个重要的工作是备份。

1.9 信息安全管理

【基础知识点】

1. 信息安全管理体系（ISMS）：是整个管理体系的一部分。它是基于业务风险的方法，来建立、实施、运行、监视、评审、保持和改进信息安全的结构、方针政策、规划活动、职责、实践、程序、过程和资源。

2. 信息安全的基本属性如表 1-11 所示。

表 1-11　信息安全的基本属性

完整性	指信息在存储或传输的过程中保持不被修改、不被破坏、不被插入、不延迟、不乱序和不丢失的特性
可用性	指信息可被合法用户访问并能按要求顺序使用的特性。即在需要时就可以取用所需的信息
保密性	指信息不被泄露给非授权的个人和实体，或供其使用的特性
可控性	指授权机构可以随时控制信息的机密性
可靠性	指信息以用户认可的质量连续服务于用户的特性

3. 信息安全管理活动主要有：定义信息安全策略、定义信息安全管理体系的范围、进行信息安全风险评估、确定管理目标和选择管理措施、准备信息安全适用性申明。

4．信息安全等级保护是我国在信息化推进进程中实施的对信息系统安全保护的<u>基本制度</u>、<u>方法和策略</u>。

5．等级保护的主要环节：定级、备案、安全建设整改、等级评测和安全检查。

6．对称加密技术。

<u>加密与解密使用相同的密钥</u>。因此，<u>对称加密密钥较短，使用简单快捷</u>。常用的对称加密算法有：DES（数据加密标准）、3DES、IDEA（国际数据加密算法）、AES 等。

7．非对称加密技术。

<u>加密和解密使用不同的密钥</u>。非对称加密算法需要两个密钥：公开密钥（public key）和私有密钥（private key）。公开密钥与私有密钥是一对，如使用甲的公钥加密就必须用甲的私钥解密。非对称加密算法<u>加密速度慢、不适合加密大量数据</u>。常用的非对称加密算法有：RSA、Elgamal、ECC 等。其中 RSA 可以同时实现数字签名和数据加密。

8．Hash 函数。

用 Hash 函数对报文的一部分进行 Hash 运算，得到 Hash 码，即报文摘要。发送方将这个报文摘要连同原报文一同传送给接收方，接收方重新进行 Hash 运算，与接收到的这个 Hash 码进行比较，以此认证报文是否被篡改过。这个过程利用了 Hash 函数的特点：若一段明文哪怕只更改了一个字母，随后的 Hash 码都将产生不同的值。

9．数字签名。

<u>发送方 A 用自己的私钥进行数字签名，接收方 B 用发送方 A 的公钥进行验证</u>。这是因为 A 的私钥只有 A 才拥有，发送者无法抵赖自己的签名。

数字签名的特点：

（1）签名者不能抵赖自己的签名。

（2）任何其他人不能伪造签名。

10．认证。

认证与加密的区别：加密用于保证数据的<u>保密性</u>，阻止<u>被动攻击</u>；认证用于确保发送/接收者的<u>真实性</u>与数据的<u>完整性</u>，阻止<u>主动攻击</u>，且认证是安全保护的<u>第一道设防</u>。

认证与数字签名的区别：<u>数字签名允许第三者验证，有不可抵赖性，而认证不具备</u>。

【补充知识点】

信息系统安全保护等级的划分如表 1-12 所示。

表 1-12 信息系统安全保护等级的划分

等级	安全功能	保障/有效性	国家管理程度	对象
一级	用户自主保护	基本保障	自主	中小企业
二级	系统审计保护	计划跟踪	指导	政府机构业务用的一般系统，企事业单位内部生产管理和控制的信息系统
三级	安全标记保护	良好定义	监督	基础信息网络、政府、重点工程、大型国企

续表

等级	安全功能	保障/有效性	国家管理程度	对象
四级	结构化保护	持续改进	强制	国家政府机关的重要部门的信息系统重要子系统
五级	验证保护	严格监控	专控	国家重要核心部门的专用信息系统

1.10 新一代信息技术

【基础知识点】

1．大数据。

（1）大数据 5V 特点：<u>Volume（大量）、Velocity（高速）、Variety（多样）、Value（价值）、Veracity（真实性）</u>。

（2）大数据处理系统需经过 5 个环节：①数据准备；②存储管理；③计算处理；④数据分析；⑤知识展现。

大数据技术框架如图 1-31 所示。

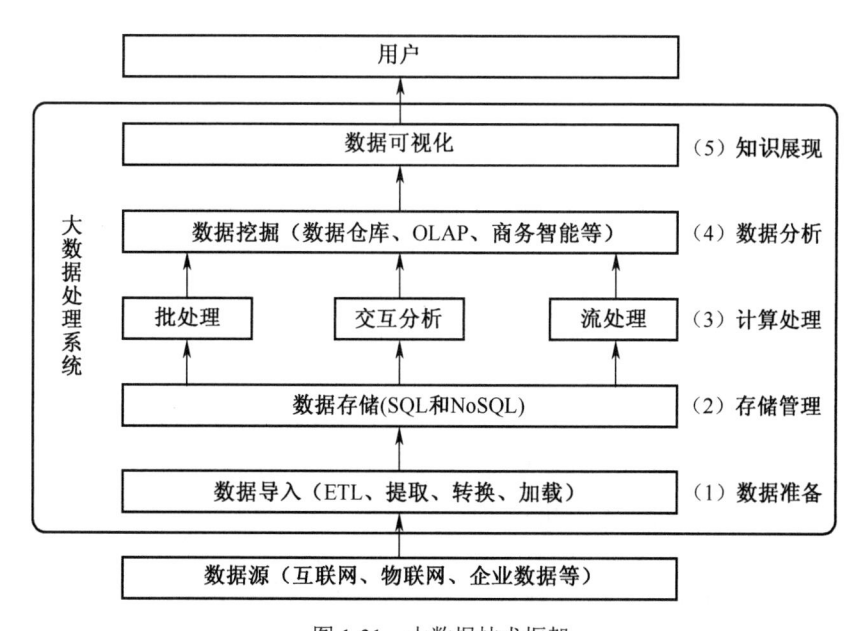

图 1-31 大数据技术框架

（3）大数据关键技术。

1）HDFS：能提供高吞吐量的数据访问，非常适合大规模数据集上的应用。

2）HBase：不同于一般的关系数据库，是非结构化数据存储的数据库。

3）MapReduce：一种编程模型，主要思想：概念"Map（映射）"和"Reduce（归约）"。
4）Chukwa：用于监控大型分布式系统的数据收集系统。
开源大数据框架如图 1-32 所示。

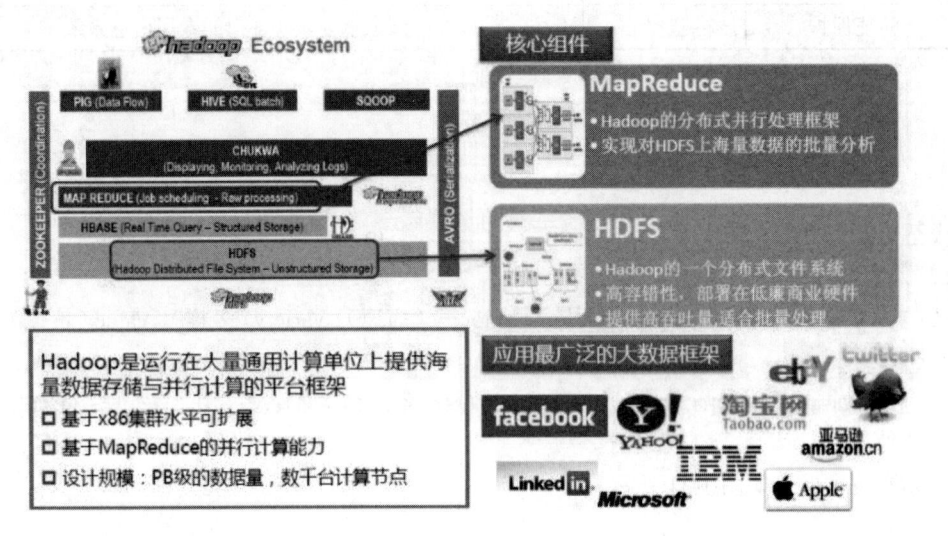

图 1-32　开源大数据框架 Hadoop

2．云计算。

（1）云计算服务类型。

1）IaaS（基础设施即服务）。

2）Paas（平台即服务）。

3）SaaS（软件即服务）。

（2）云计算技术架构 4 层：设施层、资源层、资源控制层、服务层。
云计算技术架构如图 1-33 所示。

3．物联网。

（1）物联网架构。

1）感知层：负责信息采集和物物之间的信息传输。

2）网络层：是物联网三层中标准化程度最高、产业化能力最强、最成熟的部分。

3）应用层：实现应用。

物联网架构如图 1-34 所示。

（2）物联网关键技术。

感知层作为物联网架构的基础层面，主要技术包括：产品和传感器（条码、RFID、传感器等）自动化识别技术、无线传输技术（WLAN、Bluetooth、ZigBee、UWB）、自组织组网技术、中间件技术。

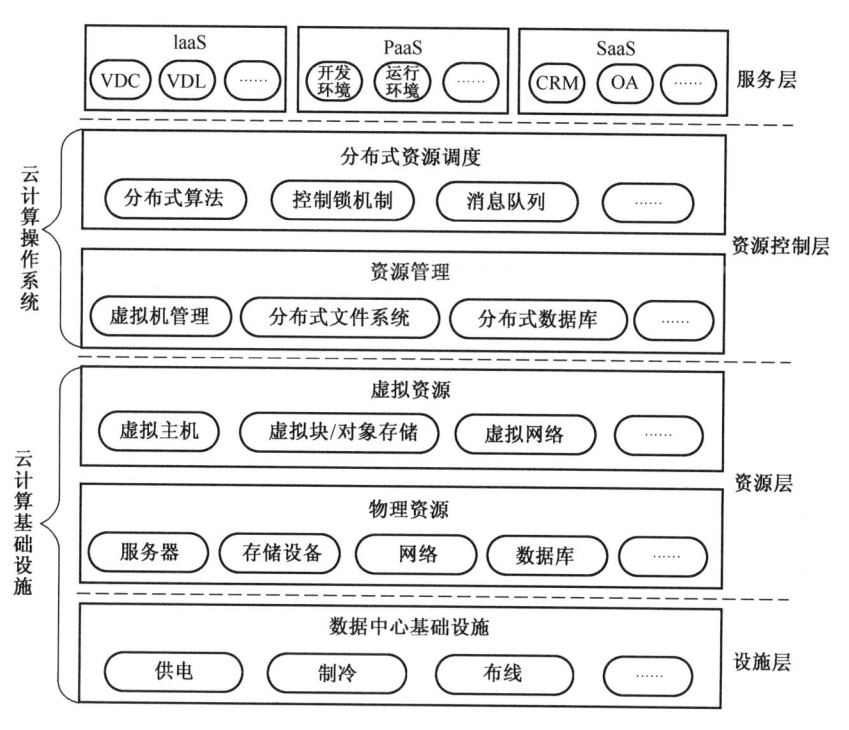

图1-33 云计算技术架构

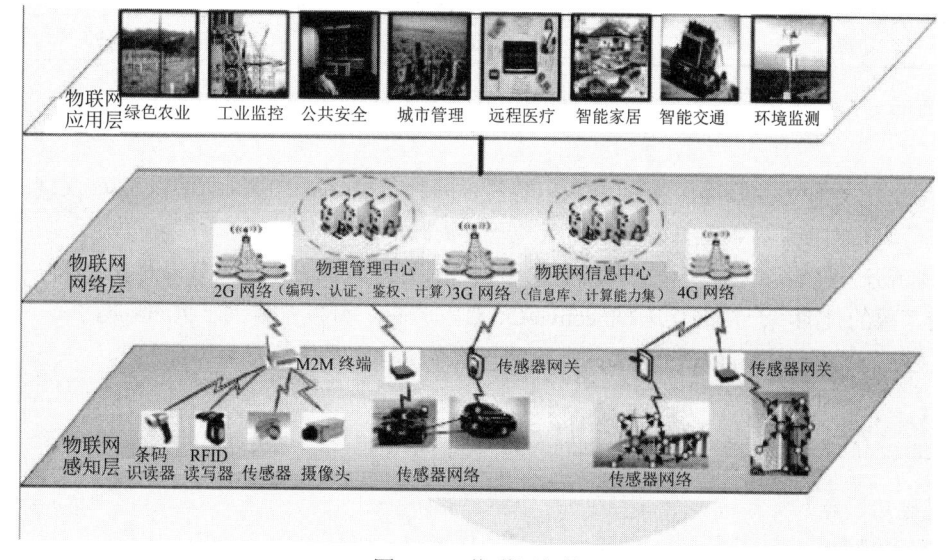

图1-34 物联网架构

4．移动互联网。

（1）移动互联网=移动通信网络+互联网内容和应用，它不仅是互联网的延伸，还是互联网的发展方向。

（2）移动互联网不仅具有传统互联网应用的简单复制和移植，还具有如下新特征：
- 接入移动性
- 时间碎片性
- 生活相关性
- 终端多样性

（3）移动互联网关键技术。

1）架构技术 SOA：Service Oriented Architect，面向服务的架构，不涉及底层编程接口和通信模型，<u>Web Service 是目前实现 SOA 的主要技术</u>。

2）页面展示技术 Web 2.0：严格来说不是一种技术，而是互联网思维模式。

表 1-13 为 Web 1.0 与 Web 2.0 的区别。

表 1-13　Web 1.0 与 Web 2.0 的区别

项目	Web 1.0	Web 2.0
页面风格	结构复杂，页面繁冗	页面简洁，风格流畅
个性化程度	垂直化、大众化	个性化，突出自我品牌
用户体验程度	低参与度、被动接受	高参与度、互动接受
通信程度	信息闭塞，知识程度低	信息灵通，知识程度高
感性程度	追求物质性价值	追求精神性价值
功能性	实用追求功能性利益	体验追求情感性利益

3）页面展示技术 HTML5：在原有 HTML 基础上扩展了 API，最大优势是可以在网页上直接调试和修改。

4）主流开发平台 Android：特点是入门容易，因为 Android 的中间层多以 Java 实现，指令相对减少、开发相对简单，而且开发社群活跃，开发资源丰富。

5）主流开发平台 iOS：一个非开源的操作系统，开发人员必须加入苹果开发者计划，需要付款以获得苹果的批准，开发语言是 Objective-C、C 和 C++，开发难度大于 Android。

6）主流开发平台 Windows Phone：微软的一款手机操作系统，开发技术有 C、C++、C#等。

1.11　企业首席信息官及其职责

【基础知识点】

1．有关概念。

CFO：首席财务官

CTO：首席技术官

COO：首席运营官

CIO：首席信息官

2．CIO 的主要职责。

从 CIO 的职责角度来看，CIO 需要是三类专家，即企业业务专家、IT 专家和管理专家。系统分析师是 CIO 的最佳人选，下面简单介绍 CIO 的主要职责：

（1）提供信息，帮助企业决策。

（2）帮助企业制定中长期发展战略。

（3）有效管理 IT 部门。

（4）制定信息系统发展规划。

（5）建立积极的 IT 文化。

1.12 练习题

1．信息化的奠基者（　　）认为：信息能够用来消除不确定性的东西。

　　A．香农　　　　　　　　　　　　B．维纳

　　C．图灵　　　　　　　　　　　　D．冯·诺依曼

解析：香农是信息化的奠基者，维纳是控制论的创始人，图灵是计算机科学之父、人工智能之父，冯·诺依曼是计算机之父。

答案：A

2．香农用概率来定量描述信息的公式如下，其中，$H(X)$ 表示的意思是（　　）。

$$H(X) = -\sum_{i} p_i \log p_i$$

　　A．信息熵　　　　　　　　　　　B．概率

　　C．比特　　　　　　　　　　　　D．字节

解析：公式的解释：$H(X)$ 表示 X 的信息熵，p_i 是事件出现第 i 种状态的概率，在二进制的情况下，对数的底是 2，这是信息熵可以作为信息的度量，称为信息量，单位是比特（bit）。

答案：A

3．信息的质量属性有 7 个，其中（　　）不是信息的质量属性。

　　A．精确性　　　　　　　　　　　B．及时性

　　C．安全性　　　　　　　　　　　D．鲁棒性

解析：信息的质量属性有 7 个，分别是：精确性、完整性、可靠性、及时性、经济性、可验证性、安全性。

答案：D

4．信息化的层次从小到大有五层，其中产品信息化最小，它的下一层是（　　）。

  A．国民经济信息化   B．产业信息化

  C．企业信息化   D．社会生活信息化

解析：信息化的层次从小到大有五层，分别是：产品信息化、企业信息化、产业信息化、国民经济信息化、社会生活信息化。

答案：C

5．关于两化融合，以下说法错误的是（　　）。

  A．是指信息化与制造业发展战略的融合

  B．是指信息资源与材料、能源等工业资源的融合

  C．是指虚拟经济与工业实体经济融合

  D．是指信息技术与工业技术、IT设备与工业装备的融合

解析：两化融合的含义有如下4条：

（1）是指信息化与工业化发展战略的融合。

（2）是指信息资源与材料、能源等工业资源的融合。

（3）是指虚拟经济与工业实体经济融合。

（4）是指信息技术与工业技术、IT设备与工业装备的融合。

答案：A

6．以下（　　）不是电子商务的类型。

  A．B2B   B．G2C   C．C2C   D．O2O

解析：电子政务主要包括4个方面：G2G、G2B、G2C、G2E；电子商务的类型主要包括：B2B、B2C、C2C、O2O。

答案：B

7．目前企业竞争中的"大"吃"小"正在转向为（　　）。

  A．"快"吃"慢"   B．"强"吃"弱"

  C．"紧"吃"松"   D．"灵"吃"笨"

解析：目前企业竞争中的"大"吃"小"正在转向为"快"吃"慢"。

答案：A

8．以下（　　）是常用的信息系统开发方法。

①结构化方法 ②原型法 ③面向对象方法 ④敏捷开发 ⑤瀑布模型

  A．①②③④⑤   B．①②③④

  C．①②③   D．①②

解析：常用的开发方法包括：结构化方法、原型法、面向对象方法、敏捷开发。

答案：B

9．企业信息化过程中有3个重要影响因素，分别为（　　）、业务流程与组织、信息架构。

  A．经营战略   B．IT战略

C. 信息技术行动计划　　　　　　D. 投资分析

解析：企业信息化过程中有3个重要影响因素：经营战略、业务流程与组织、信息架构。

答案：A

10. 某异地开发的信息系统集成项目以程序流程图、数据流程图等为主要分析设计工具。由于用户身处异地，现场参与系统开发成本较高，因此项目组采用了先开发一个简化系统，待用户认可后再开发最终系统的策略。该信息系统集成项目的开发方法属于（　　）。

　　A. 结构化方法与原型法的组合应用

　　B. 结构化方法与面向对象方法的组合应用

　　C. 原型法与面向对象方法的组合应用

　　D. 原型法与形式化方法的组合应用

解析：结构化方法使用的主要分析设计工具是"程序流程图、数据流程图等"，"先开发一个简化系统，待用户认可后再开发最终系统"是原型法的特点。所以，该信息系统集成项目的开发方法属于"A 结构化方法与原型法的组合应用"。

答案：A

11. 随着互联网的普及，电子商务已经进入到人们日常生活，下列（　　）业务属于电子商务的范畴。

①网上客服　②电视购物　③网上营销　④电话交易　⑤商场广播　⑥网上调查

　　A. ①②③④⑤⑥　　　　　　　　B. ①②③④⑤

　　C. ②③④⑥　　　　　　　　　　D. ①③④⑤⑥

解析：全部都属于电子商务类型。

答案：A

12. 2002年，《国家信息化领导小组关于我国电子政务建设指导意见》（中办发〔2002〕17号）提出我国电子政务建设的12项重点业务系统，后来被称为"十二金工程"。以下（　　）不属于"十二金工程"的范畴。

　　A. 金关、金税　　　　　　　　　B. 金宏、金财

　　C. 金水、金土　　　　　　　　　D. 金审、金农

解析："为了提高决策、监管和服务水平，逐步规范政务业务流程，维护社会稳定，要加快12个重要业务系统建设；继续完善已取得初步成效的办公业务资源系统、金关、金税和金融监管（含金卡）4个工程，促进业务协同、资源整合；启动加快建设宏观经济管理、金财、金盾、金审、社会保障、金农、金质和金水8个业务系统工程建设。"

金土工程不属于"十二金工程"的范畴，因此应选C。

答案：C

13. UML部署图定义了系统中软硬件的物理构架。在下列图中，（　　）是UML部署图。

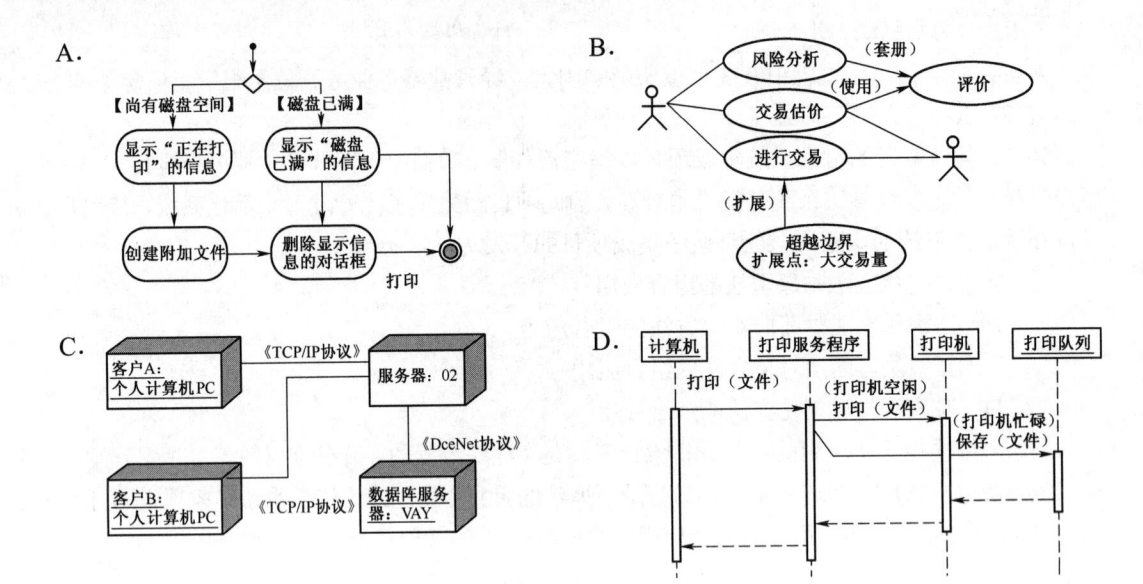

解析：A 是活动图，B 是用例图，C 是部署图，D 是顺序图。所以，正确答案是 C。

答案：C

14. 在开发某保险商务系统时，项目组人员绘制了如下所示的模型图。

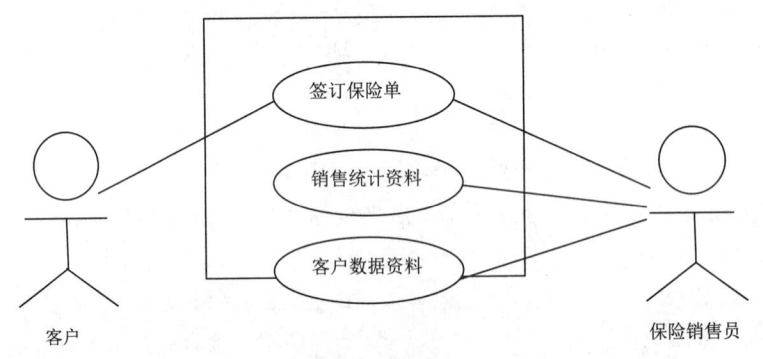

关于该保险商务系统和模型图，下列说法正确的是（　　）。

  A．此模型是 UML 类图，它描述了保险商务系统的总体动态行为

  B．此模型图是 UML 部署图，它描述了保险商务系统中的构件及其依赖关系

  C．此模型图是 UML 协助图，它描述了保险商务系统用户之间的协作和交互

  D．此模型图是 UML 用例图，它描述了外部参与者及其与保险商务系统的交互

解析：此模型图是 UML 用例图。

答案：D

15. 关于数据访问中间件的作用，下列说法错误的是（　　）。

  A．为了建立数据应用资源互操作的模式，对异构环境下的数据库和文件系统实现联接

B．用来屏蔽掉各种平台及协议之间的差异，进行相互通信，实现应用程序之间的协同

C．在分布、异构的网络计算环境中，可以将各种分布对象有机地结合在一起，完成系统的快速集成，实现对象重用

D．使调用远端的过程像调用本地过程一样

解析：A、B、C 均为数据访问中间件的作用，D 是远程过程调用中间件。

答案：D

16．下列有关 NET 框架的描述，错误的是（　　）。

A．Visual Studio.NET 是.NET 平台的开发工具

B．.NET 是 ASP.NET 的一个应用实例，是 ASP.NET 的一部分

C．.NET 框架兼容了 COM/DCOM 基础结构

D．通过 Web Service 技术可以实现.NET 和 J2EE 的互操作

解析：ASP.NET 是.NET 的一个应用实例，是.NET 的一部分。

答案：B

17．UDDI、SOAP、WSDL、XML 等是构成 Web Service 的重要技术，在 CORBA 体系中与 SOAP 对应的是（　　）。

A．ORPC　　　　B．IIOP　　　　C．SOA　　　　D．EJB

解析：互联网内部对象请求代理协议 IIOP 是一个实现互操作性的协议，它使得由不同语言编写的分布式程序在 Internet 中可以实现彼此的交流沟通。它是行业战略性标准，也是公用对象请求代理程序结构中至关重要的一个部分。

答案：B

18．形成 Web Service 架构基础的协议主要包括（　　）。

A．SOAP、HTTP、UdbDI　　　　B．WSDL、SOAP、DHCP

C．SOAP、DHCP、WSDL　　　　D．WSDL、SOAP、UDDI

解析：Web Service 定义了一种松散的、粗粒度的分布计算模式，使用标准的 HTTP（S）协议传送 XML 表示及封装的内容，Web 服务的典型技术包括：用于传达信息的简单对象访问协议（Simple Object Access Protocal，SOAP）、用于描述服务的 Web 服务描述语言（Web Services Description Language，WSDL）、用于 Web 服务的注册的统一描述、发现及集成（Universal Description Discovery and Integration，UDDI）、用于数据交换的 XML。

Web Service 的主要目标是跨平台的互相操作性，适合使用 Web Service 的情况如下：

（1）跨越防火墙：对于成千上万且分布在世界各地的客户来讲，应用程序的客户端和服务器之间的通信是一个棘手的问题，客户端和服务器之间通常都会有防火墙或者代理服务器，用户通过 Web 服务访问服务器端逻辑和数据可以规避防火墙的阻挡。

（2）应用程序集成：与企业需要将不同语言编写的在不同平台上运行的各种程序集成起来时，Web 服务可以用标准的方法提供功能和数据，供其他应用程序使用。

（3）B2B 集成：在跨公司业务集成（B2B 集成）中，通过 Web 服务已将关键的商务应用提供

给指定的合作伙伴和客户，用 Web 服务实现 B2B 集成可以很容易地解决互操作问题。

（4）软件重用：Web 服务允许的重用代码的同时，重用代码后面的数据通过直接调用远端的 Web 服务，可以动态的获得当前的数据信息，用 Web 服务集成各种应用中的功能，为用户提供一个统一的界面，是另一种软件重用方式。

所以，答案选 D。

答案：D

19. 根据布线标准 ANSI/TIA/EIA-568A，综合布线系统分为 6 个子系统，如下图所示。其中 ①为（　　）子系统、②为（　　）子系统、③为（　　）子系统。

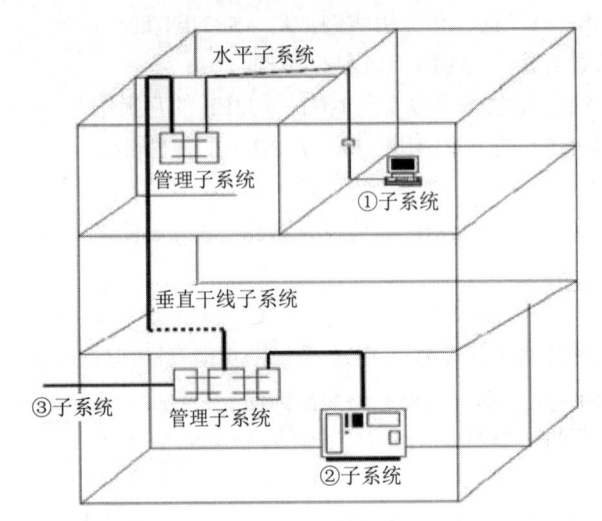

A．水平子系统　　B．建筑群子系统　　C．工作区子系统　　D．设备间子系统
A．水平子系统　　B．建筑群子系统　　C．工作区子系统　　D．设备间子系统
A．水平子系统　　B．建筑群子系统　　C．工作区子系统　　D．设备间子系统

解析：目前在综合布线领域广泛遵循是 EIA/TIA568A 标准。在 EIA/TIA-568A 中把综合布线系统分为 6 个子系统：建筑群子系统、设备间子系统、垂直干线子系统、管理子系统、水平子系统和工作区子系统。

综合布线系统的范围应根据建筑工程项目范围来定，主要有单幢建筑和建筑群体两种范围。单幢建筑中的综合布线系统工程范围，一般是指在整幢建筑内部敷设的通信线路，还应包括引出建筑物的通信线路。建筑物内部的综合布线系统包括设备间子系统、垂直干线子系统、管理子系统、水平子系统和工作区子系统。

综合布线系统的工程范围除包括每幢建筑内的通信线路外，还需包括各栋建筑之间相互连接的通信线路。

答案：① C　②D　③ B

20. 软件公司经常通过发布更新补丁的方式，对已有软件产品进行维护，并在潜在错误成为实际错误前监测并更正，这种方式属于（　　）。

　　A．更正性维护　　　B．适应性维护　　　C．完善性维护　　　D．预防性维护

　解析：软件维护是指在软件运行/维护阶段对软件进行的修改完善。通常进行软件维护的原因可归纳为四种，即改正性维护、适应性维护、完善性维护，除了上述三类维护外，还有一类维护活动叫预防性维护，就是为了提高软件的可维护性、可靠性等，为以后进一步改进软件打下良好基础的维护活动。预防性维护可定义为："把今天的方法用于昨天的系统以满足明天的需要。"即本题中的方式属于预防性维护。

　　答案：D

第2小时 信息系统项目管理基础

2.0 章节考点分析

第 2 小时主要学习项目管理基础、项目管理知识体系构成、IPMA 和 IPMP、PRINCE2、组织结构对项目的影响、信息系统项目的生命周期、信息系统项目典型生命周期模型、单个项目的管理过程等内容。

根据考试大纲，本小时知识点会涉及单项选择题，约占 6~12 分。这部分内容侧重于概念知识，根据以往全国计算机技术与软件专业技术资格（水平）考试的出题规律而言，概念性知识多参照教材，扩展内容较少。本小时的架构如图 2-1 所示。

2.1 项目管理基础

【基础知识点】

1．项目是为提供一项独特产品、服务或成果所做的临时性努力。
2．项目的具体特点：临时性（一次性）；独特的产品、服务和成果；逐步完善；资源约束；目的性。
3．项目工作的三个主要目标（三约束）：时间、成本和质量。
4．项目经理的责任就是在时间、成本、质量和项目范围之间进行权衡，以保证项目的成功。
5．日常运作和项目之间的区分（见表 2-1）：
（1）日常运作是持续不断和重复进行的，而项目是临时性的、独特的。
（2）项目和日常运作的目标有本质上的不同。项目的目标是实现其目标，然后结束项目，而持续进行的日常运作的目标一般是维持经营。
（3）项目的实现机制与日常运作有所不同，因为当宣布目标实现时，项目即结束。

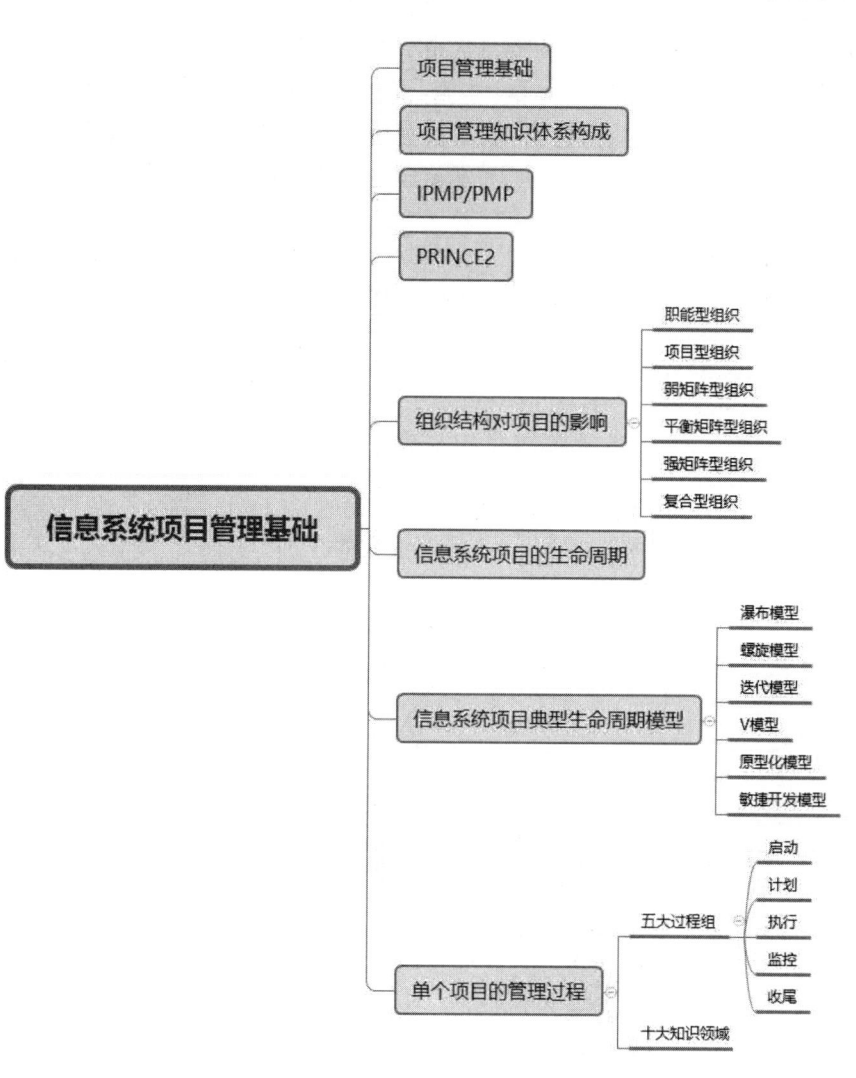

图 2-1 架构图

表 2-1 项目和日常运作的区别

不同点	项目	日常运作
目的	独特的	常规的，普遍的
责任人	项目经理	部门经理
持续时间	有限的	相对无限的
持续性	一次性	重复性
组织结构	项目组织	职能部门
考核指标	以目标为导向	效率和有效性
资源需求	多变性	稳定性

6. 项目管理就是把各种知识、技能、手段和技术应用于项目活动之中，以达到项目的要求。

7. 项目管理是通过应用和综合诸如<u>启动、计划、实施、监控和收尾</u>等项目管理过程来进行的。

8. 管理一个项目包括：<u>识别要求；确定清楚而又能够实现的目标；权衡质量、范围、时间和成本等方面之间的关系；使技术规格说明书、计划和方法适合于各种各样项目干系人的不同需求与期望</u>等内容。

9. 项目团队应当将项目置于其所处的文化、社会、国际、政治和自然的环节及其与这些环境之间的关系中加以考虑：文化与社会环境；国际与政治环境；自然环境。

2.2 项目管理知识体系构成

【基础知识点】

1. 有效的项目管理要求项目组至少能理解和使用以下五方面的专门知识领域：<u>项目管理知识体系；应用领域的知识、标准和规定；项目环境知识；通用的管理知识和技能；软技能或人际关系技能</u>，如图 2-2 所示。

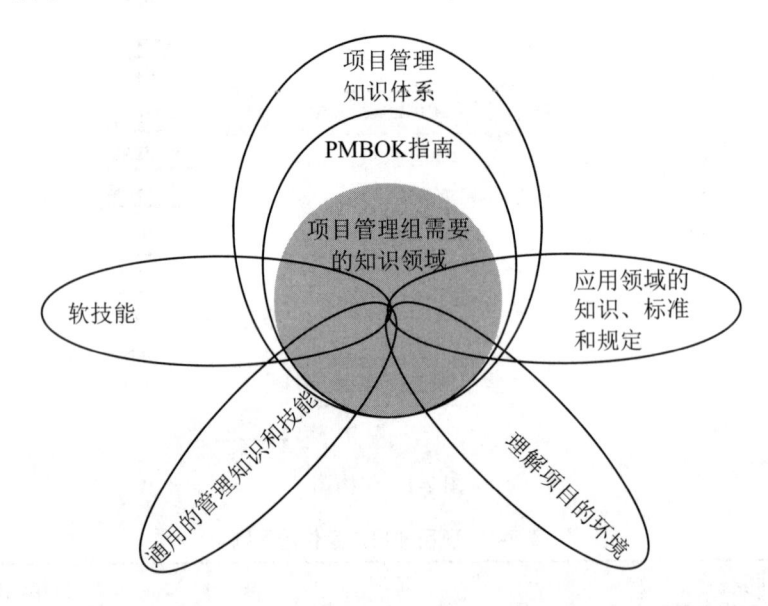

图 2-2 项目管理组需要的知识领域

2. 国际标准化组织（ISO）是这样区分标准和规则的：<u>标准</u>是"一致同意建立并由公认的机构批准的文件，该团体提供通用的和可重复使用的规则、指南、活动或其结果的特征"；<u>规则是政府强制的要求</u>；标准和规则之间有很大一块灰色区；标准通常以描述一项为多数人选用的最佳方案的准则形式开始，然后随着其得到广泛应用，变成了实际的规则；可以在不同的组织层次上规定要强制遵守，如由政府机构、执行组织的管理层、项目管理团队建立的特定政策和规程。

3. 项目管理团队应该在项目的社会、政治和自然环境背景下考虑该项目。

2.3 IPMP/PMP

【基础知识点】

1. 国际项目管理协会（International Project Management Association，IPMA）创建于 1965 年，非赢利性专业性国际学术组织。最初成员多为欧洲国家，现已扩展到世界各大洲。

2. 国际项目管理资质标准（IPMA Competence Baseline，ICB）是 IPMA 建立的知识体系。划分为 28 个核心要素和 14 个附加要素。如表 2-2 所示。

表 2-2　ICB 的知识与经验

核心要素（28 个）	项目和项目管理	项目管理的实施
	按项目进行管理	系统方法与综合
	项目背景	项目阶段与生命期
	项目开发与评估	项目目标与策略
	项目成功与失败的标准	项目启动
	项目收尾	项目结构
	范围与内容	时间进度
	资源	项目费用与融资
	技术状态与变化	项目风险
	效果度量	项目控制
	信息、文档与报告	项目组织
	团队工作	领导
	沟通	冲突与危机
	采购与合同	项目质量管理
附加要素（14 个）	项目信息管理	标准和规则
	问题解决	谈判、会议
	长期组织	业务流程
	人力资源开发	组织的学习
	变化管理	行销、产品管理
	系统管理	安全、健康与环境
	法律方面	财务与会计

3. 国际项目管理专业资质认证（International Project Management Professional，IPMP）是 IPMA

在全球推行的四级项目管理专业资质认证体系的总称。

4. 依据国际项目管理专业资质标准，根据项目管理人员专业水平的不同，将项目管理专业人员资质认证划分为四个等级，即 A 级、B 级、C 级、D 级，每个等级授予不同级别的证书。

5. 项目管理知识体系（Project Management Body of Knowledge，PMBOK）于 20 世纪 70 年代末被提出。

6. PMBOK 指南每四年更新一次，2012 年为第 5 版。分为 10 个知识领域：即范围管理、时间管理、成本管理、质量管理、人力资源管理、沟通管理、干系人管理、采购管理、风险管理和整体管理。

7. 目前，PMP 认证只有一个级别，对参加 PMP 认证学员资格的要求与 IPMA 的 C 级相当。证书有效期为三年。

2.4 PRINCE2

【基础知识点】

1. PRINCE2 认证在国际上被称为项目管理王者认证。
2. PRINCE2 是一种基于流程的结构化项目管理方法。
3. PRINCE2 的原则、主题和流程与 PMBOK 指南一致，但 PRINCE2 不包含《PMBOK》指南中所有知识点和细节。
4. PRINCE2 旨在以一种适于广泛项目环境的方式组织安排和着重介绍项目管理知识。
5. PRINCE2 假设了解和采用该方法的用户具有一定的经验，能够自行填补其省略的细节。
6. PRINCE2 四要素包括：原则、流程、主题和项目环境。如图 2-3 所示。

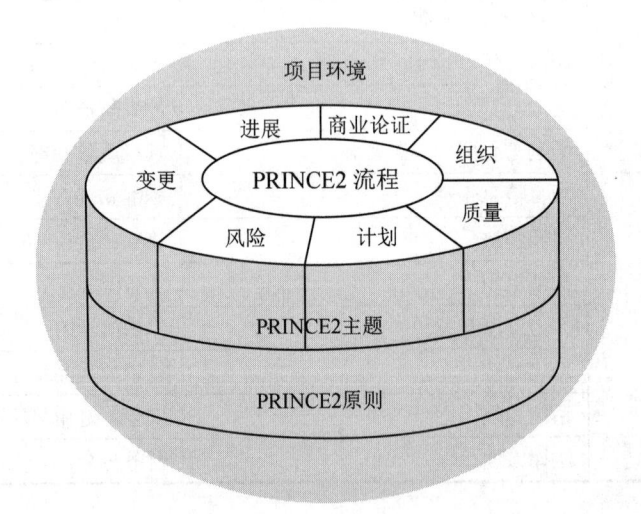

图 2-3 PRINCE2 的四要素

7. PRINCE2 方法的七个"原则"：持续业务验证；吸取经验教训；明确定义的角色和职责；按阶段管理；例外管理；关注产品；根据项目环境剪裁。

8. PRINCE2 主题包括：商业论证；组织；质量；计划；风险；变更；进展。

9. 项目管理委员会的活动涵盖在项目指导流程中，该流程从项目之前就开始，一直到最终阶段。

10. PRINCE2 包括以下流程：项目准备流程；项目指导流程；项目启动流程；阶段控制流程；阶段边界管理；产品交付管理流程；项目收尾流程。

2.5 组织结构对项目的影响

【基础知识点】

1. 以项目为基础的组织是指他们的业务主要由项目组成，分为两大类：
（1）其主要收入源自依照合同为他人履行项目的组织。
（2）采用项目制进行管理的组织。

2. 组织结构。

与项目有关的主要企业组织结构类型的关键特征如表 2-3 所示。

表 2-3 组织结构对项目的影响

组织类型 项目特点	职能型组织	矩阵型			项目型组织
		弱矩阵型组织	均衡型组织	强矩阵型组织	
项目经理的权力	很小或没有	有限	小到中等	中等到大	大到全权
组织中全职参与项目工作的职员比例	没有	0%～25%	15%～60%	50%～95%	85%～100%
项目经理的职位	部分时间	部分时间	全时	全时	全时
项目经理的一般头衔	项目协调员/项目主管	项目协调员/项目主管	项目经理/项目主任	项目经理/计划经理	项目经理/计划经理
项目管理/行政人员	部分时间	部分时间	部分时间	全时	全时

3. 职能型组织如图 2-4 所示。

4. 项目型组织如图 2-5 所示。

5. 弱矩阵型组织如图 2-6 所示。

6. 平衡矩阵型组织如图 2-7 所示。

7. 强矩阵型组织如图 2-8 所示。

8. 复合型组织如图 2-9 所示。

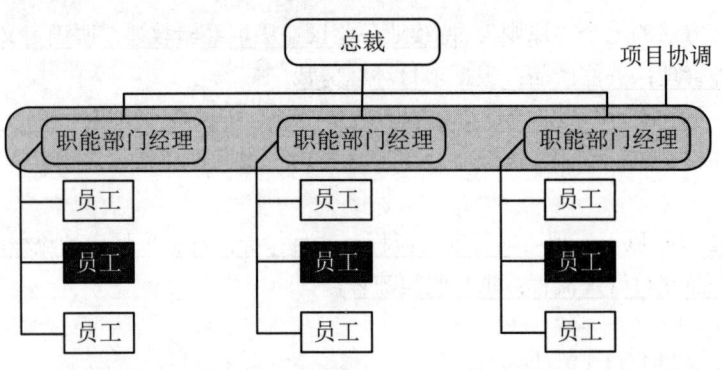

（黑框代表了参与项目活动的员工）

图 2-4　职能型组织

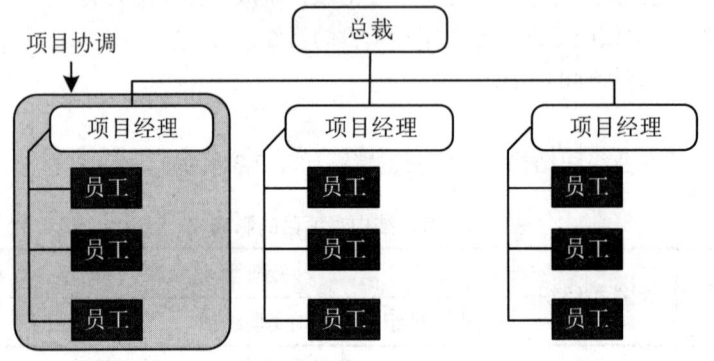

（黑框代表了参与项目活动的员工）

图 2-5　项目型组织

（黑框代表了参与项目活动的员工）

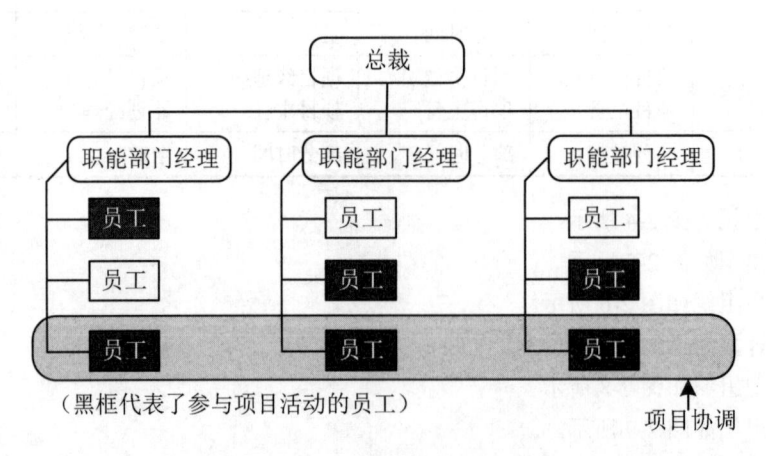

图 2-6　弱矩阵型组织

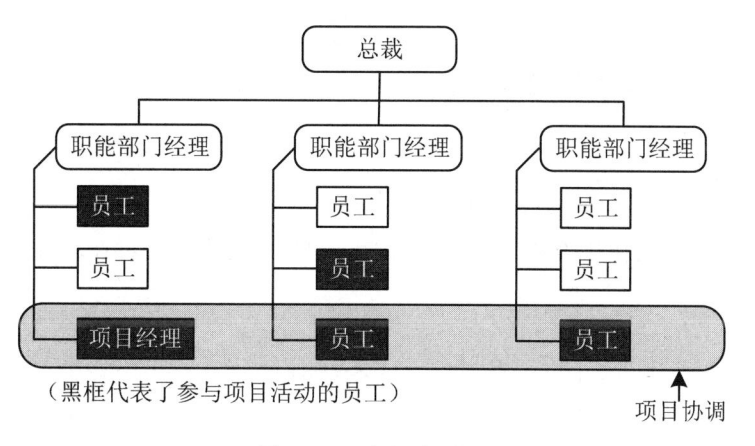

图 2-7　平衡矩阵型组织

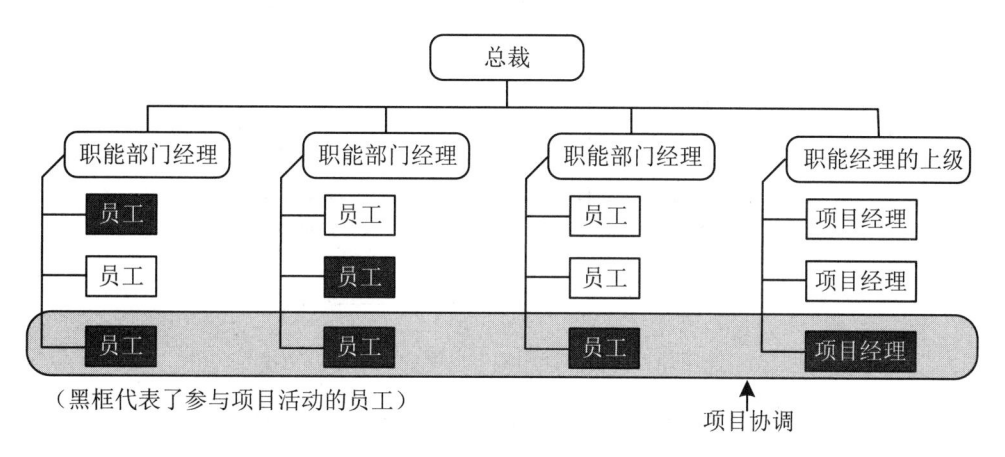

图 2-8　强矩阵型组织

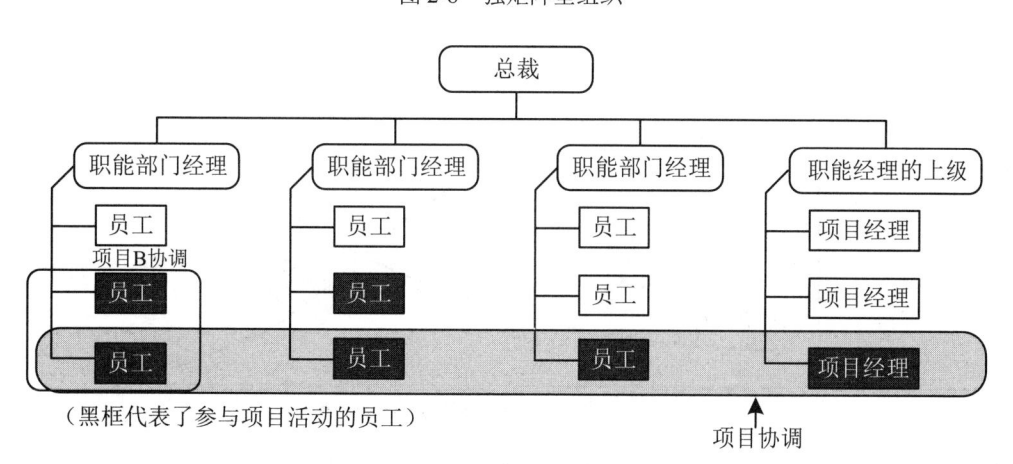

图 2-9　复合型组织

2.6 信息系统项目的生命周期

【基础知识点】

1. 通用项目的项目生命周期结构的特征。

（1）成本与人力投入在开始时较低,在工作执行期间达到最高,并在项目快要结束时迅速回落,如图 2-10 所示。

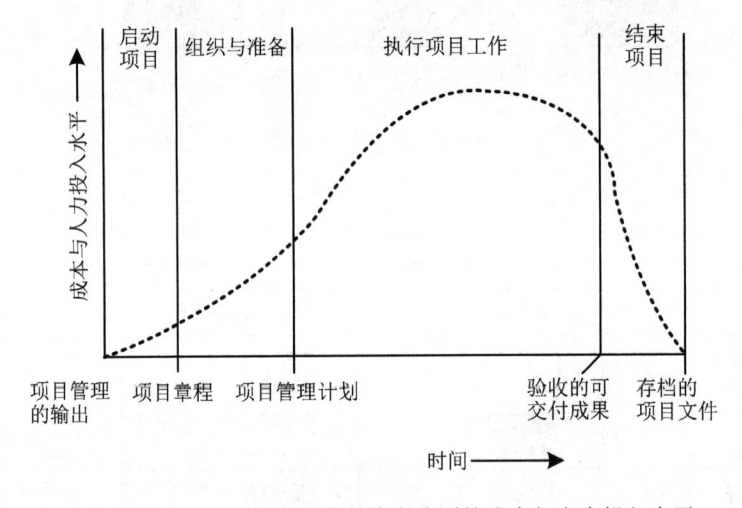

图 2-10 通用项目生命周期结构中典型的成本与人力投入水平

（2）风险与不确定性在项目开始时最大,并在项目的整个生命周期中,随着决策的制定与可交付成果的验收而逐步降低,如图 2-11 所示。

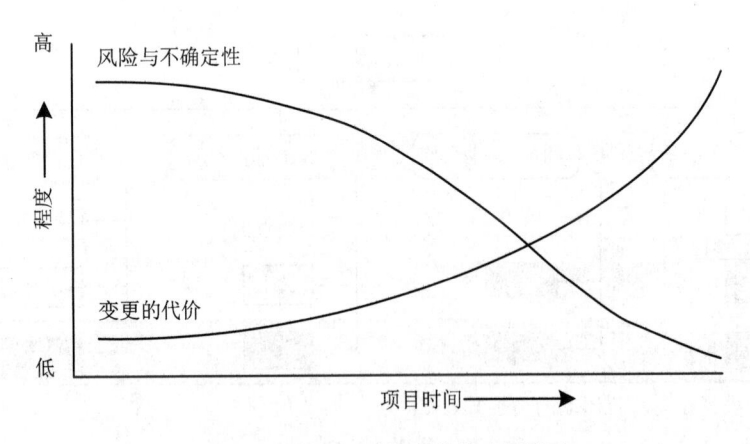

图 2-11 随项目时间变化的变量影响

2．阶段与阶段的关系。

阶段与阶段的关系有两种：顺序关系和交叠关系。

在交叠关系中，一个阶段在前一个阶段完成前就开始，可作为进度压缩的一种技术，被称为"快速跟进"。

阶段交叠可能需要增加额外的资源来并行开展工作，可能增加风险，也可能因尚未获得前一阶段的准确信息就开始后续工作而造成返工。

2.7 信息系统项目典型生命周期模型

【基础知识点】

1．瀑布模型是一个经典的软件生命周期模式，<u>一般将软件开发分为：可行性分析（计划）、需求分析、软件设计（概要设计、详细设计）、编码（含单元测试）、测试、运行维护等六个阶段</u>。如图2-12所示。

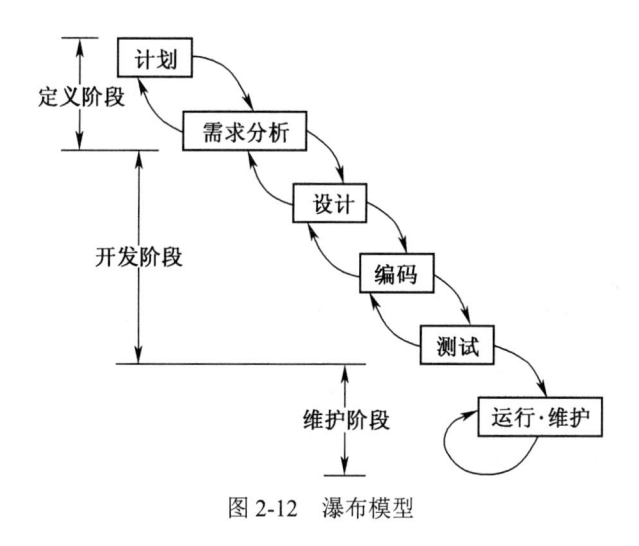

图2-12 瀑布模型

2．螺旋模型是一个演化软件模型，将原型实现的迭代特征与线性顺序（瀑布）模型中控制的和系统化的方面结合起来，使得软件增量版本的快速开发成为可能。如图2-13所示。

螺旋模型的四个象限分别表示每个周期所划分的四阶段：<u>制定计划、风险分析、实施工程和客户评估</u>。螺旋模型强调了风险分析，特别适用于<u>庞大而复杂的、高风险的系统</u>。

3．迭代模型的生命周期四个阶段：<u>初始、细化、构造、移交</u>，可进一步描述为周期（Cycle）、阶段（Phase）、迭代（Iteration）。核心工作流从技术角度描述迭代模型的静态组成部分，包括：业务建模、需求获取、分析与设计、实现、测试、部署。如图2-14所示。

图 2-13 螺旋模型

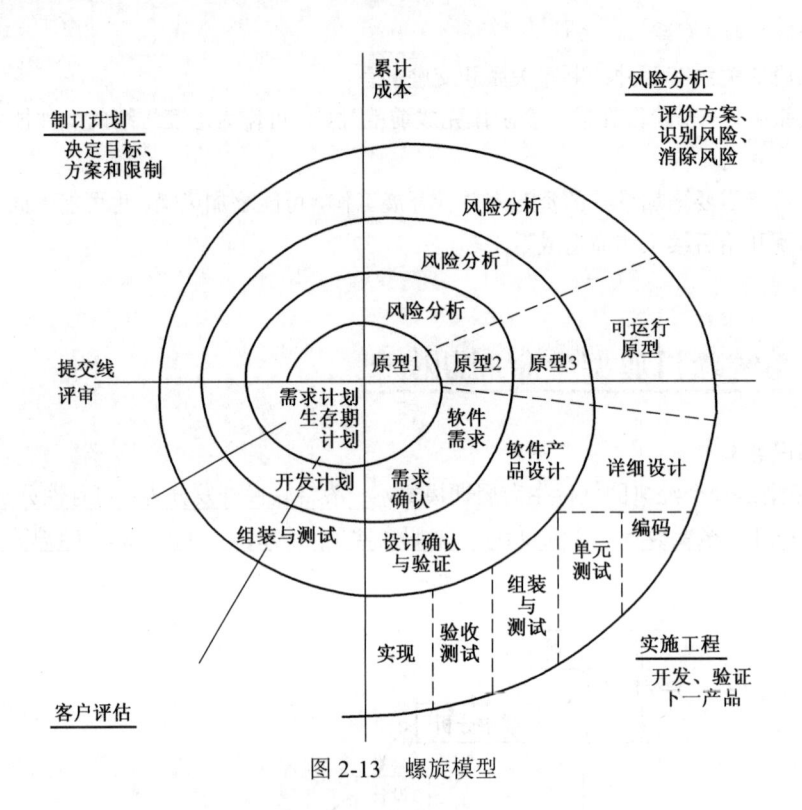

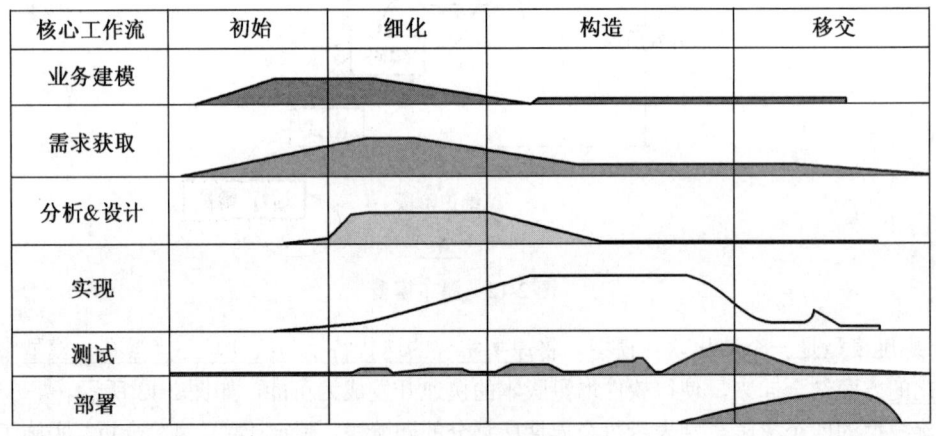

图 2-14 迭代模型

4．V 模型是一个对称的结构，如图 2-15 所示，非常明确地表明了测试过程中存在的不同级别，并且非常清晰地描述了这些测试阶段和开发阶段的对应关系。

（1）单元测试。一般由开发人员来执行，首先设定最小的测试单元，然后通过设计相应的测试用例来验证各个单元功能的正确性。

（2）集成测试。主要关注点是系统能够成功编译，实现了主要的业务功能，系统各个模块之间数据能够正常通信等。

（3）系统测试，验证整个系统是否满足需求规格说明。

（4）验收测试，从用户的角度检查系统是否满足合同中定义的需求或用户需求。

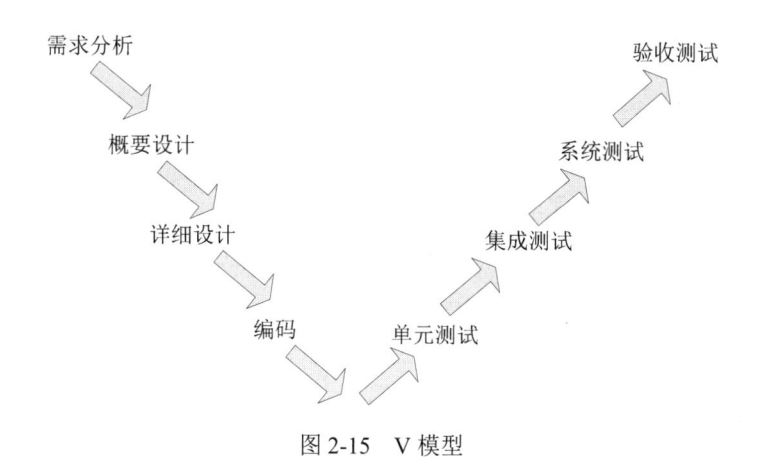

图 2-15　V 模型

5．V 模型的特点。

（1）主要思想是开发和测试同等重要，左侧代表开发活动，右侧代表测试活动。

（2）针对每个开发阶段都有一个测试级别与之对应。

（3）测试依旧是开发生命周期中的阶段，与瀑布模型不同的是，有多个测试级别与开发阶段对应。

（4）适用于需求明确和需求变更不频繁的情形。

6．原型法适用于在很难立即全面准确地提出用户需求的情况下，先不要求对系统做全面、详细的调查分析，而是本着开发人员对用户需求的初步理解，快速开发一个原型系统，然后通过反复修改来实现用户最终的系统需求。

原型具备的特点如下：

（1）实际可行。

（2）具有最终系统的基本特征

（3）构造方便、快速，造价低。

7．敏捷开发以用户的需求进化为核心，采用迭代、循序渐进的方法进行软件开发。换言之，就是把一个大项目分为多个相互联系但也可独立运行的小项目，并分别完成，在此过程中软件一直处于可使用状态。

8．敏捷开发的原则。

（1）快速迭代。

（2）让测试人员和开发者参与需求讨论。

（3）编写可测试的需求文档。

（4）多沟通、尽量减少文档。
（5）做好产品原型。
（6）及早考虑测试。

2.8　单个项目的管理过程

【基础知识点】

1．项目管理各过程组成的 5 个过程组可以对应 PDCA 循环，即戴明环："计划（Plan）－执行（Do）－检查（Check）－行动（Act）"循环。

2．项目管理过程组包括 5 个：启动过程组、计划过程组、执行过程组、监督与控制过程组、收尾过程组。

（1）启动过程组定义并批准项目或项目阶段，包括"制定项目章程"和"识别项目干系人"两个过程。

（2）计划过程组定义和细化目标，并为实现项目而要达到的目标和完成项目要解决的问题范围而规划必要的行动路线。

（3）执行过程组整合人员和其他资源，在项目的生命期或某个阶段执行项目管理计划。

（4）监督与控制过程组要求定期测量和监控项目绩效情况，识别与项目管理计划的偏差，以便在必要时采取纠正措施，确保项目或阶段目标达成。

（5）收尾过程组正式验收产品、服务或工作成果，有序地结束项目或项目阶段。

3．项目管理五大过程组十大知识领域对照表。

知识领域	启动	计划	执行	控制	收尾
项目整体管理	制定项目章程	编制项目管理计划	指导和管理项目执行	监控项目工作、整体变更控制	项目收尾
项目范围管理		编制范围管理计划、收集需求、范围定义、建立 WBS		范围核实 范围控制	
项目时间管理		编制进度管理计划、活动定义、活动排序、资源估算、历时估算、制定进度计划		进度控制	
项目成本管理		编制成本管理计划、成本估算、成本预算		成本控制	
项目质量管理		制定质量管理计划	质量保证	质量控制	
人力资源管理		制定人力资源计划	人员获取 团队发展 团队管理		

续表

知识领域	启动	计划	执行	控制	收尾
项目沟通管理		沟通规划	管理沟通	控制沟通	
项目风险管理		制定风险管理计划、风险识别、风险定性分析、风险定量分析、风险应对计划		风险监控	
项目采购管理		编制采购管理计划	实施采购	控制采购	结束采购
项目干系人管理	识别干系人	编制干系人管理计划	管理干系人参与	控制干系人参与	

2.9 练习题

1. 常见的软件开发模型有瀑布模型、演化模型、螺旋模型、喷泉模型等。其中（　　）适用于需求明确或很少变更的项目，（　　）主要用来描述面向对象的软件开发过程。

　　A．瀑布模型　　　　B．演化模型　　　　C．螺旋模型　　　　D．喷泉模型

解析：常见的软件开发模型有瀑布模型、演化模型、螺旋模型、喷泉模型等。

瀑布模型适用于需求明确或很少变更的项目，也可用在已有类似项目开发经验的项目上。瀑布模型不灵活，特别是无法解决软件需求不明确问题，由于需求不明确导致的问题有可能在项目后期才能发现，但损失已经造成。

螺旋模型特别适用于庞大而复杂的、高风险的系统。

喷泉模型主要用于描述面向对象的开发过程，体现了面向对象开发过程的迭代和连续性。

答案：A　D

2. 某软件公司欲开发一个图像处理系统，在项目初期开发人员对需求并不确定的情况下，采用（　　）方法比较合适。

　　A．瀑布式　　　　B．快速原型　　　　C．协同开发　　　　D．形式化

解析：快速原型法从需求收集开始，开发者和客户一起定义软件的总体目标，标识出已知的需求，并规划出需要进一步定义的区域，适用于对需求并不确定的情况。

在需求明确和稳定的前提下，才能使用瀑布模型开发项目。

答案：B

3. 螺旋模型是一种演进式的软件过程模型，结合了原型开发方法的系统性和瀑布模型的可控性特点。它有两个显著特点，一是采用（　　）的方式逐步加深系统定义和实现的深度，降低风险；二是确定一系列（　　），确保项目开发过程中的相关利益者都支持可行的和令人满意的系统解决方案。

　　A．逐步交付　　　　B．顺序　　　　C．循环　　　　D．增量

　　A．实现方案　　　　B．设计方案　　　　C．关键点　　　　D．里程碑

解析：螺旋模型将瀑布模型和快速原型模型结合起来，强调了其他模型所忽视的风险分析，特

别适用于大型复杂的系统，它的特点之一是循环反复。在螺旋模型演进式的过程中，确定一系列的里程碑，以确保项目朝着正确的方向前进，同时降低风险。

答案：C D

4. 在多年从事信息系统开发的经验基础上，某单位总结了几种典型信息系统项目生命周期模型最主要的特点，如下表所示，表中的第一列分别是（　　）。

生命周期模型	特点
①	软件开发是一系列的增量发布，逐步产生更完善的版本，强调风险分析
②	分阶段进行，一个阶段的工作得到确认后，继续进行下一个阶段，否则返回前一个阶段
③	分阶段进行，每个阶段都执行一次传统的、完整的串行过程，其中都包括不同比例的需求分析、设计、编码和测试等活动

  A．①瀑布模型　　②迭代模型　　③螺旋模型
  B．①迭代模型　　②瀑布模型　　③螺旋模型
  C．①螺旋模型　　②瀑布模型　　③迭代模型
  D．①螺旋模型　　②迭代模型　　③瀑布模型

解析：信息系统生命周期模型包括瀑布模型、螺旋模型、迭代模型等。

瀑布模型中具有以下特点：分阶段进行，一个阶段的工作得到确认后，继续进行下一个阶段，否则返回前一个阶段。

在螺旋模型中，软件开发是一系列的增量发布。螺旋模型强调了风险分析，特别适用于庞大而复杂的、高风险的系统。

迭代模型在大多数传统的生命周期中分阶段进行，每个阶段都执行一次传统的、完整的串行过程，其中包括不同比例的需求分析、设计、编码和测试等活动。

答案：C

5. 螺旋模型的开发过程具有周期性重复的螺旋线状，每个开发周期由4个象限组成，分别表示开发周期的4个阶段。螺旋模型之所以特别适用于庞大而复杂的、高风险的系统开发，是因为它强调其中的（　　）阶段。

  A．制定计划　　　B．风险分析　　　C．实施工程　　　D．客户评估

解析：螺旋模型是将瀑布模型和快速原型模型结合起来，从而强调其他模型所忽视的风险分析，特别适用于大型复杂的系统。螺旋模型沿着螺线进行若干次迭代，图中的四个象限代表了制定计划、风险分析、实施工程、客户评估四个活动。螺旋模型由风险驱动，强调可选方案和约束条件，从而支持软件的重用，有助于将软件质量作为特殊目标融入产品开发之中。所以，正确选项是B。

答案：B

6. 项目基本特点中，"项目的临时性"是指（　　）。

  A．项目的工期短

B．每个项目都具有明确的开始和结束时间或标志

C．项目未来完成时间未定

D．项目可以随时取消

解析：临时性。所有的项目都是临时的，有明确的开始和结尾，并以实现特定的目标为宗旨，而这个目标也构成了衡量项目成败的客观标准。

答案：B

7．在大型项目或多项目实施的过程中，负责实施的项目经理对这些项目大都采用（　　）的方式。投资大、建设周期长、专业复杂的大型项目最好采用（　　）的组织形式或近似的组织形式。

  A．直接管理 B．间接管理 C．水平管理 D．垂直管理

  A．项目型 B．职能型 C．弱矩阵型 D．直线型

解析：由于大型项目大多可以分解为多个相互关联的、较小的项目来管理，较小的项目由其项目经理直接管理，而大型项目经理通过领导和管理多个较小项目的项目经理，实现对多个较小项目的"间接管理"。所以，（1）处的正确选项应该是 B。工作周期长、专业复杂或比较特殊的项目，投资或工程量较大的信息系统项目适于采用强矩阵式或项目式的组织形式。因此，（2）处的正确选项应该是 A。

答案：B　A

8．项目管理过程可以划分为项目启动、制定项目计划、指导和管理项目执行、监督和控制项目工作、项目收尾五个过程组。（　　）属于指导和管理项目执行过程组。

  A．建立 WBS 和 WBS 字典 B．活动排序

  C．项目质量保证 D．管理项目团队

解析：A 和 B 是规划过程组，D 是监督过程组。

答案：C

第二篇
项目管理基础知识

第3小时 项目立项管理

3.0 章节考点分析

第 3 小时主要学习项目立项管理。根据考试大纲，本学时主要涉及上午考试中的单项选择类题型，考查项目建议书、可行性研究报告、项目评估与论证的相关内容，预计分值为 3 分左右。本学时的架构如图 3-1 所示。

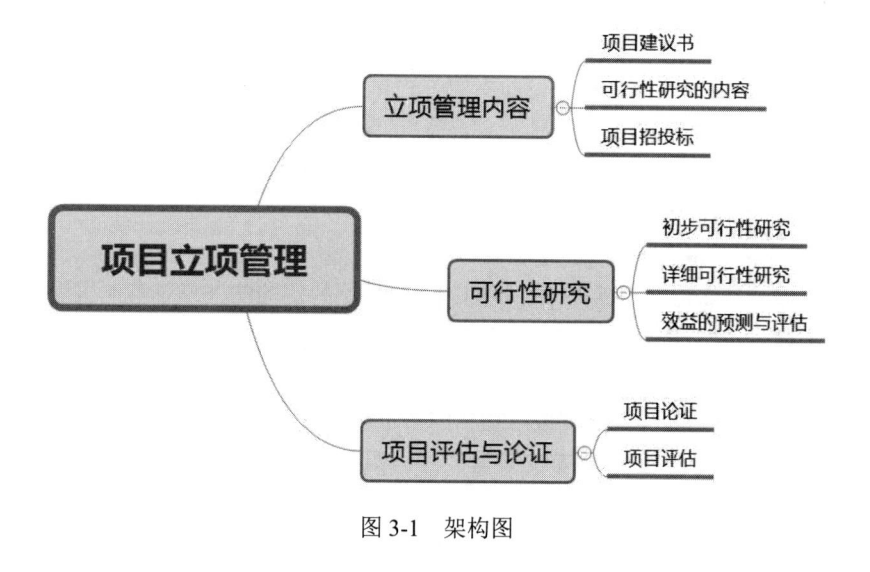

图 3-1 架构图

3.1 立项管理内容

【基础知识点】

项目立项一般包括：提交项目建议书、项目可行性研究、项目论证、项目评估、项目招标与投标、签订合同。

1．项目建议书。

项目建议书（又称立项申请）是<u>项目建设单位向上级主管部门提交</u>项目申请时所必需的文件，是该项目建设单位或项目法人，根据国民经济的发展、国家和地方中长期规划、产业政策、生产力布局、国内外市场、所在地的内外部条件、本单位的发展战略等待，提出的某一具体项目的建议文件，是对拟建项目提出的框架性的总体设想。

项目建议书的内容：

- <u>项目必要性</u>。
- <u>项目的市场预测</u>。
- <u>产品方案或服务的市场预测</u>。
- <u>项目建设必需的条件</u>。

2．可行性研究的内容。

- 投资必要性。
- 技术可行性。
- 财务可行性。
- 组织可行性。
- 经济可行性。
- 社会可行性。
- 风险因素及对策。

3．项目招投标。

（1）招标。

招标有公开招标、邀请招标。

- 公开招标：是指招标人以<u>招标公告</u>的方式邀请<u>不特定</u>的法人或者其他组织投标。
- 邀请招标：是指招标人以<u>投标邀请书</u>的方式邀请<u>特定</u>的法人或者其他组织投标。

（2）投标。

投标是指投标人应招标人的邀请，按照招标的要求和条件，在规定的时间内向招标人提交标书，争取中标的行为。注意以下说法：<u>投标文件是要约</u>；<u>招标文件是要约邀请</u>；<u>中标通知书是承诺</u>。

为防止投标人在投标后撤销或在中标后拒不签订合同，招标人通常要求投标人提供一定比例或金额的投标保证金（投标保证金≤2%，履约保证金≤10%）。

《中华人民共和国招标投标法》第二十八条规定，投标人应当在招标文件要求提交投标文件的截止时间前，将投标送达投标地点。招标人收到投标文件后，应当签收保存，不得开启。<u>投标人少于三个的，招标人应当依照本法重新招标</u>。在招标文件要求提交投标文件的截止时间后送达的投标文件，招标人应当拒收。以邮寄方式送达的，投标人必须留出邮寄时间，保证投标文件能够在截止日期之前送达招标人指定的地点，而不是以邮戳为准。在截止时间后送达的投标文件，即已经过了招标有效期的，招标人应当原封退回，不得进入开标阶段。

（3）评标。

评标由评标委员会负责。评标委员会由具有高级职称或同等专业水平的技术、经济等相关领域<u>专家、招标人和招标机构代表等 5 人以上单数组成，其中技术、经济等方面专家人数不得少于成员总数的三分之二</u>。评标委员会成员名单在评标结束公示前必须保密。

（4）选定承建方。

中标人的投标应当符合下列条件之一：
> <u>能最大限度地满足招标文件中规定的各项综合评价标准。</u>
> <u>能满足招标文件的实质性要求，并且经评审的投标价格最低；但是投标价格低于成本的除外。</u>

招标人和中标人应当自中标通知书发出之日起 <u>30 日内</u>，按照招标文件和中标人的投标文件<u>订立书面合同</u>。招标人和中标人不得再订立背离合同实质性内容的其他协议。

依法必须进行招标的项目，招标人应当自确定中标人之日起 15 天内，向有关行政监督部门提交招标情况的书面报告（政府采购法规定，政府采购规定自签订后 7 日内）。

3.2 可行性研究

【基础知识点】

可行性研究主要包括：技术可行性分析、经济可行性分析、运行环境可行性分析以及法律可行性、社会可行性等方面的内容。

一般来说，可行性研究分为初步可行性研究、详细可行性研究、可行性研究报告三个基本阶段。

1. 初步可行性研究。

初步可行性研究是对项目进行的初步评估。初步可行性研究可以形成初步可行性研究报告，该报告虽然比详细可行性研究报告粗略，但是可以对项目有全面的描述、分析和论证，所以可行性研究报告可以作为正式的文献供决策参考；也可以依据项目的初步可行性研究报告形成项目建议书，通过审查项目建议书决定项目的取舍，即通常所称的"立项"决策。

2. 详细可行性研究。

投资前时间有四个阶段：机会研究、初步可行性研究、详细可行性研究、评估与决策。在实际工作中，前三个阶段依项目的规模和**繁**简程度可把前两个阶段省略或合二为一，<u>但详细可行性研究是不可缺少的</u>。升级改造项目只进行初步和详细研究，小项目一般只进行详细可行性研究。

详细可行性研究的方法：经济评价法、市场预测法、投资估算法（包括：指数估算法、因子估算法、单位能力投资估算法）、增量净效益法（有无比较法）。

详细可行性研究的内容如下：

（1）概述：提出项目开发的背景、必要性和经济意义等。

（2）需求确定：调查客户需求，技术分析，确定项目规模、目标、产品、方案、发展方向等。

（3）现有资源、设施情况分析。

（4）设计（初步）技术方案。

（5）项目实施进度计划建议。

（6）投资估算和资金筹措计划。

（7）项目组织、人力资源、技术培训计划。

（8）经济和社会效益分析（效果评价）。

（9）合作/协作方式。

3．效益的预测与评估。

学生在进行项目的可行性分析时，经常为"收益分析"发愁。项目的效益表现形式各不相同，包括直接效益和间接效益；经济效益和社会效益；近期效益和远期效益；显性效益和隐性效益；微观效益和宏观效益。

效益量化及计算的六种方法：函数求解法；相关关系法；模糊数字法；专家意见法（德尔菲法）；成本降低法；利润增加法。

3.3 项目的评估与论证

【基础知识点】

1．项目论证。

"先论证，后决策"是现代项目管理的基本原则。项目论证应该围绕着市场需求、开发技术、财务经济三个方面展开调查和分析。市场是前提，技术是手段，财务经济是核心。

项目论证的作用：

- 项目论证是确定项目是否实施的依据。
- 项目论证是筹措资金、向银行贷款的依据。
- 项目论证是编制计划、设计、采购、施工以及机构设备、资源配置的依据。
- 项目论证是防范风险、提高项目效率的重要保证。
- 项目论证一般分为以下三个阶段：机会研究；初步可行性研究；详细可行性研究三个阶段。对各个阶段的工作内容、费用、准确性要求，如表3-1所示。

2．项目评估。

项目评估指在项目可行性研究的基础上，由第三方（国家、银行或有关机构）进行的评估过程。其目的是审查项目可行性研究的可靠性、真实性和客观性，为银行的贷款决策或行政主管部门的审批决策提供科学依据。

表 3-1 项目论证的阶段划分

阶段	工作内容	费用	误差控制
机会研究	寻求投资机会，鉴别投资方向	占总投资的 0.2%～1%	±30%
初步可行性研究	初步判断项目是否有生命力，能否盈利	占总投资的 0.25%～1.5%	±20%
详细可行性研究	详细技术经济论证，在多方案比较的基础上选择出最优方案	中小项目占总投资的 1%～3% 大项目占总投资的 0.2%～1%	±10%

3.4 练习题

1. 根据《中华人民共和国招标投标法》，招标人和中标人应当自中标通知书发出之日起（　　）日内，按照招标文件和中标人的投标文件订立书面合同。

  A. 30   B. 20   C. 15   D. 10

解析：《中华人民共和国招标投标法》第四十六条：招标人和中标人应当自中标通知书发出之日起 30 日内，按照招标文件和中标人的投标文件订立书面合同。招标人和中标人不得再行订立背离合同实质性内容的其他协议。招标文件要求中标人提交履约保证金的，中标人应当提交。

答案：A

2. 项目经理小李依据当前技术发展趋势和所掌握的技术能否支撑该项目的开发，进行可行性研究。小李进行的可行性研究属于（　　）。

  A. 经济可行性分析   B. 技术可行性分析

  C. 运行环境可行性分析 D. 其他方面的可行性分析

解析：从题干中的"依据当前技术发展趋势和所掌握的技术能否支撑该项目的开发"可以判断为技术可行性研究。

答案：B

3. 某系统开发项目邀请第三方进行项目评估，（　　）不是项目评估的依据。

  A. 项目建议书及其批准文件

  B. 项目可行性研究报告

  C. 报送单位的申请报告及主管部门的初审意见

  D. 项目变更管理策略

解析：评估依据包括：

（1）项目建议书及其批准文件

（2）项目可行性研究报告

（3）报送单位的申请报告及主管部门的初审意见

（4）有关资源、配件、燃料、水、电、资金等方面的协议文件

（5）必须的其他文件和资料

答案：D

4. 项目可行性分析是立项前的重要工作，包括技术、物资、资源、人员的可行性。在进行项目可行性分析时，需要在（　　）过程中分析人力资源的可行性。

A．经济可行性分析　　　　　　　　B．技术可行性分析

C．运行环境可行分析　　　　　　　D．法律可行性析

解析：技术可行性分析一般应当考虑：进行项目开发的风险、人力资源的有效性、技术能力的可能性、物资（产品）的可用性。

答案：B

5. 项目论证是一个连续的过程，一般包括以下步骤，正确的执行顺序是（　　）。

①收集并分析相关资料

②明确项目范围和业主目标

③拟定多种可行的实施方案并分析比较

④选择最优方案进行详细论证

⑤编制资金筹措计划和项目实施进度计划

⑥编制项目论证报告

A．①②③④⑤⑥　　B．②①③⑤④⑥　　C．①②③④⑥⑤　　D．②①③④⑥⑤

解析：项目论证是一个连续的过程，它包括提出问题、制定目标、拟定方案、分析评价、最后从多种可行的方案中选出一种比较理想的最佳方案，供投资者决策。具体来说，一般有以下七个主要步骤：

（1）明确项目范围和业主目标。主要是要明确问题，包括弄清项目论证的范围以及雇主的目标。

（2）收集并分析相关资料。包括实地调查以及技术研究和经济研究，每项研究所要包括的主要内容。需要量、价格、工业结构和竞争将决定市场机会，同时配件、能源、技术要求、运输、人力和外围工程又影响适当的技术的选择。

（3）拟定多种可行的、能够相互替代的实施方案。达到目标通常会有多种可行的方法，因而就形成了多种可行的、能够相互代替的技术方案。项目论证的主要核心点是从多种可供实施的方案中选优，因此拟定相应的实施方案就是项目论证的一项关键工作。在列出技术方案时，既不能将实际上可能实施的方案漏掉，也不能将实际上不可能实现的方案当作可行方案列进去。否则的话，要么致使最后选出的方案可能不是实际最优的方案；要么由于所提方案缺乏可靠的实际基础造成不必要的浪费。所以，在建立各种可行的技术方案时，应当根据调查研究的结果和掌握的全部资料进行全面和仔细的考虑。

（4）多方案分析、比较。方案分析与比较阶段包括分析各个可行方案在技术上、经济上的优缺点；方案的各种技术经济指标（如投资费用、经营费用、收益、投资回收期、投资收益率等）的计算分析；方案的综合评价与选优，如敏感分析以及对各种方案的求解结果进行比较、分析和评价，最后根据评价结果选择一个最优方案。

（5）选择最优方案，进一步详细全面地论证。包括进一步的市场分析，方案实施的技术要求，项目物理布局设计及服务设施、劳动力及培训，组织与经营管理，现金流量及经济财务分析，额外的效果等。

（6）编制项目论证报告、环境影响报告书和采购方式审批报告。项目论证报告的结构和内容常常有特定的要求，这些要求和涉及到的步骤在项目论证报告的编制和实施中能有助于雇主。

（7）编制资金筹措计划和项目实施进度计划。项目的资金筹措在比较方案时，已作过详细考查，其中一些潜在的项目资金会在贷款者进行可行性研究时冒出来。实施中的期限和条件的改变也会导致资金的改变，这些都应根据项目前评价报告的财务分析作出相应的调整。同时应做出一个最终的决策，以说明项目可根据协议的实施进度及预算进行。

以上步骤只是进行项目论证的一般程序，不是唯一的程序。在实际工作中，根据所研究问题的性质、条件、方法的不同，也可采用其他适合的程序。

答案：D

第 4 小时
项目整体管理

4.0 章节考点分析

第 4 小时主要学习项目整体管理知识，主要涉及项目整体管理的 6 个过程：项目章程、项目管理计划、指导与管理项目执行、项目监控、整体变更、结束项目等内容。

根据考试大纲，本小时知识点会涉及单项选择题、案例分析题、论文写作题，其中单项选择题约占 2~4 分，案例分析题属于常考重点考点，论文题也是常规出题领域之一。这部分内容侧重于理解掌握。本小时的架构如图 4-1 所示。

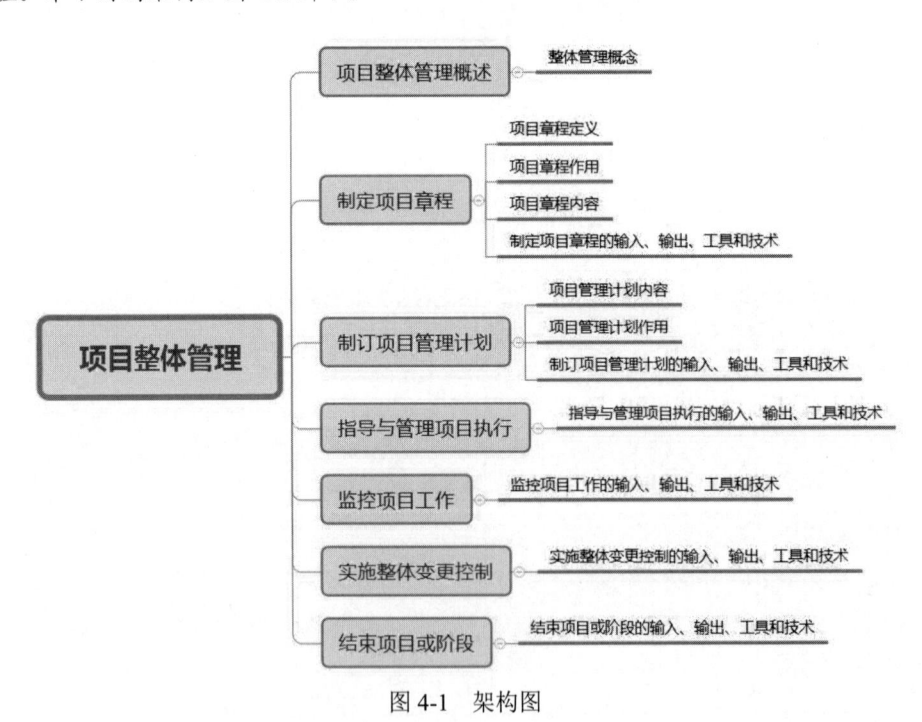

图 4-1 架构图

整体管理领域输入、输出、工具和技术表如表 4-1 所示。

表 4-1 整体管理输入、输出、工具和技术表

过程名	输入	工具和技术	输出
制定项目章程	1. 项目工作说明书 2. 商业论证 3. 协议 4. 事业环境因素 5. 组织过程资产	1. 专家判断 2. 引导技术	项目章程
制定项目管理计划	1. 项目章程 2. 其他过程的输出 3. 事业环境因素 4. 组织过程资产	1. 专家判断 2. 引导技术	项目管理计划
指导与管理项目工作	1. 项目管理计划 2. 批准的变更请求 3. 事业环境因素 4. 组织过程资产	1. 专家判断 2. 项目管理信息系统 3. 会议	1. 可交付成果 2. 工作绩效数据 3. 变更请求 4. 项目管理计划更新 5. 项目文件更新
监控项目工作	1. 项目管理计划 2. 进度预测 3. 成本预测 4. 确认的变更 5. 工作绩效信息 6. 事业环境因素 7. 组织过程资产	1. 专家判断 2. 分析技术 3. 项目管理信息系统 4. 会议	1. 变更请求 2. 工作绩效报告 3. 项目管理计划更新 4. 项目文件更新
实施整体变更控制	1. 项目管理计划 2. 工作绩效报告 3. 变更请求 4. 事业环境因素 5. 组织过程资产	1. 专家判断 2. 会议 3. 变更控制工具	1. 批准的变更请求 2. 变更日志 3. 项目管理计划更新 4. 项目文件更新
结束项目或阶段	1. 项目管理计划 2. 验收的可交付成果 3. 组织过程资产	1. 专家判断 2. 分析技术 3. 会议	1. 最终产品、服务或成果移交 2. 组织过程资产更新

4.1 项目整体管理概述

【基础知识点】

项目整体管理知识领域包括识别、确定、结合、统一与协调各项目管理过程组内不同过程与项目管理活动所需进行的各种过程和活动，是一个全局性的、综合性的管理。

4.2 制定项目章程

【基础知识点】

1．项目章程概念。

项目章程是正式批准项目的文件。由于项目章程要授权项目经理在项目活动中动用组织的资源，所以，项目经理任何时候都应在规划开始之前被委派，最好是在制定项目章程时。

项目章程的批准，标志着项目的正式启动。在项目中；应尽早确认并任命项目经理，由于项目章程将授权项目经理在项目活动中使用组织资源，项目经理应该参与制定项目章程。

项目由项目以外的人员批准，如发起人、项目管理办公室或项目组合指导委员会。项目章程经启动者签字，即标志着项目获得批准。

2．项目章程的内容。

项目章程应包含如下内容（直接列入或援引其他文件）：

（1）项目目的或批准项目的原因。

（2）可测量的项目目标和相关的成功标准。

（3）项目的总体要求。

（4）概括性的项目描述。

（5）项目的主要风险。

（6）总体里程碑进度计划。

（7）总体预算。

（8）项目审批要求（用什么标准评价项目成功，由谁对项目成功下结论，由谁来签署项目结束）。

（9）委派的项目经理及其职责和职权。

（10）发起人或其他批准项目章程的人员的姓名和职权。

3．工作说明书。

项目工作说明书：工作说明书是对应由项目提供的产品或服务的文字说明。对于内部项目，项目发起人或赞助人根据业务需求、产品或服务要求提供一份工作说明书。对于外部项目，工作说明书属于顾客招标文件的一部分，如建议邀请书、信息请求、招标邀请书或合同中的一部分。工作说明书指明如下事项之一：

（1）业务需求：组织的业务需求可能基于培训需求、市场需求、技术进步、法律要求或政府标准。

（2）产品范围说明书：是项目创造的产品或服务要求与特征的文件。

（3）战略计划：所有的项目都应支持组织的战略目标。

4．事业环境因素包括但不限于如下事项。

（1）组织或公司的文化与组成结构。

（2）政府或行业标准（如管理部门的规章制度、产品标准、质量标准与工艺标准）。

（3）基础设施（如现有的软件与硬件基础设施）。

（4）现有的人力资源（如技能、专业与知识；例如设计、开发、法律、合同发包与采购）。

（5）人事管理（如雇用与解雇指导方针、员工业绩评价与培训记录）。

（6）公司工作核准制度。

（7）市场情况。

（8）商业数据库（如标准的成本估算数据、行业风险研究信息与风险数据库）。

（9）项目管理信息系统

5．组织过程资产：组织过程资产反映了组织从以前项目中吸取的教训和学习到的知识，如完成的进度表、风险数据和实现价值数据。可以归纳为两类：①组织进行工作的过程与程序；②组织整体信息存储检索知识库。

6．财务方面的考虑向来是项目选择过程中的重要考虑因素。三个主要的项目财务价值评价方法包括净现值分析、投资收益和投资回收率分析。

（1）净现值分析：把所有预期的未来现金流入和流出都折算成现值，以计算一个项目预期的净货币收益与损失。

（2）投资收益率分析（ROI）：是将净收入除以投资额的所得值。ROI越大越好。

$$投资收益率=（总的折现收益-总的折现成本）/折现成本$$

（3）投资回收期分析：就是以净现金流入补偿净投资所用的时间。投资回收期越短越好。

7．项目启动会议是一个项目的开始，一般由项目经理负责组织和召开。召开项目启动会议的主要目的在于使项目的主要利益相关者明确项目的目标、范围、需求、背景及各自的职责与权限。

8．项目目标包括成果性目标和约束性目标。成果性目标和约束性目标之间经常发生矛盾，甚至发生冲突。具有如下特性：①项目的目标有不同的优先级；②项目目标具有层次性。

9．引导技术可用于指导项目章程的制定。头脑风暴、冲突处理、问题解决和会议管理等，都是引导者可以用来帮助团队和个人完成项目活动的关键技术。

4.3　制定项目管理计划

【基础知识点】

1．一份项目管理计划一般包括项目范围管理计划、进度管理计划、成本管理计划、质量管理计划、过程改进计划、人员配备管理计划、沟通管理计划、风险管理计划、采购管理计划等。项目管理计划详略均可。

2．项目管理计划记录了计划过程组的各个计划子过程的全部成果，包括：

（1）项目管理团队选择的各个项目管理过程。

（2）每一选定过程的实施水平。

（3）对实施这些过程时使用的工具与技术所作的说明。

（4）在管理具体项目中使用选定过程的方式和方法，包括过程之间的依赖关系和相互作用，以及重要的依据和成果。

（5）为了实现项目目标所执行工作的方式、方法。

（6）监控变更的方式、方法。

（7）实施配置管理的方式、方法。

（8）使用实施效果测量基准并使之保持完整的方式、方法。

（9）项目干系人之间的沟通需要与技术。

（10）选定的项目生命期和多阶段项目的项目阶段。

（11）高层管理人员为了加快解决遗留的问题和处理未作出的决策，对内容、范围和时间安排的关键审查。

3．在初次制订项目管理计划时，由于各方面的信息还不十分明朗，因此项目经理只需要从宏观上把握住项目的主体管理思路，切记不能理想化而期望项目管理计划一步到位。

4．项目管理信息系统是由用于归纳、综合和传播项目管理程序输出的工具和技术组成的。一个项目管理信息系统主要由两部分组成——计划系统和控制系统。

5．配置管理系统和变更控制系统是项目管理信息系统的子系统。

（1）配置管理系统：配置管理系统是整个项目管理信息系统的一个子系统。该系统包括的过程用于提交变更建议，追踪变更建议的审查与批准制度，确定变更的批准级别，以及确认批准的变更方法。配置管理系统在软件项目中具有非常重要的作用，目前常用的配置管理软件工具有 CVS、VSS、ClearCase 等。

（2）变更控制系统：变更控制系统是正式形成文件的过程的全体，用于确定控制，改变和批准项目可交付成果和文件的方式、方法。

4.4　指导与管理项目执行

【基础知识点】

1．指导与管理项目执行过程要求项目经理和项目团队采取多种行动执行项目管理计划，完成项目范围说明书中明确的工作。

2．专家判断：请一些专家过来，给项目建设提一些建议和意见。

3．工作绩效数据是在执行项目工作的过程中，从每个正在执行的活动中收集到的原始观察结果和测量值。数据是指最底层的细节，将由其他过程从中提炼出项目信息。在工作执行过程中收集数据，再交由各控制过程做进一步分析。工作绩效数据包括但不限于以下项目。

（1）表明进度绩效的状态信息。

（2）已经完成与尚未完成的可交付成果。

（3）已经开始与已经完成的计划活动。

（4）质量标准满足的程度。

（5）批准与已经开销的费用。
（6）对完成已经开始的计划活动的估算。
（7）绩效过程中的计划活动实际完成百分比。
（8）吸取并已记录且转入经验教训知识库的教训。
（9）资源利用的细节。

4．项目管理计划的更新。

项目管理计划可能需要更新如下内容：范围、进度、成本、质量管理计划，过程改进计划，人力资源管理计划，风险、采购管理计划，干系人管理计划，项目范围、成本、进度基准。

5．项目文件更新。

需要更新的项目文件可能有：需求文件、项目日志、风险登记册、干系人登记册等。

4.5 监控项目工作

【基础知识点】

1．监控项目工作过程是监视和控制启动、规划、执行和结束项目所需的各个过程。采取纠正或预防措施控制项目的实施效果。监视是贯穿项目始终的项目管理的一个方面。监视包括收集、测量、散发绩效信息，并评价测量结果和实施过程改进的趋势。连续的监视使项目管理团队能够洞察项目的状态是否正常，并识别任何可能要求给予特别注意的方面。

2．进度预测：基于实际进展与进度基准的比较而计算出进度预测，即完工尚需时间估算，通常表示为进度偏差和进度绩效指数。

3．成本预测：基于实际进展与成本基准的比较而计算出的完工尚需估算，通常表示为成本偏差和成本绩效指数。

4．确认的变更：批准的变更是实施整体变更控制过程的结果。需要对它们的执行情况进行确认，以保证它们都得到正确的落实。确认的变更用数据说明变更已得到正确落实。

5．分析技术：在项目管理中，根据可能的项目或环境变量的变化，以及它们与其他变量之间的关系，采用分析技术来预测潜在的后果。例如，可用于项目的分析技术包括：回归分析；分组方法；因果分析；根本原因分析；预测方法（如时间序列、情景构建、模拟等）；失效模式与影响分析；故障树分析；储备分析；趋势分析；挣值管理；差异分析。

6．工作绩效报告是为制定决策、采取行动或引起关注而汇编工作绩效信息所形成的实物或电子项目文件。

4.6 实施整体变更控制

【基础知识点】

1．整体变更控制过程贯穿于项目的始终。由于项目很少会准确地按照项目管理计划进行，因而变更控制必不可少。

2．整体变更控制过程中的几个配置管理活动如下。

（1）配置识别。是确定与核实产品配置、标识产品与文件、管理变更，以及保持信息公开的基础。

（2）配置状态记录。捕捉、存储和评价有效地管理产品和产品信息所需的配置信息。

（3）配置核实与审计。查明配置文件中确定的性能与功能要求已经达到。

3．整体变更控制过程包括一个负责批准或否决变更请求的变更控制委员会。

4．变更日志用来记录项目过程中出现的变更。应该与相关的干系人沟通这些变更及其对项目时间、成本和风险的影响。被否决的变更请求也应该记录在变更日志中。

4.7 结束项目或阶段

【基础知识点】

1．结束项目或阶段是完结所有项目管理过程组的所有活动，以正式结束项目或阶段的过程。本过程的主要作用是总结经验教训，正式结束项目工作，为开展新工作而释放组织资源。

2．验收的可交付成果可能包括批准的产品规范、交货收据和工作绩效文件。在分阶段实施的项目或被取消的项目中，可能包括未全部完成的可交付成果或中间可交付成果。

【补充知识点】

1．项目计划编制工作流程。

（1）明确目标。

（2）成立初步的项目团队。

（3）工作准备与信息收集。

（4）依据模板、标准编写初步的概要的项目计划。

（5）把上述计划纳入项目计划，然后对项目计划进行综合平衡、优化。

（6）项目经理负责组织编写项目计划。

（7）评审与批准项目计划。

（8）获得批准后的项目计划就是项目的基准计划。

2．编制项目计划所遵循的基本原则有：目标的统一管理、方案的统一管理、过程的统一管理、技术工作与管理工作的统一协调、计划的统一管理、人员资源的统一管理、各干系人的参与、逐步精确。

4.8 练习题

1．下列关于项目收尾与合同收尾关系的叙述，正确的是（　　）。

　　A．项目收尾与合同收尾无关　　　　　　B．项目收尾与合同收尾等同

C．项目收尾包括合同收尾和管理收尾　　D．合同收尾包括项目收尾和管理收尾

解析：项目收尾包括合同收尾和管理收尾。

答案：C

2．以下关于项目整体管理的叙述，正确的是（　　）。

  A．项目整体管理把各个管理过程看成是完全独立的

  B．项目整体管理过程是线性的过程

  C．项目整体管理是对项目管理过程组中的不同过程和活动进行识别、定义、整合、统一和协调的过程

  D．项目整体管理不涉及成本估算过程

解析：项目整体管理是一项综合性、统筹性的管理工作，它的任务是保证项目管理的各个要素之间相互协调，达到最优组合状态。

项目整体管理是对项目管理过程组中的不同过程和活动进行识别、定义、整合、统一和协调的过程，各个管理过程都不是独立的，成本估算过程也是其中一个过程。

项目整体管理是一个迭代的过程，遵循 PDCA 原则。

答案：C

3．某项目经理所在的单位正在启动一个新的项目，配备了虚拟项目小组。根据过去的经验，该项目经理认识到矩阵环境下的小组成员有时对职能经理的配合超过对项目经理的配合，因此，该项目经理决定请求单位制定（　　）。

  A．项目计划　　　　B．项目章程　　　　C．项目范围说明书　D．人力资源管理计划

解析：项目章程多数由项目出资人或项目发起人制定和发布，它给出了关于批准项目和指导项目工作的主要要求，所以它是指导项目实施和管理工作的根本大法。项目章程规定了项目经理的权限及其可使用的资源，所以项目经理应该在项目章程发布的时候就确定下来，以便他们能更好地参与确定项目的计划和目标。

答案：B

4．项目整体管理要综合考虑项目各个相关过程，围绕整体管理特点，以下说法中，（　　）是不正确的。

  A．项目的各个目标和方案可能是冲突的，项目经理要进行统一权衡

  B．项目经理要解决好过程之间重叠部分的职责问题

  C．对项目中可能不需要的过程，项目经理不用考虑

  D．项目经理要把项目的可交付物与公司的运营结合起来

解析：大多数有经验的项目管理人员知道并不存在一个唯一的管理项目的方法。为了取得期望的项目绩效，他们在不同的顺序和程度上应用项目管理知识、技术和需要的过程。然而，不需要一个特定的过程并不意味着不去确定过程。项目经理和项目团队必须针对每个特定项目，确定其中的每一个过程及其实施程度。

答案：C

5．某系统集成项目的项目经理在制定项目章程时，必须考虑涉及并影响项目的环境和组织因素，下列（　　）不属于环境和组织因素的内容。

　　A．公司文化和结构　　　　　　　B．员工绩效评估记录

　　C．变更控制流程　　　　　　　　D．项目管理信息系统

解析：在制定项目章程时候，必须考虑某些或所有涉及并影响项目成功地组织环境和组织的因素系统。这些因素和系统包括：①组织或公司文化和结构；②政府或行业标准（如规章制度、产品标准、质量标准、劳务关系标准）；③基础设施，如已存在的设施和固定资产；④现有的人力资源，如技能、专业知识（设计、开发、法律、合同和采购）；⑤人力资源管理，如招聘和解聘的指导方针，员工绩效评估和培训记录等；⑥市场条件；⑦项目关系人对风险的容忍度；⑧商业数据库，如业界的风险研究信息和风险数据库、成本预算数据等；⑨项目管理信息系统，如一个自动工具集、一个与配置管理系统相结合的进度制定工具。

答案：C

6．以下关于项目章程的概述中，正确的是（　　）

　　A．项目章程与合同内容是一致的　　B．项目章程要由项目经理发布

　　C．项目章程要明确项目在组织中的地位　D．项目章程就是一个程序文件

解析：项目章程的主要作用包括正式宣布项目的存在，对项目的开始实施赋予合法地位；确保项目成功实现目标；粗略地规定项目的范围；正式任命项目经理，授权其使用组织的资源开展项目活动。

答案：C

7．项目工作说明书是对项目所需要提供的产品、成果或服务的描述。其内容一般不包括（　　）。

　　A．业务要求　　B．产品范围描述　　C．项目目标　　D．技术可行性分析

解析：项目工作说明书包括以下内容：

（1）业务需求。组织的业务需要可基于市场需求、技术进步、法律要求、政府法规或环境考虑。通常会在商业论证中进行业务需要和成本效益分析，对项目进行论证。

（2）产品范围描述。记录项目所需产出的产品、服务或成果的特征，以及这些产品、服务或成果与项目所对应的业务需要之间的关系。

（3）战略计划。战略计划文件记录了组织的愿景、目的和目标，也可以包括高层级的使命阐述。所有项目都应该支持组织的战略计划。确认项目符合战略计划，才能确保每个项目都能为组织的整体目标做贡献。

答案：D

8．通常在（　　）之前任命项目经理比较合适。

　　A．可研过程　　　　　　　　　　B．签订合同

　　C．招投标　　　　　　　　　　　D．开始制订项目计划

解析：组织根据项目的特点和要求，为项目指派合适的项目经理，同时为项目经理颁发正式的项目经理任命书。组织通常在项目启动会议中公布对项目经理的正式任命以及为项目经理颁发任命

书。所以一般在开始制定项目计划前任命项目经理。

答案：D

9．项目经理对项目负责，其正式权利由（   ）获得。

  A．项目工作说明书   B．成本管理计划

  C．项目资源日历   D．项目章程

解析：考查的是项目章程的作用，项目章程为项目经理授权。

答案：D

第5小时
项目范围管理

5.0 章节考点分析

第 5 小时主要学习项目范围管理知识，主要涉及项目范围管理的六个过程：规划范围管理、收集需求、定义范围、创建工作分解结构、确认范围、控制范围等内容。

根据考试大纲，本小时知识点会涉及单项选择题、案例分析题、论文写作题，其中单项选择题约占 2~4 分，案例分析题属于常考重点考点，论文也是常规出题领域之一。这部分内容侧重于理解掌握。本小时的架构如图 5-1 所示。

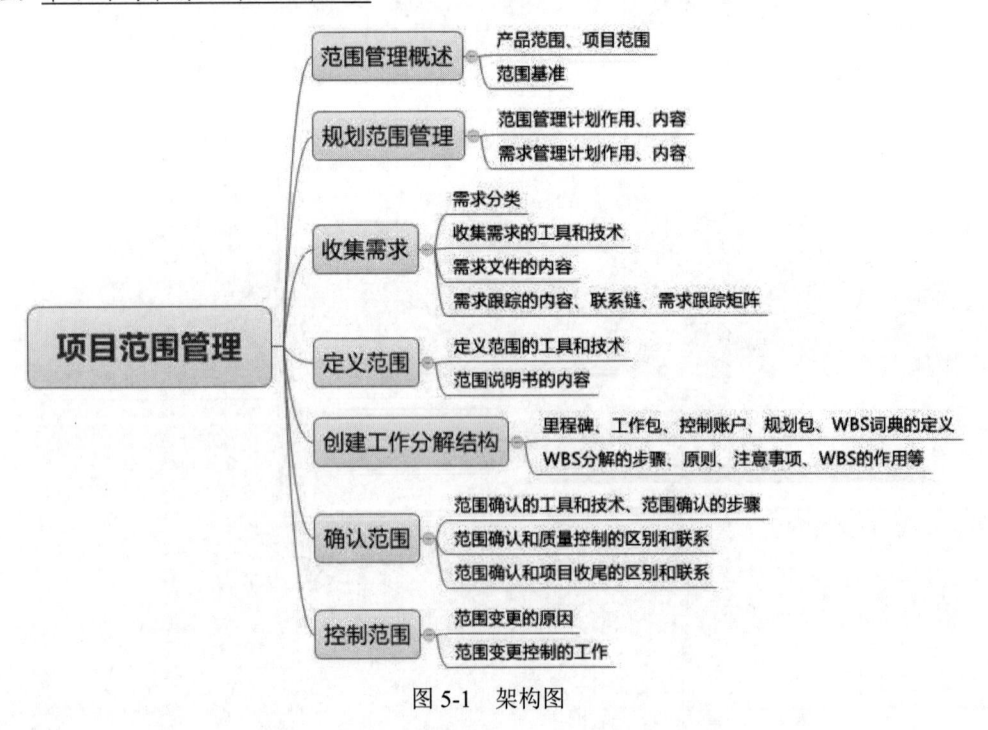

```
                   ┌─ 范围管理概述 ──┬─ 产品范围、项目范围
                   │                └─ 范围基准
                   │
                   ├─ 规划范围管理 ──┬─ 范围管理计划作用、内容
                   │                └─ 需求管理计划作用、内容
                   │
                   │                ┌─ 需求分类
                   │                ├─ 收集需求的工具和技术
                   ├─ 收集需求 ─────┼─ 需求文件的内容
                   │                └─ 需求跟踪的内容、联系链、需求跟踪矩阵
  项目范围管理 ────┤
                   ├─ 定义范围 ─────┬─ 定义范围的工具和技术
                   │                └─ 范围说明书的内容
                   │
                   ├─ 创建工作分解结构┬─ 里程碑、工作包、控制账户、规划包、WBS词典的定义
                   │                 └─ WBS分解的步骤、原则、注意事项、WBS的作用等
                   │
                   │                ┌─ 范围确认的工具和技术、范围确认的步骤
                   ├─ 确认范围 ─────┼─ 范围确认和质量控制的区别和联系
                   │                └─ 范围确认和项目收尾的区别和联系
                   │
                   └─ 控制范围 ─────┬─ 范围变更的原因
                                    └─ 范围变更控制的工作
```

图 5-1 架构图

范围管理领域输入、输出、工具和技术表如表 5-1 所示。

表 5-1 范围管理输入、输出、工具和技术表

过程名	输入	工具和技术	输出
规划范围管理	1. 项目管理计划 2. 项目章程 3. 事业环境因素 4. 组织过程资产	1. 专家判断 2. 会议	1. 范围管理计划 2. 需求管理计划
收集需求	1. 范围管理计划 2. 需求管理计划 3. 干系人管理计划 4. 项目章程 5. 干系人登记册	1. 访谈 2. 焦点小组 3. 引导式研讨会 4. 群体创新技术 5. 群体决策技术 6. 问卷调查 7. 观察 8. 原型法 9. 标杆对照 10. 系统交互图 11. 文件分析	1. 需求文件 2. 需求跟踪矩阵
定义范围	1. 范围管理计划 2. 项目章程 3. 需求文件 4. 组织过程资产	1. 专家判断 2. 产品分析 3. 备选方案生成 4. 引导式研讨会	1. 项目范围说明书 2. 项目文件更新
创建 WBS	1. 范围管理计划 2. 项目范围说明书 3. 需求文件 4. 事业环境因素 5. 组织过程资产	1. 分解 2. 专家判断	1. 范围基准 2. 项目文件更新
确认范围	1. 项目管理计划 2. 需求文件 3. 需求跟踪矩阵 4. 核实的可交付成果 5. 工作绩效数据	1. 检查 2. 群体决策技术	1. 验收的可交付成果 2. 变更请求 3. 工作绩效信息 4. 项目文件更新
控制范围	1. 项目管理计划 2. 需求文件 3. 需求跟踪矩阵 4. 工作绩效数据 5. 组织过程资产	偏差分析	1. 工作绩效信息 2. 变更请求 3. 项目管理计划更新 4. 项目文件更新 5. 组织过程资产更新

5.1 范围管理概述

【基础知识点】

1. 项目范围管理就是要做范围内的事，而且只做范围内的事，既不少做也不多做。项目范围管理需要做以下三个方面的工作：①明确项目边界；②对项目执行工作进行监控；③防止项目范围发生蔓延。

2. 产品范围是指产品或者服务所应包含的功能，项目范围是指为了能够交付产品，项目所必须做的工作。产品范围是项目范围的基础，产品范围的定义是产品要求的描述；而项目范围的定义是产生项目管理计划的基础。判断项目范围是否完成，要以范围基准来衡量；而产品范围是否完成，则根据产品是否满足了产品描述来判断。产品范围描述是项目范围说明书的重要组成部分，因此，产品范围变更后，首先受到影响的是项目的范围。

3. 项目的范围基准是经过批准的项目范围说明书、WBS 和 WBS 词典。

5.2 规划范围管理

【基础知识点】

1. 规划范围管理是编制范围管理计划，书面描述将如何定义、确认和控制项目范围的过程，其主要作用是在整个项目中对如何管理范围提供指南和方向。

2. 范围管理计划是制定项目管理计划过程和其他范围管理过程的主要输入，包括如下内容：

（1）如何制定项目范围说明书。
（2）如何根据范围说明书创建 WBS。
（3）如何维护和批准 WBS。
（4）如何确认和正式验收已完成的项目可交付成果。
（5）如何处理项目范围说明书的变更，该工作与实施整体变更控制过程直接相联。

项目范围管理计划可能在项目管理计划之中，也可能作为单独的一项。根据不同的项目，可以是详细的或者概括的，可以是正式的或者非正式的。

3. 需求管理贯穿于整个过程，其最基本的任务就是明确需求，并使项目团队和用户达成共识，即建立需求基线。另外，还要建立需求跟踪能力联系链，确保所有用户需求都被正确地应用，并且在需求发生变更时，能够完全控制其影响范围，始终保持产品与需求的一致性。

4. 需求管理计划描述在整个项目生命周期内如何分析、记录和管理需求。主要包括以下内容：

（1）如何规划、跟踪和汇报各种需求活动。
（2）需求管理需要使用的资源。
（3）培训计划。
（4）项目干系人参与需求管理的策略。

（5）判断项目范围与需求不一致的准则和纠正规程。

（6）需求跟踪结构，即哪些需求属性将列入跟踪矩阵，并可在其他哪些项目文件中追踪到这些需求。

（7）配置管理活动。

5.3 收集需求

【基础知识点】

1．收集需求是为实现项目目标而确定、记录并管理干系人的需要和需求的过程，其作用是为定义和管理项目范围（包括产品范围）奠定基础。

2．需求的分类。

（1）业务需求：整个组织的高层级需要，如解决业务问题或抓住业务机会，以及实施项目的原因。

（2）干系人需求：是指干系人或干系人群体的需要。

（3）解决方案需求：是为满足业务需求和干系人需求，产品、服务或成果必须具备的特性、功能和特征。解决方案需求又进一步分为功能需求和非功能需求。功能需求是关于产品能开展的行为，如流程、数据以及与产品的互动等。非功能需求是对功能需求的补充，是产品正常运行所需的环境条件或质量，如可靠性、安全性、性能、服务水平等。

（4）过渡需求：从当前状态过渡到将来状态所需的临时能力，如数据转换和培训需求。

（5）项目需求：项目需要满足的行动、过程或其他条件。

（6）质量需求：用于确认项目可交付成果的成功完成或其他项目需求的实现的任何条件或标准。QFD对质量需求进行了细分，分为基本需求、期望需求和意外需求。

3．收集需求的工具与技术主要有访谈、焦点小组、引导式研讨会、群体创新技术、多标准决策分析、群体决策技术、问卷调查、观察、原型法、标杆对照、系统交互图、文件分析等。

（1）访谈：通过与干系人直接交谈来获取信息的正式或非正式的方法，是最基本的一种收集需求的手段。

（2）焦点小组：将预先选定的干系人和主题专家集中在一起，了解他们对所提议产品、服务或成果的期望和态度。由一位受过训练的主持人引导大家进行互动式讨论。焦点小组往往比一对一的访谈更加热烈。焦点小组是一种群体访谈而非一对一访谈，可以有6～10个被访谈者参加。针对访谈者提出的问题，被访谈者之间开展互动式讨论，以求得到更有价值的意见。

（3）引导式研讨会：邀请主要的跨职能干系人一起参加会议。引导式研讨会对产品需求进行集中讨论与定义。研讨会是快速定义跨职能需求和协调干系人差异的重要技术。由于群体互动的特点，被有效引导的研讨会有助于建立信任、促进关系、改善沟通，从而有利于参加者达成一致意见。该技术的另一个好处是，能够比单项会议更快地发现和解决问题。

（4）群体创新技术：是指可以组织一些群体活动来识别项目和产品需求，包括头脑风暴法、名义小组技术、德尔菲技术、概念/思维导图、亲和图和多标准决策分析等。

1）头脑风暴法：各抒己见。

2）名义小组技术：通过投票来选出最有用的创意，以便进行进一步的头脑风暴或优先排序。名义小组技术是头脑风暴法的深化应用，是更加结构化的头脑风暴法。

3）德尔菲技术：经过多次综合各专家的观点，最终形成一个各专家都认可的方案。可以防止个人的观点被不正确地放大。

4）概念/思维导图：是用一张简单的图将从头脑风暴中获得的创意联系起来，以反映这些创意之间的共性与差异，从而引导出新的创意。

5）亲和图：又称为 KJ 法，是针对某一问题，充分收集各种经验、知识、想法和意见等语言、文字资料，通过图解方式进行汇总，并按其相互亲和性归纳整理这些资料，使问题明确起来，求得统一认识，以利于解决的一种方法。亲和图的核心是头脑风暴法，是根据结果去找原因。

6）多标准决策分析：是借助决策矩阵，用系统分析方法建立诸如风险水平、不确定性和价值收益等多种标准，从而对众多方案进行评估和排序的一种技术。

（5）群体决策技术：是为达成某种期望结果而对多个未来行动方案进行评估。群体决策技术可用来开发产品需求，以及对产品需求进行归类和优先排序。

（6）问卷调查：是指通过设计书面问题，向为数众多的受访者快速收集信息。

（7）观察：直接观察个人在各自的环境中如何开展工作和实施流程。

（8）原型法：是一种根据干系人初步需求，利用产品开发工具，快速建立一个产品模型展示给干系人，在此基础上与干系人交流，最终实现干系人需求的产品快速开发的方法。

（9）标杆对照：将实际或计划的做法与其他类似组织的做法（如流程、操作过程等）进行比较，以便识别最佳实践，形成改进意见，并为绩效考核提供依据。标杆对照所采用的"类似组织"可以是内部组织，也可以是外部组织。

（10）系统交互图：是对产品范围的可视化描述，显示系统（过程、设备、信息系统等）与参与者（用户、独立于本系统之外的其他系统）之间的交互方式。系统交互图显示了业务系统的输入、输入提供者、业务系统的输出和输出接收者。

（11）文件分析：就是通过分析现有文档，识别与需求相关的信息来挖掘需求。可供分析的文档很多，包括商业计划、营销文档、协议、招投标文件、建议邀请书、业务流程、逻辑数据模型、业务规则库、应用软件文档、用例文档、其他需求文档、问题日志、政策、程序和法规文件等。

4．收集需求过程的主要输出有需求文件和需求跟踪矩阵。需求文件描述各种单一的需求将如何满足与项目相关的业务需求。

5．需求文件的内容包括（但不限于）：①业务需求；②干系人需求；③解决方案需求；④项目需求；⑤过渡需求；⑥与需求有关的假设条件、依赖关系和制约因素。

6．需求管理包括在产品开发过程中维持需求一致性和精确性的所有活动，包括控制需求基线，保持项目计划与需求一致，控制单个需求和需求文档的版本情况，管理需求和联系链之间的联系，或管理单个需求和项目其他可交付物之间的依赖关系，跟踪基线中需求的状态。

7. 可跟踪性是项目需求的一个重要特征，需求跟踪是将单个需求和其他元素之间的依赖关系和逻辑联系建立跟踪，这些元素包括各种类型的需求、业务规则、系统组件及帮助文件等。可验证性是需求的最基本特性。

8. 每个配置项的需求到其涉及的产品（或构件）需求都要具有双向可跟踪性。所谓双向跟踪，包括正向跟踪和反向跟踪，正向跟踪是指检查需求文件中的每个需求是否都能在后继工作产品（成果）中找到对应点；反向跟踪也称为逆向跟踪，是指检查设计文档、产品构件、测试文档等工作成果是否都能在需求文件中找到出处。具体来说，需求跟踪涉及五种类型，如图 5-2 所示。

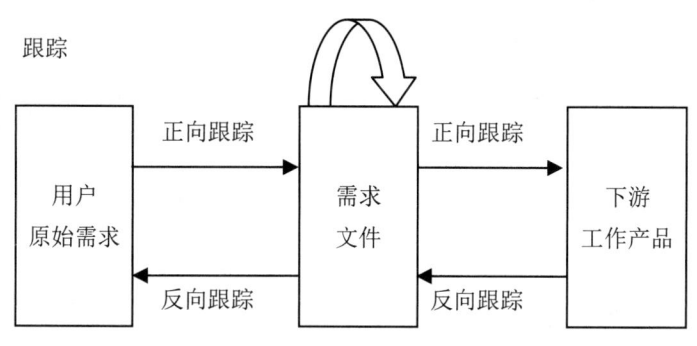

图 5-2　五类需求可跟踪

9. 箭头表示需求跟踪能力联系链，它能跟踪需求使用的整个周期，即从需求建议到交付的全过程。

10. 从用户原始需求可向前追溯到需求文件，这样就能区分出项目过程中或项目结束后由于变更受到影响的需求，也确保了需求文件中包括所有用户需求。同样，可以从需求文件回溯到相应的用户原始需求，确认每个需求的出处。

11. 由于在项目实施过程中，产品需求转变为设计和测试等实现元素，所以通过定义单个需求和特定的产品元素之间的联系链，可以从需求文件追溯到产品元素。这种联系链使项目团队成员知道每个需求对应的产品元素，从而确保产品元素满足每个需求。第四类联系链是从产品元素回溯到需求文件，使项目团队成员知道每个产品元素存在的原因。如果不能将设计元素或测试案例回溯到一个需求文件，就可能出现镀金行为。当然，如果某个孤立的产品元素表明了一个正当的功能，则说明需求文件漏掉了一项需求。

12. 第五类联系链是需求文件之间的跟踪，这种跟踪便于更好地处理各种需求之间的逻辑相关性，检查需求分解中可能出现的错误或遗漏。

13. 表示需求和其他产品元素之间的联系链的最普遍方式是使用需求跟踪（能力）矩阵，需求跟踪矩阵是将产品需求从其来源连接到能满足需求的可交付成果的一种表格，如表 5-2 所示。

14. 应在需求跟踪矩阵中记录每个需求的相关属性，这些属性有助于明确每个需求的关键信息。需求跟踪矩阵中记录的典型属性包括唯一标识、需求的文字描述、收录该需求的理由、所有者、来源、优先级别、版本、当前状态（如进行中、已取消、已推迟、新增加、已批准、已分配、已完成等）和状态日期。另外，为了确保干系人满意，可能需要增加一些补充属性，如稳定性、复杂性、验收标准等。

表 5-2 需求文件到下游工作产品的跟踪矩阵示例

用例 \ 元素	功能点	设计元素	组件	测试用例
UC-1				
UC-2				
……				
UC-n				

5.4 范围定义

【基础知识点】

1. 定义范围是制定项目和产品详细描述的过程，其主要作用是明确所收集的需求中哪些包含在项目范围内，哪些排除在项目范围外，从而明确产品、服务或成果的边界。由于在收集需求的过程中识别出的所有需求未必都包含在项目中，所以定义范围过程就要从需求文件中选取最终的项目需要，然后制定出关于项目及其产品、服务或成果的详细描述。

2. 产品分析是一种有效的工具。通常针对产品提问并回答，形成对将要开发的产品的用途、特征和其他方面的描述。

3. 备选方案生成是一种用来指定尽可能多的潜在可选方案的技术，用于识别执行项目工作的不同方法。

4. 作为定义范围过程的主要成果，项目范围说明书是对项目范围、主要可交付成果、假设条件和制约因素的描述。项目范围说明书记录了整个范围，包括项目范围和产品范围，详细描述项目的可交付成果，以及为提交这些可交付成果而必须开展的工作。

5. 项目范围说明书包括如下内容：

（1）产品范围描述。

（2）验收标准。定义可交付成果通过验收前必须满足的一系列条件，以及验收的过程。

（3）可交付成果。

（4）项目的除外责任。通常需要识别出什么是被排除在项目之外的。明确说明哪些内容不属于项目范围，有助于管理干系人的期望。

（5）制约因素。列出并说明与项目范围有关且限制项目团队选择的具体项目制约因素。

（6）假设条件。

6. 项目范围说明书的主要作用：①确定范围；②沟通基础；③规划和控制依据；④变更基础；⑤规划基础。

5.5 创建工作分解结构（WBS）

【基础知识点】

1．创建 WBS 是将项目可交付成果和项目工作分解成较小的、更易于管理的组件的过程，其主要作用是对所要交付的内容提供一个结构化的视图。

2．里程碑标志着某个可交付成果或者阶段的正式完成。重要的检查点是里程碑、重要的里程碑是基线。

3．工作包是位于 WBS 每条分支最底层的可交付成果或项目工作组成部分，工作包应该非常具体，以便承担者能明确自己的任务、努力的目标和承担的责任。工作包的大小需要遵循 8/80 原则。

4．控制账户是一种管理控制点，是 WBS 某个层次上的要素，既可以是工作包，也可以是比工作包更高层次的一个要素。如果是后一种情况，一个控制账户中就包括若干个工作包，但一个工作包仅属于一个控制账户。项目管理团队在控制账户上考核项目的执行情况，即在控制账户的相应要素下，将项目执行情况与计划情况进行比较，以便评价执行情况好坏，并发现与纠正偏差。

5．规划包是指在控制账户之下，工作内容已知但尚缺详细进度活动的 WBS 组成部分。是在控制账户之下、工作包之上的 WBS 要素，是暂时用来做计划的。随着情况的逐渐清晰，规划包最终将被分解成工作包及相应的具体活动。

6．WBS 词典，在制作 WBS 的过程中，要给 WBS 的每个部分赋予一个账户编码标识符，它们是成本、进度和资源使用信息汇总的层次结构。需要生成一些配套的文件，这些文件需要和 WBS 配套使用，称为 WBS 词典。WBS 词典也称为 WBS 词汇表，它是描述 WBS 各组成部分的文件。

7．创建 WBS 过程的工具与技术主要有分解和专家判断，要将整个项目工作分解为工作包，通常需要开展以下活动：

（1）识别和分析可交付成果及相关工作。

（2）确定 WBS 的结构和编排方法。

（3）自上而下逐层细化分解。

（4）为 WBS 组件制定和分配标识编码。

（5）核实可交付成果分解的程度是恰当的。

8．分解的原则。

（1）功能或者技术原则。在创建 WBS 时，需要考虑将不同人员的工作分开。

（2）组织结构。对于职能型的项目组织而言，WBS 也要适应项目的组织结构形式。

（3）系统或者子系统。总的系统划分为几个主要的子系统，然后对每个子系统再进行分解。

9．在进行 WBS 分解时，可以有如下三种方式：

（1）将项目生命周期的各阶段作为分解的第二层。

（2）主要可交付成果作为分解的第二层。

（3）子项目作为分解的第二层。

10．WBS 不是某个项目团队成员的责任，应该由全体项目团队成员、用户和项目干系人共同完成和一致确认。

11．较常用的 WBS 表示形式主要有分级的树型结构（组织结构图式）和表格形式（列表式）。树型结构图的 WBS 层次清晰，直观性和结构性强，但不容易修改，对大型复杂项目很难表示出项目的全貌，适用于中小型项目；表格形式的直观性比较差，但能够反映出项目的所有工作要素，适用于大型项目。

12．在分解的过程中，应该注意以下八个方面。

（1）WBS 必须是面向可交付成果的。项目的目标是提供产品或服务，仅仅是一连串特别的活动。

（2）WBS 必须符合项目的范围。WBS 必须包括也仅包括为了完成项目的可交付成果的活动。

（3）WBS 的底层应该支持计划和控制。WBS 是项目管理计划和项目范围之间的桥梁，WBS 的底层不但要支持项目管理计划，还要让管理层能够监视和控制项目的进度和预算。

（4）WBS 中的元素必须有人负责，而且只由一个人负责，尽管实际上可能需要多人参与。

（5）WBS 的指导。作为指导而不是原则，WBS 应控制在 4～6 层。当然，大项目可以超过 6 层。

（6）WBS 应包括项目管理工作，也要包括分包出去的工作。

（7）WBS 的编制需要所有（主要）项目干系人的参与，需要项目团队成员的参与。

（8）WBS 并非是一成不变的，完成了 WBS 工作后，仍然有可能需要对 WBS 进行修改。

13．当一个项目的 WBS 分解完成后，项目干系人对完成的 WBS 应该给予确认，并对此达成共识。WBS 的目的和用途主要体现在以下八个方面。

（1）明确和准确说明项目范围，项目团队成员能够清楚地理解任务的性质和需要努力的方向。

（2）清楚地定义项目的边界。

（3）为各独立单元分派人员，规定这些人员的职责，可以确定完成项目所需的技术和人力资源。

（4）针对独立单元，进行时间、成本和资源需求量的估算，提高估算的准确性。

（5）为计划、预算、进度安排和费用控制奠定共同基础，确定项目进度和控制的基准。

（6）将项目工作和项目的财务账目联系起来。

（7）确定工作内容和工作顺序，将项目分解成具体的工作任务，就可以按照工作任务的逻辑顺序来实施项目。WBS 可以使用图形化的方式来查看工作内容，任何人都能够清楚地辨别项目的阶段、工作单元，并根据实际情况进行调节和控制。

（8）有助于防止需求蔓延。

5.6　确认范围

【基础知识点】

1．确认范围是正式验收项目已完成的可交付成果的过程，其主要作用是使验收过程具有客观性，同时，通过验收每个可交付成果，提高最终产品、服务或成果获得验收的可能性。确认范围包括与客户或发起人一起审查可交付成果，确保可交付成果已圆满完成，并获得客户或发起人的正式验收。

2．确认范围的主要工具与技术是检查和群体决策技术。检查也称为审查、评审、审计、走查、巡检、测试等。

3．确认范围应该贯穿项目的始终，一般步骤如下：

（1）确定需要进行范围确认的时间。

（2）识别范围确认需要哪些投入。

（3）确定范围正式被接受的标准和要素。

（4）确定范围确认会议的组织步骤。

（5）组织范围确认会议。

通常情况下，在确认范围前，项目团队需要先进行质量控制工作。例如，在确认软件项目的范围之前，需要进行系统测试等工作，以确保确认工作的顺利完成。

4．项目干系人进行范围确认时，一般需要检查以下六个方面的问题：

（1）可交付成果是否是确定的、可确认的。

（2）每个可交付成果是否有明确的里程碑，里程碑是否有明确的、可辨别的事件。

（3）是否有明确的质量标准。

（4）审核和承诺是否有清晰的表达。

（5）项目范围是否覆盖了需要完成的产品或服务进行的所有活动，有没有遗漏或者错误。

（6）项目范围的风险是否太高，管理层是否能够降低可预见的风险发生时对项目的冲击。

5．确认范围与核实产品：核实产品是针对产品是否完成，在项目（或阶段）结束时由发起人或客户来验证，强调产品是否完整；确认范围是针对项目可交付成果，由客户或发起人在阶段末确认验收的过程。

6．确认范围与质量控制的不同之处。

（1）确认范围主要强调可交付成果获得客户或发起人的接受；质量控制强调可交付成果的正确性，并符合为其制定的具体质量要求（质量标准）。

（2）质量控制一般在确认范围前进行，也可同时进行；确认范围一般在阶段末尾进行，而质量控制并不一定在阶段末进行。

（3）质量控制属内部检查，由执行组织的相应质量部门实施；确认范围则是由外部干系人（客户或发起人）对项目可交付成果进行检查验收。

7．确认范围与项目收尾的不同之处。

（1）虽然确认范围与项目收尾工作都在阶段末进行，但确认范围强调的是核实与接受可交付成果，而项目收尾强调的是结束项目（或阶段）所要做的流程性工作。

（2）确认范围与项目收尾都有验收工作，确认范围强调验收项目可交付成果，项目收尾强调验收产品。

5.7 控制范围

【基础知识点】

1．控制范围是监督项目和产品的范围状态、管理范围基准变更的过程，其主要作用是在整个项目期间保持对范围基准的维护。

2．范围变更的原因。
（1）政府政策的问题。
（2）项目范围的计划编制不周密详细，有一定的错误或遗漏。
（3）市场上出现了或是设计人员提出了新技术、新手段或新方案。
（4）项目执行组织本身发生变化。
（5）客户对项目、项目产品或服务的要求发生变化。

3．范围变更控制的主要工作。
（1）影响导致范围变更的因素，并尽量使这些因素向有利的方面发展。
（2）判断范围变更是否已经发生。
（3）范围变更发生时管理实际的变更，确保所有被请求的变更按照项目整体变更控制过程处理。

5.8 练习题

1．需求管理的主要目的不包括（　　）。
　　A．确保项目相关方对需求的一致理解　　B．减少需求变更的数量
　　C．保持需求到最终产品的双向追溯　　D．确保最终产品与需求相符合

解析：需求管理的主要目的是确保各方对需求的一致理解，管理和控制需求的变更，从需求到最终产品的双向跟踪。对待变更的态度是将变更置于合理、规范的管理之下，而不是一味地减少变更。

答案：B

2．需求跟踪矩阵的作用是（　　）。
　　A．可以体现需求与后续工作成果之间的对应关系
　　B．固化需求，防止变更
　　C．明确项目干系人对需求的责任
　　D．对于需求复杂的项目，可以用来明确需求

解析：通过需求跟踪矩阵可以跟踪一个需求使用期限的全过程，即从需求源到实现的前后生存期。它跟踪已明确的需求的实现过程，不涉及需求开发人员的职责，也无法用于防止变更。

答案：A

3．某项目经理在公司负责管理一个产品开发项目。开始时，产品被定义为"最先进的个人运

输工具",后来被描述为"不需要汽油的先进个人运输工具"。与设计工程师进行了整夜的讨论后,被描述为"成本在15000美元以下,不需要汽油、不产生噪声的最先进的个人运输工具"。这表明产品的特征正在不断地改进、不断地调整,但是应注意将其与(　　)协调一致。

　　A．范围定义　　　　　　　　　B．项目干系人利益
　　C．范围变更控制系统　　　　　D．客户的战略计划

解析：题干所描述的内容就是范围定义的定义,对范围逐渐细化。

项目范围是为了完成具有所规定特征和功能的产品、服务或结果,而必须完成的工作。

产品范围描述了项目承诺交付的产品、服务或结果的特征。这种描述随着项目的开展,其产品特征会逐渐细化。

产品特征的改进必须在适当的范围定义下进行,特别是对有合同约束的项目。项目范围一旦定义好后就应该保持稳定,即使产品的特征在不断地改进。

答案：A

4．某软件项目实施过程中产生的一个文档的主要内容如下表所示,该文档的主要作用是(　　)。

需求标识	需求规格说明书 V1.0	设计说明书 V1.0	源代码库 SDV1.1	测试用例库 TCV1.1
功能 R001	2.1 节 6.2 节	3.2 节 8.2 节	MainFrame.java Event.java	用例 01V1.1 用例 02V1.1
功能 R002	……	……	……	……

　　A．工作分解　　　B．测试说明　　　C．需求跟踪　　　D．设计验证

解析：表示需求和其他系统元素之间的联系链最常用的方式就是需求跟踪能力矩阵。题干中的表就是这种矩阵。

答案：C

5．在某信息系统建设项目中,以下做法不正确的是(　　)。

　　A．项目经理没有制定单独的范围管理计划,而是在项目管理计划中进行了说明
　　B．进行范围定义的主要工作是确定产生所交付信息系统的过程并将结果记录下来
　　C．范围定义完成后,项目经理就开始进行 WBS 分解
　　D．WBS 分解完成后,所有项目活动被直接分解到工作包,项目组成员马上按照 WBS 的活动开展自己的工作

解析：选项 D 是不正确的。得到 WBS 后,至少还要活动定义、排序、资源估算、历时估算、制定进度计划,还要考虑分工等,才能开展自己的工作。

答案：D

6．下列属于项目范围控制活动的是的(　　)。

　　A．对项目的绩效情况进行分析,确定是否偏离设定的范围基准
　　B．对详细的范围说明书进行评审,提交客户签字确认

C．与客户充分沟通以获取项目的详细需求

D．与客户开展审查或检查活动，判断工作和交付成果是否符合设定的标准

解析：范围控制是监控项目状态，确保所有请求的变更和推荐的纠正行动，都要通过整体变更控制过程处理。当变更发生并且集成到其他控制过程时，项目范围控制也被用来管理实际的变更。

答案：A

7．甲公司拟收购乙公司以扩充自身的业务范围，张工被甲公司指定为此次收购的项目经理，首席财务官给了张工一份项目章程，介绍这次收购将如何改进公司产品的市场渗透和打开一条新的销售渠道。张工使用这份项目章程，定义了可交付成果和主要项目目标，包括成本、进度和质量测量指标，则张工准备的是（　　）。

A．范围管理计划　　B．项目计划　　C．范围说明书　　D．工作分解结构

解析：依据题目意思，张工在准备的项目范围说明书中需要说明项目目标（包含成本、进度和质量测量指标）、产品范围描述、产品验收标准、项目可交付成果、项目边界、项目制约因素和项目假设条件等材料。

答案：C

8．王工作为一个大项目的项目经理，最近将其中一个子项目分派给了一个分包商，李华是分包商的项目经理，刚刚从事项目管理工作，但是与王工比较熟悉。王工可建议李华首先（　　）。

A．遵照王工为项目制定的 WBS，直接使用王工确定的工作包来管理子项目

B．制定该子项目的 WBS

C．建立类似的编码结构，以便于应用公共项目管理信息系统

D．建立一个 WBS 词典来显示详细的人员分工

解析：大项目的 WBS 只要到子项目就可以；对于子项目，就需要进行进一步细化到工作包。而且外包出去的项目也需要进行分解。

答案：B

9．为工作包建立控制账户，并根据"账户编码"分配标记号是创建工作分解结构的最后一步，控制账户（　　）。

A．不是构成汇总成本、进度和资源信息的单元

B．是一种控制点，项目的范围、成本和进度在该点被整合

C．是设置在工作分解结构的特定技术结点

D．只包括一个工作包

解析：控制账户，简称 CA，是一种管理控制点，是工作包的规划基础。在该控制点上，把范围、成本和进度加以整合，并把它们与挣值相比较，以测量绩效。控制账户设置在工作分解结构中的特定管理结点上。每一个控制账户都可以包括一个或多个工作包，但是每一个工作包只能属于一个控制账户。

答案：B

10．某项目已制定了详细的范围说明书，并完成了 WBS 分解。在项目执行过程中，项目经理

在进行下一周工作安排的时候，发现 WBS 中遗漏了一项重要的工作，那么接下来他应该首先（   ）。

    A．组织项目组讨论，修改 WBS

    B．修改项目管理计划，并重新评审

    C．汇报给客户，与其沟通，重新编写项目文档

    D．填写项目变更申请，对产生的工作量进行估算，等待变更委员会审批

解析：发生变更要按变更控制流程来进行。

答案：D

第6小时 项目进度管理

6.0 章节考点分析

第 6 小时主要学习项目进度管理知识，主要涉及项目进度管理的 7 个过程：规划进度管理、定义活动、排列活动顺序、估算活动资源、估算活动持续时间、制订进度计划、控制进度等内容。

根据考试大纲，本小时知识点会涉及单项选择题、案例分析题、论文写作题，其中单项选择题约占 2～4 分，案例分析题属于常考重点考点，而且容易出计算题，论文也是常规出题领域之一。这部分内容侧重于理解掌握。本小时的架构如图 6-1 所示。

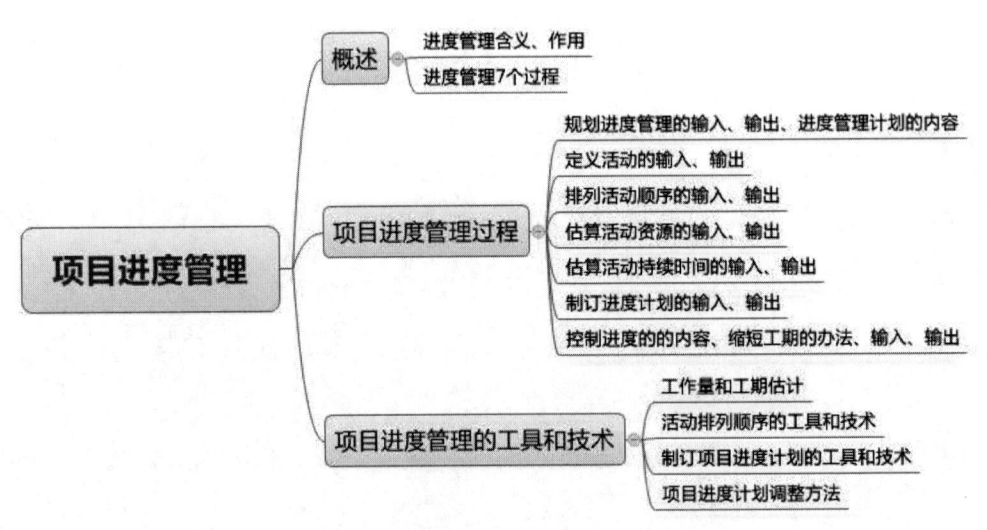

图 6-1 架构图

进度管理领域输入、输出、工具和技术表如表 6-1 所示。

表 6-1 进度管理输入、输出、工具和技术表

过程名	输入	工具和技术	输出
规划进度管理	1. 项目管理计划 2. 项目章程 3. 事业环境因素 4. 组织过程资产	1. 专家判断 2. 分析技术 3. 会议	进度管理计划
定义活动	1. 进度管理计划 2. 范围基准 3. 事业环境因素 4. 组织过程资产	1. 分解 2. 滚动式规划 3. 专家判断	1. 活动清单 2. 活动属性 3. 里程碑清单
排列活动排序	1. 进度管理计划 2. 活动清单 3. 活动属性 4. 里程碑清单 5. 项目范围说明书 6. 事业环境因素 7. 组织过程资产	1. 紧前关系绘图法 2. 确定依赖关系 3. 提前量与滞后量	1. 项目进度网络图 2. 项目文件更新
估算活动资源	1. 进度管理计划 2. 活动清单 3. 活动属性 4. 资源日历 5. 风险登记册 6. 活动成本估算 7. 事业环境因素 8. 组织过程资产	1. 专家判断 2. 备选方案分析 3. 发布的估算数据 4. 自下而上估算 5. 项目管理软件	1. 活动资源需求 2. 资源分解结构 3. 项目文件更新
估算活动持续时间	1. 进度管理计划 2. 活动清单 3. 活动属性 4. 活动资源需求 5. 资源日历 6. 项目范围说明书 7. 风险登记册 8. 资源分解结构 9. 事业环境因素 10. 组织过程资产	1. 专家判断 2. 类比估算 3. 参数估算 4. 三点估算 5. 群体决策技术 6. 储备分析	1. 活动持续时间估算 2. 项目文件更新
制订进度计划	1. 进度管理计划 2. 活动清单 3. 活动属性 4. 项目进度网络图 5. 活动资源需求 6. 资源日历 7. 活动持续时间估算	1. 进度网络分析 2. 关键路径法 3. 关键链法 4. 资源优化技术 5. 建模技术 6. 提前量与滞后量 7. 进度压缩	1. 进度基准 2. 项目进度计划 3. 进度数据 4. 项目日历 5. 项目管理计划更新 6. 项目文件更新

续表

过程名	输入	工具和技术	输出
制订进度计划	8．项目范围说明书 9．风险登记册 10．项目人员分解 11．资源分解结构 12．事业环境因素 13．组织过程资产	8．进度计划编制工具	
控制进度	1．项目管理计划 2．项目进度计划 3．工作绩效数据 4．项目日历 5．进度数据 6．组织过程资产	1．绩效审查 2．项目管理软件 3．资源优化技术 4．建模技术 5．提前量与滞后量 6．进度压缩 7．进度计划编制工具	1．工作绩效信息 2．进度预测 3．变更请求 4．项目管理计划更新 5．项目文件更新 6．组织过程资产更新

6.1 项目进度管理

【基础知识点】

1．项目进度管理包括为管理项目按时完成所需的 7 个过程，具体如下：

（1）规划进度管理：为规划、编制、管理、执行和控制项目进度而制定政策、程序和文档的过程。

（2）定义活动：识别和记录为完成项目可交付成果而需采取的具体行动的过程。

（3）排列活动顺序：识别和记录项目活动之间的关系的过程。

（4）估算活动资源：估算执行各项活动所需材料、人员、设备或用品的种类和数量的过程。

（5）估算活动持续时间：根据资源估算的结果，估算完成单项活动所需工期的过程。

（6）制订进度计划：分析活动顺序、持续时间、资源需求和进度制约因素，创建项目进度模型的过程。

（7）控制进度：监督项目活动状态、更新项目进展、管理进度基准变更，以实现计划的过程。

2．项目进度管理是指在项目实施过程中，对各阶段的进展程度和项目最终完成的期限进行的管理。

6.2 项目进度管理过程

【基础知识点】

1．进度管理计划规定：①项目进度模型制定；②准确度；③计量单位；④组织程序链接；⑤项目进度模型维护；⑥控制临界值；⑦绩效测量规则；⑧报告格式，需要规定各种进度报告的格式和编制频率；⑨过程描述，对每个进度管理过程进行书面描述。

2．为了更好地规划项目，工作包通常还应进一步细分为更小的组成部分，即"活动"。活动与工作包是一对一或多对一的关系，即有可能多个活动完成一个工作包。

3．活动清单是一份包含项目所需的全部活动的综合清单。

4．活动属性是活动清单中活动描述的扩展。活动属性包括活动编码、活动描述、紧前活动、紧后活动、逻辑关系、提前量与滞后量、资源需求、强制日期、制约因素和假设条件。

5．项目进度网络图是表示项目活动之间的逻辑关系（也叫依赖关系）的图形。

6．资源日历：资源日历是表明每种具体资源的可用工作日或工作班次的日历。

7．活动资源需求明确了工作包中每个活动所需的资源类型和数量。

8．资源分解结构（RBS）是资源依类别和类型的层级展现。

9．风险登记册：登记册提供了风险清单，以及风险分析和应对规划的结果。

10．制订可行的项目进度计划，往往是一个反复进行的过程。经批准的最终进度计划将作为基准用于控制进度过程。

11．进度基准：进度基准是经过批准的项目进度计划。

12．项目进度计划：有横道图（也称为甘特图）、里程碑图、项目进度网络图、时标逻辑图（也叫时标网络图）。

13．项目日历：在项目日历中规定可以开展活动的工作日和工作班次。

14．进度控制关注如下内容：

（1）判断项目进度的当前状态。

（2）对引起进度变更的因素施加影响，以保证这种变化朝着有利的方向发展。

（3）判断项目进度是否已经发生变更。

（4）当变更实际发生时，严格按照变更控制流程对其进行管理。

15．通常可用以下方法缩短活动的工期：

（1）赶工，投入更多的资源或增加工作时间，以缩短关键活动的工期。

（2）快速跟进，并行施工，以缩短关键路径的长度。

（3）使用高素质的资源或经验更丰富的人员。

（4）减小活动范围或降低活动要求。

（5）改进方法或技术，以提高生产效率。

（6）加强质量管理，及时发现问题，减少返工，从而缩短工期。

6.3 项目进度管理的技术和工具

【基础知识点】

1．软件开发项目通常用 LOC 衡量项目规模，LOC 指所有可执行的源代码行数。

2．类比估算法：类比估算法适合评估一些与历史项目在应用领域、环境和复杂度等方面相似的项目，通过新项目与历史项目的比较得到规模估计。类比估算法估计结果的精度取决于历史项目数据的完整性和准确度。

3．参数估算法：参数估算是一种基于历史数据和项目参数，使用某种算法来计算成本或工期的估算技术，准确性取决于参数模型的成熟度和基础数据的可靠性。参数估算可以针对整个项目或项目中的某个部分，并可与其他估算方法联合使用。

4．储备分析：在进行工作量或者工期估算时，需考虑应急储备（有时称为时间储备或缓冲时间），并将其纳入项目进度计划中，用来应对进度方面的不确定性。应急储备是包含在进度基准中的一段持续时间，与"已知－未知"风险相关。也可以估算项目所需的管理储备。管理储备是为管理控制的目的而特别留出的项目时段，用来应对项目范围中不可预见的工作。管理储备用来应对会影响项目的"未知－未知"风险。管理储备不包括在进度基准中，但属于项目总持续时间的一部分。依据合同条款，使用管理储备可能需要变更进度基准。

5．确定依赖关系：活动之间的依赖关系可能是强制性或选择性的，内部或外部的。

（1）强制性依赖关系。强制性依赖关系是法律或合同要求的，或工作的内在性质决定的依赖关系。

（2）选择性依赖关系。选择性依赖关系有时又称首选逻辑关系、优先逻辑关系或软逻辑关系。

（3）外部依赖关系。外部依赖关系是项目活动与非项目活动之间的依赖关系。这些依赖关系往往不在项目团队的控制范围内。例如，软件项目的测试活动取决于外部硬件的到货。

（4）内部依赖关系。内部依赖关系是项目活动之间的紧前关系，通常在项目团队的控制之中。例如，只有机器组装完毕，团队才能对其测试，这是一个内部的强制性依赖关系。

6．前导图法也称紧前关系绘图法，是用于编制项目进度网络图的一种方法，它使用方框或者长方形（称为结点）代表活动，结点之间用箭头连接，以显示结点之间的逻辑关系。这种网络图也称为单代号网络图，如图6-2所示。

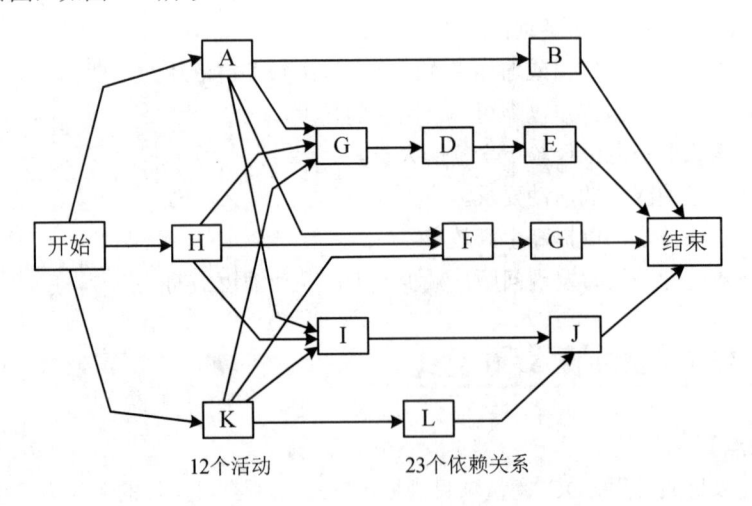

图 6-2 单代号网络图

前导图法包括活动之间存在的4种类型的依赖关系：
（1）结束—开始的关系（F-S型）　　（2）结束—结束的关系（F-F型）
（3）开始—开始的关系（S-S型）　　（4）开始—结束的关系（S-F型）
通常，每个结点的活动会有如下几个时间：
（1）最早开始时间（ES）。某项活动能够开始的最早时间。
（2）最早结束时间（EF）。某项活动能够完成的最早时间。

$$EF=ES+工期$$

（3）最迟结束时间（LF）。为了使项目按时完成，某项活动必须完成的最迟时间。
（4）最迟开始时间（LS）。为了使项目按时完成，某项活动必须开始的最迟时间。

$$LS=LF-工期$$

这几个时间通常作为每个结点的组成部分，如图6-3所示。

最早开始时间	工期	最早完成时间
活动名称		
最迟开始时间	总浮动时间	最迟完成时间

图6-3　根据英国标准BS6046所标识的结点

7．与前导图法不同，箭线图法是用箭线表示活动、结点表示事件的一种网络图绘制方法。这种网络图也被称作双代号网络图，如图6-4所示。在箭线图法中，活动的开始（箭尾）事件叫做该活动的紧前事件，活动的结束（箭头）事件叫做该活动的紧后事件。

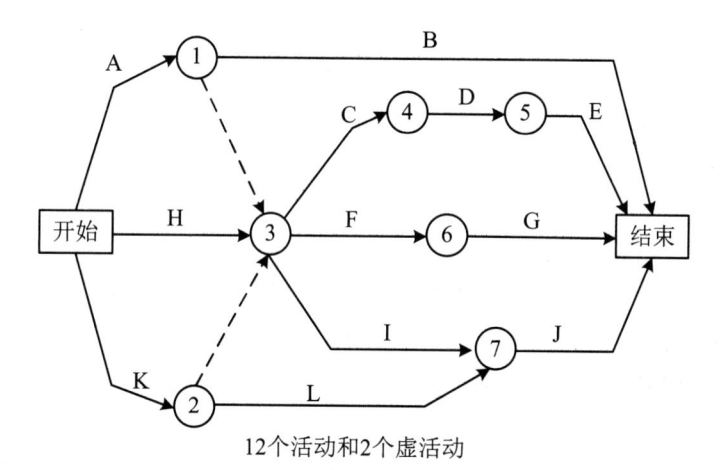

图6-4　双代号网络图

在箭线图法中，有如下三个基本原则：
（1）网络图中每一活动和每一事件都必须有唯一的一个代号，即网络图中不会有相同的代号。
（2）任两项活动的紧前事件和紧后事件的代号至少有一个不相同，结点代号沿箭线方向越来越大。

(3) 流入（流出）同一结点的活动，均有共同的紧后活动（或紧前活动）。

为了绘图的方便，在箭线图中又人为引入了一种额外的、特殊的活动，叫做虚活动，在网络图中用一个虚箭线表示。虚活动不消耗时间，也不消耗资源，只是为了弥补箭线图在表达活动依赖关系方面的不足。借助虚活动，我们可以更好地、更清楚地表达活动之间的关系，如图 6-5 所示。

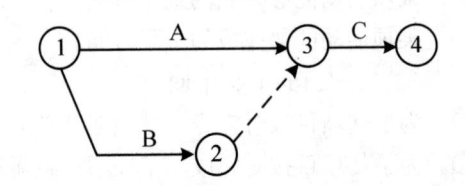

图 6-5　包含虚工作的网络图

8．制订项目计划步骤。

（1）项目描述。项目描述是用一定的形式列出项目目标、项目的范围、项目如何执行、项目完成计划等内容，是制订项目计划和绘制工作分解结构图的依据。

（2）项目分解与活动界定。为了便于制订项目各具体领域和整体计划，需将项目及其主要可交付成果分解成一些较小的，更易管理和单独完成的部分。项目分解是编制项目进度计划，进行进度管理的基础。

（3）工作描述。在项目分解的基础上，为了更明确地描述项目所包含的各项工作的具体内容和要求，需要对工作进行描述。

（4）项目组织和工作责任分配。

（5）工作排序。

（6）计算工作量。

（7）估计工作持续时间。

（8）绘制网络图。

（9）进度安排。

9．关键路径法。

最早开始时间和最晚开始时间相等的活动称为关键活动，关键活动串联起来的路径称为关键路径。进度网络图中可能有多条关键路径。在项目进展过程中，有的活动会提前完成，有的活动会推迟完成，有的活动会中途取消，新的活动可能会被中途加入，网络图在不断变化，关键路径也在不断变化之中。

在不延误项目完工时间且不违反进度制约因素的前提下，活动可以从最早开始时间推迟或拖延的时间量，就是该活动的进度灵活性，被称为"总浮动时间"。正常情况下，关键活动的总浮动时间为零。

"自由浮动时间"是指在不延误任何紧后活动的最早开始时间且不违反进度制约因素的前提下，活动可以从最早开始时间推迟或拖延的时间量。

关键路径是项目中时间最长的活动顺序，决定着可能的项目最短工期。

10．关键链法（CCM）。

关键链法是一种进度规划方法，允许项目团队在任何项目进度路径上设置缓冲，以应对资源限制和项目的不确定性。这种方法建立在关键路径法之上，考虑了资源分配、资源优化、资源平衡和活动历时不确定性对关键路径的影响。

关键链法增加了作为"非工作活动"的持续时间缓冲，用来应对不确定性。如图6-6所示，放置在关键链末端的缓冲称为项目缓冲，用来保证项目不因关键链的延误而延误。其他缓冲（即接驳缓冲）则放置在非关键链与关键链的接合点，用来保护关键链不受非关键链延误的影响。应该根据相应活动链的持续时间的不确定性，来决定每个缓冲时段的长短。一旦确定了"缓冲活动"，就可以按可能的最迟开始日期与最迟完成日期来安排计划活动。这样一来，关键链法不再管理网络路径的总浮动时间，而是重点管理剩余的缓冲持续时间与剩余的活动链持续时间之间的匹配关系。

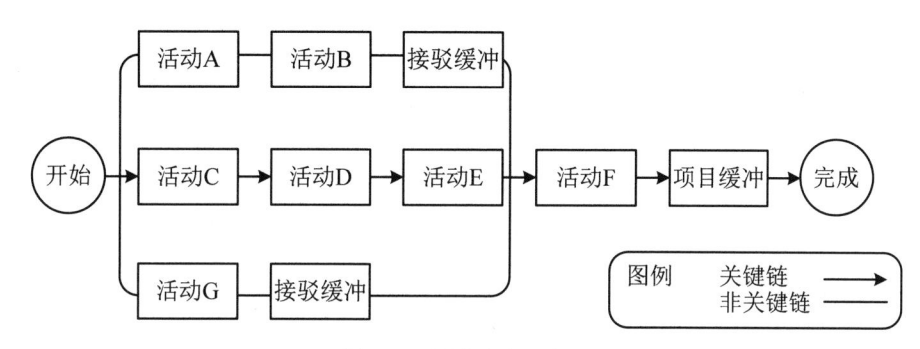

图6-6 关键链法示意图

11．资源优化技术。

资源优化技术是根据资源供需情况，来调整进度模型的技术，包括（但不限于）：

（1）资源平衡。为了在资源需求与资源供给之间取得平衡，根据资源制约对开始日期和结束日期进行调整的一种技术。如果共享资源或关键资源只在特定时间可用，数量有限或被过度分配，如一个资源在同一时段内被分配至两个或多个活动，就需要进行资源平衡。也可以为保持资源使用量处于均衡水平而进行资源平衡。资源平衡往往导致关键路径改变，通常是延长。

（2）资源平滑。对进度模型中的活动进行调整，从而使项目资源需求不超过预定的资源限制的一种技术。相对于资源平衡而言，资源平滑不会改变项目关键路径，完工日期也不会延迟。也就是说，活动只在其自由浮动时间和总浮动时间内延迟。因此，资源平滑技术可能无法实现所有资源的优化。

12．进度压缩技术。

进度压缩技术是指在不缩减项目范围的前提下缩短进度工期，以满足进度制约因素、强制日期或其他进度目标。进度压缩技术包括（但不限于）：

（1）赶工。通过增加资源，以最小的成本增加来压缩进度工期的一种技术。

（2）快速跟进。将正常情况下按顺序进行的活动或阶段改为至少是部分并行开展。快速跟进可能造成返工和风险增加。它只适用于能够通过并行活动来缩短项目工期的情况。

13．计划评审技术（PERT），又称为三点估算。

（1）乐观时间T1：任何事情都按顺序的情况下，完成某项工作的时间。

（2）最可能时间T2：正常情况下，完成某项工作的时间。

（3）悲观时间T3：最不利的情况下，完成某项工作的时间。

（4）期望时间T4：我们期望的时间。

期望时间=（乐观时间+4×最可能时间+悲观时间）/6，标准差δ=（悲观时间-乐观时间）/6

我们还要会算在某一个时间段内工作（活动）完成的概率，这就需要用到"面积法"，如图6-7所示。这些需要记住4个数据：

±1个δ的面积为68.3%（图中-1SD～1SD区域面积）；

±2个δ的面积为95%（图中-2SD～2SD区域面积）；

±3个δ的面积为99%（图中-3SD～3SD区域面积）；

另外，在期望时间内完成的概率为50%。

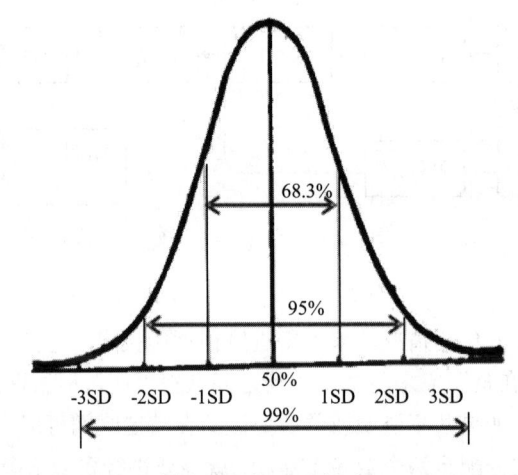

图6-7 PERT面积法

14．分析进度偏差。

当项目进度出现偏差时，应分析该偏差对后续工作及总工期的影响。

（1）分析产生进度偏差的工作是否为关键活动。若出现偏差的工作是关键活动，则无论其偏差的大小，对后续工作及总工期都会产生影响，必须进行进度计划更新；若出现偏差的工作为非关键活动，则根据偏差值与总时差和自由时差的大小关系，确定其对后续工作和总工期的影响程度。

（2）分析进度偏差是否大于总时差。如果工作的进度偏差大于总时差，则必将影响后续工作和总工期，应采取相应的调整措施；若工作的进度偏差小于或等于该工作的总时差，则表明对总工期无影响，但其对后续工作的影响，需要将其偏差与自由时差相比才能做出判断。

（3）分析进度偏差是否大于自由时差。如果工作的进度偏差大于该工作的自由时差，则会对后续工作产生影响。如何调整，应根据对后续工作影响程度而定。若工作的进度偏差小于或等于该工作的自由时差，则对后续工作无影响，进度计划可不进行调整更新。

6.4 练习题

1. 以下工程进度网络图中，若结点 0 和 6 分别表示起点和终点，则关键路径为（　　）。

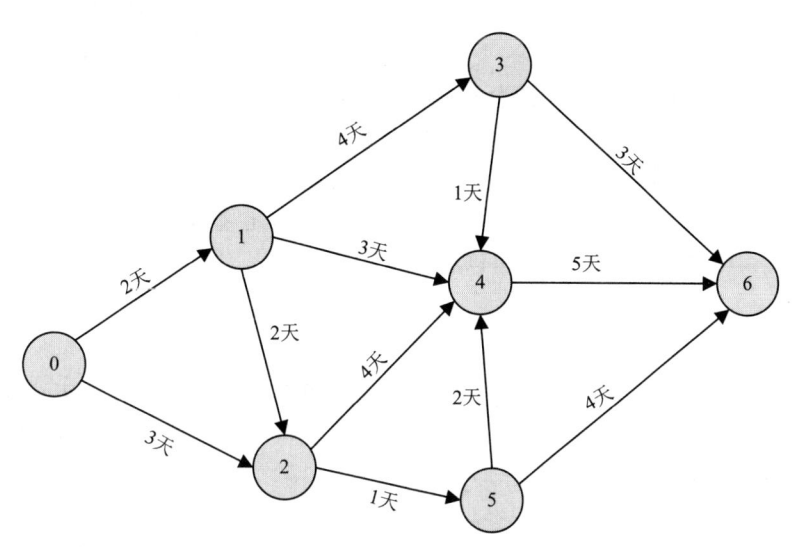

A．0→1→3→6　　　　　　　　B．0→1→4→6
C．0→1→2→4→6　　　　　　　D．0→2→5→6

解析：本题考查应试人员关键线路方面的知识。关键线路有两种定义：①在一条线路中，每个工作的时间之和等于工程工期，这条线路就是关键线路。②若在一条线路中，每个工作的时差都是零，这条线路就是关键线路。根据定义，我们可以求出关键线路是 0→1→2→4→6，所以正确答案是 C。

答案：C

2. 一项任务的最早开始时间是第 3 天，最晚开始时间是第 13 天，最早完成时间是第 9 天，最晚完成时间是第 19 天，则该任务（　　）。

A．在关键路径上　　　　　　　B．有滞后
C．进展情况良好　　　　　　　D．不在关键路径上

解析：因该任务有 10 天的浮动时间，可以断定它不在"关键路径上"。关键路径上的任务浮动时间皆为 0。题干中没有交代该项目处于哪个阶段，也没有交代该任务的基准进度和预算，因此不能断定它"有滞后"或者"进展情况良好"。

答案：D

3. 某工程包括 A、B、C、D、E、F、G 七项工作，各工作的紧前工作、所需时间以及所需人数如下表所示（假设每个人均能承担各项工作）。

工作	A	B	C	D	E	F	G
紧前工作	—	A	A	B	C、D	—	E、F
所需时间/天	5	4	5	3	2	5	1
所需人数	7	4	3	2	1	2	4

该工程的工期应为 __(1)__ 天。按此工期，整个工程最少需要 __(2)__ 人。

　　(1) A. 13　　　B. 14　　　C. 15　　　D. 16
　　(2) A. 7　　　B. 8　　　C. 9　　　D. 10

解析：先找出关键路径，关键路径为 ABDEG，则工期为 5+4+3+2+1=15 天

C、F 为非关键工作，可以通过调整 C、F 的开始时间来达到用最少的人完成工作目标。

C 只能和 B、D 并发，BC 并发需要 7 人，CD 并发需要 5 人。

ABDEG 中，A 所需人数最多，为 7 人，F 不要和 A 并发，也不能和 BC 并发，则 F 可以和 CD、E 并发。从时长上看，D、E 总长为 5，可以满足 F 的并发需求。CDF 并发需要 7 人，EF 并发需要 3 人。所以，最少 7 个人就可以完成了。

答案：C　A

4. 完成某信息系统集成项目中的一个最基本的工作单元 A 所需的时间，乐观的估计需 8 天，悲观的估计需 38 天，最可能的估计需 20 天，按照 PERT 方法进行估算，项目的工期应该为 __(1)__，在 26 天以后完成的概率大致为 __(2)__。

　　(1) A. 20　　　B. 21　　　C. 22　　　D. 23
　　(2) A. 8.9%　　B. 15.9%　　C. 22.2%　　D. 28.6%

解析：用 PERT 法，估算活动的工期=（乐观估算+4×最可能估算+悲观估算）/6=21

$$标准差=（悲观估算-乐观估算）/6=5$$

21 到 26 之间为 1 个标准差，16 到 26 之间为±1 个标准差。按正态分布规律，±1 个标准差的分布概率为 68.26%，也就是说，16 天到 26 天之间完成的概率为 68.26%，21 天到 26 天之间完成的概率为 68.26%的一半也就是 34.13%，则 26 天之后完成的概率=1-50%-34.13%=15.87%

答案：B　B

5. 以下是某工程进度网络图，如果因为天气原因，活动③→⑦的工期延后 2 天，那么总工期将延后（　　）天。

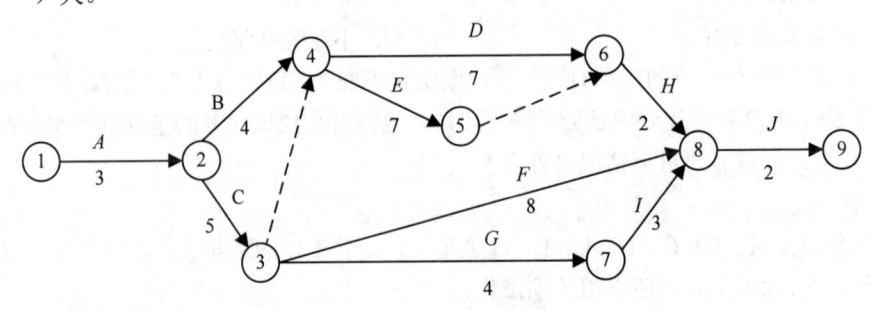

A．0 B．1 C．2 D．3

解析：首先找出本项目的关键路径为 ACDHJ 或者 ACEHJ，然后算出活动③→⑦也就是 G 的总时差为 2，所以 G 的工期延长 2 天后，关键路径并没有发生变化，工期也没有变化。

答案：A

6．资源分析人员在对某项目进行活动资源估算分析时，发现的主要问题是：该项目依赖张工的经验和个人能力，但同时张工还在其他项目中担任重要角色。为了保证项目资源的使用不发生冲突，资源分析人员在进行资源估算时应提交（　　）。

A．专家评审意见 B．活动属性
C．资源类比估算清单 D．活动资源日历

解析：活动资源估算的输出是活动资源需求、更新的活动属性、资源分解结构、更新的资源日历和变更请求。因"张工还在其他项目中担任重要角色"，因此资源分析人员在进行资源估算时应提交活动资源日历。

答案：D

7．在进行项目活动历时估算时，如果很难获得项目工作的详细信息，可采用（　　）作为项目活动历时估算的工具。

A．参数式估算法 B．类比估算法
C．预留时间估算法 D．历时的三点估算法

解析：因为不知道项目工作的详细信息，因此无法使用参数估算、预留时间估算法和历时的三点估算法。只能通过以类似的项目进行估算。

答案：B

8．制定进度计划过程中，常用于评价项目进度风险的技术是（　　）。

A．关键路径分析　B．网络图分析　C．PERT 分析　D．关键链分析

解析：PERT 分析，是根据活动工期的三种可能性，计算出活动平均工期的一种方法。最常用的 PERT 计算公式为：（最乐观工期+4×最可能工期+最悲观工期）/6。结合标准差公式，可计算出不同工期范围内完工的机会大小（某段时间范围内完成活动的可能性），常用于评价有关项目进度的风险。

答案：C

9．某项目包括的活动情况如下表所示。

活动	持续时间/天	活动	持续时间/天	活动	持续时间/天
A	4	B	3	C	4
D	2	E	3	F	4

活动 D 和活动 F 只能在活动 C 结束后开始，活动 A 和活动 B 可以在活动 C 开始后的任何时间开始，但是必须在项目结束前完成。活动 E 只能在活动 D 完成后开始，活动 B 是在活动 C 开始 1

天后才开始的，在活动 B 的过程中发生了意外事件，导致活动 B 延期 2 天，为了确保项目按时完成应（　　）

  A．为活动 B 添加更多资源　　　　　B．不需要采取任何措施

  C．为关键路径上的任务重新分配资源　　D．为活动 D 添加更多的资源

  解析：B 只要在项目结束前完成就可以，D 要 C 结束才能开始，而 E 要 D 结束才能开始，也就是工期至少需要 9 天，而 B 工期是 3 天，即使延期 2 天，算工期 5 天，C 开始 1 天后开始 B，这样 B 也可以在第 6 天完成，对工期没有影响，可不采取任何措施。

  答案：B

第7小时 项目成本管理

7.0 章节考点分析

第7小时主要学习项目成本管理知识,主要涉及项目成本管理的4个过程:规划成本、估算成本、控制预算、控制成本等内容。

根据考试大纲,本小时知识点会涉及单项选择题、案例分析题、论文写作题,其中单项选择题约占2~4分,案例属于常考重点考点,而且容易出计算题,论文也是常规出题领域之一。这部分内容侧重于理解掌握。本小时的架构如图 7-1 所示。

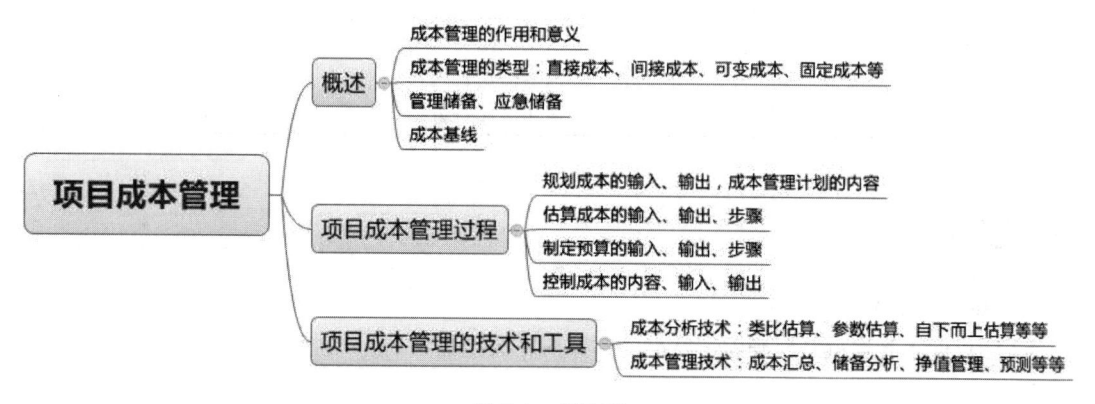

图 7-1 架构图

成本管理领域输入、输出、工具和技术表如表 7-1 所示。

表 7-1 成本管理输入、输出、工具和技术表

过程名	输入	工具和技术	输出
规划成本管理	1．项目管理计划 2．项目章程 3．事业环境因素 4．组织过程资产	1．专家判断 2．分析技术 3．会议	成本管理计划
估算成本	1．成本管理计划 2．人力资源管理计划 3．范围基准 4．项目进度计划 5．风险登记册 6．事业环境因素 7．组织过程资产	1．专家判断 2．类比估算 3．参数估算 4．自下而上估算 5．三点估算 6．储备分析 7．质量成本 8．项目管理软件 9．卖方投标分析 10．群体决策技术	1．活动成本估算 2．估算依据 3．项目文件更新
制订预算	1．成本管理计划 2．范围基准 3．活动成本估算 4．估算依据 5．项目进度计划 6．资源日历 7．风险登记册 8．协议 9．组织过程资产	1．成本汇总 2．储备分析 3．专家判断 4．历史关系 5．资源限制平衡	1．成本基准 2．项目资金需求 3．项目文件更新
控制成本	1．项目管理计划 2．项目资金需求 3．工作绩效数据 4．组织过程资产	1．挣值管理 2．预测 3．完工尚需绩效指数 4．绩效审查 5．项目管理软件 6．储备分析	1．工作绩效信息 2．成本预测 3．变更请求 4．项目管理计划更新 5．项目文件更新 6．组织过程资产更新

7.1 概述

【基础知识点】

1．项目成本管理就是要确保在批准的预算内完成项目。

2．成本的类型。

(1) 可变成本：随着生产量、工作量或时间而变的成本为可变成本。可变成本又称变动成本。

(2) 固定成本：不随生产量、工作量或时间的变化而变化的非重复成本为固定成本。

(3) 直接成本：直接可以归属于项目工作的成本为直接成本。如项目团队差旅费、工资、项

目使用的物料及设备使用费等。

（4）间接成本：来自一般管理费用科目或几个项目共同担负的项目成本所分摊给本项目的费用，就形成了项目的间接成本，如税金、额外福利和保卫费用等。

（5）机会成本：是利用一定的时间或资源生产一种商品时，而失去的利用这些资源生产其他最佳替代品的机会就是机会成本，泛指做出选择后其中一个最大的损失。

（6）沉没成本：是指由于过去的决策已经发生了，而不能由现在或将来的任何决策改变的成本。沉没成本是一种历史成本，对现有决策而言是不可控成本，会在很大程度上影响人们的行为方式与决策，在投资决策时应排除沉没成本的干扰。

3．应急储备和管理储备。

（1）应急储备是包含在成本基准内的一部分预算，用来应对已经接受的已识别风险，以及已经制定应急或减轻措施的已识别风险。应急储备通常是预算的一部分，用来应对那些会影响项目的"已知－未知"风险。例如，可以预知有些项目可交付成果需要返工，却不知道返工的工作量是多少，可以预留应急储备来应对这些未知数量的返工工作。使用前不需要得到高层管理者审批。

（2）管理储备是为了管理控制的目的而特别留出的项目预算，用来应对项目范围中不可预见的工作。管理储备用来应对会影响项目的"未知－未知"风险。管理储备不包括在成本基准中，但属于项目总预算和资金需求的一部分，使用前需要得到高层管理者审批。当动用管理储备资助不可预见的工作时，就要把动用的管理储备增加到成本基准中，从而使成本基准变更。

4．成本基准是经批准的按时间安排的成本支出计划，并随时反映了经批准的项目成本变更（所增加或减少的资金数目），被用于度量和监督项目的实际执行成本。

7.2　项目成本管理过程

【基础知识点】

1．项目成本管理的过程。

（1）规划成本：为规划、管理、花费和控制项目成本而制定政策、程序和文档的过程。

（2）估算成本：对完成项目活动所需资金进行近似估算的过程。

（3）制定预算：汇总所有单个活动或工作包的估算成本，建立一个经批准的成本基准的过程。

（4）控制成本：监督项目状态，以更新项目成本，是管理成本基准变更的过程。

2．成本管理计划是项目管理计划的组成部分，描述如何规划、安排和控制项目成本。在成本管理计划中规定：①计量单位；②精确度；③准确度；④组织程序链接；⑤控制临界值；⑥绩效测量规则；⑦报告格式；⑧过程描述；⑨其他细节。

3．项目成本估算的主要步骤。

编制项目成本估算需要进行以下三个主要步骤：

（1）识别并分析成本的构成科目。

（2）根据已识别的项目成本构成科目，估算每一科目的成本大小。

（3）分析成本估算结果，找出各种可以相互替代的成本，协调各种成本之间的比例关系。

4．活动成本估算是对完成项目工作可能需要的成本的量化估算。

5．项目预算包括经批准用于项目的全部资金。成本基准是经过批准且按时间段分配的项目预算，但不包括管理储备，如图 7-2 所示。

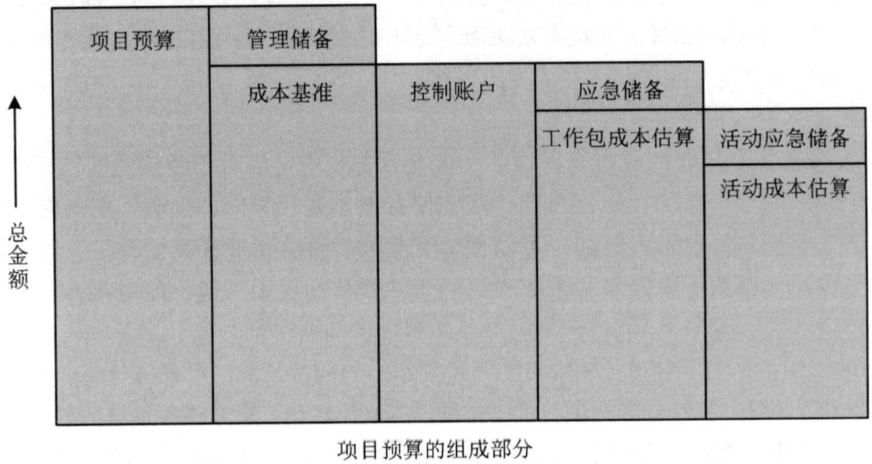

图 7-2　项目预算的组成部分

6．成本基准是经过批准的、按时间段分配的项目预算，不包括任何管理储备，只有通过正式的变更控制程序才能变更，用作与实际结果进行比较的依据。成本基准是不同进度活动经批准的预算的总和。

7．项目成本控制。

（1）对造成成本基准变更的因素施加影响。

（2）确保所有变更请求都得到及时处理。

（3）当变更实际发生时，管理这些变更。

（4）确保成本支出不超过批准的资金限额，既不超出按时段、按 WBS 组件、按活动分配的限额，也不超出项目总限额。

（5）监督成本绩效，找出并分析与成本基准间的偏差。

（6）对照资金支出，监督工作绩效。

（7）防止在成本或资源使用报告中出现未经批准的变更。

（8）向有关干系人报告所有经批准的变更及其相关成本。

（9）设法把预期的成本超支控制在可接受的范围内。

7.3 项目成本管理的技术和工具

【基础知识点】

1. 技术分析。

可用的技术包括（但不限于）：

（1）回收期：是指投资项目的未来现金净流量与原始投资额相等时所经历的时间，即原始投资额通过未来现金流量回收所需要的时间。

（2）投资回报率：是指通过投资而应返回的价值，即企业从一项投资活动中得到的经济回报。

（3）内部报酬率：又称内含报酬率（IRR）、内部收益率，是使投资项目的净现值等于零的贴现率。它实际上反映了投资项目的真实报酬。

（4）现金流贴现：就是把企业未来特定期间内的预期现金流量还原为当前现值。

（5）净现值（NPV）：是指一个项目预期实现的现金流入的现值与实施该项计划的现金支出的现值的差额。

2. 类比估算：在项目详细信息不足时，例如在项目的早期阶段，就经常使用这种技术来估算成本数值。类比估算通常成本较低、耗时较少，但准确性也较低。

3. 参数估算：利用历史数据之间的统计关系和其他变量（如建筑施工中的平方英尺）进行项目工作的成本估算。参数估算的准确性取决于参数模型的成熟度和基础数据的可靠性。

4. 自下而上估算是对工作组成部分进行估算的一种方法。首先对单个工作包或活动的成本进行最具体、细致的估算；然后把这些细节性成本向上汇总或"滚动"到更高层次，用于后续报告和跟踪。自下而上估算的准确性及其本身所需的成本，通常取决于单个活动或工作包的规模和复杂程度。

5. 三点估算：通过考虑估算中的不确定性与风险，使用三种估算值来界定活动成本的近似区间，可以提高活动成本估算的准确性：

（1）最可能成本（C_M）。对所需进行的工作和相关费用进行比较现实的估算，所得到的活动成本。

（2）最乐观成本（C_O）。基于活动的最好情况，所得到的活动成本。

（3）最悲观成本（C_P）。基于活动的最差情况，所得到的活动成本。

基于活动成本在三种估算值区间内的假定分布情况，使用公式来计算预期成本（C_E）。基于三角分布和贝塔分布的两个常用公式如下：

三角分布 $C_E = (C_O + C_M + C_P)/3$ 贝塔分布 $C_E = (C_O + 4C_M + C_P)/6$

基于三点的假定分布计算出期望成本，并说明期望成本的不确定区间。

6. 储备分析：管理储备、应急储备需要会区分。

7. 质量成本：在估算活动成本时，可能要用到关于质量成本的各种假设。

8. 卖方投标分析：在成本估算过程中，可能需要根据合格卖方的投标情况，分析项目成本。

9. 成本汇总：先把成本估算汇总到 WBS 中的工作包，再由工作包汇总到更高层次（如控制账户），最终得出整个项目的总成本。

10. 历史关系：有关变量之间可能存在一些可据以进行参数估算或类比估算的历史关系。可以基于这些历史关系，利用项目特征（参数）来建立数学模型，预测项目总成本。

11. 资金限制平衡：应该根据对项目资金的任何限制来平衡资金支出。如果发现资金限制与计划支出之间的差异，则可能需要调整工作进度计划，以平衡资金支出水平。这可以通过在项目进度计划中添加强制日期来实现。

12. 挣值分析和预测技术。

（1）计划价值 PV：是为计划工作分配的经批准的预算。它是为完成某活动或工作分解结构组件而准备的一份经批准的预算，不包括管理储备。

（2）完工预算 BAC：项目的总计划价值。

（3）挣值：挣值（EV）是对已完成工作的测量值，用分配给该工作的预算来表示。它是已完成工作的经批准的预算。

（4）实际成本：实际成本（AC）是在给定时段内，执行某工作而实际发生的成本，是为完成与 EV 相对应的工作而发生的总成本。

（5）进度偏差：进度偏差（SV）是测量进度绩效的一种指标，表示为挣值与计划价值之差。它是指在某个给定的时点，项目提前或落后的进度。公式：SV=EV-PV。SV>0，进度超前；SV<0，进度滞后。

（6）成本偏差：成本偏差（CV）是在某个给定时点的预算亏空或盈余量，表示为挣值与实际成本之差。公式：CV=EV-AC。CV>0，成本节约；CV<0，成本超支。

（7）进度绩效指数：进度绩效指数（SPI）是测量进度效率的一种指标，表示为挣值与计划价值之比。它反映了项目团队利用时间的效率。SPI 等于 EV 与 PV 的比值。公式：SPI=EV/PV。SPI>1，进度超前；SPI<1，进度滞后。

（8）成本绩效指数：成本绩效指数（CPI）是测量预算资源的成本效率的一种指标，表示为挣值与实际成本之比。公式：CPI=EV/AC。CPI>1，成本节约；CPI<1，成本超支。

（9）EAC：完工估算。

EAC=AC+BAC-EV　　　当前偏差被看作是非典型的　（非典型：知错能改）

EAC=AC+(BAC-EV)/CPI　当前偏差被看作是代表未来的典型偏差（典型：将错就错）

（10）VAC：完工偏差，是完工预算与完工估算之差。公式是 VAC=BAC-EAC。

【补充知识点】

1. 自制或外购的决定需要考虑直接成本和间接成本。

2. 成本估算人员应考虑有关风险的因素，因为风险的应对措施需要成本，风险也几乎总是增加成本和延迟进度。但在进行成本估算的时候，不需要考虑项目的盈利情况。

3. 成本预算的步骤。

（1）将项目总成本分摊到项目工作分解结构的各个工作包。分解按照自顶向下，根据占用资源数量多少而设置不同的分解权重。

（2）将各个工作包成本再分配到该工作包所包含的各项活动上。
（3）确定各项成本预算支出的时间计划及项目成本预算计划。

7.4 练习题

1．项目经理小张对自己正在做的一个项目进行成本挣值分析后，画出下图，当前时间为图中的检查日期。根据该图，小张分析：该项目进度＿＿(1)＿＿，成本＿＿(2)＿＿。

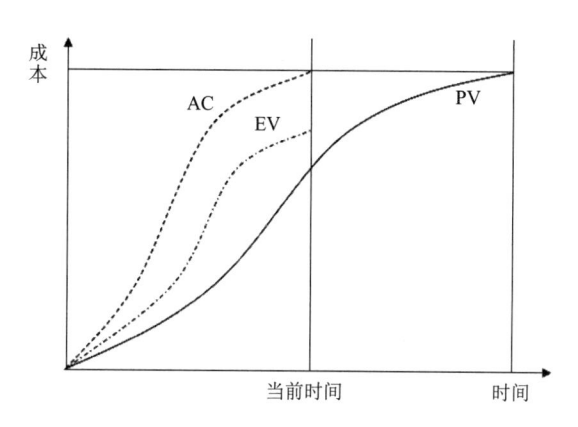

（1）A．正常　　　　B．落后　　　　C．超前　　　　D．无法判断
（2）A．正常　　　　B．超支　　　　C．节约　　　　D．无法判断

解析：由图中可以看出，在当前时间，AC>EV，CV<0，表示进展到当前的时间时，实际支出的成本大于预算支出的成本，因此成本超支；EV>PV，SV>0，表示项目的实际进度超过预算进度，因此说明进度超前。

答案：C　B

2．项目经理可以控制（　　）。
　　A．审计成本　　　　B．沉没成本　　　　C．直接成本　　　　D．间接成本

解析：
审计成本：用于审计工作所花的成本。
沉没成本：过去已经花的钱。
直接成本：直接可以归属于项目工作的成本。
间接成本：一般管理费用科目或几个项目共同分担的成本。
在以上成本中，项目经理可以控制的只有直接成本。

答案：C

3．关于系统建设项目成本预算，下列说法中不正确的是（　　）。
　　A．成本总计、管理储备、参数模型和支出合理化原则用于成本预算

B．成本基准计划是用来衡量差异和未来项目绩效的
C．成本预算过程对现在的项目活动及未来的运营活动分配资金
D．成本基准计划计算的是项目的预计成本

解析：成本基准计划计算的是项目的预计成本，是用来衡量差异和未来项目绩效的。成本预算过程对现在的项目活动分配资金，但不运营。成本总计、管理储备、参数模型和支出合理化原则用于成本预算。

答案：C

4．某信息系统集成项目的预算为 5050000 元，工期 6 周。某时间点，该项目花费 1550000 元完成了预计花费 1690000 元的工作，而计划成本是 2110000 元。则该项目的实际成本（　　）。

A．低于预算　　　　　　　　　　B．超出预算
C．符合预算　　　　　　　　　　D．提供的信息不足，无法判断

解析：AC=1550000，EV=1690000，PV=2110000，CV（成本偏差）=EV-AC＞0，表示成本节约。

答案：A

5．为了加强预算控制，成本估算建设在 WBS 的（　　）层进行。

A．最高　　　　　　　　　　　　B．最底
C．核心　　　　　　　　　　　　D．第三

解析：成本估算最准确的方法是采用自下而上成本估算法，所以要从 WBS 的最底层开始进行。最底层就是工作包。

答案：B

6．项目成本控制是指（　　）。

A．对成本费用的趋势及可能达到的水平所作的分析和推断
B．预先规定计划期内项目施工的耗费和成本要达到的水平
C．确定各个成本项比预计要达到的目标成本的降低额和降低度
D．在项目过程中，对形成成本的要素进行监督和调节

解析：成本控制主要指工程项目施工成本的过程控制。通常是指在项目施工成本的形成过程中，对形成成本的要素，即施工生产所耗费的人力、物力和各项费用开支，进行监督、调节和限制。及时预防、发现和纠正偏差，从而把各项费用控制在计划成本的预定目标之内。这通常是工程项目施工成本管理活动中不确定因素最多、最复杂、最基础也是最重要的管理内容。

答案：D

7．某项目被分解成 10 项工作，每项工作的预计花费为 10 万元，工期为 10 个月，按照进度计划，前三个月应该完成其中的 3 项工作。但是到第三个月底的时候，项目实际只完成了 2 项工作，实际花费为 30 万元。项目经理采用挣值分析的方法对该项目的绩效情况进行了分析，以下结论正确的是（　　）。

A．根据预算，前三个月的计划成本为 30 万元，实际花费也是 30 万元，说明项目成本控制得还不错，只是进度上有滞后

B．如果该项目按此成本效率执行下去，到整个项目完成时，实际花费的成本将超过预算的 50%

C．如果该项目不采取任何措施继续执行下去，实际完工工期将超期 1 个月

D．该项目目前的绩效状况不理想，但只要继续采用挣值分析的方法对项目进行监控，将会有效地防止成本超支

解析：由题目可知，PV=30，EV=20，AC=30。可计算出成本偏差 CV=EV-AC=20-30= -10，说明成本超支，故 A 错误。

如果按照此成本效率执行，则说明该项目所遇到的影响成本绩效的情况是典型的，当前的成本超过预算(30-20)/20=50%，如继续执行下去，成本将会超过预算 50%，故 B 正确。

当前进度落后计划 1 个月，若不采取纠正措施，则说明该影响是典型的，仍会影响到该项目后面的进度。所以项目整体进度会延迟更长时间，必定超过 1 个月。故 C 错误。

如果仅仅是采用挣值计算法监控项目，对项目绩效情况肯定是没有任何效果的。必须在监控项目阶段，根据挣值计算的结果，对项目的绩效情况提出纠正措施，并通过变更管理，在项目执行阶段实施纠正措施，持续关注项目绩效情况，才会有效防止成本超支。故 D 错误。

答案：B

8．成本基准是用来度量与检测项目成本绩效的按时间分配预算，下图给出了某项目期望现金流、成本基准、资金需求情况，图中区间 A 应为（　　）。

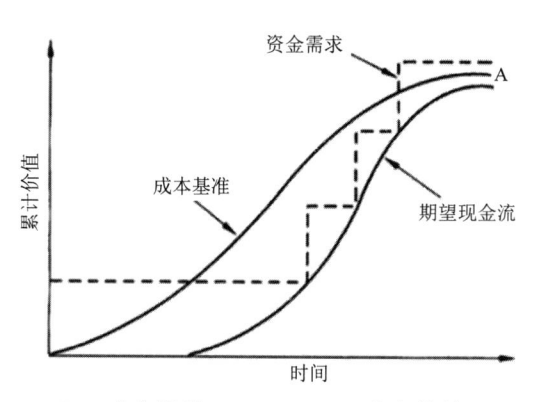

A．管理储备　　　　B．成本偏差　　　　C．进度偏差　　　　D．超出的成本

解析：最大资金需求和成本基本末端值的差异就是管理储备。

管理储备是为应对项目的未知风险所做的成本储备，归企业管理层支配和管理。管理储备一般由项目的高层管理，项目经理没有权利动用。管理储备被用于在其发生前不能知道的任意风险。管理储备不是项目成本基准的组成部分，但也许是项目预算的组成部分之一。

答案：A

9．用德尔菲法估算一个活动的成本，三个回合后的结果如下表所示（数值表示活动时间）。如果每小时的成本是 40 美元，那么可能的成本应该是（　　）美元。

	小李	小张	小潘	小冯
第一回合	25	23	16	22
第二回合	23	22	18	21
第三回合	20	21	19	20

  A．880   B．800   C．100   D．900

解析：德尔菲法要求专家组就某个观点达成一致，应该以最后一轮的结果来计算，一般理解为相对一致，即最后一轮次有几位专家意见一致的数据。20×40=800 元。

答案：B

10．项目经理在进行预算方案编制时，收集到的基础数据如下：工作包的成本估算为 40 万元；工作包的应急储备金为 4 万元；管理储备金为 2 万元。该项目的成本基准是（ ）万元。

  A．40   B．44   C．42   D．46

解析：这里主要考查管理储备是项目预算的一部分，但不是成本基准的一部分。

所以成本基准=40+4=44 万元

答案：B

第8小时 项目质量管理

8.0 章节考点分析

第 8 小时主要学习项目质量管理知识，主要涉及项目质量管理的 3 个过程：规划质量管理、实施质量保证、控制质量等内容。

根据考试大纲，本小时知识点会涉及单项选择题、案例分析题、论文写作题，其中单项选择题约占 2~4 分，案例题属于常考重点考点，论文也是常规出题领域之一。这部分内容侧重于理解掌握。本小时的架构如图 8-1 所示。

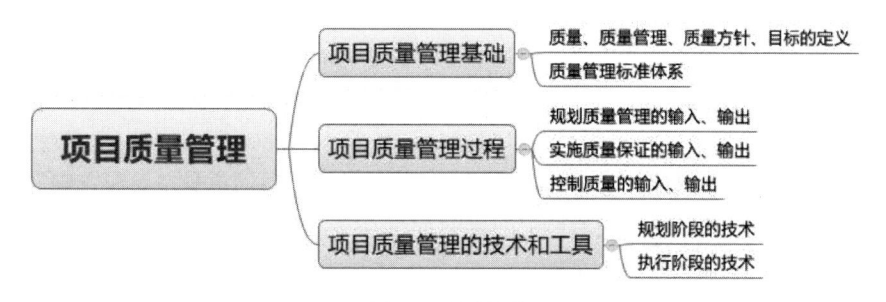

图 8-1 架构图

质量管理领域输入、输出、工具和技术表如表 8-1 所示。

表 8-1 质量管理输入、输出、工具和技术表

过程名	输入	工具和技术	输出
规划质量管理	1. 项目管理计划 2. 干系人登记册 3. 风险登记册	1. 成本效益分析 2. 质量成本 3. 七种基本质量工具	1. 质量管理计划 2. 过程改进计划 3. 质量测量指标

续表

过程名	输入	工具和技术	输出
规划质量管理	4．需求文件 5．事业环境因素 6．组织过程资产	4．标杆对照 5．实验设计 6．统计抽样 7．其他质量管理工具 8．会议	4．质量核对单 5．项目文件更新
实施质量保证	1．质量管理计划 2．过程改进计划 3．质量测量指标 4．质量控制测量结果 5．项目文件	1．质量管理与控制工具 2．质量审计 3．过程分析	1．变更请求 2．项目管理计划更新 3．项目文件更新 4．组织过程资产更新
控制质量	1．项目管理计划 2．质量测量指标 3．质量核对单 4．工作绩效数据 5．批准的变更请求 6．可交付成果 7．项目文件 8．组织过程资产	1．七种基本质量工具 2．统计抽样 3．检查 4．审计已批准的变更请求	1．质量控制测量结果 2．确认的变更 3．核实的可交付成果 4．工作绩效信息 5．变更请求 6．项目管理计划更新 7．项目文件更新 8．组织过程资产更新

8.1 质量管理基础

【基础知识点】

1．质量是"反映实体满足主体明确和隐含需求的能力的特性总和"。

2．质量管理是指确定质量方针、目标和职责，并通过质量体系中的质量规划、质量保证和质量控制以及质量改进来使其实现所有管理职能的全部活动。

3．质量方针是指"由组织的最高管理者正式发布的该组织总的质量宗旨和方向"。

4．质量目标是指"在质量方面所追求的目的"，它是落实质量方针的具体要求。

5．ISO 9000 系列的 8 项基本原则如下：

（1）以顾客为中心。

（2）领导作用。

（3）全员参与。

（4）过程方法。

（5）管理的系统方法。

（6）持续改进。

（7）基于事实的决策方法。

（8）与供方互利的关系。

6. 全面质量管理（TQM）是一种全员、全过程、全企业的品质管理。它是一个组织以质量为中心，以全员参与为基础，通过让顾客满意和本组织所有成员及社会受益而达到永续经营的目的。全面质量管理注重顾客需要强调参与团队工作，并力争形成一种文化，以促进所有的员工设法并持续改进组织所提供产品/服务的质量、工作过程和顾客反应时间等。全面质量管理有4个核心特征：全员参加的质量管理、全过程的质量管理、全面方法的质量管理和全面结果的质量管理。

7. 六西格码意为"六倍标准差"，采用DMAIC（确定、测量、分析、改进、控制）改进方法对组织的关键流程进行改进，优越之处在于从项目实施过程中改进和保证质量，而不是从结果中检验控制质量。这样做不仅减少了检控质量的步骤，而且避免了由此带来的返工成本。更为重要的是，六西格玛管理培养了员工的质量意识，并将这种质量意识融入企业文化中。

8.2 项目质量管理过程

【基础知识点】

1. 项目质量管理由3个过程组成：①规划质量管理；②实施质量保证；③控制质量。

2. 规划质量管理是识别项目及其可交付成果的质量要求和标准，并准备对策，确保符合质量要求的过程。其主要作用是，为整个项目如何管理和确认质量提供指南和方向。

3. 质量管理计划：是项目管理计划的组成部分，描述如何实施组织的质量政策，以及项目管理团队准备如何达到项目的质量要求。质量管理计划可以是正式的也可以是非正式的，可以是非常详细的也可以是高度概括的。

4. 过程改进计划：详细说明对项目管理过程和产品开发过程进行分析的各个步骤，以识别增值活动。

5. 质量测量指标：质量测量指标专用于描述项目或产品属性，以及控制质量过程如何对属性进行测量。质量测量指标包括准时性、成本控制、缺陷频率、故障率、可用性、可靠性和测试覆盖度等。

6. 质量核对单：核对单是一种结构化工具，通常具体列出各项内容，用来核实所要求的一系列步骤是否已得到执行。

7. 实施质量保证是审计质量要求和质量控制测量结果，确保采用合理的质量标准和操作性定义的过程。其主要作用是促进质量过程改进。

8. 质量保证旨在建立对未来输出或未完输出（也称正在进行的工作）在完工时满足特定的需求和期望的信心。质量保证部门或类似部门经常要对质量保证活动进行监督。

9. 质量控制测量结果是质量控制活动的结果，用于分析和评估项目过程的质量是否符合执行组织的标准或特定要求。

10. 质量控制是监督并记录质量活动执行结果，以便评估绩效，并推荐必要的变更过程。其主要作用包括：

（1）识别过程低效或产品质量低劣的原因，建议并采取相应措施消除这些原因。

（2）确认项目的可交付成果及工作满足主要干系人的既定需求，足以进行最终验收。

8.3 项目质量管理的技术和工具

【基础知识点】

1．成本收益分析法：对每个质量活动进行成本效益分析，就是要比较其可能的成本与预期的效益。达到质量要求的主要效益包括减少返工、提高生产率、降低成本、提升干系人满意度及提升赢利能力。

2．质量成本法：质量成本指在产品生命周期中发生的所有成本，包括为预防不符合要求、为评价产品或服务是否符合要求，以及因未达到要求而发生的所有成本，如图 8-2 所示。

一致性成本

预防成本
（生产合格产品）
- 培训
- 流程文档化
- 设备
- 选择正确的做事时间

评价成本
（评定质量）
- 测试
- 破坏性测试导致的损失
- 检查

在项目期间用于防止失败的费用

非一致性成本

内部失败成本
（项目内部发现的）
- 返工
- 废品

外部失败成本
（客户发现的）
- 责任
- 保修
- 业务流失

项目期间和项目完成后用于处理失败的费用

图 8-2 质量成本法

3．标杆对照：标杆对照是将实际或计划的项目实践与可比项目的实践进行对照，以便识别最佳实践，形成改进意见，并为绩效考核提供依据。

4．实验设计：实验设计（DOE）是一种统计方法，用来识别哪些因素会对正在生产的产品或正在开发的流程的特定变量产生影响。

5．规划阶段的其他工具。

为定义质量要求并规划有效的质量管理活动，也可使用其他质量规划工具，包括（但不限于）：

（1）头脑风暴。用于产生创意的一种技术。

（2）力场分析。显示变更的推力和阻力的图形。

（3）名义小组技术。先由规模较小的群体进行头脑风暴，提出创意，再由规模较大的群体对创意进行评审。

6．质量审计：又称质量保证体系审核，是对具体质量管理活动的结构性的评审。质量审计的目标是：

（1）识别全部正在实施的良好实践和最佳实践。
（2）识别全部违规做法、差距及不足。
（3）分享所在组织或行业中类似项目的良好实践。
（4）积极主动地提供协助，以改进过程的执行，从而帮助团队提高生产效率。
（5）强调每次审计都应对组织经验教训的积累做出贡献。

质量审计可以事先安排，也可以随机进行。在具体领域中，有专长的内部审计师或第三方组织都可以实施。质量审计可由内部或外部审计师进行。

7．过程分析：过程分析是指按照过程改进计划中概括的步骤来识别所需的改进。过程分析包括根本原因分析（用于识别问题、探究根本原因），并制定预防措施的一种具体技术。

8．老七种工具：包含因果图、流程图、核查表、帕累托图、直方图、控制图和散点图，如图8-3所示。

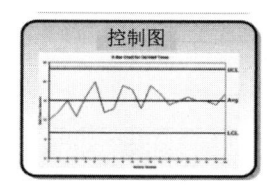

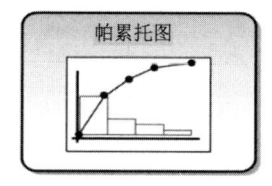

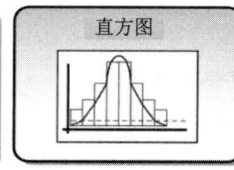

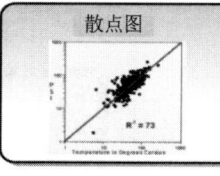

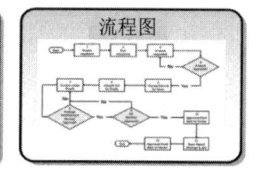

图8-3 老七种工具示意图

（1）因果图：又称鱼骨图或石川图，用来追溯问题来源，回推到可行动的根本原因。

（2）流程图：又称过程图，用来显示在一个或多个输入转化成一个或多个输出的过程中，所需要的步骤顺序和可能分支。

（3）核查表：又称计数表，是用于收集数据的查对清单。

（4）帕累托图：用于识别造成大多数问题的少数重要原因。在帕累托图中，通常按类别排列图形，以测量频率或后果。

（5）直方图：用于描述集中趋势、分散程度和统计分布形状。与控制图不同，直方图不考虑时间对分布内的变化的影响。

（6）控制图：可以使用质量控制图及七点运行定律寻找数据中的规律。七点运行定律是指如果在一个质量控制图中，一行上的七个数据点都低于平均值或高于平均值，都是上升的或者都是下降的，那么这个过程就需要因非随机问题而接受检查。控制图可用于监测各种类型的输出变量。

（7）散点图：可以显示两个变量之间是否有关系，一条斜线上的数据点距离越近，两个变量之间的相关性就越密切。

9. 新七种工具：包含亲和图、过程决策程序图、关联图、树型图、优先矩阵、活动网络图和矩阵图，如图 8-4 所示。

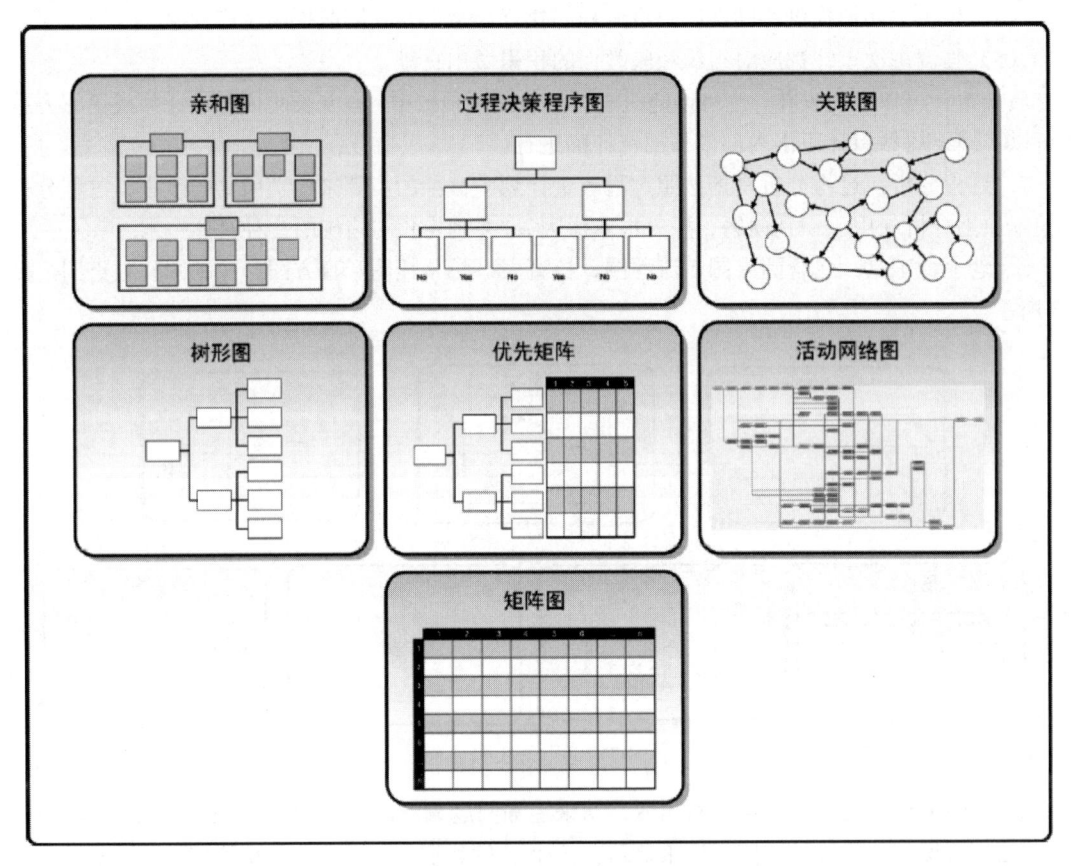

图 8-4 新七种工具示意图

（1）亲和图：与心智图相似。针对某个问题，产生出可连成有组织的想法模式的各种创意。

（2）过程决策程序图（PDPC）：用于理解一个目标与达成此目标的步骤之间的关系。PDPC 有助于制定应急计划，因为它能帮助团队预测那些可能破坏目标实现的中间环节。

（3）关联图：关系图的变种，有助于在包含相互交叉逻辑关系的中等复杂情形中创新性地解决问题。可以使用其他工具（如亲和图、树型图或鱼骨图）产生的数据来绘制关联图。

（4）树型图：又称系统图，可用于表现诸如 WBS、RBS 和 OBS（组织分解结构）的层次分解结构。

（5）优先矩阵：用来识别关键事项和合适的备选方案，并通过一系列决策，排列出备选方案的优先顺序。先对标准排序和加权，再应用于所有备选方案，计算出数学得分，对备选方案排序。

（6）活动网络图：过去称为箭头图，包括两种格式的网络图：AOA（活动箭线图）和最常用的 AON（活动结点图）。

（7）矩阵图：一种质量管理和控制工具，使用矩阵结构对数据进行分析。在行列交叉的位置展示因素、原因和目标之间的强弱关系。

10．统计抽样：统计抽样是指从目标总体中抽取一部分相关样本用于检查和测量，以满足质量管理计划中的规定。可以降低质量控制的成本。

11．检查：检查也可称为审查、同行审查、审计或巡检等。

【补充知识点】

1．质量保证人员在整个项目中应该完成的工作：

（1）计划阶段制定质量管理计划和相应的质量标准。

（2）按计划实施质量检查，是否按标准过程实施项目工作。注意在项目过程中每次进行质量检查之前准备检查清单，并对质量管理相关情况予以记录。

（3）依据检查的情况和记录，分析问题，发现问题，与当事人协商进行解决。问题解决后要进行验证；如果无法与当事人达成一致，应报告项目经理或更高层领导，直至问题解决。

（4）定期给项目干系人发质量报告。

（5）为项目组成员提供质量管理要求方面的培训或指导。

2．项目质量控制过程一般要经历以下基本步骤：

（1）选择控制对象。项目进展的不同时期、不同阶段，质量控制的对象和重点也不相同，需要在项目实施过程中加以识别和选择。质量控制的对象可以是某个因素、某个环节、某项工作或工序，以及项目的某个里程碑或某项阶段成果等一切与项目质量有关的要素。

（2）为控制对象确定标准或目标。

（3）制定实施计划，确定保证措施。

（4）按计划执行。

（5）对项目实施情况进行跟踪监测、检查，并将监测的结果与计划或标准相比较。

（6）发现并分析偏差。

（7）根据偏差采取相应对策：如果监测的实际情况与标准或计划相比有明显差异，则应采取相应的对策。

3．质量保证和质量控制的工作内容和区别如表 8-2 所示。

表 8-2　质量保证和质量控制的工作内容和区别

序号	过程名	定义、工作内容
1	质量保证	1．按项目计划开展具体的质量活动，把项目过程及其产品做得符合质量要求，即按计划做质量。 2．设法提高项目干系人对项目满足质量要求的信心，以便减少来自干系人的干扰，扩大他们的支持。 3．按照过程改进计划，进行过程改进，使项目过程更加稳定，并减少非增值环节。 4．根据过去的质量控制测量结果（质量偏差），对质量标准（要求）进行重新评价，确保所采用的质量标准（要求）是合理的、可操作的

续表

序号	过程名	定义、工作内容
2	质量控制	1. 按照质量标准检查质量、发现质量偏差和质量缺陷，并对不可接受的质量偏差提出纠偏建议，对质量缺陷提出缺陷补救建议。这两者都属于变更请求。 2. 对已经完成的可交付成果进行质量合格性检查；如果合格，就得到"确认的可交付成果"；如果不合格，就提出变更请求（缺陷补救建议）。 3. 对已批准的缺陷措施的实施情况进行检查；如果已经实施到位，就得到"确认的变更"；否则，就要求执行过程继续实施缺陷补救
3	区别	1. 实施质量保证是针对过程改进和审计的，强调的是过程改进和信心保证。 2. 实施质量控制是按照质量要求、检查具体可交付成果的质量，强调的是具体的可交付成果

8.4 练习题

1. 质量控制非常重要，但是进行质量控制也需要一定的成本。（　　）可以降低质量控制的成本。

　　A．进行过程分析　　　　　　　　B．使用抽样统计
　　C．对全程进行监督　　　　　　　D．进行质量审计

解析：统计抽样涉及选取收益总体的一部分进行检查。很多时候项目中的质量控制无法进行全面的检查，通常采用统计抽样的方法。适当的采样能够降低质量控制的成本。

答案：B

2. 在质量规划中，（　　）是一种统计分析技术，可用来帮助人们识别并找出哪些变量对项目结果的影响最大。

　　A．成本/效益分析　　B．基准分析　　C．实验设计　　D．质量审计

解析：成本/效益分析：在质量计划编制的过程中，必须权衡成本与效益之间的关系，质量计划编制的目标是努力使获得的收益远远超过实施过程中所消耗的成本。

制定基准计划：通过将实施过程中或计划中的项目做法与其他类似项目的实际做法相比较，改善当前项目的质量管理，以达到项目预期的质量或目标。

实验设计：是一种统计分析技术，能够帮助人们识别哪些变量对项目结果的影响最大。

质量审计：是对质量保证进行的事后评价。

答案：C

3. 质量计划的工具和技术不包括（　　）。

　　A．成本分析　　　B．基准分析　　　C．质量成本　　　D．质量审计

解析：质量审计是质量保证的工具和技术。

答案：D

4. 某企业承担一个大型信息系统集成项目,在项目过程中,为保证项目质量,采取了以下做法,其中( )是不恰当的。
   A. 项目可行性分析、系统规划、需求分析、系统设计、系统测试、系统试运行等阶段均采取了质量保证措施
   B. 该项目的项目经理充分重视项目质量,兼任项目 QA
   C. 该项目的质量管理计划描述了项目的组织结构、职责、程序、工作过程以及建立质量管理所需要的资源
   D. 要求所有与项目质量相关的活动都把质量管理计划作为依据

解析:质量保证应贯穿整个系统每一项工作的全过程,要建立从系统总体设计、可行性研究、需求分析、立项、概要设计、详细设计、编码、试用、测试,到鉴定评审、运行维护全过程的质量保证体系;特别要加强系统质量的后期管理,即从试用、测试到鉴定评审到运行维护阶段的质量控制;要建立规章制度,包括软件的回访制度和版本更新制度等。

质量管理计划描述了项目的组织结构、职责、程序、工作过程以及建立质量管理所需要的资源,与项目质量相关的活动都要参照质量管理计划。同样,在质量保证过程中,也要考虑质量管理计划。

QA 部门与各业务职能部门平级,QA 隶属于 QA 部,行政上向 QA 经理负责,业务上向业务部门的高级经理和项目经理汇报。QA 的职责包括:负责质量保证的计划、监督、记录、分析及报告工作,项目经理是不能兼职做 QA 的。

答案:B

5. 某企业针对实施失败的系统集成项目进行分析,计划优先解决几个引起缺陷最多的问题。该企业最可能使用( )方法进行分析。
   A. 控制图　　　　B. 鱼刺图　　　　C. 帕累托图　　　D. 流程图

解析:控制图:又称管理图、趋势图,它是一种带控制界限的质量管理图表。运用控制图的目的之一就是,通过观察控制图上产品质量特性值的分布状况,分析和判断生产过程是否发生了异常,一旦发现异常,就要及时采取必要的措施消除,使生产过程恢复稳定状态。也可以应用控制图来使生产过程达到统计控制的状态。产品质量特性值的分布是一种统计分布,因此,绘制控制图需要应用概率论的相关理论和知识。

因果图:又叫石川图或鱼骨图,说明了各种要素是如何与潜在的问题或结果相关联。它可以将各种事件和因素之间的关系用图解表示。它是利用"头脑风暴法"集思广益,寻找影响质量、时间、成本等问题的潜在因素,然后用图形的形式来表示的一种方法,它能帮助我们集中注意力搜寻产生问题的根源,并为收集数据指出方向。

帕累托图:又称排列图,是按照发生频率大小顺序绘制的直方图,表示有多少结果是由已确认类型或范畴的原因造成的。按等级排序的目的是知道如何采取主要纠正措施。从概念上说,帕累托图与帕累托法则一脉相承。帕累托法则认为:相对来说数量较小的原因往往造成绝大多数的问题或者缺陷,此项法则称为"二八原理",即 80%的问题是由 20%的原因所造成的。也可使用帕累托图汇总各种类型的数据,进行二八分析。

流程图：是指任何显示与某系统相关的各要素之间相互关系的示意图。流程图是流经一个系统的信息流、观点流或部件流的图形代表。在企业中，流程图主要用来说明某一过程，这种过程既可以是生产线上的工艺流程，也可以是完成一项任务所必需的管理过程。

根据对各个方法的解析，可以判断该企业最可能使用帕累托图方法进行分析。

答案：C

6．项目经理计划访谈所有为项目实施雇佣的临时员工。项目经理第一天随机挑选了 50 名临时员工进行访谈；第二天又随机选取了 20 名临时员工，发现其中 5 名已于昨日访谈过，便对其余 15 名进行了访谈。则项目经理还需要访谈约（　　）人，才能完成访谈所有临时员工的任务。

  A．75   B．185   C．135   D．150

解析：第一天访谈的员工占总员工的比例为：5/20=25%

计算总员工数为：50/25%=200 人

尚未登记的员工数为：200-50-15=135（50 和 15 分别为第一天和第二天已登记了的员工）

答案：C

7．某项目质量管理的部分流程为：编制需求报告→编制测试计划→测试设计→测试→编制测试报告→批准测试报告。新入职的测试人员小刘按照该流程对某系统进行了测试，并产生了测试报告，客户对测试内容和结果不满意。该项目质量管理中存在的最主要问题是（　　）。

  A．测试人员素质不高   B．测试用例设计方法不当

  C．缺少评审环节   D．缺少质量审计环节

解析：通过阶段性的评审可以保证项目的质量。

答案：C

8．项目出现了严重的缺陷，项目经理将项目团队和质量工程师召集在一起分析问题，查找原因，大家就此提出了三种不同的看法。此时宜采用（　　）工具或方法来确定问题的根本原因。

  A．流程图   B．检查   C．控制图   D．差异试验

解析：流程图：是指任何显示与某系统相关的各要素之间相互关系的示意图。流程图是流经一个系统的信息流、观点流或部件流的图形代表。在企业中，流程图主要用来说明某一过程，这种过程既可以是生产线上的工艺流程，也可以是完成一项任务所必需的管理过程。

答案：A

9．质量控制的方法、技术和工具有很多，其中（　　）可以用来分析过程是否稳定，是否发生了异常情况；（　　）直观地反映了项目中可能出现的问题与各种潜在原因之间的关系。

  （1）A．因果图 B．控制图 C．散点图 D．帕累托图

  （2）A．散点图 B．帕累托图 C．控制图 D．鱼骨图

解析：控制图是通过上限和下限来进行控制。在上下限之间是符合要求的，超过了上下限则说明发生了异常现象。鱼骨图可以直观地反映项目中可能出现的问题与各种潜在原因之间的关系。

答案：B D

10．在项目质量计划编制过程常用的工具和技术中，（　　）是将实际实施过程中或计划之中的

项目做法同其他类似项目的实际做法进行比较，改善与调高项目的质量。

A．成本/效益分析　　B．试验设计　　　　C．质量成本　　　D．基准分析

解析：基准分析：在项目实际实施过程中或计划之中，以其他类似项目的实际做法作为基准，将二者进行比较，就是基准分析。通过这样的比较来改善与提高目前项目的质量管理，以达到项目预期的质量或其他目标。作为基准的其他项目可以是执行组织内部的项目，也可以是外部的项目；可以是同一个应用领域的项目，也可以是其他应用领域的项目。

答案：D

第9小时 项目人力资源管理

9.0 章节考点分析

第9小时主要学习项目人力资源管理知识,主要涉及项目人力资源管理的4个过程:规划人力资源管理、组建项目团队、建设项目团队、管理项目团队等内容。

根据考试大纲,本小时知识点会涉及单项选择题、案例分析题、论文写作题型,其中单项选择题约占 2~4 分,案例分析题属于常考重点考点,论文也是常规出题领域之一。这部分内容侧重于理解掌握。本小时的架构如图 9-1 所示。

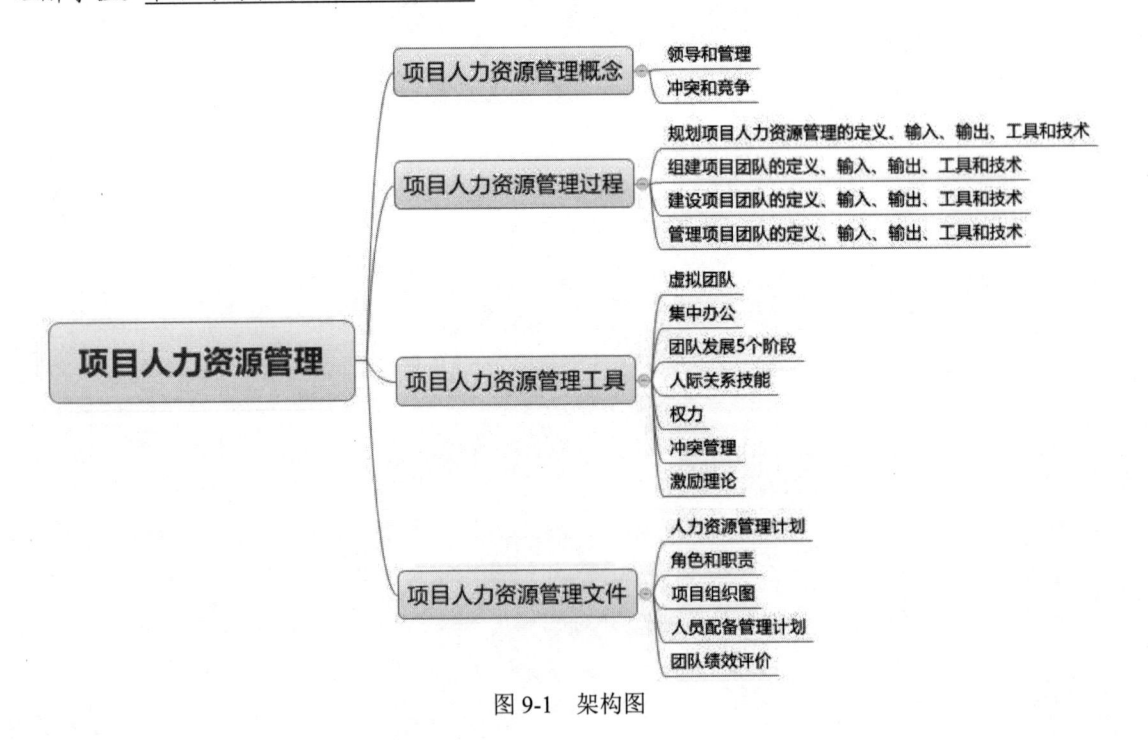

图 9-1 架构图

人力资源管理领域输入、输出、工具和技术表如表 9-1 所示。

表 9-1 人力资源管理输入、输出、工具和技术表

过程名	输入	工具和技术	输出
规划人力资源管理	1．项目管理计划 2．活动资源需求 3．事业环境因素 4．组织过程资产	1．组织图和职位描述 2．人际交往 3．组织理论 4．专家判断 5．会议	人力资源管理计划
组建项目团队	1．人力资源管理计划 2．事业环境因素 3．组织过程资产	1．预分派 2．谈判 3．招募 4．虚拟团队 5．多标准决策分析	1．项目人员分派 2．资源日历 3．项目管理计划更新
建设项目团队	1．人力资源管理计划 2．项目人员分派 3．资源日历	1．人际关系技能 2．培训 3．团队建设活动 4．基本规则 5．集中办公 6．认可与奖励 7．人事测评工具	1．团队绩效评价 2．事业环境因素更新
管理项目团队	1．人力资源管理计划 2．项目人员分派 3．团队绩效评价 4．问题日志 5．工作绩效报告 6．组织过程资产	1．观察和交谈 2．项目绩效评估 3．冲突管理 4．人际关系技能	1．变更请求 2．项目管理计划更新 3．项目文件更新 4．事业环境因素更新 5．组织过程资产更新

9.1 项目人力资源管理概念

【基础知识点】

1．项目团队：由为完成项目而承担不同角色与职责的人员组成。项目团队成员可能具备不同的技能，可能是全职的或兼职的，可能随项目进展而增加或减少。

2．项目经理具有领导者和管理者的双重身份。对项目经理而言，管理能力和领导能力均不可或缺。对于大型复杂项目，领导能力尤为重要。

3．冲突是指两个或两个以上的社会单元在目标上互不相容或互相排斥，从而产生心理上或行为上的矛盾。

4．竞争的双方具有同一个目标，不需要发生势不两立的争夺。

5．项目经理对于有害的冲突要设法加以解决或减少；对于有益的冲突要加以利用，要鼓励团队成员良性竞争。

9.2 项目人力资源管理过程

【基础知识点】

1．项目人力资源管理包括组织、管理与领导项目团队所需的 4 个过程：

（1）规划人力资源管理：识别和记录项目角色、职责、所需技能、报告关系，并编制人员配备管理计划。

（2）组建项目团队：确认人力资源的可用情况，并为开展项目活动而组建团队。

（3）建设项目团队：提高工作能力，促进团队成员互动，改善团队整体氛围，以提高项目绩效。

（4）管理项目团队：跟踪团队成员工作表现，提供反馈，解决问题并管理团队变更，以优化项目绩效的。

2．人际交往是指在组织、行业或职业环境中与他人的正式或非正式互动。

3．预分派：如果项目团队成员是事先选定的，他们就是被预分派的。

4．多标准决策分析：在组建项目团队过程中，经常需要使用团队成员选择标准。通过多标准决策分析，制定选择标准，并据此对候选团队成员进行定级或打分。根据各种因素对团队的不同重要性，赋予选择标准不同的权重。

5．项目人员分派：项目人员分派就是把团队成员分派到合适的项目岗位上。

6．项目经理应定义、建立、维护、激励、领导和鼓舞项目团队，使团队高效运行，并实现项目目标。团队协作是项目成功的关键因素，而建设高效的项目团队是项目经理的主要职责之一。

7．建设项目团队的目标包括（但不限于）：

（1）提高团队成员的知识和技能，以提高他们完成项目可交付成果的能力，并降低成本、缩短工期和提高质量。

（2）提高团队成员之间的信任和认同感，以提高士气、减少冲突和增进团队协作。

（3）创建富有生气、凝聚力和协作性的团队文化，以便：①提高个人和团队生产率，振奋团队精神，促进团队合作；②促进团队成员之间的交叉培训和辅导，以分享知识和经验。

8．基本规则：用基本规则对项目团队成员的可接受行为作出明确规定。尽早制定并遵守明确的规则，有助于减少误解，提高生产力。

9．团队绩效评价：项目管理团队应该持续地对项目团队绩效进行正式或非正式评价。不断地评价项目团队绩效，有助于采取措施解决问题、调整沟通方式、解决冲突和改进团队互动。

10．问题日志：在管理项目团队过程中，总会出现各种问题。可用问题日志记录由谁负责在目标日期内解决特定问题，并监督解决情况。

11．项目绩效评估：目的是澄清角色与职责、向团队成员提供建设性反馈、发现未知或未决问题、制定个人培训计划，以及确立未来目标。

9.3 项目人力资源管理工具

【基础知识点】

1. 虚拟团队可定义为具有共同目标、在完成角色任务的过程中很少或没有时间面对面工作的一群人。虚拟团队有一些缺点，如可能产生误解、有孤立感、团队成员之间难以分享知识和经验。

2. 集中办公是指把部分或全部项目团队成员安排在同一个物理地点工作，以增强团队工作能力。"作战室"或"指挥部"是集中办公的一种策略。

3. 优秀团队的建设不是一蹴而就的，一般要依次经历以下 5 个阶段。

（1）形成阶段：一个个的个体转变为团队成员，逐渐相互认识并了解项目情况及他们在项目中的角色与职责，开始形成共同目标。

（2）震荡阶段：团队成员开始执行分配的项目任务，一般会遇到超出预想的困难，希望被现实打破。个体之间开始争执，互相指责，并且开始怀疑项目经理的能力。

（3）规范阶段：经过一定时间的磨合，团队成员开始协同工作，并调整各自的工作习惯和行为来支持团队，团队成员开始相互信任，项目经理能够得到团队的认可。

（4）发挥阶段：随着相互之间的配合默契和对项目经理的信任加强，团队就像一个组织有序的单位一样工作。团队成员之间相互依靠，平稳高效地解决问题。这时团队成员的集体荣誉感会非常强。

（5）解散阶段：所有工作完成后，项目结束，团队解散。

增加一个人，项目团队处于重新形成阶段；而减少一个人，则处于震荡阶段。

4. 人际关系技能有时被称为"软技能"，是因富有情商，并熟练掌握沟通技巧、冲突解决方法、谈判技巧、影响技能、团队建设技能和团队引导技能，而具备的行为能力。

5. 项目经理的权力有 5 种来源：

（1）职位权力：来源于管理者在组织中的职位和职权。

（2）惩罚权力：使用降职、扣薪、惩罚、批评、威胁等负面手段的能力。

（3）奖励权力：给予下属奖励的能力。

（4）专家权力：来源于个人的专业技能。

（5）参照权力：由于成为他人学习参照榜样所拥有的力量。

职位权力、惩罚权力、奖励权力来自于组织的授权，专家权力和参照权力来自于管理者自身。

6. 在项目环境中，冲突不可避免。不一致的需求、对稀缺资源的竞争、沟通不畅、进度优先级排序以及个人工作风格差异等诸多因素都可能成为冲突的起源。

7. 有 5 种常用的冲突解决方法。每种方法都有各自的特点和用途。

（1）撤退/回避。从实际或潜在冲突中退出，将问题推迟到准备充分的时候，或者将问题推给其他人员解决。双方在解决问题上都不积极，也不想合作。撤退是一种暂时性的冲突解决方法。

（2）缓和/包容。强调一致、淡化分歧（甚至否认冲突的存在）；为维持和谐关系而单方面退让一步。这是一种慷慨而宽厚的做法,为了和谐和大局,而迁就对方,或者暂时放下争议点,谋求在其他非争议点与对方协作。缓和也是一种暂时性的冲突解决方法。

(3)妥协/调解。为了暂时或部分解决冲突,寻找能让各方都在一定程度上满意的方案。双方在态度上都愿意果断解决冲突,也愿意合作。双方都得到了自己想要的东西,但只是一部分,而不是全部。双方都做了让步,都有得有失。妥协是双方面的包容,包容是单方面的妥协。

(4)强迫/命令。以牺牲其他方为代价,推行某一方的观点;只提供赢输方案。通常是利用权力来强行解决紧急问题。一方赢,一方输。

(5)合作/解决问题。综合考虑不同的观点和意见,采用合作的态度和开放式对话引导各方达成共识和承诺。这是冲突双方最理想的结果,前提是双方要相互尊重、愿意合作、愿意倾听对方。

8. 马斯洛需求理论,如图 9-2 所示。

图 9-2 马斯洛需求理论

(1)生理需求:对衣食住行等需求都是生理需求。常见的激励措施:员工宿舍、工作餐、工作服、班车、工资、补贴、奖金等。

(2)安全需求:包括对人身安全、生活稳定、不致失业以及免遭痛苦、威胁或疾病等的需求。常见的激励措施:养老保险、医疗保障、长期劳动合同、意外保险、失业保险等。

(3)社会交往的需求:包括对友谊、爱情以及隶属关系的需求。常见的激励措施:定期员工活动、聚会、比赛、俱乐部等。

(4)受尊重的需求:自尊心和荣誉感。荣誉来自他人,自尊来自自己。常见的激励措施:荣誉性的奖励,形象、地位的提升,颁发奖章,作为导师培训他人等。

(5)自我实现的需求:挖掘自己的潜力,发挥个人能力到最大程度,使自己越来越成为所期望的人物。常见的激励措施:给他更多的空间让他负责、让他成为智囊团、参与决策、参与公司的管理会议等。

9. 赫兹伯格双因素理论。

第一类是保健因素,这些因素是与工作环境或条件有关的,能防止人们产生不满意感的一类因素,包括工作环境、工资薪水、公司政策、个人生活、管理监督、人际关系等。当保健因素不健全时,人们就会对工作产生不满意感。但即使保健因素很好,也仅可以消除工作中的不满,却无法增加人们对工作的满意感，所以这些因素是无法起到激励作用的。

第二类是激励因素，这些因素是与员工的工作本身或工作内容有关的，能促使人们产生工作满意感的一类因素，是高层次的需要，包括成就、承认、工作本身、责任、发展机会等。

10. X 理论。

（1）人天性好逸恶劳，只要有可能就会逃避工作。

（2）人生来就以自我为中心，漠视组织的要求。

（3）人缺乏进取心，逃避责任，甘愿听从指挥，安于现状，没有创造性。

（4）人们通常容易受骗，易受人煽动。

（5）人们天生反对改革。

（6）人的工作动机就是为了获得经济报酬。

11. Y 理论。

（1）人天生并不是好逸恶劳，他们热爱工作，从工作中得到满足感和成就感。

（2）外来的控制和处罚对人们实现组织的目标不是一个有效的办法，下属能够自我确定目标、自我指挥和自我控制。

（3）在适当的条件下，人们愿意主动承担责任。

（4）大多数人具有一定的想象力和创造力。

（5）在现代社会中，人们的智慧和潜能只有部分得到了发挥，如果给予其机会，人们喜欢工作，并渴望发挥才能。

12. 期望理论认为，一个目标对人的激励程度受两个因素影响。

（1）目标效价：指实现该目标对个人有多大价值的主观判断。如果实现该目标对个人来说很有价值，个人的积极性就高；反之，积极性就低。

（2）期望值：指个人对实现该目标可能性大小的主观估计。只有个人认为实现该目标的可能性很大，才会去努力争取实现，从而在较高程度上发挥目标的激励作用；如果个人认为实现该目标的可能性很小，甚至完全没有可能，目标激励作用则小，以致完全没有。

期望理论认为，激励水平等于目标效价和期望值的乘积，即：激发力量=目标效价 X 期望值。

13. 人力资源管理计划：作为项目管理计划的一部分，人力资源管理计划提供了关于如何定义、配备、管理及最终遣散项目人力资源的指南。人力资源管理计划及其后续修订也是制订项目管理计划过程的输入。人力资源管理计划包括（但不限于）以下内容：

（1）角色与职责：定义项目所需的岗位、技能和能力。

（2）项目组织图：说明项目所需的人员数量。

（3）人员配备管理计划：说明需要每个团队成员的时间段，以及有助于项目团队参与的其他重要信息。

14. 可采用多种格式来记录团队成员的角色与职责。大多数格式属于以下三类（如图 9-3 所示）：层级型、矩阵型和文本型。通常，层级型可用于规定高层级角色，而文本型更适合用于记录详细职责。

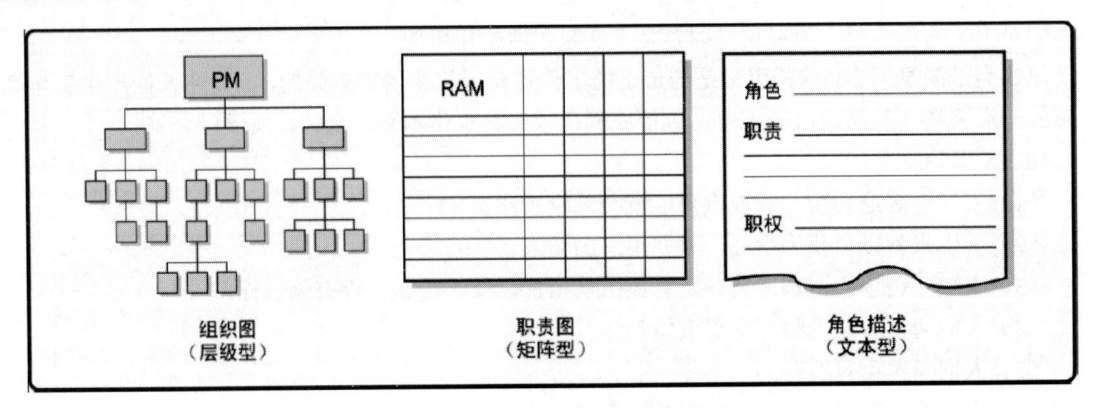

图 9-3 角色和职责的定义形式

15. 层级型。可以采用传统的组织结构图，自上而下地显示各种职位及其相互关系。

（1）工作分解结构（WBS）：用来显示如何把项目可交付成果分解为工作包，有助于明确高层级的职责。

（2）组织分解结构（OBS）：与工作分解结构形式上相似，但是它不是根据项目的可交付成果进行分解，而是按照组织现有的部门、单元或团队排列，并在每个部门下列出其所负责的项目活动或工作包。

（3）资源分解结构（RBS）：是按资源类别和类型，对资源的层级列表，有利于规划和控制项目工作。

16. 矩阵型。责任分配矩阵（RAM）是用来显示分配给每个工作包的项目资源的表格。RAM 的一个例子是 RACI 矩阵，如表 9-2 所示。

表 9-2 RACI 图

RACI 矩阵	人员				
活动	张三	李四	王五	赵六	钱七
需求定义	A	R	I	I	I
系统设计	I	A	R	C	C
系统开发	I	A	R	C	C
测试	A	I	I	R	I

R=执行 A=负责 C=咨询 I=知情

17. 文本型。如果需要详细描述团队成员的职责，就可以采用文本型。

项目组织图是人力资源管理计划的组成部分，它以图形方式展示项目团队成员及其报告关系。基于项目的需要，项目组织图可以是正式的或非正式的，非常详细的或高度概括的。

18. 人员配备管理计划是人力资源管理计划的组成部分，说明将在何时、以何种方式获得项目团队成员，以及他们需要在项目中工作多久。应包括：①人员招募；②资源日历；③人员遣散计划；④培训需要；⑤认可与奖励；⑥合规性；⑦安全。

19．评价团队有效性的指标包括：

（1）个人技能的改进，从而使成员更有效地完成工作任务。

（2）团队能力的改进，从而使团队更好地开展工作。

（3）团队成员离职率的降低。

（4）团队凝聚力的加强，从而使团队成员公开分享信息和经验，并互相帮助，来提高项目绩效。

20．通过对团队整体绩效的评价，项目管理团队能够识别出所需的特殊培训、教练、辅导、协助或改变，以提高团队绩效。

【补充知识点】

1．让非管理层的团队成员参与到项目计划制订过程中会产生激励和信任作用，也加强了沟通，获取了团队成员的知识与经验。

2．责任分配矩阵（RAM）是最直观的表示职责分配的方法。

3．对于一个新分配来的项目团队成员，项目经理应该负责确保他得到适当的培训。

4．不管冲突对项目的影响是正面的还是负面的，项目经理都有责任处理。

5．360°反馈是指绩效信息的收集可能来自多个渠道、多个方面，包括上级领导、同级同事和下级同事。

6．要进行团队内部成员考核，首先需要分解任务，不然无法进行考核。

7．对于核心人员，一定要注意其突然离职，因此，要用到 AB 角色配置。

9.4 练习题

1．项目人力资源管理就是有效地发挥每一个项目参与人作用的过程。关于项目人力资源管理的说法，错误的是（　　）。

　A．项目人力资源管理包括人力资源计划编制、组建项目团队、项目团队建设、管理项目团队四个过程

　B．责任分配矩阵（RAM）用来表示需要完成的工作和团队成员之间的联系

　C．好的项目经理需要有高超的冲突管理技巧

　D．组织分解结构（OBS）根据项目的交付物进行分解，因此团队成员能够了解应提供哪些交付物

解析：组织分解结构（OBS）看上去和工作分解结构（WBS）很相似，但是它不是根据项目的交付物进行分解，而是根据组织的部门、单位或团队进行分解。项目的活动和工作包被列在每一个部门下面。

答案：D

2. 关于下表，（　　）的描述是错误的。

活动	人员				
	小张	小王	小李	小赵	小钱
定义	R	I	I	A	I
测试	A	C	I	I	C
开发	R	C	I	I	C

  A．该表是一个责任分配矩阵

  B．该表表示了需要完成的工作和团队成员之间的关系

  C．该表不应包含虚拟团队成员

  D．该表可用于人力资源计划编制

解析：虚拟团队可以被定义为一群拥有共同目标、履行各自职责但是很少有时间或者没有时间能面对面开会的人员。责任分配矩阵也应包含虚拟团队成员。

答案：C

3. 小王作为项目经理正在带领项目团队实施一个新的信息系统集成项目。项目团队已经共同工作了相当一段时间，正处于项目团队建设的发挥阶段，此时一个新成员加入了该团队，则（　　）。

  A．团队建设将从震荡阶段重新开始

  B．团队将继续处于发挥阶段

  C．团队建设将从震荡阶段重新开始，但很快就会步入发挥阶段

  D．团队建设将从形成阶段重新开始

解析：有新成员加入，团队建设又会从形成阶段重新开始。

答案：D

4. 某公司定期组织新老员工聚会，按照马斯洛的需求层次理论，该行为满足的是员工的（　　）。

  A．生理需求 B．安全需求 C．社会需求 D．受尊重需求

解析：新老员工聚会是为了满足员工的社会需求，社交的需要也叫归属与爱的需要，是指个人渴望得到家庭、团体、朋友、同事的关怀、爱护、理解，是对友情、信任、温暖、爱情的需要。

马斯洛认为，人类的需要是分层次的，由低到高是：生理需求、安全需求、社会交往的需求、受尊重的需求、自我实现的需求。

答案：C

5. 某项目为期两年，现在是第二年。自从项目开始以来，有些项目团队成员的角色和责任发生了变化，有的队员离开了项目，还有新成员加入了项目，而且，一些已完成的工作包还没有得到要求的完工签字。由于一个关键队员的突然离去，3 个工作包比原计划落后了 4 个星期，对许多项目活动，该项目的项目经理似乎不知道是谁的责任。为了重新控制这个项目，该项目经理需要（　　）。

  A．根据新的资源需求为原先的人员管理计划重订基础

B．将团队改变成项目化的组织结构，以便最大限度地控制资源分配

C．和项目团队一起准备一个责任分配矩阵

D．通过为大多数关键活动分配技术骨干而创造一个新的部门

解析：编制人力资源计划的工具有三种：层次结构图、责任分配矩阵、文本格式的角色描述。项目经理似乎不知道是谁的责任，当务之急是要落实责任，所以为了重新控制这个项目，该项目经理需要和项目团队一起准备一个责任分配矩阵。

答案：C

6．项目经理有责任处理项目过程中发生的冲突，以下解决方法中，（　　）会使冲突的双方最满意，也是冲突管理最有效的一种方法。

  A．双方沟通，积极分析，选择合适的方案来解决问题

  B．双方各作出一些让步，寻求一种折衷的方案来解决问题

  C．将眼前的问题搁置，等待合适的时机再进行处理

  D．冲突的双方各提出自己的方案，最终听从项目经理的决策

解析：冲突管理最有效的方法就是解决问题。

答案：A

7．以下关于项目团队管理的叙述中，（　　）是不正确的。

  A．项目团队管理的目的是跟踪个人和团队的绩效，反馈和解决问题以提高项目绩效

  B．可采用观察和交谈、项目绩效评估的方法实现对项目团队的管理

  C．一个企业中的组织文化可能会影响团队管理的方式和结果

  D．项目经理在团队发生冲突时应本着解决矛盾的原则进行调解

解析：冲突的解决方式有多种，不仅仅是解决问题。

答案：D

8．在对项目内部各成员制定绩效任务时，首先应（　　）。

  A．对每个岗位的工作内容进行分解

  B．对每个岗位的工作在进度、成本、质量等上设定 KPI 值

  C．确定 KPI 的评分标准

  D．确定考核频率

解析：要进行团队内部成员考核，首先需要分解任务，不然无法进行考核。

答案：A

9．项目经理小王负责某项目管理，考虑到项目人力资源紧张，就与三个在校学生签订了兼职劳务合同，并允许这三名在校学生利用互联网进行办公，同时规定每周三上午这些学生必须参与团队的工作会议。以下针对上述情况的观点中，正确的是（　　）。

  A．三名学生不属于项目团队成员　　B．项目经理小王组建了虚拟项目团队

  C．三名学生不可以参加项目团队会议　　D．项目经理小王利用了谈判技术来组建团队

解析：利用互联网进行办公，组建的是虚拟团队。

答案：B

10．赫兹伯格的双因素激励理论中的激励因素类似于马斯洛的需求层次理论中的（　　）。

　　A．安全和自我实现　　　　　　　　B．尊重和自我实现

　　C．安全和社会认可　　　　　　　　D．社会认可和尊重

解析：第二类是激励因素（Motivator），这些因素是与员工的工作本身或工作内容有关的、能促使人们产生工作满意感的一类因素，是高层次的需要，包括成就、承认、工作本身、责任、发展机会等。当激励因素缺乏时，人们就会缺乏进取心、对工作无所谓。但一旦具备了激励因素，员工则会感觉到强大的激励力量而产生对工作的满意感，所以只有这类因素才能真正激励员工。

类似于马斯洛的受尊重和自我实现的需求，积极的激励行为会使员工努力积极地工作，以达到公司的目标和员工自我实现的满足感和责任感。

答案：B

第10小时 项目沟通管理和干系人管理

10.0 章节考点分析

第 10 小时主要学习项目沟通管理和干系人管理相关知识，及其管理过程、技术和工具，主要内容包括基础知识、管理过程、技术与工具等。

根据考试大纲，本小时知识点会涉及单项选择题、案例分析题、论文写作题，其中单项选择题型约占 2~6 分。这部分内容侧重于理解掌握。本小时的架构如图 10-1 所示。

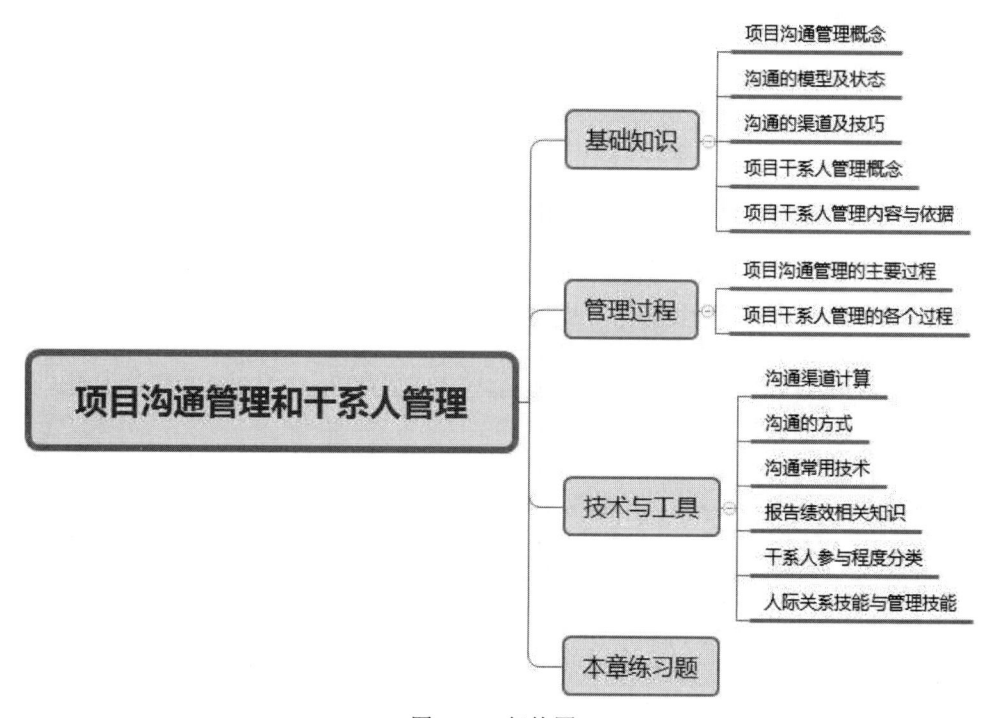

图 10-1 架构图

10.1 基础知识

【基础知识点】

1. 项目沟通管理概念。

(1) 项目沟通管理是指确保及时、正确地<u>产生</u>、<u>收集</u>、<u>分发</u>、<u>储存和最终处理项目信息</u>所需要的过程。

(2) 著名组织管理学家<u>巴纳德</u>认为："沟通是把一个组织中的成员联系在一起，以实现共同目标的手段。"<u>没有沟通，就没有管理。</u>

(3) 项目沟通管理过程揭示了实现成功沟通所需<u>人员、观点、信息</u>这三项要素之间的一种联络过程。

2. 沟通的模型及状态。

(1) 沟通模型也叫沟通过程模型，是指信息<u>发送方</u>借助语言、文字、动作及表情等<u>媒介</u>，将知识、思想、情感等信息送达信息<u>接收方</u>的过程模型。该模型包含<u>五个关键要素</u>，如图 10-2 所示。认真体会图中各要素的位置，我们可得出以下结论：在实际沟通过程中，噪音的影响无处不在，我们无法将其彻底消除。

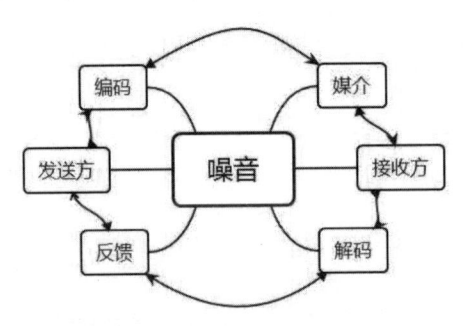

图 10-2　沟通模型的五个关键要素

(2) 沟通模型的五个基本状态：<u>已发送、已收到、已理解、已认可、已转化为积极行动</u>。建议速记词：<u>发收理认转</u>。

3. 沟通的渠道及技巧。

(1) 沟通渠道是指由信息源选择和确立的传送信息的媒介物，即信息传播者传递信息的途径。请注意确定信息源正式渠道的关键要素：组织建立、传递与工作相关的活动信息、遵循组织中权力网络。沟通渠道的类型和方式如表 10-1 所示。

(2) 沟通技巧不作为重点考点，上午综合知识考试很少单独出题，最多在下午案例分析中作为辅助问题出现。增进沟通效果的技巧包括：赞美对方、移情入境、轻松幽默、求同存异、深入浅出。聆听中的技巧包括：避免分心的举动或手势、正确有效地复述、避免随便打断对方、尽量做到多听少说。表述中的技巧包括：预先准备思路和提纲、及时合理地征询意见、避免过度表现自己、尽量言简意赅。

表 10-1 沟通渠道的类型和方式

类型		方式	
个人沟通渠道	非个人沟通渠道	正式沟通渠道	非正式沟通渠道
个人沟通渠道，两个或更多人直接互相交流	包括主要媒体、氛围和活动	组织系统内，依据一定的组织原则所进行的信息传递与交流	正式沟通渠道以外的信息交流和传递以及相互之间的回馈
面对面、通过电话甚至通过邮件交流	报刊媒体、广播媒体、展示媒体	**优点**：沟通效果好，比较严肃、约束力强，易于保密，保持权威性。 **缺点**：较刻板，沟通速度慢	**优点**：沟通形式直接明了，速度快，容易了解到正式沟通难以提供的"内幕新闻"。 **缺点**：难以控制，信息不确切，易于失真、曲解等

4．项目干系人管理概念。

（1）项目干系人是指与项目发生利益关系的个人或团体，项目干系人从项目中获利或受损，对项目的开展会有推进或阻碍的影响。

（2）项目干系人管理则指对项目干系人需求、希望和期望的识别，并通过沟通上的管理来满足其需要、解决其问题的过程。

5．项目干系人管理内容与依据。

（1）项目干系人分析、沟通管理和问题管理构成项目干系人管理的主要内容。

（2）项目干系人管理依据包括：项目管理计划、沟通管理计划和组织过程资产。

【补充知识点】

注意在项目团队中的"六顶帽子"思维方式，具体说明如表 10-2 所示。

表 10-2 "六顶帽子"思维方式

帽子颜色	代表	关注
白色	信息	获得的信息
红色	感觉和情感	获得的感觉
黑色	负面	负面影响和危机
黄色	正面	获得的利益和价值
绿色	创新	新的想法、建议和假设
蓝色	组织和控制	如何组织和控制

10.2 管理过程

【基础知识点】

1. 项目沟通管理的主要过程。

（1）沟通是项目经理最重要的技能。项目经理不需要是项目技术方面的专家，但必须是项目沟通方面的专家。

（2）项目沟通管理包括为确保项目信息及时且恰当地规划、收集、生成、发布、存储、检索、管理、控制、监督和最终处置所需的各个过程。

（3）项目沟通管理主要过程包括<u>规划沟通管理、管理沟通和控制沟通</u>。需要掌握每个过程的输入、输出和主要作用，无论是在下午案例分析题还是论文题中，均可作为考点，各部分所需掌握的考点如表 10-3 所示。

表 10-3　沟通管理主要过程的输入、输出及作用

	规划沟通管理	管理沟通	控制沟通
作用	识别和记录与干系人最有效率和效果的沟通方式	促进干系人之间实现有效率和效果的沟通	随时确保所有沟通参与者之间信息流动最优化
输入	**项目管理计划；** **干系人登记册；** 事业环境因素； 组织过程资产	沟通管理计划； **工作绩效报告；** 事业环境因素； 组织过程资产	项目管理计划； 项目沟通； **问题日志；** **工作绩效数据；** 组织过程资产
输出	项目文件更新； 沟通管理计划	**项目沟通；** 项目管理计划更新； 项目文件更新； 组织过程资产更新	工作绩效信息； **变更请求；** 项目管理计划更新； 项目文件更新； 组织过程资产更新

2. 项目干系人管理的各个过程。

（1）项目干系人管理应该把<u>干系人满意度</u>作为一个关键的项目目标来进行管理。

（2）管理干系人期望过程旨在通过与干系人的沟通来改进与他们的关系并解决所发生的问题。必须对<u>主要项目干系人</u>之间的沟通进行管理，以解决问题。管理干系人期望的<u>主要目的是防止干系人之间产生严重的分歧</u>。

（3）<u>发布信息过程</u>旨在使项目干系人得到相关信息，<u>会议是重要的沟通方式</u>，但不是所有问题都需要开会来解决。

（4）项目干系人管理各个过程的输入、输出如表 10-4 所示。

表 10-4　项目干系人管理各个过程的输入、输出

	识别干系人	规划干系人管理	管理干系人	控制干系人参与
作用	帮助项目经理建立对各个干系人或干系人群体的适度关注	为与项目干系人的互动提供清晰且可操作的计划，以支持项目利益	帮助项目经理提升来自干系人的支持，并把干系人的抵制降到最低	显著提高项目成功的机会
输入	**项目章程；** **采购文件；** 环境因素； 组织过程资产	**项目管理计划；** 干系人登记手册； 事业环境因素； 组织过程资产	干系人管理计划； 沟通管理计划； **变更日志；** 组织过程资产	项目管理计划； 问题日志； **工作绩效数据；** 项目文件
输出	干系人登记手册	干系人管理计划； 项目文件更新	问题日志； 变更请求； 项目管理计划更新； 项目文件更新； 组织过程资产更新	工作绩效信息； 变更请求； 项目管理计划更新； 项目文件更新； 组织过程资产更新

10.3　技术与工具

【基础知识点】

1．沟通渠道计算。

（1）沟通渠道计算虽然简单，但却是经常考的一个考点，所以必须掌握。具体公式如下：

$$\frac{n \times (n-1)}{2}$$

（2）这里的 n 是指干系人的数量，也就是参与沟通者的人数。考试中往往不会简单地给出干系人数量求沟通渠道，具体可见重点考点例题部分。

2．沟通的方式。

（1）沟通的方式可用如下速记词：推拉与交互。每种方式的优缺点比较如表 10-5 所示。

表 10-5　每种沟通方式的比较

沟通方式	举例	优点	缺点
交互式沟通	即时通信、电话、视频会	最有效的方法、快速传递、快速反馈、信息量大	传递中经过层次越多，信息失真越严重、核实越困难
推式沟通	信件、报告、电子邮件、传真、日志、新闻稿	持久、有形、可核实	效率低、缺乏反馈
拉式沟通	企业内网、电子在线选课、经验教训数据库、知识库	信息意义十分明确，内涵丰富	传递距离有限，界限模糊

（2）不同的因素对应不同的沟通方法，这些因素包括沟通需求、成本与时间的限制、相关工

具和资源的可用性、对相关工具和资源的熟悉程度。

3．沟通常用技术。

根据沟通的严肃性程度，分为正式沟通和非正式沟通；根据沟通的方向，分为单向沟通和双向沟通，横向沟通和纵向沟通；根据沟通的工具，分为书面沟通和口头沟通等。

4．报告绩效相关知识。

（1）报告绩效是指收集和发布绩效信息，包括状态报告、进展测量结果和预测结果。

（2）注意掌握四种形式报告：简单的报告、详细的报告、定期编制的报告和异常情况报告。

5．干系人参与程度分类。

一般情况干系人参与程度按以下进行分类：不知晓、抵制、中立、支持和领导。可变换成以下方式进行记忆：领导不知道是该中立还是支持大家的诉求，以至于大家一起抵制领导。

6．人际关系技能与管理技能。

（1）人际关系技能可用如下方法快速记忆：建立（信任）积极（倾听）解决（冲突）和克服（变更阻力）问题的机制。

（2）管理技能包括但不限于以下内容：两共识（引导干系人对项目目标达成共识、通过谈判达成共识）、一影响（对干系人施加正面影响）和一调整（调整组织行为，接受项目成果）。

【补充知识点】

1．有精力的考生可掌握信息分发的工具和技术：沟通技术、信息收集和检索系统、信息分发方法、取得的经验教训。

2．有必要了解报告绩效（即旧版书中的绩效报告）的内容：项目的进展和调整情况、项目的完成情况、项目总投入和资金到位情况、项目资金实际支出情况、项目主要效益情况、财务制度执行情况、项目组各职能团队的绩效、项目执行中存在的问题及改进措施、预测、变更请求。

3．权力/利益方格：是根据干系人权力的大小及利益对其分类。这个矩阵指明了项目需要建立的与各干系人之间的关系的种类，如图10-3所示。

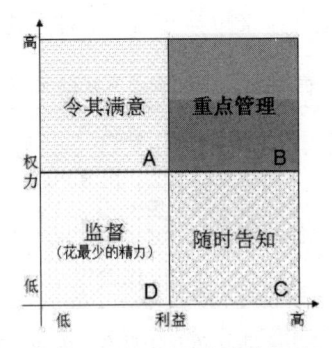

图 10-3 权力/利益方格矩阵

首先，关注处于 B 区的干系人，他们对项目有很高的权力，也很关注项目的结果，项目经理应该"重点管理，及时报告"，应采取有力的行动让 B 区干系人满意。项目的客户和项目经理的主管领导，就是这样的项目干系人。

其次，方格区域 A 的关键干系人具有"权力大、对项目结果关注度低"的特点，因此争取 A 区干系人的支持，对项目的成功至关重要，项目经理对 A 区干系人的管理策略应该是"令其满意"。处于 C 区的干系人，项目经理应该"随时告知他们项目的状态，保持及时的沟通"。最后，还需要正确地对待 D 区中干系人的需要，D 区干系人的特点是"权力低、对项目结果的关注度低"，因此项目经理"花最少的精力来监督他们"即可。但有些 D 区的干系人可以影响更有权力的干系人，他们对项目发挥间接作用，因此对他们的态度也应该"要好一些"，以争取他们的支持、降低他们的敌意。

10.4 练习题

1. 沟通模型的四个部分是（　　）。
   A．发送、接收、解码和了解　　　　B．发送者、消息、媒介和接收者
   C．沟通者、消息、接收者和解码器　　D．沟通、传送、接收和了解

   解析：本题直接考查考生对沟通模型的理解和记忆情况，十分简单，只要记住沟通模型中有发送者和接收者就很容易选出正确答案。

   答案：B

2. （　　）一般不属于项目绩效报告的内容。
   A．团队成员考核　　　　　　　　　B．项目预测
   C．项目主要效益　　　　　　　　　D．变更请求

   解析：本题在第三版教材中找不到直接的答案，但却是 2015 年上半年上午综合知识部分的一个真题。直接考查考生对绩效报告内容的掌握情况，考生只需熟悉各个内容的关键词即可，没必要死记硬背。

   答案：A

3. 一个项目原有 5 名成员，由于工作需要，增加了 3 名新成员，此时项目的沟通渠道数比原来增加了（　　）倍。
   A．2　　　　B．1.6　　　　C．0.6　　　　D．1.8

   解析：本题考查考生对沟通渠道计算公式的理解和运用情况，很显然不能直接套用公式，要注意最后的问题，通过计算：[8×(8-1)/2-5×(5-1)/2]/[5×(5-1)/2] = (28-10)/10 = 1.8。

   答案：D

4. 根据项目干系人权利/利益的分类，针对项目有重大影响，同时项目执行对其有明显利益关系的干系人应采用（　　）的管理策略。
   A．监督　　　　B．随时告知　　　　C．令其满意　　　　D．重点管理

   解析：本题选择起来并不难，可利用排除法。"随时告知"在项目管理中不现实；"令其满意"明显在项目管理中过于宽泛，也不能做到完全令其满意；"监督"就更不现实。

   答案：D

5. 关于项目沟通方式的叙述，不正确的是（　　）。
   A．沟通方式的选择与沟通渠道有关，与沟通技术无关
   B．常用的沟通方式有书面沟通、口头沟通
   C．口头沟通方式比较人性化，容易使沟通双方充分了解
   D．必要时要用正式会议的形式进行沟通

   解析：本题显然考查的是考生对沟通方式和沟通渠道的理解情况。通过本书列出的沟通方式和渠道的表格，可以很轻松做出正确的选择。

   答案：A

6. 在沟通管理中，一般（　　）是最有效的沟通并解决干系人之间问题的方法。
   A．面对面会议　　B．问题日志　　C．问题清单　　D．绩效管理

   解析：本题考查的是沟通方法，面对面会议是最有效的沟通和解决干系人之间问题的方法。

   答案：A

7. 沟通管理计划包括确定项目干系人的信息和沟通需求，在编制沟通计划时，（　　）不是沟通计划编制的输入。
   A．组织过程资产　　B．项目章程　　C．沟通需求分析　　D．项目范围说明书

   解析：本题考查的是沟通管理的相关内容，沟通计划编制的输入包括：组织过程资产、项目章程、项目管理计划、项目范围说明书。

   答案：C

8. 以下关于项目沟通管理的叙述中，不正确的是（　　）。
   A．对于大多数项目而言，沟通管理计划应在项目初期完成
   B．基本的项目沟通内容信息可以从项目工作分解结构中获得
   C．制定合理的工作分解结构与项目沟通是否充分无关
   D．项目的组织结构在很大程度上影响项目的沟通需求

   解析：本题考查的是沟通管理的相关内容，应该与各项目干系人进行充分沟通才能制定一个明确、清晰、透明和合理具体的工作分解结构。

   答案：C

9. 以下对沟通管理计划的理解中，正确的是（　　）。
   A．沟通管理计划不仅包括项目干系人的需求和预期，还包括用于沟通的信息。如格式、内容、细节水平等
   B．由于项目具有独特性，一个公司的各种项目不宜采取统一格式记录及传递信息
   C．对于不同层次的项目干系人，也应规定相同的信息格式
   D．沟通需求分析是项目干系人信息需求的汇总，而项目的组织结构不会影响项目的沟通需求

   解析：本题考查的是沟通管理计划的相关知识，沟通管理计划是包含于或附属于项目管理计划的文档，它提供了：项目干系人的需求和预期；用于沟通的信息，包括格式、内容、细节水平。

从便于管理和节约资源的角度，一个公司的各个项目应该采取统一格式记录信息及传递信息。公司的项目管理部门应该总结或借鉴一些好的模板进行共享，这样有助于信息格式标准化，以免引起不必要的混乱。

答案：A

10．绩效报告一般不包括（　　）方面的内容。

  A．项目的进展情况   B．成本支出情况

  C．项目存在的问题及解决方案   D．感谢沟通需求

解析：本题考查的是绩效报告的内容。绩效报告通常需要提供有关范围、进度计划、成本和质量的信息。很多项目也要求有风险和采购方面的信息。提交的报告需要与进度计划或其他依据相一致。

答案：D

第11小时 项目风险管理

11.0 章节考点分析

第 11 小时主要学习项目风险管理基础知识及其管理过程、技术和工具，重点掌握定性、定量风险分析工具和技术，尤其是决策树相关知识。本小时主要内容包括基础知识、规划和识别风险、风险的定性和定量分析、应对和控制风险、重点考点例题。

根据考试大纲，本小时知识点会涉及单项选择题、案例分析题、论文写作题，其中单项选择题约占 2~6 分，论文也是常规出题领域之一。这部分内容侧重于理解掌握。本小时的架构如图 11-1 所示。

11.1 基础知识

【基础知识点】
1. 风险及项目风险管理定义。
（1）风险是指与项目相关的若干不确定性事件或条件，一旦发生，将会对项目目标的实现产生正面或负面的影响。
（2）杜端甫教授认为，风险是指损失发生的不确定性，是人们因对未来行为的决策及客观条件的不确定性而可能引起的后果与预定目标发生多种负偏离的综合。

$R=f(P,C)$

R 代表"风险"；P 代表"不利事件发生的概率"；C 代表"不利事件发生的后果"。
（3）项目风险管理是指对项目风险从识别到分析乃至采取应对措施等一系列过程，包括将积极因素所产生的影响最大化和使消极因素产生的影响最小化两方面内容。

项目风险管理 第 11 小时

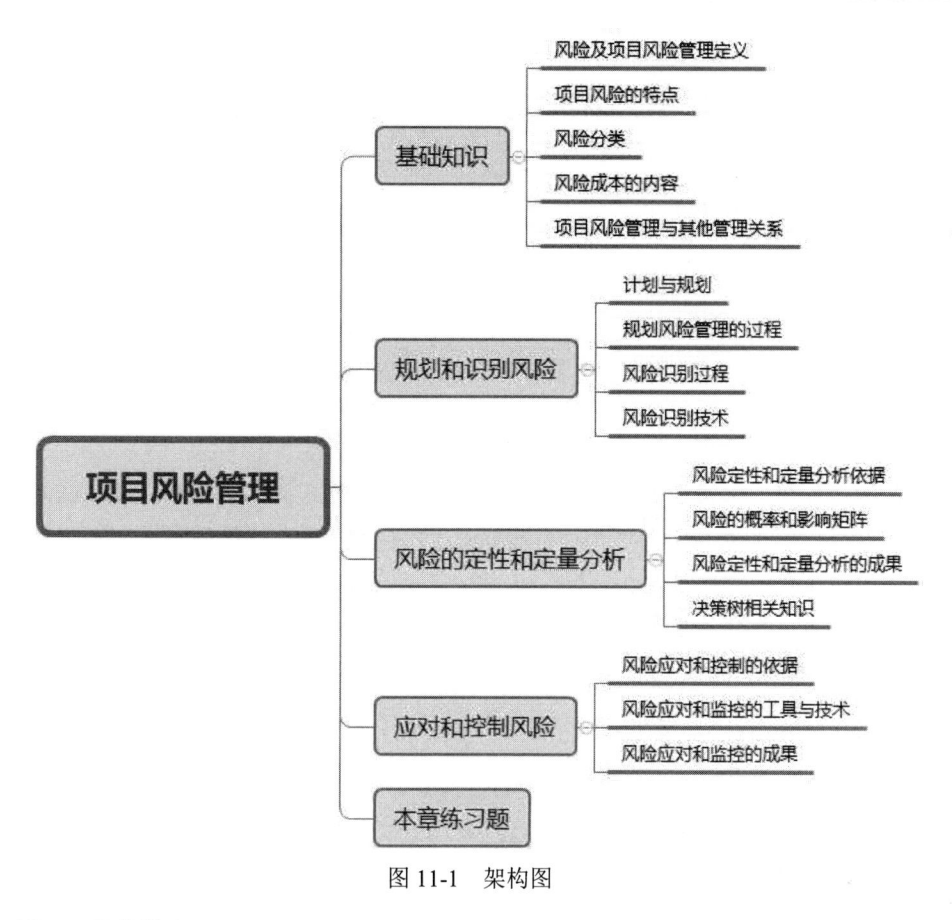

图 11-1 架构图

2．项目风险的特点。

（1）由于某一具体风险发生的<u>偶然性</u>和大量风险发生的<u>必然性</u>体现出风险<u>随机性</u>的特点；相对于项目主体而言，风险具有<u>相对性</u>；因风险的<u>性质</u>和后果的变化，加之出现<u>新风险</u>，构成风险的<u>可变性</u>。除了以上特点之外，风险还有<u>普遍性</u>和<u>客观性</u>的特点。

（2）人们所能承受项目风险的能力受到<u>收益和投入大小</u>、<u>项目活动主体地位</u>和<u>拥有资源</u>等因素影响。

3．风险分类。

（1）风险分类为确保系统地、持续一致地、有效地进行风险识别提供了基础，为风险管理工作提供了一个框架。根据不同角度和标准对风险进行分类，如表 11-1 所示。

表 11-1 风险分类表

分类依据	分类名称
按风险后果划分	纯粹风险、投机风险
按风险来源划分	自然风险、人为风险

续表

分类依据	分类名称
按风险是否可管理划分	可管理的风险、不可管理的风险
按风险影响范围划分	局部风险、总体风险
按风险后果的承担者划分	项目业主风险、政府风险、承包商风险、投资方风险、设计单位风险、监理单位风险、供应商风险、担保方风险和保险公司风险
按风险的可预测性划分	已知风险、可预测风险和不可预测风险

（2）纯粹风险和投机风险在一定条件下可以<u>相互转化</u>，项目管理人员<u>必须避免</u>投机风险转化为纯粹风险。

4．风险成本的内容。

（1）风险事件造成的损失或减少的收益以及为防止发生风险事件采取预防措施而支付的费用，都构成了风险成本。风险成本包括：<u>有形成本、无形成本以及预防与控制风险的成本</u>。

（2）风险损失的有形成本包括：风险事件造成的<u>直接损失和间接损失</u>。

（3）风险损失的无形成本指由于风险所具有的不确定性而使项目主体在风险事件发生之前或之后付出的代价。主要表现在：风险损失减少了机会；风险阻碍了生产率的提高；风险造成资源分配不当。

5．项目风险管理与其他管理的关系。

（1）项目风险管理包括项目风险管理规划、风险识别、分析、应对和监控的过程。

（2）管理过程包括：

1）风险管理规划——决定如何进行规划和实施项目风险管理活动。

2）风险识别——判断哪些风险会影响项目，并以书面形式记录其特点。

3）定性风险分析——对风险概率和影响进行评估和汇总，进而对风险进行排序，以便随后进一步分析或行动。

4）定量风险分析——就识别的风险对项目总体目标的影响进行定量分析。

5）风险应对规划——针对项目目标制订提高机会、降低威胁的方案和行动。

6）风险监控——在整个项目生命周期中，跟踪已识别的风险、监测残余风险、识别新风险和实施风险应对计划，并对其有效性进行评估。

（3）项目风险管理是项目管理的一部分，目的是保证项目总目标的实现。风险管理与项目管理其他过程的关系如图11-2所示。

【补充知识点】

1．从客户的角度来看，如果没有管理好质量风险，将会造成最长久的影响。

2．随机性和相对性表述的是风险的两个基本属性。

图 11-2 项目风险管理与其他管理关系

11.2 规划和识别风险

【基础知识点】

1．计划与规划。

（1）"计划"是指工作或行动以前，预先拟定的具体内容和步骤。如工作计划、科研计划、五年计划。

（2）"规划"则是指比较全面的长远的发展计划。如制定教育发展规划、十年规划等。

（3）由定义可看出它们之间的区别，无论是从范围大小、时限长短，还是从内容具体程度上，二者都有不同。计划比规划在内容上要简单一些、具体一些，有强烈的约束性。

2．规划风险管理的过程。

（1）规划风险管理是在项目正式启动前或启动初期，对项目的一个纵观全局的对于风险的考虑、分析、计划，也是项目风险控制中最关键的内容。

（2）规划风险管理的过程如图 11-3 所示。

（3）风险概率和影响的定义。为确保定性风险分析过程的质量和可信度，要求界定不同层次的风险概率和影响。在风险规划过程中，通用的风险概率水平和影响水平的界定将依据个别项目的具体情况进行调整，以便在定性风险分析过程中应用。

（4）风险发生概率等级如表 11-2 所示；四项项目目标的风险影响标度情况如表 11-3 所示。

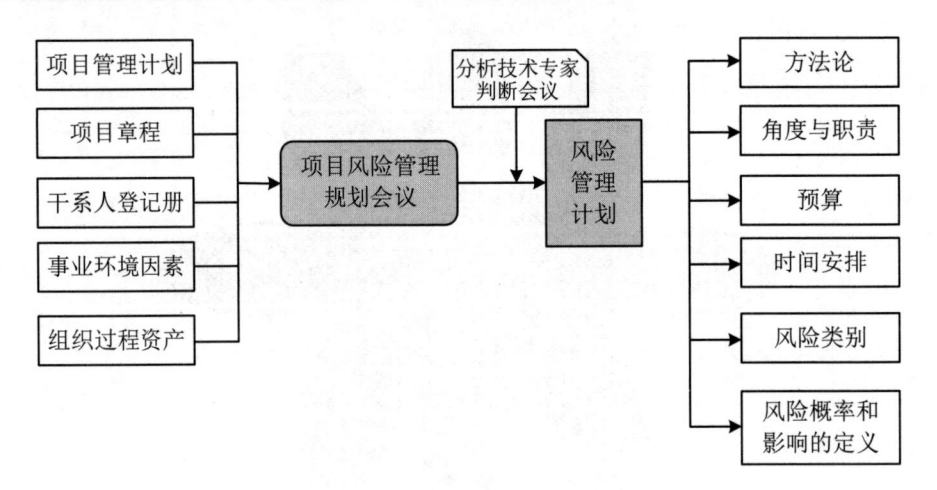

图 11-3 规划风险管理过程

表 11-2 风险发生概率等级

等级（0～1.0）	发生概率	等级说明
0.1	0%～10%	很低
0.3	11%～30%	低
0.5	31%～70%	中等
0.7	71%～90%	高
0.9	90%～100%	很高

表 11-3 四项项目目标的风险影响标度情况

项目目标	非常低 0.05	低 0.1	中等 0.2	高 0.4	非常高 0.8
成本	非常小的成本增加	成本增加小于10%	成本增加10%～20%	成本增加20%～40%	成本增加大于40%
进度	非常小的进度拖延	进度拖延小于5%	进度拖延5%～10%	进度拖延10%～20%	进度拖延大于20%
范围	不显著的范围减少	范围次要方面受到影响	范围主要方面受到影响	发起者不可接受的范围缩减	项目最终结果实际无法使用
质量	不显著的质量降低	具有要求及其严格的应受到影响	质量降低需要发起者的批准	质量降低到发起人不能接受的程度	项目最终结果实际无法使用

3．风险识别过程。

（1）识别风险指确定哪些风险会影响项目，并将其特性记载成文。参加识别风险的人员通常可包括：项目经理、项目团队成员、风险管理团队（如有）、项目团队之外的相关领域专家、顾客、最终用户、其他项目经理、利害关系者和风险管理专家。应鼓励所有项目人员参与风险的识别。识别风险是一项反复过程。

（2）风险识别过程如图 11-4 所示。

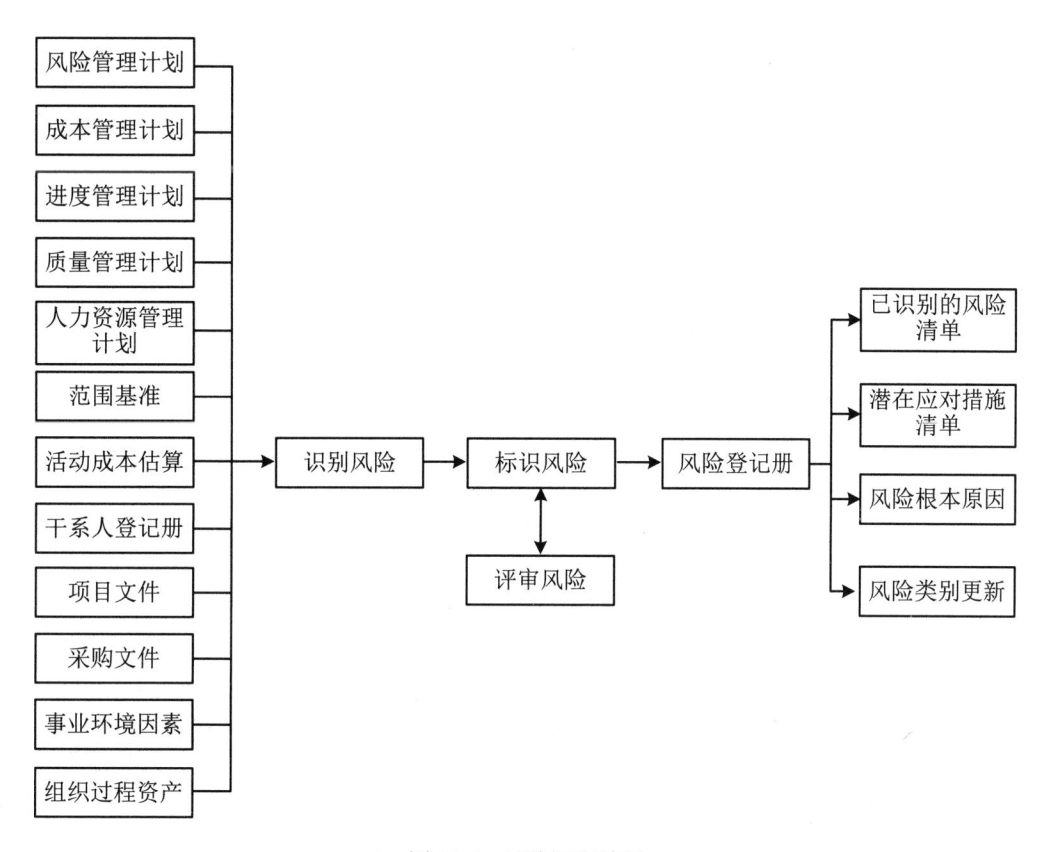

图 11-4　风险识别过程

4．风险识别技术。

（1）在具体识别风险时，需要综合利用一些专门技术和工具，以保证高效率地识别风险且不发生遗漏，这些方法包括：文档审查、信息收集技术（德尔菲技术、头脑风暴、访谈、根本原因识别）、核对表分析、假设分析、SWOT 技术、专家判断和图解技术（因果图、系统或过程流程图、影响图）等。

（2）SWOT 分析：SWOT 技术从项目的每个优势（Strength）、劣势（Weakness）、机会（Opportunity）和威胁（Threat）出发，对项目进行考察，把产生于内部的风险都包括在内，从而更全面地考虑风险。

【补充知识点】

1．风险识别的特点：①全员性；②系统性；③动态性；④信息依赖性；⑤综合性。

2．风险识别是一项反复过程。随着项目生命周期的推进，新风险可能会不断出现。

11.3 风险的定性和定量分析

【基础知识点】

1．风险定性和定量分析依据。

（1）风险定性分析包括对已识别风险进行优先级排序，以便采取进一步措施，如进行风险量化分析或风险应对。

（2）风险数据质量评估：定性风险分析要<u>具有可信度</u>，就要求使用准确无偏颇的数据。风险数据质量分析就是评估有关风险的数据对风险管理<u>有用程度</u>的一种技术。它包括检查人们对风险的<u>理解程度</u>以及风险数据的<u>精确性、质量、可靠性和完整性</u>。

（3）风险紧迫性评估：需要近期采取应对措施的风险可被视为亟需解决的风险。实施<u>风险应对措施所需的时间、风险征兆、警告和风险等级</u>等都可作为确定风险<u>优先级或紧迫性</u>的指标。

（4）预期货币价值分析（EMV）。预期货币价值分析是一个<u>统计概念</u>，用以计算在将来某种情况发生或不发生情况下的<u>平均结果</u>（即不确定状态下的分析）。

（5）敏感性分析：敏感性分析有助于确定哪些风险对项目具有最大的<u>潜在影响</u>。

（6）风险定性和定量分析依据如表 11-4 所示。

表 11-4 风险定性和定量分析依据

定性分析依据	定量分析依据
风险管理计划 范围基准 风险登记册 事业环境因素 组织过程资产	风险管理计划 项目成本管理计划 项目进度管理计划 风险登记册 事业环境因素 组织过程资产

2．风险的概率和影响矩阵。

根据风险可能对实现项目目标产生的潜在影响，进行<u>风险优先排序</u>。风险优先排序的<u>典型方法</u>是借用<u>对照表或概率和影响矩阵形式</u>。通常由组织界定哪些风险概率和影响组合具有<u>较高、中等或较低</u>的重要性，据此可确定相应风险应对规划。可以在风险管理规划过程中进行审查并根据具体项目进行调整。概率和影响矩阵如图 11-5 所示，图中展示的概率为"威胁"的矩阵，如果概率为"机会"矩阵，则此图向右翻转。

3．风险定性和定量分析的成果。

风险定性分析的成果包括项目文件更新（风险登记册、假设条件日志）。

风险定量分析的成果包括风险登记册更新（项目概率分析、实现成本和时间目标的概率、量化风险优先级清单、定量风险分析结果趋势）。

概率 （0~1.0）	对项目目标的影响（0~1.00）				
	0.05	0.1	0.2	0.4	0.8
0.9	0.05	0.09	0.18	0.36	0.72
0.7	0.04	0.07	0.14	0.28	0.56
0.5	0.03	0.05	0.10	0.20	0.40
0.3	0.02	0.03	0.06	0.12	0.24
0.1	0.01	0.01	0.02	0.04	0.08

低度风险　　　中度风险　　　高度风险

图 11-5　概率和影响矩阵

4．决策树相关知识。

（1）决策树分析法是指借助树型分析图，根据各种类型风险出现的概率及预期损益，计算与比较各方案的损益期望值，从而抉择最优方案的方法。

（2）决策树的构成有四个要素：决策结点、方案枝、状态结点和概率枝。典型的决策树如图 11-6 所示。

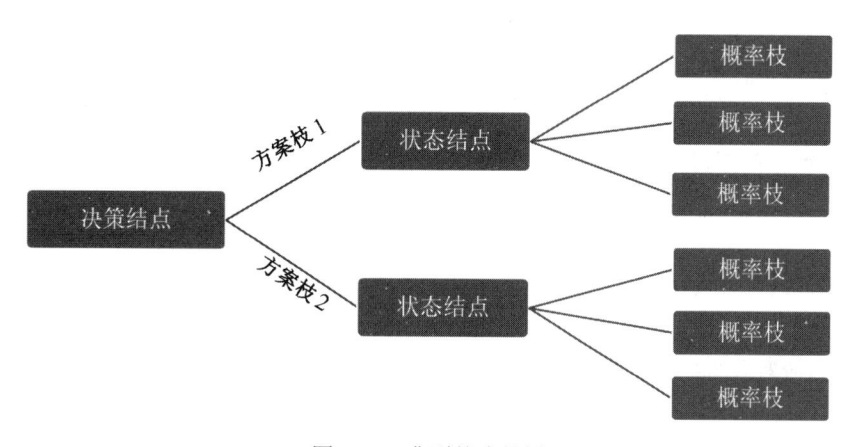

图 11-6　典型的决策树

（3）决策树法的决策程序如下：

1）绘制树状图，根据已知条件排列出各个方案和每一方案的各种自然状态。
2）将各状态概率及损益值标于概率枝上。
3）计算各个方案期望值，并将其标于该方案对应的状态结点上。
4）进行剪枝，比较各个方案的期望值并标于方案枝上。将期望值小的（即劣等方案）剪掉，所剩的最后方案为最佳方案。

11.4 应对和控制风险

1. 风险应对和控制的依据。

（1）规划风险应对指为项目目标增加实现机会、减少失败威胁而制定方案，决定应采取对策的过程。

（2）规划风险应对过程在定性风险分析和定量风险分析之后进行，包括确认和指派相关个人或多人，对已得到认可并有资金支持的风险应对措施担负起职责。

（3）控制风险过程所使用的技术包括交差和趋势分析，要求使用项目实施过程中生成的绩效数据。

（4）风险应对和控制的依据如表 11-5 所示。

表 11-5 风险应对和控制的依据

风险应对依据	风险控制依据
项目管理计划更新 项目文件更新	项目管理计划 风险登记册 工作绩效数据 工作绩效报告

2. 风险应对和监控的工具与技术。

（1）消极风险或威胁的应对策略：<u>回避、转嫁、减轻与接受</u>。

（2）积极风险或机会的应对策略：<u>开拓、分享或提高与接受</u>。

（3）风险再评估：对新风险进行识别并对风险进行重新评估。应安排定期进行项目风险再评估。

（4）风险审计：检查并记录风险应对措施在处理已识别风险及其根源方面的有效性，以及风险管理过程的有效性。

（5）风险应对和监控的工具与技术如表 11-6 所示。

表 11-6 风险应对和控制的工具与技术

风险应对依据	风险控制依据
消极风险或威胁的应对策略 积极风险或机会的应对策略 应急应对策略 专家判断	风险再评估 风险审计 偏差和趋势分析 技术绩效测量 储备分析 会议

3．风险应对和控制的成果。

（1）规划风险应对的成果包括：项目管理计划更新和项目文件更新。

（2）控制风险成功则包括：工作绩效信息、变更请求、项目管理计划更新、项目文件更新和组织过程资产更新。

【补充知识点】

1．风险应对计划的主要内容。

（1）需要应对的风险清单。

（2）形成一致意见的应对措施。

（3）实施所选应对策略采取的具体行动。

（4）明确风险管理人和分配给他们的责任。

（5）风险发生的征兆和预警信号。

（6）实施所选应对策略需要的预算和进度计划活动。

（7）设计好要准备的符合有关当事人风险承受度的用在不可预见事件上的预留时间和费用。

（8）应急方案和要求实施方案的引发因素。

（9）要使用的退出计划，它作为对某个已经发生并且原来的应对策略已被证明不当的风险的一种反应。

（10）对于特定的风险，如果它们可能发生，为了规定各方的责任，可以准备用于保险、服务或其他相应事项的合同。

2．权变措施：就是随机应变，出现了事先没有计划好的事情时，临场处理。

11.5　练习题

1．项目风险管理计划不包含（　　）。

　　A．确定风险管理的方法　　　　　　B．风险管理估算

　　C．风险类别　　　　　　　　　　　D．如何审计风险管理过程

解析：本题考查的是风险管理计划的相关内容。风险管理计划描述的是在项目中如何组织和执行风险管理，作为项目管理计划的一部分，它包含以下部分：①方法论；②角色和职责；③预算；④制订时间表；⑤风险类别；⑥风险概率和影响力的定义；⑦概率及影响矩阵；⑧已修订的项目干系人对风险的容忍度；⑨报告的格式；⑩跟踪。

答案：D

2．评估信息系统安全时，需要对风险项进行量化来综合评估安全等级。如果对于需求变化频繁的一事件，其发生概率为0.5，产生的风险影响值为5，则该风险项的风险值为（　　）。

　　A．1.0　　　　　B．5.5　　　　　C．4.5　　　　　D．2.5

解析：本题考查的是概率、影响的相关知识，风险值=概率×影响。

答案：D

3. 项目风险识别是指找出影响项目目标顺利实现的主要风险因素，并识别出这些风险有哪些基本特征，可能会影响到项目的哪些方面等问题。以下关于项目风险识别的叙述中，正确的是（   ）。
   A．主要由项目经理负责项目风险识别活动
   B．风险识别是一种系统活动，而不是一次性行为
   C．主要识别项目的内在风险
   D．风险识别包括外在因素对项目本身可能造成的影响评估
   解析：本题考查的是风险识别的相关知识，风险识别的参与者包括项目团队、客户、项目干系人等。风险识别是一个不断重复的过程，识别内在和外部风险，影响评估属于定性风险分析。
   答案：B

4. 按优先级或相对等级排列项目风险，其属于（   ）的输出。
   A．定性风险分析　　　　　　　B．定量风险分析
   C．风险管理计划　　　　　　　D．风险监视表
   解析：本题考查风险定性分析的基础知识。定性风险分析：对项目的风险进行优先级排序，以便进行后续的深入分析或者根据对风险概率和影响的评估采取适当的措施。
   答案：A

5. 在项目风险识别时，一般不用（   ）。
   A．因果图　　　B．流程图　　　C．影响图　　　D．帕累托图
   解析：本题考查的是风险识别的工具，很显然，帕累托图是质量控制工具。
   答案：D

6. （   ）提供了一种结构化方法，以便使风险识别的过程系统化、全面化，使组织能够在统一的框架下进行风险识别，提高组织风险识别的质量。
   A．帕累托图　　　B．检查表　　　C．风险类别　　　D．概率影响矩阵
   解析：本题考查的是风险类别的相关知识。风险类别提供了一种结构化方法，以便使风险识别的过程系统化、全面化，保证组织能够在一个统一的框架下进行风险识别，目的是提高风险识别的质量和有效性。
   答案：C

7. 某公司为适应市场的需要，准备扩大生产能力，有两种方案可供选择：第一种方案是建大厂；第二种方案是先建小厂，后考虑扩建。如建大厂，需投资 700 万元，在市场销路好时，每年收益 210 万元，销路差时，每年亏损 40 万元。在第二种方案中，先建小厂，如销路好，3 年后进行扩建。建小厂的投资为 300 万元，在市场销路好时，每年收益 90 万元，销路差时，每年收益 60 万元，如果 3 年后再扩建，扩建投资为 400 万元，收益情况同第一种方案一致。未来市场销路好的概率为 0.7，销路差的概率为 0.3；如果前 3 年销路好，则后 7 年销路好的概率为 0.9，销路差的概率为 0.1。如前 3 年销路差，则后 7 年的销路差为 100%。无论选用何种方案，使用期均为 10 年。试通过决策树法分析出应选哪个方案。
   解析：先画决策树，如图 11-7 所示。

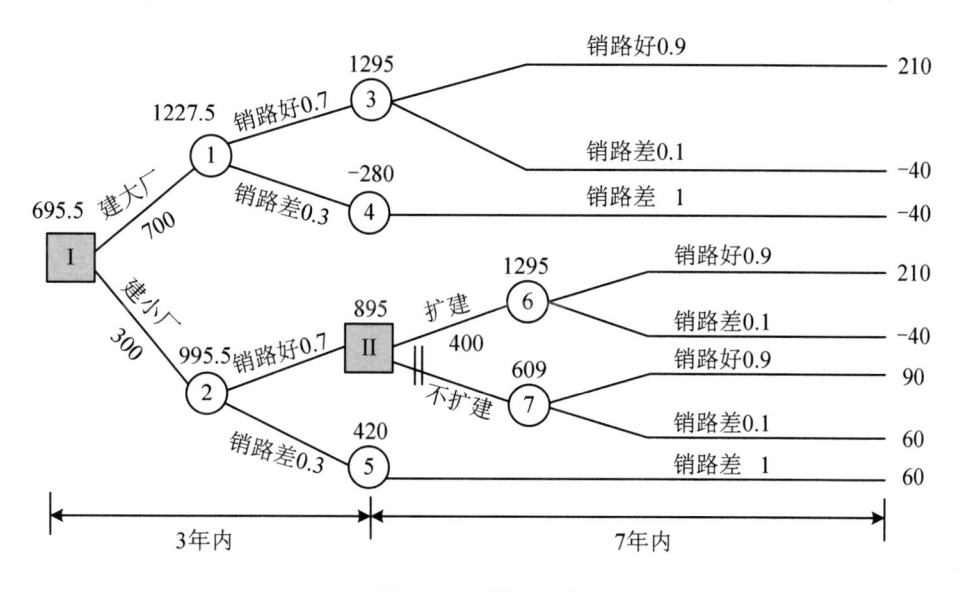

图 11-7 例题决策树

然后从右向左计算各点的期望收益值。点 6：210×0.9×7-40×0.1×7-400=895（万元）
点 7：90×0.9×7+60×0.1×7=609（万元）
点 II 是个决策点，比较点 6 和点 7 的期望值，选择扩建。
点 3：210×0.9×7-40×0.1×7=1295（万元）；点 4：-40×1×7=-280（万元）
点 5：60×1×7=420（万元）；
点 1：1295×0.7+210×0.7×3-280×0.3-40×0.3×3=1227.5（万元）
1227.5-700=527.5（万元）
点 2：895×0.7+90×0.7×3+420×0.3+60×0.3×3=995.5（万元）
995.5-300=695.5（万元）
最后，进行决策，因为 695.5＞527.5。所以，建小厂方案最优。

第12小时 项目采购管理

12.0 章节考点分析

第 12 小时主要学习项目采购管理相关知识,它包括采购管理基础知识、采购管理四个过程、采购管理的技术与工具等内容。

根据考试大纲,本小时知识点会涉及单项选择题、案例分析题、论文写作题,其中单项选择题约占 1~3 分,案例分析题属于常考重点考点,论文也是常规出题领域之一。这部分内容侧重于理解掌握。**本小时的架构如图 12-1 所示。**

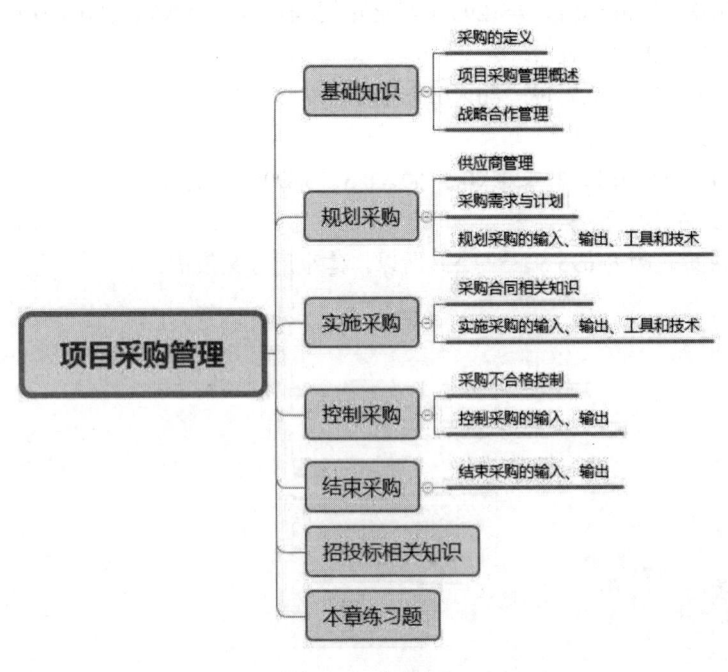

图 12-1 架构图

12.1 基础知识

【基础知识点】

1. 采购的定义。

（1）采购是从项目团队外部获得产品、服务或成果的完整的购买过程。

（2）在一次采购过程中，有卖方和买方双方参与或多方参与，他们的目标不同甚至产生冲突，各方在一定市场条件下依据有关法律相互影响和制约。通过依法、合法和标准化的采购管理，采购可以达到降低成本、增加项目利润的作用。

（3）采购必须要满足技术与质量要求，同时应满足经济性或价格合理的要求。

2. 项目采购管理概述。

（1）项目采购管理包括<u>从执行组织之外获取货物和服务的过程</u>。这些过程之间以及与其他领域的过程之间相互作用。如果项目需要，每一过程可以<u>由个人、多人或团体来完成</u>。

（2）任何一个项目的实施都需要一定的资源投入，这些资源包括设备、材料、资金、人员等。而与资源投入密切相关的项目采购是任何项目都必须开展的，它是项目执行的关键性工作。项目采购管理的模式在某种程度上决定了项目管理的模式，对项目整体管理起着决定性作用。

3. 战略合作管理。

（1）战略合作的管理本质是供应链管理。供应链成员企业间应建立战略合作伙伴关系，即供应链中相互独立的上下游企业间基于信任和共同目标，共享资源、共担风险、共同获利的非正式长期协议关系。

（2）<u>战略合作关系可降低供应链总成本，降低库存水平，增强信息共享，改善相互之间的交流，保持战略伙伴相互之间操作的一贯性，产生更大的竞争以实现供应链结点企业的财务状况、质量、产量、交货期、用户满意度和业绩的改善和提高。</u>

（3）供应商战略伙伴关系是企业与供应商之间达成的最高层次的合作关系，它是指在相互信任的基础上，供需双方为了实现共同的目标而采取的共担风险、共享利益的长期合作关系。

（4）供应商战略合作伙伴关系构建的流程主要包括：<u>分析市场竞争环境、合作伙伴的主因素分析、建立合作伙伴关系的标准、评价和选择合作伙伴以及建立和实施合作伙伴关系等。</u>

（5）合作伙伴的激励机制：要保持长期的双赢关系，对供应商的激励是非常重要的。没有有效的激励机制，就不可能维持良好的供应关系。供应链合作伙伴的选择和管理是一个动态的过程。

【补充知识点】

1. 外包也是一种"采购"。外包是企业利用外部的专业资源为己服务，从而达到降低成本、提高效率、充分发挥自身核心竞争力乃至增强自身应变能力的一种管理模式。

2. 外包需要注意几点：慎重选择合格的外包商；互相同意对方的承诺；需要经常保持交流；根据合同的承诺跟踪承包商实际完成的情况和成果。也就是要多沟通、多监控。

12.2 规划采购

【基础知识点】

1. 供应商管理。

（1）项目采购管理的主要过程包括编制采购计划、实施采购、控制采购、结束采购 4 个过程。

（2）定价常见的有<u>竞争性报价及谈判</u>两种。

（3）下列情况适用竞争性报价：采购量足够大、供应商有能力准确估计生产所需的成本、有足够多的合格竞争者、买方只向技术合格的供应商发出竞标、买方没有优先考虑的供应商。

（4）下列情况适合谈判：任何竞争性报价的标准都不存在时、当采购要求诸多绩效因素必须达成一致时、当买方要求供应商的早期参与时、当供应商需要很长时间来开发和生产采购方采购的物品时。

（5）供应商选择指标确定原则：<u>在选择供应商时，企业考虑的主要因素有价格、质量、服务、位置、供应商的存货政策和柔性</u>。

（6）供应商选择指标体系设置的<u>三大主要因素：供应商的产品价格、质量和服务</u>。

（7）供应商评估方法有三种方法：<u>供应商走访、招标法和协商法</u>。

（8）协商方法：由于供需双方能充分协商，在物资质量、交货日期和售后服务等方面较有保证；但由于选择范围有限，不一定能得到价格最合理、供应条件最有利的供应来源。<u>当采购时间紧迫、投标单价低、竞争程度小、订购物资规格和技术条件复杂时，协商选择方法比招标法更为适合</u>。

（9）供应商质量的定义：在特定的绩效范围内，符合或超过现有和未来客户（买方或最终客户）期望或需求的能力。

2. 采购需求与计划。

（1）<u>识别需求是采购过程的起点</u>。信息系统建设的采购需求通常在招标阶段得到初步确定。

（2）采购需求通常包括标的物的配置、性能、数量、服务等，其中<u>配置、性能</u>等技术性内容最为关键。

（3）需求的类型有独立需求和从属需求。

（4）采购计划是指企业管理人员在了解市场供求情况、认识企业信息系统项目活动过程中，对计划期内物料采购管理活动所做的预见性的安排和部署。

3. 规划采购的输入、输出、工具和技术。

（1）<u>编制采购计划过程的主要成果之一是采购计划，具体的采购活动将依据采购计划进行。采购计划描述从形成采购文件到合同收尾的采购过程</u>。

（2）采购工作说明书：对所购买的产品、成果或服务来说，采购工作说明书定义了与合同相关的那部分项目范围。<u>每份采购工作说明书来自于项目范围基准</u>。

（3）采购文件：采购文件用来得到潜在卖方的报价建议书。当选择卖方的决定基于价格（如当购买商业产品或标准产品）时，通常使用标书、投标或报价，而不是报价建议书。

（4）供方选择标准：用于从潜在的卖方中选择符合要求的、合格的卖方。

（5）"自制/外购"分析、市场调研、专家判断、会议是规划采购常用的方法和技术。

（6）任何预算限制都可能是影响"自制/外购"决定的因素。如果决定购买，还要进一步决定是购买还是租借。"自制/外购"分析应该考虑所有<u>相关成本</u>，无论是<u>直接成本还是间接成本</u>。

【补充知识点】

1．采购工作说明书包括：前言、服务范围、方法、假定、服务期限和工作量估计、双方角色和责任、交付资料、完成标准、顾问组人员、收费和付款方式、变更管理等。每次进行采购，都需要编制SOW。不过可以把多个产品或服务组合成一个采购包，由一个SOW全部覆盖。在采购过程中，应根据需求对采购SOW进行修订和改进，直到合同签订、SOW成为合同的一部分。

2．采购工作说明书与项目范围说明书的区别：采购工作说明书是对项目所要提供的产品或服务的叙述性描述；项目范围说明书则通过明确项目应该完成的工作而确定了项目的范围。

12.3 实施采购

【基础知识点】

1．采购合同相关知识。

（1）采用询价比价形式的采购产品主要包括：市场化程度高的产品、非专利专有技术产品、充分竞争性产品、可替代性强的产品、供应商不唯一的产品。

（2）一个完整的采购合同通常由开头、正文、结尾和附件四部分组成。

（3）<u>不列入采购询价比价的采购包括：</u>指定采购、原厂或代理有相关协议的采购、单个供应商供货合同在一定金额以下的采购。

（4）采购合同签订：根据所购设备的重要程度、不同保修要求签订不同的采购合同条款；对工程影响不大的辅材，正规的购货发票视为采购合同，其他均需签订正规的采购合同（协议），采购合同应清楚表述订购产品的有关信息和要求。

2．实施采购的输入、输出、工具和技术。

（1）实施采购的输入包括：<u>采购计划、采购文件、卖方建议书、项目文件、采购工作说明书、组织过程资产</u>。

（2）采购计划记录了买什么、不买什么、什么时间买等信息，为整个采购过程做了安排，提供了指南。

（3）实施采购输出包括：选中的卖方、合同、资源日历、变更请求和项目管理计划更新。

（4）实施采购常用的方法和技术包括：专家判断、会议、评价技术、独立估算、刊登广告、谈判。

（5）投标人会议用来确保所有潜在供应商对采购的目的有清晰、共同的理解。对供应商问题的答复可能作为修订条款包含到采购文件中。

（6）独立估算：又称合理费用估算，是根据具体条件及有关知识对事物的数量或算式的结果作出的大概推断或估计，可以买方自己制定，也可以请第三方独立估算。

12.4 控制采购

【基础知识点】

1. 采购不合格控制。

（1）<u>控制采购过程是买卖双方都需要的</u>。该过程确保卖方的执行符合合同需求，确保买方可以按合同条款去执行。对于使用来自多个供应商提供的产品、服务或成果的大型项目来说，<u>合同管理的关键是管理买方和卖方间的接口，以及多个卖方间的接口</u>。

（2）采购不合格控制主要包括：不合格品识别；经进货验证确定为不合格的产品，<u>采购应时处理；进货验证的不合格品由验货人进行"不合格"标识</u>。

（3）采购合同管理：在<u>采购合同签订后 5 个工作日</u>内，将采购合同原件及相应附件进行归档。归档时，需注明采购合同名称、归档采购合同所在的项目编号。

（4）采购档案保存期限：<u>保管期限有永久、长期（30 年）和短期（10 年）三种</u>。

2. 控制采购的输入、输出。

（1）项目管理计划、采购文件、合同、批准的变更请求、<u>工作绩效报告</u>和<u>工作绩效数据</u>等，是进行控制采购过程的前提。

（2）控制采购的输出包括：工作绩效信息、变更请求、项目管理计划更新、项目文件更新、组织过程资产更新。

12.5 结束采购

【基础知识点】

结束采购的输入、输出内容如下：

（1）完成每一次项目采购，都需要结束采购过程。它是<u>项目收尾或阶段收尾</u>过程的一部分，把合同和相关文件归档以备将来参考。

（2）<u>合同、合同收尾程序、项目管理计划、采购文件</u>构成了结束采购的内容。

（3）结束采购的输出包括：合同收尾和组织过程资产更新。

（4）审计作为结束采购的方法和技术，要从采购规划到合同管理的整个采购过程进行系统的审查。目的是找出可供本项目其他采购合同或实施组织内其他项目借鉴成功与失败的经验。

12.6 招投标相关知识

【基础知识点】

1. 招投标中的参与者。

（1）招标人、招标代理机构、投标人构成招投标中的参与者。

（2）招标人有权自行选择招标代理机构，委托其办理招标事宜。招标人具有编制招标文件和组织评标能力的，可以自行办理招标事宜。

（3）在招标文件要求提交投标文件截止时间至少15日前，招标人可以以书面形式对已发出的招标文件进行必要的澄清或者修改。该澄清或者修改内容是招标文件的组成部分。

（4）招标人不得以不合理条件限制或者排斥潜在投标人，不得对潜在投标人实行歧视待遇。

（5）依法必须进行招标的项目，自招标文件开始发出之日起至提交投标文件截止之日止，最短不得少于20日。

2. 招投标方式、程序及相关法律。

（1）招标分为公开招标和邀请招标。

（2）招投标程序如下：

1）招标人采用公开招标方式的，应当发布招标公告；招标人采用邀请招标方式的，应当向三个以上具备承担招标项目的能力、资信良好的特定的法人或者其他组织发出投标邀请书。

2）招标人根据招标项目的具体情况，可以组织潜在投标人踏勘项目现场。

3）投标人投标。

4）开标。

5）评标。

6）确定中标人。

7）订立合同。

（3）招标人和中标人应当自中标通知书发出之日起30日内，按照招标文件和中标人的投标文件订立书面合同。

（4）投标人以他人名义投标或者以其他方式弄虚作假、骗取中标的，中标无效，给招标人造成损失的，依法承担赔偿责任；构成犯罪的，依法追究刑事责任。

12.7 练习题

1. 关于项目的采购管理，下列说法中（　　）是不正确的。

A. 企业进行一些常规性的采购时，可以直接从合格供应商名单中选取供应商

B．如果项目的建设方指定了固定品牌和型号的设备，那么承建方在采购设备时要遵从建设方的要求

C．政府或公益性组织在进行采购时必须使用公开招标的方式

D．在选择供应商的过程中可使用加权计算评分法，可以减少人为偏见带来的影响

解析：本题考查的是采购管理中政府采购知识，政府或公益性组织在进行采购时必须使用公开招标是错误的。可以采用公开招标、竞争性谈判等。

答案：C

2．外包模式是近年来非常重要的管理概念和经营方法，企业将其部分业务或服务进行外包可以为其带来很多利益，以下（　　）不属于外包管理可以为企业带来的益处。

　　A．降低相关业务或生产的成本

　　B．使企业可以专注于自己擅长的领域

　　C．提升员工的能力和工作效率

　　D．改善服务，提高核心竞争力

解析：本题考查的是外包的好处，属于送分题。

答案：C

3．在组织准备进行采购时，应准备的采购文件中不包括（　　）。

　　A．标书　　　　　　　　　　　B．建议书

　　C．工作说明书　　　　　　　　D．评估标准

解析：本题考查的是采购文件的内容，在项目中准备进行采购时，应组织制定的采购文件包括采购管理计划、工作说明书、标书（RFP）和评估标准等内容。而建议书是卖方准备的文件，用来说明卖方提供所需产品或服务的能力和意愿。建议书应该与相关的采购文件的要求相一致，并能反映合同中所定义的原则。卖方的建议书应该应买方的要求提供正式合法的报价。某些情况下，卖方可以回应买方的要求对建议书中涉及到的人员、技术等进行口头说明，以便买方进行进一步评估。

答案：B

4．项目（　　）的结果一经管理层确认，将对项目的实际采购活动产生现实性的指导，是项目采购活动的准绳。

　　A．工作说明书　　　　　　　　B．自制和外购分析

　　C．范围说明书　　　　　　　　D．采购计划编制

解析：本题考查采购管理相关知识，采购计划编制的输出中的采购管理计划是项目采购活动的准绳。

答案：D

5．项目采购是一项复杂的工作，编制详细可行的项目采购计划有助于项目成功，（　　）属于

编制项目采购计划所必须考虑的内容。

  A．工作说明书   B．项目范围说明书

  C．自制/外购决定   D．合同收尾规程

解析：本题考查的是编制采购计划的输入，在编写采购管理计划的时候当然需要知道项目需要做什么，如果连做什么都不知道，怎么知道去采购什么。

答案：B

6．与普通的采购管理过程相比，外包管理更注重（ ）环节。

  A．自制外购分析   B．计划编制

  C．过程监控   D．成果验收

解析：本题考查外包管理的好处、害处、问题、注意事项等。在外包管理中，需要注意对外包商的监控，以免项目失控。其实不仅仅是在外包中需要注意监控，在项目的实施过程中都需要进行监控。

答案：C

7．审核并记录供应商的绩效信息，建立必需的纠正和预防措施，作为将来选择供应商的参考过程，属于项目采购管理的（ ）过程

  A．供方选择   B．合同收尾

  C．编制合同   D．合同管理

解析：本题考查的是采购管理的相关知识。合同管理过程审核并记录卖方执行合同的绩效，以及所需进行的纠正措施。同样卖方也会记录绩效以备将来之用。买方对卖方执行绩效评估首先是验证卖方是否具有承担项目中相似工作的能力。当确认卖方没有履行合同义务而买方希望进行一些纠正时，也会执行类似的评估。

在合同收尾前任何时候，只要在合同变更控制条款下，经双方同意都可以对合同进行修订。这种修订不一定给双方都带来同样的好处。

答案：D

8．采购是从外部获得产品和服务的完整购买过程。关于采购的叙述中，不恰当的是（ ）。

  A．卖方可能会设立一个项目来管理所有的工作

  B．企业采购可以分为日常采购行为和项目采购行为

  C．如果采购涉及集成众多的产品和服务，企业倾向于寻找总集成商

  D．在信息系统集成行业，普遍将项目所需产品或服务资源采购称为"外包"

解析：本题考查的是采购的相关知识，采购一般分为招标采购和非招标采购。

答案：B

9．采购计划编制完成时，（ ）也应编制完成。

  A．合同   B．工作说明书

C. 招标文件 D. 评标标准

解析：本题考查的是编制采购计划的输出，在采购管理流程中，题目中涉及到的文件产生顺序应为：采购计划和工作说明书（采购计划编制过程的输出）；采购合同（合同编制过程的输出）；招标文件和评标标准（招标过程的输出）。

答案：B

第13小时 项目合同管理

13.0 章节考点分析

第 13 小时主要学习项目合同管理相关知识，它包括合同管理基本概念和合同管理过程。

根据考试大纲，本小时知识点会涉及单项选择题和案例分析题，单项选择题型约占 1~4 分。这部分内容侧重于概念知识，根据以往全国计算机技术与软件专业技术资格（水平）考试的出题规律而言，概念知识考查知识点多数参照教材，扩展内容较少。本小时的架构如图 13-1 所示。

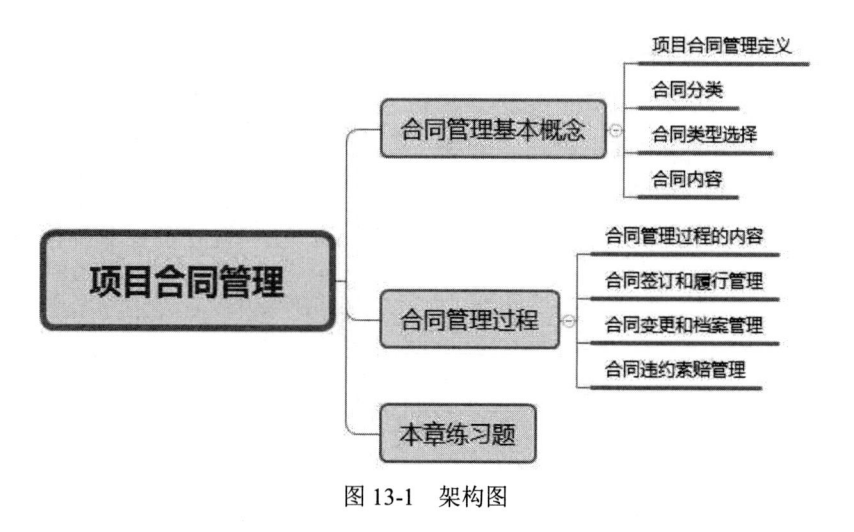

图 13-1 架构图

13.1　合同管理基本概念

【基础知识点】
1．项目合同管理定义。
（1）合同是工程建设项目的基本依据，也是监理工作的主要依据。
（2）广义合同，指以确定各种权利与义务为内容的协议，即只要是当事人之间达成的确定权利义务的协议均为合同，不管涉及哪个法律部门和何种法律关系；包括民法上的合同、行政法上的行政合同、劳动法上的劳动合同、国际法上的国家合同。
（3）狭义合同，专指民法上的合同，是当事人之间确立、变更、终止民事权利义务关系意思表示一致的法律行为；合同不包括婚姻、收养、监护等有关身份关系的协议。
（4）项目合同管理是指对施工合同的订立、履行、变更、终止、违约、索赔、争议处理等进行的管理。
2．合同分类。
（1）合同类型决定买方与卖方的风险分担，一般情况下，人们比较喜欢固定总价合同，大多数组织都鼓励甚至经常要求使用固定总价合同。通常所选择的合同类型以及具体的合同条款和条件，决定着合同双方各自承担的风险水平。
（2）不同分类方法导致有多种合同分类，具体分类如表 13-1 所示。

表 13-1　合同分类

分类标准	合同名称	定义	适用
按项目范围划分	总承包合同	买方将项目的全过程作为一个整体发包给同一个卖方的合同	采用总承包合同的方式一般适用于经验丰富、技术实力雄厚且组织管理协调能力强的卖方，这样有利于发挥卖方的专业优势，保证项目的质量和进度，提高投资效益。采用这种方式，买方只需与一个卖方沟通，容易管理与协调
	项目单项承包合同	一个卖方只承包项目中的某一项或某几项内容，买方分别与不同的卖方订立项目单项承包合同	采用项目单项承包合同的方式有利于吸引更多的卖方参与投标竞争，使买方可以选择在某一单项上实力强的卖方。同时也有利于卖方专注于自身经验丰富且技术实力雄厚的部分建设，但这种方式对买方的组织管理协调能力提出了较高的要求
	项目分包合同	经合同约定和买方认可，卖方将其承包项目的某一部分或某几部分项目（非项目的主体结构）再发包给具有相应资质条件的分包方，与分包方订立的合同称为项目分包合同	订立项目分包合同必须同时满足 5 个条件，即：经过买方认可；分包部分必须是项目非主体工作；只能分包部分项目，而不能转包整个项目；分包方必须具备相应的资质条件；分包方不能再次分包

续表

分类标准	合同名称	定义	适用
按项目付款方式	总价合同	既定产品或服务的采购设定一个总价。从付款的类型上来划分，总价合同又可以分为固定总价合同、总价加激励费用合同、总价加经济价格调整合同和订购单（单边合同）	采用总价合同，<u>买方必须准确定义要采购的产品或服务</u>
	成本补偿类合同	成本补偿合同向卖方支付为完成工作而发生的全部合法实际成本（可报销成本），外加一笔费用用作为卖方的利润。成本补偿合同也可为卖方超过或低于预定目标而规定财务奖励条款。其又可以分为：成本加固定费用合同、成本加激励费用合同、成本加奖励费用合同	在这种合同下，<u>买方的成本风险最大</u>。这种合同适用于买方<u>仅知道要一个什么产品但不知道具体工作范围的情况</u>，也就是工作范围很不清楚的项目。当然，成本补偿合同也适用于买方特别信得过的卖方，想要与卖方全面合作的情况
	混合型的工料合同	是指按项目工作所花费的实际工时数和材料数，按事先确定的单位工时费用标准和单位材料费用标准进行付款	这类合同<u>适用于工作性质清楚</u>、<u>工作范围比较明确</u>，但具体的工作量无法确定的项目。工料合同在<u>金额小</u>、<u>工期短</u>、<u>不复杂</u>的项目上可以有效使用，但在金额大、工期长的复杂项目上不适用

3．合同类型选择。

选择合同类型的方法如下：

（1）如果工作范围很明确，且项目的设计已具备详细的细节，则使用总价合同。

（2）如果工作性质清楚，但范围不是很清楚，而且工作不复杂，又需要快速签订合同，则使用工料合同。

（3）如果工作范围尚不清楚，则使用成本补偿合同。

（4）如果双方分担风险，则使用工料合同；如果买方承担成本风险，则使用成本补偿合同；如果卖方承担成本风险，则使用总价合同。

（5）如果是购买标准产品，且数量不大，则使用单边合同。

4．合同内容。

一般情况下，项目合同的具体条款由当事人各方自行约定。总地来说包括"项目名称""标的内容和范围""项目的质量要求"等13项内容。特别注意以下几点：

（1）项目的质量要求。

（2）技术情报和资料的保密。

（3）技术成果的归属。

（4）验收的标准和方法。

（5）技术支持服务。

13.2 合同管理过程

【基础知识点】

1．合同管理过程的内容。

合同管理包括：合同签订管理、合同履行管理、合同变更管理、合同档案管理、合同违约索赔管理。

2．合同签订和履行管理。

（1）在合同签订之前，应当做好以下几项工作。

1）首先，应当做好市场调查。主要了解产品的技术发展状况、市场供需情况和市场价格等。

2）其次，应当进行潜在合作伙伴或者竞争对手的资信调查，准确把握对方的真实意图，正确评判竞争的激烈程度。

3）最后，了解相关环境，做出正确的风险分析判断。

（2）合同履行管理包括对合同的履行情况进行跟踪管理，包括合同争议、合同违约和合同索赔等事宜。

（3）如果约定了仲裁且约定了仲裁裁决的终局性，就不能向法院诉讼。在解决合同争议的方法中，其优先顺序为谈判（协商）、调解、仲裁、诉讼。

3．合同变更和档案管理。

（1）合同变更要具备以下条件：双方当事人协商，并且不因此损害国家和社会利益；由于不可抗拒力导致合同义务不能执行；由于另一方在合同约定的期限内没履行合同，并在被允许推迟履行期限内仍未履行的。

（2）当事人一方要求修改合同时，应当首先向另一方用书面的形式提出。另一方当事人在接到有关变更项目合同的申请后，应及时做出书面答复。

（3）合同档案管理（文本管理）是整个合同管理的基础。项目管理团队使用合同档案管理系统对合同文件和记录进行管理。

（4）合同档案管理包括正本和副本管理、合同文件格式等内容。

4．合同违约索赔管理。

（1）合同违约是指信息系统项目合同当事人一方或双方不履行或不适当履行合同义务，应承担因此给对方造成的经济损失的赔偿责任。

（2）索赔的分类：按索赔的目的分类可分为工期索赔和费用索赔；按索赔的业务性质分类可分为工程索赔和商务索赔；按索赔的处理方式可分为单项索赔和总索赔。

（3）索赔是合同管理的重要环节，应按以下原则进行索赔：索赔必须以合同为依据；必须注意资料的积累；及时、合理地处理索赔；加强索赔的前瞻性。

（4）项目发生索赔事件后，一般先由监理工程师调解，若调解不成，由政府建设主管机构进行调解，若仍调解不成，由经济合同仲裁委员会进行调解或仲裁。在整个索赔过程中，遵循的原则是索赔的有理性、索赔依据的有效性、索赔计算的正确性。索赔具体流程如下。

1）提出索赔要求。当出现索赔事项时，索赔方以书面的索赔通知书形式，在索赔事项发生后的 28 天以内，向监理工程师正式提出索赔意向通知。

2）报送索赔资料。在索赔通知发出后的 28 天内，向监理工程师提出延长工期和（或）补偿经济损失的索赔报告及有关资料。

3）监理工程师答复。监理工程师在收到送交的索赔报告有关资料后，于 28 天内给予答复，或要求索赔方进一步补充索赔理由和证据。

4）监理工程师逾期答复后果。监理工程师在收到承包人送交的索赔报告的有关资料后 28 天未予答复或未对承包人作进一步要求，视为该项索赔已经认可。

5）持续索赔。当索赔事件持续进行时，索赔方应当阶段性向监理工程师发出索赔意向，在索赔事件终了后 28 天内，向监理工程师送交索赔的有关资料和最终索赔报告，监理工程师应在 28 天内给予答复或要求索赔方进一步补充索赔理由和证据。逾期未答复，视为该项索赔成立。

6）仲裁与诉讼。监理工程师对索赔的答复，索赔方或发包人不能接受，即进入仲裁或诉讼程序。

13.3 练习题

1. 在项目中经常会利用外包的手段，以提高项目的盈利能力，对于工作规模或产品规定不是特别清楚的项目，外包时一般应采用（ ）

  A．成本补偿合同   B．采购单形式的合同
  C．工时材料合同   D．固定总价合同

解析：本题考查的是合同的类型，时间和材料合同是包含成本补偿合同和固定总价合同的混合类型。当不能迅速确定准确的工作量时，时间和材料合同适用于动态增加人员、专家或其他外部支持人员等情况。由于合同具有可扩展性，买方成本可能增加，这些类型的合同类似于成本补偿合同。合同的总额和合同应交付产品的确切数量在买方签订合同时还不能确定。因而，如果是成本补偿合同，时间和材料合同的合同额可以随着时间和材料而增加。许多组织要求在所有时间和材料合同中注明不能超出预期合同额和期限限制，防止无限度的成本增加。

相反，若某些参数在合同中明确后，时间和材料合同类似于固定总价合同。当双方在具体资源价格上达成一致时，劳动力单位时间的价格或材料价格可以由买方和卖方预先确定，例如高级工程师每小时多少工资，或者每个计量单位材料的价格。

答案：C

2. 格式条款是当事人为了重复使用而预先拟定，并在订立合同时未与对方协商的条款。对于格式条款，不正确的是（ ）。

  A．提供格式条款一方免除其责任，加重对方责任、排除对方主要权利的，该条款无效
  B．格式条款和非格式条款不一致，应当采用格式条款

C. 对格式条款有两种以上解释的,应当作出不利于提供格式条款一方的解释

D. 采用格式条款订立合同的,提供格式条款的一方应当遵循公平原则确定当事人之间的权利和义务

解析:本题考查的是合同的相关知识。第四十一条:对格式条款的理解发生争议的,应当按通常理解予以解释。对格式条款有两种以上解释的,应当作出不利于提供格式条款一方的解释。格式条款和非格式条款不一致的,应当采用非格式条款。

答案:B

3. 在编制项目采购计划时,根据采购类型的不同,需要不同类型的合同来配合,( )包括支付给卖方的实际成本,加上一些通常作为卖方利润的费用。

  A. 固定总价合同   B. 成本补偿合同

  C. 工时和材料合同   D. 单价合同

解析:本题考查的是合同的类型。成本补偿合同:发包人支付全部合法实际成本,然后按约定的方式支付一定利润。

答案:B

4. 某项目在招标时被分成若干个项目包,分别发包给不同的承包人。承包人中标后应与招标人签订的合同属于( )。

  A. 单项项目承包合同   B. 分包合同

  C. 单价合同   D. 成本激励合同

解析:本题考查的是合同的分类,就是定义题。可以按照项目范围划分,可以按照付款方式划分。

答案:A

5. 某公司按总价合同方式约定订购3000m高规格的铜缆,由于建设单位原因,工期暂停了半个月,待恢复施工后,承建单位以近期铜价上涨为理由,要求建设单位赔偿购买电缆增加的费用,并要求适当延长工期。以下说法中,( )是正确的。

  A. 建设单位应该赔偿承建单位采购电缆增加的费用

  B. 监理单位应该保护承建单位的合法利益,因此应该支持承建的索赔要求

  C. 索赔是合同双方利益的体现,可以使造价更趋于合理

  D. 铜价上涨是承建单位应承担的项目风险,不应该要求赔偿费用

解析:本题考查索赔的相关知识。总价合同:又称固定价格合同。固定价格合同是指在合同中确定一个完成项目的总价,承建单位据此完成项目全部内容的合同。这种合同类型能够使建设单位在评标时易于确定报价最低的承建单位,易于进行支付计算。但这类合同仅适用于项目工作量不大且能精确计算、工期较短、技术不太复杂、风险不大的项目。因而采用这种合同类型要求建设单位必须准备详细而全面的设计方案(一般要求实施详图)和各项说明,使承建单位能准确计算项目工作量。

答案:D

6. 某通信设备采购项目，签订合同后进入了合同履行阶段，以下（　　）做法是不合理的。
   A．合同履行过程中发现处于支付的通信设备的质量及验收要求约定不明确，双方进行商议后以补充协议进行了规定
   B．由于采购方不具备接收通信设备的条件，要求供货方延迟货物的交付，到了实际交付时，由于该通信设备涨价，供货方要求变更合同价格
   C．通信设备在运输至采购方的过程中，遇到了连续的暴雨天气，无法按时交付，采购方认为合同中没有对应的免责条款，对供货方进行经济索赔
   D．合同双方在履行过程中产生了纠纷，双方无法协调一致，因此向仲裁机构提出了仲裁申请

   解析：本题考查的是项目合同管理的相关内容。"连续的暴雨天气"，并且是在运输途中，寓意是"事先无法通过天气预报或每年的气候惯例预先做出妥善安排"，这属于不可抗力；合同中尽管无免责条款，但也要考虑市场惯例。

   答案：C

7. 依据《中华人民共和国民法典》第五百五十八条，合同的权利义务终止后，当事人根据交易习惯履行保密义务，该义务的依据是（　　）。
   A．诚信原则　　　B．协商原则　　　C．自愿原则　　　D．第三方协助原则

   解析：《中华人民共和国民法典》第五百五十八条规定："合同的权利义务终止后，当事人应当遵循诚信原则，根据交易习惯履行通知、协助、保密等义务。"

   答案：A

8. 项目发生索赔事件后，一般先由（　　）依据合同进行调解。
   A．政府行政主管部门　　　　　　B．监理工程师
   C．仲裁委员会　　　　　　　　　D．项目经理

   解析：本题考查最基本的索赔程序。项目发生索赔事件后，一般先由监理工程师调解，若调解不成，由政府建设主管机构进行调解，若仍调解不成，由经济合同仲裁委员会进行调解或仲裁。

   答案：B

9. 某软件开发企业在平面媒体上刊登了其开发的财务软件销售商业广告，简要介绍了产品的功能。按照民法典规定，该商业广告属于（　　）。
   A．要约　　　B．承诺　　　C．要约邀请　　　D．承诺邀请

   解析：本题考查相关名词概念。商业广告一般为要约邀请，在其内容符合要约规定的情况下，视为要约。
   商业广告原则上属于要约邀请，是因为一般情况下它不含有可能订立的合同的全部必要条款，收到广告者也就无法进行承诺；另外，收到广告者人数众多，若都能据此承诺，并要求收到广告者受同样的履行约束，则有可能出现广告发出者难以履行情况的现象。

   答案：C

10. 某承诺文件超过要约规定时间到达要约人。依据邮寄文件收函邮局戳记标明的时间，受要

约人是在要求的时间内投邮，由于邮局错递而错过了规定时间。对此情况，该承诺文件（　　）。

  A．因迟到而自然无效

  B．必须经要约人发出接受通知后才有效

  C．必须经要约人发出拒绝通知后才无效

  D．因非受要约人的原因迟到，要约人必须接受该承诺

  解析：《中华人民共和国民法典》第四百八十四条规定：承诺通知到达要约人时生效。承诺不需要通知的，根据交易习惯或者要约的要求作出承诺的行为时生效。虽然是由于邮局错递而延误了到达时间，但是毕竟过了邀约规定的时间，有可能造成要约人接受了别人的承诺，所以这个时候由要约人来决定是否接受是恰当的。

  答案：C

第14小时 信息文档管理与配置管理

14.0 章节考点分析

第14小时主要学习信息文档管理与配置管理相关知识，它包括信息系统文档的概念及管理、配置管理知识、文档管理和配置管理工具等。

根据考试大纲，本小时知识点会涉及单项选择题、案例分析题，单项选择题型约占1~4分。这部分内容侧重于理解掌握。本小时的架构如图14-1所示。

```
信息文档管理与配置管理 ─┬─ 信息系统文档管理 ─┬─ 信息系统文档概念
                      │                    └─ 软件文档分类与质量等级
                      ├─ 配置管理 ─┬─ 配置管理基本知识
                      │           ├─ 配置管理目标和方针
                      │           └─ 配置管理日常活动
                      └─ 文档管理和配置管理工具 ─┬─ 工具综述
                                               └─ 常用工具简介
```

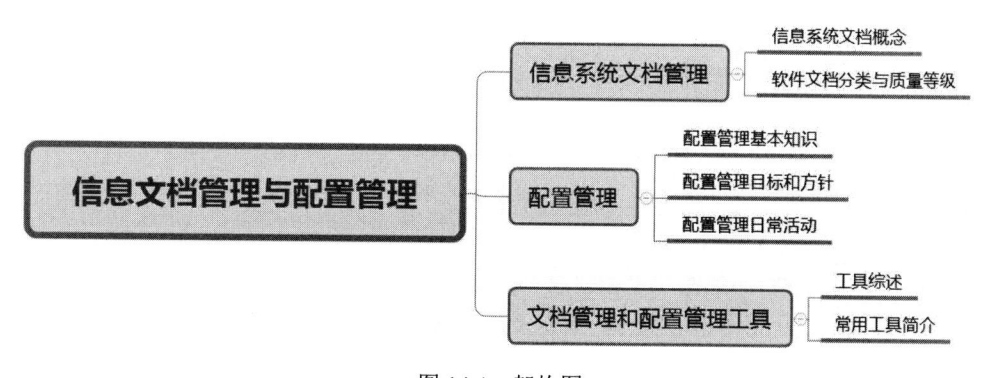

图 14-1 架构图

14.1 信息系统文档管理

【基础知识点】

1. 信息系统文档概念。

（1）信息系统相关信息（文档）是指某种数据媒体和其中所记录的数据。它具有永久性，并可以由人或机器阅读，通常仅用于描述人工可读的东西。

（2）信息系统文档是系统建设过程的"痕迹"，是系统维护人员的指南，是系统开发人员与用户交流的工具。规范的文档意味着系统是按照工程化开发的，意味着信息系统的质量有了形式上的保障。文档的欠缺、随意性和不规范，极有可能导致原来开发人员流动后，系统不可维护、不可升级、无生命力。所以，建立一个良好的信息系统，不仅要利用现代化的信息技术和正确的开发方法，更重要的是做好文档管理工作。

（3）在软件工程学科领域，文档和程序合起来被称为软件。文档和程序的区别在于前者是人可阅读，后者主要由机器来执行。如果将源程序加上注释，也可成为文档的一部分。

2. 软件文档分类与质量等级。

（1）软件文档一般分为三类：<u>开发文档、产品文档、管理文档</u>。每类文档所包含的内容如表14-1所示。

表 14-1　三类软件文档所包含内容

开发文档	产品文档	管理文档
可行性研究报告和项目任务书； 需求规格说明； 功能规格说明； 设计规格说明，包括程序和数据规格说明； 开发计划； 软件集成和测试计划； 质量保证计划； 安全和测试信息	培训手册； 参考手册和用户指南； 软件支持手册； 产品手册和信息广告	开发过程的每个阶段的进度和进度变更的记录； 软件变更情况的记录； 开发团队的职责定义； 项目计划、项目阶段报告； 配置管理计划

（2）<u>开发文档描述开发过程本身、产品文档描述开发过程的产物、管理文档记录项目管理的信息</u>。

（3）每个文档的质量必须在文档计划期间就有明确的规定。文档的质量可以按文档的形式和列出的要求划分为四级。每个等级包含的内容及适用情况如图14-2所示。

（4）质量方面需要考虑的问题既要包含文档的结构，也要包含文档的内容。文档内容可以根据正确性、完整性和明确性来判断。而文档结构由各个组成部分的顺序和总体安排的简单性来测定。要达到这4个质量等级，需要的投入和资源逐级增加，质量保证机构必须处于适当的行政地位以保证达到期望的质量等级。

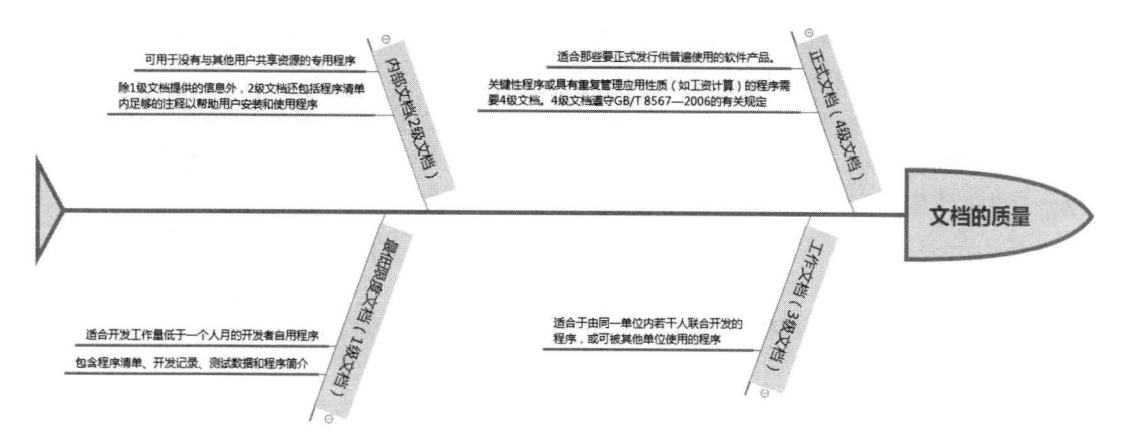

信息文档管理与配置管理 第 14 小时

图 14-2 文档质量等级

（5）管理信息系统文档的规范化管理主要体现在文档书写规范、图表编号规则、文档目录编写标准和文档管理制度等几个方面。根据生命周期法 5 个阶段，分类编号规则如图 14-3 所示。

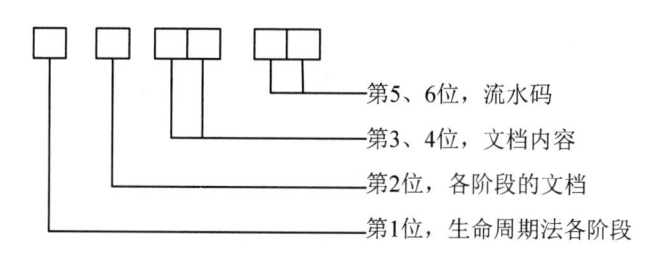

图 14-3 分类编号规则

14.2 配置管理

【基础知识点】

1. 配置管理基本知识。

（1）配置管理是为了系统地控制配置变更，在系统的整个生命周期中维持配置的完整性和可跟踪性，而标识系统在不同时间点上配置的学科。

（2）配置管理包括 <u>6 个主要活动：制订配置管理计划、配置标识、配置控制、配置状态报告、配置审计、发布管理和交付</u>。

（3）典型配置项包括项目计划书、需求文档、设计文档、源代码、可执行代码、测试用例、运行软件所需的各种数据，它们经评审和检查通过后进入配置管理。<u>配置项可以分为基线配置项和非基线配置项两类，基线配置项可能包括所有的设计文档和源程序等；非基线配置项可能包括项目的各类计划和报告等。</u>

（4）所有配置项的操作权限应由 CMO 严格管理，基本原则是：基线配置项向开发人员开放读取的权限；非基线配置项向 PM、CCB 及相关人员开放。

（5）配置项的状态可分为"草稿""正式"和"修改"三种。配置项刚建立时，其状态为"草稿"。配置项通过评审后，其状态变为"正式"。此后若更改配置项，则其状态变为"修改"。当配置项修改完毕并重新通过评审时，其状态又变为"正式"，如图 14-4 所示。

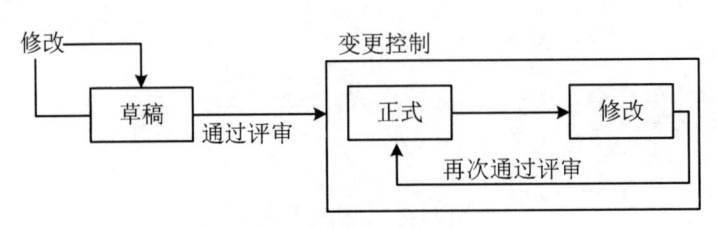

图 14-4 配置项状态变化

（6）配置项版本号。

1）处于"草稿"状态的配置项的版本号格式为 0.YZ，YZ 的数字范围为 01～99。随着草稿的修正，YZ 的取值应递增。YZ 的初值和增幅由用户自己把握。

2）处于"正式"状态的配置项的版本号格式为 X.Y，X 为主版本号，取值范围为 1～9。Y 为次版本号，取值范围为 0～9。

配置项第一次成为"正式"文件时，版本号为 1.0。

如果配置项升级幅度比较小，可以将变动部分制作成配置项的附件，附件版本依次为 1.0,1.1,…当附件的变动积累到一定程度时，配置项的 Y 值可适量增加，Y 值增加一定程度时，X 值将适量增加。当配置项升级幅度比较大时，才允许直接增大 X 值。

3）处于"修改"状态的配置项的版本号格式为 X.YZ。配置项正在修改时，一般只增大 Z 值，X.Y 值保持不变。当配置项修改完毕，状态成为"正式"时，将 Z 值设置为 0，增加 X.Y 值，参见 2）。

（7）配置项版本管理：在项目开发过程中，绝大部分的配置项都要经过多次的修改才能最终确定下来。对配置项任何修改都将产生新的版本。由于我们不能保证新版本一定比旧版本"好"，所以不能抛弃旧版本。版本管理的目的是按照一定的规则保存配置项的所有版本，避免发生版本丢失或混淆等现象，并且可以快速准确地查找到配置项的任何版本。

（8）配置基线（常简称为基线）由一组配置项组成，这些配置项构成一个相对稳定的逻辑实体。基线中的配置项被"冻结"了，不能再被任何人随意修改。对基线的变更必须遵循正式的变更控制程序。

（9）一组拥有唯一标识号的需求、设计、源代码文卷以及相应的可执行代码、构造文卷和用户文档构成一条基线。产品的一个测试版本（可能包括需求分析说明书、概要设计说明书、详细设计说明书、已编译的可执行代码、测试大纲、测试用例、使用手册等）是基线的一个例子。

（10）一个产品可以有多条基线，也可以只有一条基线。交付给外部顾客的基线一般称为发行基线，内部开发使用的基线一般称为构造基线。

（11）配置库存放配置项并记录与配置项相关的所有信息，是配置管理的有力工具。配置库可以分<u>开发库、受控库、产品库三种类型</u>。

1）开发库，也称为动态库、程序员库或工作库，用于保存开发人员当前正在开发的配置实体，如新模块、文档、数据元素或进行修改的已有元素。动态中的配置项被置于版本管理之下。动态库是开发人员的个人工作区，由开发人员自行控制。库中的信息可能有较为频繁的修改，只要开发库的使用者认为有必要，无须对其进行配置控制，因为这通常不会影响到项目的其他部分，<u>可以任意修改</u>。

2）受控库，也称为主库，包含当前的基线加上对基线的变更。受控库中的配置项被置于完全的配置管理之下。在信息系统开发的某个阶段工作结束时，将当前的工作产品存入受控库。<u>可以修改，需要走变更流程</u>。

3）产品库，也称为静态库、发行库、软件仓库，包含已发布使用的各种基线的存档，被置于完全的配置管理之下。在开发的信息系统产品完成系统测试之后，作为最终产品存入产品库内，等待交付用户或现场安装。<u>一般不再修改，真要修改的话需要走变更流程</u>。

（12）配置库的建库模式有两种：按配置项类型建库和按任务建库。

（13）配置库权限设置：配置管理员负责为每个项目成员分配对配置库的操作权限。

（14）配置控制委员会负责对配置变更做出评估、审查以及监督已批准变更的实施。CCB 的成员可以包括项目经理、用户代表、产品经理、开发工程师、测试工程师、质量控制人员、配置管理员等。<u>CCB 不必是常设机构，完全可以根据工作的需要组成，例如按变更内容和变更请求的不同，组成不同的CCB</u>。对于小的项目，CCB 可以只有一个人，甚至只是兼职人员。通常，CCB 不只是控制配置变更，而是负有更多的配置管理任务，如配置管理计划审批、基线设立审批、产品发布审批等。

（15）配置管理员负责在整个项目生命周期中进行配置管理活动，具体有如下内容：

1）编写配置管理计划。

2）建立和维护配置管理系统。

3）建立和维护配置库。

4）配置项识别。

5）建立和管理基线。

6）版本管理和配置控制。

7）配置状态报告。

8）配置审计。

9）发布管理和交付。

10）对项目成员进行配置管理培训。

2．配置管理目标和方针

<u>软件配置管理是在贯穿整个软件生命周期中建立和维护项目产品的完整性</u>。软件配置管理工作应该享有足够的资金支持，这需要在客户、管理层和具体项目主管之间协商。软件配置管理应该实

施于对外交付的软件产品,以及那些被选定的在项目中使用的支持类工具等。

3．配置管理日常活动。

（1）配置控制即配置项和基线的变更控制,包括：标识和记录变更申请；分析和评价变更；批准或否决申请；实现、验证和发布已修改的配置项。

（2）变更评估：CCB 负责组织对变更申请进行评估并确定以下内容。

1）变更对项目的影响。

2）变更的内容是否必要。

3）变更的范围是否考虑周全。

4）变更的实施方案是否可行。

5）变更工作量估计是否合理。

CCB 决定是否接受变更,并将决定通知相关人员。

（3）基于配置库的变更控制如图 14-5 所示。

图 14-5　基于配置库的变更控制

（4）配置状态报告也称配置状态统计,其任务是有效地记录和报告管理配置所需要的信息,及时、准确地给出配置项的当前状况,供相关人员了解,以加强配置管理工作。

（5）配置状态报告应该包含以下内容。

1）每个受控配置项的标识和状态。一旦配置项被置于配置控制下,就应该记录和保存其每个后继进展的版本和状态。

2）每个变更申请的状态和已批准的修改的实施状态。

3）每个基线的当前和过去版本的状态以及各版本的比较。

4）其他配置管理过程活动的记录。

（6）配置审计也称配置审核或配置评价,包括功能配置审计和物理配置审计,分别用以验证当前配置项的一致性和完整性。配置审计的实施是为了确保项目配置管理的有效性,体现了配置管理的最根本要求——不允许出现任何混乱现象,例如：

➢ 防止向用户提交不适合的产品,如交付了用户手册的不正确版本。

➢ 发现不完善的实现,如开发出不符合初始规格说明或未按变更请求实施变更。

➢ 找出各配置项间不匹配或不相容的现象。

➢ 确认配置项已在所要求的质量控制审核之后纳入基线并入库保存。

➢ 确认记录和文档保持着可追溯性。

【补充知识点】

1．创建基线或发行基线的主要步骤。

（1）配置管理员识别配置项。

（2）为配置项分配标识。

（3）为项目创建配置库，并给每个项目成员分配权限。

（4）各项目团队成员根据自己的权限操作配置库。

（5）创建基线或发行基线，并获得 CCB 的授权。

2．配置管理的基线一般分为功能基线、分配基线、管理基线。基线只能由指定的配置管理员通过配置变更控制流程进行修改。其主要属性一般包括名称、标识符、版本、日期。

3．信息系统项目完成后，最终产品或项目成果应置于产品库内，当需要在此基础上进行后续开发时，应将其转移到受控库后进行。

4．配置管理系统用户代表是从将来要在实际的项目开发过程中使用该系统遵循该过程的开发人员中挑选出来的。他们负责从构造初期了解配置管理系统和规程，根据开发经验协助制订、修改配置管理规程，并在试验项目中担任部分开发角色。这部分成员应包括软件开发项目经理、设计人员、编码、测试人员和构造、发布人员。

5．配置控制包括：标识和记录变更请求；分析和评价变更；批准或否决请求；实现、验证和发布已修改的软件像。在每次修改时应保存审核追踪，并可以追踪修改的原因和修改的授权。对处理安全性或安全保密性功能的受控软件项的所有访问，均应进行控制和审核。

14.3 文档管理和配置管理工具

【基础知识点】

1．工具综述。

（1）项目文档一般作为配置管理的一部分，放在配置管理工具中进行管理，所以常用的软件配置管理工具分为两大类，一类是付费商业软件，另一类是开源软件。

（2）付费商业软件：CA CCC；Microsoft VSS，CVS。

（3）开源软件：SVN、GIT、CVS。

2．常用工具简介。

（1）SVN 服务器有两种运行方式：独立服务器和借助 Apache 运行。两种方式各有利弊，用户可以自行选择。

（2）ClearCase（简称：CC）是 IBM Rational 公司的旗舰产品之一，是全球领先的软件配置管理工具，它广泛应用于众多企业级软件工程实践之中。CC 提供 C/S 和 B/S 两种架构的配置管理解决方案，提供了全面的软件配置管理功能。

（3）GIT 与常用的版本控制工具 CVS、Subversion 等不同，它采用了分布式版本库的方式，不必服务器端软件支持，使源代码的发布和交流极其方便。

14.4 练习题

1. 以下关于软件版本控制的叙述中，正确的是（　　）。
   A．软件开发人员在配置库中进行对源文件的修改
   B．受控库用于管理当前基线和控制对基线的变更
   C．版本管理与发布由 CCB 执行
   D．软件版本升级后，新基线存入产品库且版本号更新，旧版本可删除

   解析：本题考查的是配置管理的相关知识。受控库，也称为主库或系统库，用于管理当前基线和控制对基线的变更。受控库包括配置单元和被提升并集成到配置项中的组件。软件工程师和其他人员可以自由地复制受控库中的单元或组件。然而，必须有适当的权限授权变更。受控库中的单元或组件用于创建集成、系统和验收测试或对用户发布的构建。

   答案：B

2. 配置项的状态有三种：草稿、正式发布和正在修改。以下叙述中，不正确的是（　　）。
   A．配置项刚建立时状态为"草稿"，通过评审后，状态变为"正式发布"
   B．配置项的状态变为"正式发布"后，若需要修改，必须通过变更控制流程进行
   C．已发布的配置项通过了 CCB 的审批同意修改，此时其状态变为"正在修改"
   D．通过了变更控制流程审批的配置项，修改完成后即可发布，其状态再次变为"正式发布"

   解析：本题考查的是版本号的变迁。通过了变更控制流程审批的配置项，修改完成后应该经过验证、评审，然后才可以变为"正式发布"。

   答案：D

3. 某软件项目的《需求规格说明书》第一次正式发布时，版本号为V1.0，此后，由于发现了几处错误，对该《需求规格说明书》进行了两次小的升级，此时版本号为（　　）。
   A．V1.11　　　B．V1.2　　　C．V2.0　　　D．V1.1

   解析：本题考查的是版本号的变迁。注意题干里的两点信息：此时的版本号，此时应该是修改完成了，所以 A 排除；进行了 2 次小的修改，所以选择 B。

   答案：B

4. 在项目配置项中有基线配置项和非基线配置项，（　　）一般属于非基线配置项。
   A．详细设计　　　B．概要设计　　　C．进度计划　　　D．源代码

   解析：本题考查的是基线配置项和非基线配置项的内容。配置项分为基线配置项和非基线配置项两类，基线配置项可能包括所有的设计文档和源程序等；非基线配置项可能包括项目的各类计划和报告等。

   答案：C

5. 基线是项目配置管理的基础，下列（　　）不属于基线定义中的内容。
   A．建立基线的条件　　　　　　B．基线识别

C．受控制项 D．批准基线变更的权限

解析：本题考查的是基线定义的内容。对于每一个基线，要定义下列内容：建立基线的事件、受控的配置项、建立和变更基线的程序、批准变更基线所需的权限。

答案：B

6．配置项版本控制的步骤是（　　）。

①技术评审或领导审批；②正式发布；③修改处于"草稿"状态的配置项；④创建配置项

    A．①④③②   B．③②①④   C．④③①②   D．④③②①

解析：本题考查的是版本控制的步骤。配置项版本控制流程：创建配置项→修改处于"草稿"状态的配置项→技术评审或领导审批→正式发布→变更。

答案：C

7．软件系统的版本号由三部分构成，即主版本号+次版本号+修改号。某个配置项的版本号是1.0，按照配置版本号规则表明（　　）。

    A．目前配置项处于"不可变更"状态   B．目前配置项处于"正式发布"状态

    C．目前配置项处于"草稿"状态   D．目前配置项处于"正在修改"状态

解析：本题考查配置项的版本号，处于"正式发布"状态的配置项的版本号格式为：X.Y；X为主版本号，Y为次版本号。配置项第一次"正式发布"时，版本号为1.0。

如果配置项的版本升级幅度比较小，则一般只增大Y值，X值保持不变。只有当配置项版本升级幅度比较大时，才允许增大X值。

答案：B

8．创建基线是项目配置管理的一项重要内容，创建基线或发行基线的主要步骤是（　　）。

    A．获取CCB的授权、创建构造基线或发行基线、形成文件、使基线可用

    B．形成文件、获取CCB的授权、创建构造基线或发现基线、使基线可用

    C．使基线可用、获取CCB的授权、形成文件、创建构造基线或发行基线

    D．获取CCB的授权、创建构造基线或发行基线、使基线可用、形成文件

解析：本题考查创建、发行基线的步骤，创建基线或发行基线的主要步骤如下：①配置管理员识别配置项；②为配置项分配标识；③为项目创建配置库，并给每个项目成员分配权限；④各项目团队成员根据自己的权限操作配置库；⑤创建基线或发行基线，并获得变更管理委员会（CCB）的授权；⑥形成文件；⑦使基线可用等。

答案：A

9．某软件开发项目的需求规格说明书第一次正式发布，命名为《需求规格说明书 V1.0》，此后经过两次较小的升级，版本号升至V1.2，此时客户提出一次需求变更，项目组接受了变更，按客户的要求对需求规格说明书进行了较大的改动并通过评审，此时版本号应升级为（　　）。

    A．V1.3   B．V1.5   C．V2.0   D．V3.0

解析：本题考查版本号相关知识，配置项版本格式 X.Y，如果改动较小则增大 Y 值；如果有较大修改，则增大 X 值。题目中，项目进行了较大的改动并通过评审。所以版本号应升级为 V2.0。

答案：C

10．基线由一组配置项组成，这些配置项构成了一个相对稳定的逻辑实体，是一组经过（　　）正式审查、批准，达成一致的范围或工作产品。

  A．用户   B．配置管理员

  C．配置管理委员会   D．专家组

解析：本题考查软基线、配置管理相关知识，基线由一组配置项组成，这些配置项构成了一个相对稳定的逻辑实体，是一组经过配置管理委员会正式审查、批准，达成一致的范围或工作产品。

答案：C

第三篇
高级项目管理知识

第15小时 知识管理

15.0 章节考点分析

第 15 小时主要学习知识管理相关知识，包括知识与知识管理、知识管理常用方法和工具，以及知识产权保护相关知识等。

根据考试大纲，本小时知识点会涉及单项选择题,约占 1～2 分。这部分内容侧重于概念知识，根据以往全国计算机技术与软件专业技术资格（水平）考试的出题规律而言，概念知识考查知识点多数参照教材，扩展内容较少。本小时的架构如图 15-1 所示。

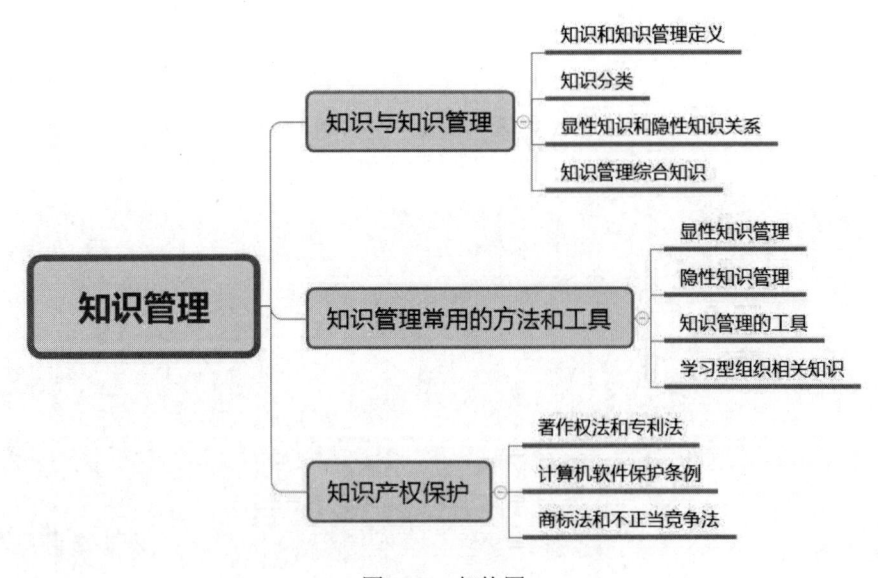

图 15-1 架构图

15.1 知识与知识管理

【基础知识点】

1．知识和知识管理定义。

（1）知识是用于生产的信息（有意义的信息）。

（2）法拉普多认为，知识应有外部化、内部化、中介化和认知化四种功能。

（3）知识管理就是对有价值的信息进行管理，包括知识的识别、获取、分解、储存、传递、共享、价值评判和保护，以及知识的资本化和产品化。也可以理解为是对一个项目组织所拥有的和所能接触到的知识资源，如何进行识别、获取、评价，从而充分有效地发挥作用的过程。

2．知识分类。

（1）知识可分为两类，分别是<u>显性知识与隐性知识</u>。

（2）凡是能<u>以文字与数字来表达</u>，而且以资料、科学法则、特定规格及手册等形式展现的皆属<u>显性知识</u>。这种知识随时都可在个人之间相互传送。

（3）隐性知识是相当<u>个人化而富弹性的东西</u>，因人而异，很难用公式或文字来加以说明，因而也就难以流传或与他人分享。个人主观的洞察力、直觉与预感等皆属隐性知识。

3．显性知识和隐性知识的关系。

显性知识和隐性知识既有区别又有联系，二者可以相互转化。它们之间的区别如表 15-1 所示。

表 15-1 显性和隐性知识的区别

显性知识	隐性知识
规范、系统	尚未或难以规范、零星
背后有科学和实证基础	背后的科学原理不甚明确
稳定、明确	非正式、难捉摸
经过编码、格式化、结构化	尚未编码、格式化、结构化
用公式、软件编制程序、规律、法则、原则和说明书等方式表述	用诀窍、习惯、信念、个人特技等形式呈现
运用者对所用显性知识有明确认识	运用者对所用隐性知识可能不甚了解
易于储存、理解、沟通、分享、传递	不易保存、传递、掌握

4．知识管理综合知识。

（1）知识管理的目标。

1）知识发布，以使一个组织内的所有成员都能应用知识。

2）确保知识在需要时是可得的。

3）推进新知识的有效开发。

4）支持从外部获取知识。

5）确保知识、新知识在组织内的扩散。
6）确保组织内部的人知道所需的知识在何处。
（2）项目知识管理的四个基本特点。
1）知识管理的目的是通过对知识的更有效利用来提高个人或组织创造价值的能力。
2）对于项目管理而言，知识管理的出发点是将知识视为组织最重要的战略资源。
3）知识管理共同为项目的发展服务，创造整体大于局部之和的效果。
4）知识管理代表了理解和探索知识在管理和工作中的作用的新发展。

15.2 知识管理常用的方法和工具

【基础知识点】

1．显性知识管理。
（1）知识管理过程中需要把握<u>积累、共享和交流</u>三个原则。
（2）显性知识的管理：要做好信息系统集成项目中的知识管理，主要是要构建项目知识管理的制度平台。
（3）项目组织在制度平台的建设上有四点是必须做到的：
1）创造更多的团队成员之间的交流机会。可以从以下三个方面着手加强团队成员的交流机会：组织物理环境的改造、组织结构的扁平化、设立网络虚拟社区。
2）建立显性知识索引。
3）组织高层的参与和支持。
4）与绩效评估体系的结合。
2．隐性知识管理。
（1）隐性知识具有默会性、个体性、非理性、情境性、文化性、偶然性、随意性、相对性、稳定性、整体性、可共享性等特性。
（2）隐性知识的共享途径主要有：
1）创建学习型组织，充分发挥知识团队的作用。
2）构建项目组织内部的信任机制。
3）项目组织隐性知识的编码化。
4）设立知识主管，加强隐性知识的学习与共享。
5）项目组织内部建立限制知识垄断的机制。
6）通过利益驱动，促进隐性知识共享。
7）创建以人为本的组织文化。
3．知识管理的工具。
（1）知识管理工具是实现<u>知识的生成、编码和转移（传送）</u>技术的集合。知识管理工具不是仅以计算机为基础的技术集合，只要是能够对知识的生成、编码和转移有帮助的技术和方法，都可以称为知识管理工具。

（2）可以把知识管理工具分为知识生成工具、知识编码工具和知识转移工具三大类。

4．学习型组织相关知识。

（1）学习型组织是一个能熟练地创造、获取和传递知识的组织，同时也要善于修正自身的行为，以适应新的知识和见解。

（2）学习型组织的要素应包括以下五项要素：建立共同愿景；团队学习；改变心智模式；自我超越；系统思考。

（3）学习型组织有八个基本特征，重点特征是扁平式结构，而不是金字塔。

（4）学习型组织的意义主要体现在以下四个方面：解决了传统组织的缺陷；提供了一种操作性比较强的技术手段；解决了组织生命活力问题；提升了组织的核心竞争力。

【补充知识点】

1．知识管理为企业实现显性知识和隐性知识共享提供新的途径，知识管理包括建立知识库；促进员工的知识交流；建立尊重知识的内部环境；把知识作为资产来管理。

2．现代企业信息系统的一个明显特点是，企业从依靠信息进行管理向知识管理转化。

15.3　知识产权保护

【基础知识点】

1．著作权法和专利法。

（1）著作权法有客体和主体之分。著作权的客体是指受保护的作品，包括文学、艺术、自然科学、社会科学和工程技术领域内具有独创性并能以某种有形形式复制的智力成果。著作权法的主体是指著作权关系人，通常包括著作权人和受让者两种。

（2）为完成单位工作任务所创作的作品，称为职务作品。在两年内，未经单位同意，作者不能许可其他个人或单位使用该作品。

（3）如果在创作的过程中有多人参与，则该作品的著作权由合作的作者共同享有。合作的作品是可以分割使用的，作者对各自创作的部分可以单独享有著作权，但不能在侵犯合作作品整体著作权的情况下行使。

（4）著作权人对作品享有发表权、署名权、修改权、保护作品完整权和使用权五种权利。

（5）专利法的客体是发明创造，这里的发明创造是指发明、实用新型和外观设计。

（6）授予专利权的发明和实用新型应当具备新颖性、创造性和实用性三个条件。一般来说，一份专利申请文件只能就一项发明创造提出专利申请。一项发明只授权一项专利。同样的发明申请专利，则按照申请时间的先后决定授予给谁。两个以上的申请人在同一日分别就同样的发明创造申请专利的，应当在收到国务院专利行政部门的通知后自行协商确定申请人。

（7）我国现行专利法规定的发明专利权保护期限为20年，实用新型和外观设计专利权的期限为10年，均从申请日开始计算。

2. 计算机软件保护条例。

（1）计算机软件保护条例客体是计算机软件，是指计算机程序及其相关文档。受保护的软件必须是由开发者独立开发的，并且已经固定在某种有形物体上。

（2）对软件著作权的保护只是针对程序和文档，并不包括开发软件所用的思想、处理过程、操作方法或数学概念等。

3. 商标法和不正当竞争法。

（1）注册商标的有效期限为 10 年，自核准注册之日起计算。注册商标有效期满，需要继续使用的，应当在期满前 6 个月内申请续展注册；在此期间未能提出申请的，可以给予 6 个月的宽展期。宽展期满仍未提出申请的，注销其注册商标。每次续展注册的有效期为 10 年。

（2）商标应该具备显著性、独占性、价值和竞争性四个特征。

（3）不正当竞争是指经营者违反规定，损害其他经营者的合法权益，扰乱社会经济秩序的行为。

【补充知识点】

1. 知识产权包含：版权（著作权）、商标权、发明专利等。具有专有性、地域性和时间性。

2. 知识产权的地域性是指，按照一国法律获得承认和保护的知识产权，只能在该国发生法律效力，而不具有域外效力。

3. 知识产权有一定的有效期限，无法永远存续。在法律规定的有效期限内知识产权受到保护，超过法定期间，相关的智力成果就不再是受保护客体，而成为社会的共同财富，为人们自由使用。

4. 知识产品的一些原则：国民待遇原则、最惠国待遇原则、透明度原则、独立保护原则、自动保护原则、优先权原则。

15.4 练习题

1. 某集成企业的软件著作权登记发表日期为 2013 年 9 月 30 日，按照著作权法规定，其权利保护期到（　　）。

A. 2063 年 12 月 31 日　　　　　　B. 2063 年 9 月 29 日

C. 2033 年 12 月 31 日　　　　　　D. 2033 年 9 月 29 日

解析：本题考查著作权基础知识，软件著作权保护期 50 年。

答案：A

2. 现代企业信息系统的一个明显特点是，企业从依靠信息进行管理向（　　）转化。

A. 知识管理　　B. 管理信息　　C. 管理数据　　D. 决策管理

解析：本题考查现代企业信息系统的特点，知识管理的定义为，在组织中建构一个量化与质化的知识系统，让组织中的资讯与知识，透过获得、创造、分享、整合、记录、存取、更新、创新等过程，不断地回馈到知识系统内，形成永不间断的累积个人与组织的知识，成为组织智慧的循环，在企业组织中成为管理与应用的智慧资本，有助于企业作出正确的决策，以适应市场的变迁。21

世纪企业的成功越来越依赖于其所拥有知识的质量，企业从依靠信息进行管理向知识管理转化。

答案：A

3．下列措施中不利于企业构建知识管理制度平台的是（　　）。

　　A．建立知识库

　　B．要求员工按组织规定参与知识管理

　　C．用经济利益手段驱动员工参与知识管理

　　D．建立金字塔型组织结构

解析：本题考查的是知识管理基础知识，可以从三个方面加强员工的交流机会：公司物理环境的改造；组织结构扁平化；设立虚拟网络社区。

答案：D

4．下面关于知识管理的叙述中，正确的有（　　）。

①扁平化组织结构设计有利于知识在组织内部的交流

②实用新型专利权、外观设计专利权的期限为 20 年

③按照一定方式建立显性知识索引库，可以方便组织内部知识分享

④对知识产权的保护，要求同一智力成果在所有缔约国（或地区）内所获得的法律保护是一致的

　　A．①③　　　　　B．①③④　　　　　C．②③④　　　　　D．②④

解析：本题考查的是知识管理的基础知识，发明专利权的期限为 20 年，实用新型专利权、外观设计专利权的期限为 10 年，注册商标的有效期为 10 年，知识产权的保护具有地域性，因此②和④错误。

答案：A

5．通过建设学习型组织使员工顺利地进行知识交流，是知识学习与共享的有效方法。以下关于学习型组织的描述，正确的有（　　）。

①学习型组织有利于集中组织资源完成知识的商品化

②学习型组织有利于开发组织员工的团队合作精神

③建设金字塔型的组织结构有利于构建学习型组织

④学习型组织的松散管理弱化了对环境的适应能力

⑤学习型组织有利于开发组织的知识更新和深化

　　A．①②③　　　　B．①②⑤　　　　C．②③④　　　　D．③④⑤

解析：本题考查的是知识管理的基础知识，学习型组织有如下特点：

（1）有利于员工的相互影响、沟通和知识共享。

（2）有利于设计开发组织的知识更新和深化。

（3）有利于设计开发组织集中资源完成知识的商品化。

（4）有利于设计开发组织掌握对环境的适应能力。

（5）有助于增加设计开发组织员工的团队合作精神。

答案：B

6. 下列关于知识管理的叙述，不正确的是（　　）。

　　A．知识管理为企业实现显性知识和隐性知识共享提供新的途径

　　B．知识地图是一种知识导航系统，显示不同的知识存储之间重要的动态联系

　　C．知识管理包括建立知识库；促进员工的知识交流；建立尊重知识的内部环境；把知识作为资产来管理

　　D．知识管理属于人力资源管理的范畴

解析：本题考查的是知识管理和人力资源管理的区别，知识管理属于单独的管理范畴，并不属于人力资源管理。

答案：D

第 16 小时　项目变更管理

16.0　章节考点分析

第 16 小时主要学习项目变更管理的相关知识，包括项目变更管理基本概念、变更管理的原则和工作程序、变更管理的工作内容等。

根据考试大纲，本小时知识点会涉及单项选择题、案例分析题、论文写作题，其中<u>单项选择题型约占 1~3 分。案例题分析题属于常考重点考点，论文也是常规出题领域之一</u>。这部分内容侧重于理解掌握。<u>本小时的架构如图 16-1 所示</u>。

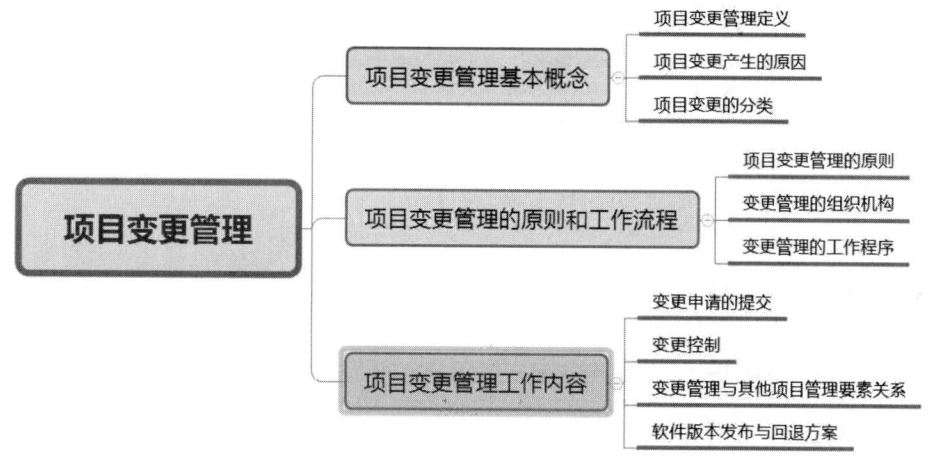

图 16-1　架构图

16.1 项目变更管理基本概念

【基础知识点】

1．项目变更管理定义。

（1）变更在信息系统工程建设过程中经常发生，许多项目的失败都是由于变化的处理不当。有些变更是积极的，有些则是消极的，做好变更管理可以使项目的质量、进度、成本管理更有效。

（2）项目变更管理，是指在信息系统工程建设项目的实施过程中，由于项目环境或者其他的原因而对项目的功能、性能、架构、技术指标、集成方法、项目进度等方面做出的改变。

2．项目变更产生的原因。

（1）产品范围（成果）定义的过失或者疏忽。

（2）项目范围（工作）定义的过失或者疏忽。

（3）增值变更。

（4）应对风险的紧急计划或回避计划。

（5）项目执行过程与基准要求不一致带来的被动调整。

（6）外部事件。

3．项目变更的分类。

项目变更因多种变化而存在，其形式也多种多样，具体分类和进行方式如表16-1所示。

表 16-1 变更的分类

分类依据	类别名称	进行方式
根据变更性质	重大变更、重要变更和一般变更	通过不同审批权限控制
根据变更的迫切性	紧急变更、非紧急变更	通过不同变更处理流程进行
根据变更内容	因信息系统有过个子行业，暂分类方法无法统一	通常对不同内容的变更区别情况提出不同控制方法

16.2 项目变更管理的原则和工作流程

【基础知识点】

1．项目变更管理的原则。

变更管理的原则是项目基准化、变更管理过程规范化。包括以下内容：

（1）基准管理，基准是变更的依据。

（2）变更控制流程化。

（3）明确组织分工。

（4）评估变更的可能影响。

（5）妥善保存变更产生的相关文档，确保其完整、及时、准确、清晰，适当地引入配置管理工具。

2．变更管理的组织机构。

（1）项目控制委员会或配置控制委员会（CCB），或相关职能的类似组织是项目的所有者权益代表，负责裁定接受哪些变更。CCB 由项目所涉及的多方人员共同组成，通常包括用户和实施方的决策人员。CCB 是决策机构，不是作业机构；通常 CCB 的工作是通过评审手段来决定项目基准是否能变更，但不提出变更方案。

（2）项目经理是受业主委托对项目经营过程负责者，其正式权利由项目章程取得，而资源调度的权力通常由基准中明确。基准中不包括的储备资源需经授权人批准后方可使用。项目经理在变更中的作用是响应变更提出者的需求，评估变更对项目的影响及应对方案，将需求由技术要求转化为资源需求，供授权人决策，并据评审结果实施，即调整基准，确保项目基准反映项目实施情况。

3．变更管理的工作程序。

（1）变更管理的工作程序包括以下八个步骤：提出与接受变更申请、对变更的初审、变更方案论证、项目管理委员会审查、发出变更通知并组织实施、变更实施的监控、变更效果的评估、判断发生变更后的项目是否已纳入正常轨道。

（2）提出与接受变更申请：变更提出应当及时以正式方式进行，并留下书面记录。变更的提出可以是各种形式，但在评估前应以书面形式的提出。项目的干系人都可以提出变更申请。

（3）变更初审的目的如下：
1）对变更提出方施加影响，确认变更的必要性，确保变更是有价值的。
2）格式校验，完整性校验，确保评估所需信息准备充分。
3）在干系人间就提出供评估的变更信息达成共识。

变更初审的常见方式为变更申请文档的审核流转。

（4）变更评估可以从以下几个方面进行评估：
1）首要的评估依据是项目的基准。
2）还需结合变更的初衷来看，变更所要达到的目的是否已达成。
3）评估变更方案中的技术论证、经济论证内容与实施过程的差距并促发解决。

16.3 项目变更管理工作内容

【基础知识点】

1．变更申请的提交。

（1）变更申请是变更管理流程的起点，故应严格控制变更申请的提交。变更控制的前提是项目基准健全，对变更处理的流程事先达成共识。

（2）变更申请的提交，首先应当确保覆盖所有变更操作，这意味着如果变更申请操作可以被绕过，则此处的严格便毫无意义；但应根据变更的影响和代价提高变更流程的效率。

2. 变更控制。

变更控制包括如下几个内容：对进度变更的控制、对成本变更的控制和对合同变更的控制。

3. 变更管理与其他项目管理要素关系。

（1）变更管理与整体管理的关系：变更管理是项目整体管理的一部分，属于项目整体变更控制的范畴。涉及范围、进度、成本、质量、人力资源、合同管理等多个方面，且影响日益变大。

（2）变更管理与配置管理的关系：变更管理与配置管理为相关联的两套机制，变更管理由项目交付或基准配置调整时，由配置管理系统调用，变更管理最终应将对项目的调整结果反馈给配置管理系统，以确保项目执行与对项目的账目相一致。

4. 软件版本发布与回退方案。

（1）对于很多软件项目来说，项目变更就必需做相应的版本发布，并制订相应的应急回退方案。为确保版本发布的成功，在版本发布前应对每次版本发布进行管理，并做好发布失败后的回退方案。

（2）为确保版本发布的成功，在版本发布前应对每次版本发布的风险做相应的评估，对版本发布的过程 Check list 做严格的评审。在评审发布内容时对存在风险的发布项做重点评估，确定相应的回退范围，制定相应的回退策略。为确保每次版本发布风险的可防可控，特准备回退方案。

（3）对引起回退的原因做深入分析、总结经验，避免下次回退发生。对进行回退计划中出现的问题进行分析，完善公司回退计划。

16.4 练习题

1. 项目的需求文档应精准描述要交付的产品，应能反映出项目的变更。当不得不作出变更时，应该（　　）对被影响的需求文件进行处理。

  A．从关注高层系统需求变更的角度　　　B．从关注底层功能需求变更的角度
  C．按照从高层到底层的顺序　　　　　　D．按照从底层到高层的顺序

解析：本题考查的是需求变更的相关知识。当你不得不作出变更时，应该按从高级到低级的顺序对被影响的需求文档进行处理。例如：一个已建议的变更可能影响一个使用实例和功能需求，但不影响任何业务需求。改动高层系统需求能够影响多个软件需求。如果在最底层需求上作出变更（典型的情况是一个功能性需求），可能会导致需求同上层文档不一致。

答案：C

2. 在与客户签订合同时，可以增加一些条款，如限定客户提出需求变更的时间，规定哪种情况的变更可以接受、拒绝或部分接受，规定发生需求变更时必须执行变更管理流程等内容属于针对需求变更的（　　）。

  A．合同管理　　　B．需求基线管理　　　C．文档管理　　　D．过程管理

解析：本题考查的是需求变更的相关知识。需求变更给软件开发带来的影响有目共睹，所以在与客户签订合同时，可以增加一些相关条款，如限定客户提出需求变更的时间，规定哪种情况的变更可以接受、拒绝或部分接受，还可以规定发生需求变更时必须执行变更管理流程。虽然软件开发

合同很难在签订之初就精确定义每项需求，单靠合同是帮不上忙的，但也不能忽视合同的约束力。

答案：A

3．项目组的测试人员在软件系统测试时发现了一个重大缺陷并报告给了项目经理，项目经理接下来应该（　　）。

A．提交一个变更申请　　　　　　B．和质量保证人员商量如何修改

C．将任务分配给开发人员小王修改　D．评估是否需要修改

解析：本题考查关于变更的相关知识，有重大缺陷，故需要进行大的修改，涉及到变更就需要走变更流程，第一步就是变更申请。

答案：A

4．某大型项目的变更策略规定：把变更分为重大、紧急、一般和标准变更，并规定了不同级别的审批权限，比如重大变更由 CCB 审批，并规定标准变更属于预授权变更，可不用再走审批流程。此项目变更策略（　　）。

A．可行

B．不可行，主要是变更不能分级别，应统一管理

C．不可行，分四级可以，但审批都应由 CCB 批准

D．不可行，标准变更规定有问题

解析：本题考查的是变更的流程，变更必须由 CCB 批准。

答案：C

5．某系统集成公司的变更管理程序中有如下规定："变更控制委员会由公司管理人员、甲方主管、项目经理、关键开发人员、关键测试人员、质量保证代表和配置管理代表组成。变更控制委员会的职责为：批准基线的建立和配置项的确定；代表项目经理和所有可能因基线变更而受到影响的团体利益；审批对基线的变更；批准基线库产品的建立。"下面说法中正确的是（　　）。

A．质量保证代表应负责独立监督项目的质量过程，不应加入变更控制委员会

B．变更应由项目组以外的组织负责审批，项目经理、开发人员和测试人员不应加入变更控制委员会

C．变更控制委员会只应代表公司领导和项目经理的利益，不应代表所有可能因基线变更而受到影响的团体利益

D．该公司的上述规定是根据公司的实际情况制定的，可以有效运转

解析：本题考查 CCB 的知识，ABC 的条款都不对，公司的规定是对的。一般来说，变更委员会组成成员：项目双方项目管理人员（部门领导、高层经理、项目经理）、技术人员（开发人员、测试负责人、质量保证负责人 QA）、商务人员。

答案：D

6．项目经理在综合变更中主要负责（　　）。

A．评估变更对项目的影响　　　　B．评估变更的应对方案

C．将变更由技术要求转换为资源要求　D．批准可否使用储备资源

解析：本题考查的是变更基础知识，项目经理在变更中的作用是：响应变更提出者的要求，评估变更对项目的影响及应对方案，将要求由技术要求转化为资源需求，供授权人决策；并据评审结果实施，即调整项目基准，确保项目基准反映项目实施情况。

答案：A

7．李先生是某软件开发公司负责项目的项目经理，该项目已经完成了前期的工作进入实现阶段，但用户提出要增加一项新的功能，李先生应该（　　）。

    A．拒绝该变更

    B．认为用户要求合理，立即实现该变更

    C．通过变更控制过程管理该变更

    D．要求用户与公司领导协调

解析：本题考查的是变更管理流程，所有变更应遵循变更控制过程管理流程。

答案：C

8．变更管理首要完成的任务是（　　）。

    A．分析变更的必要性和合理性，确定是否实施变更

    B．记录变更信息，填写变更控制单

    C．作出变更，并交上级审批

    D．修改相应的软件配置项（基线），确立新的版本

解析：本题考查的是变更管理的任务，变更管理的主要任务包括：分析变更的必要性和合理性，确定是否实施变更；记录变更信息，填写变更控制单；作出更改，并交上级审批；修改相应的软件配置项（基线），确立新的版本；评审后发布新版本。

答案：A

9．下列选项中，属于变更控制委员会的主要任务是（　　）。

    A．提出变更申请   B．评估变更影响

    C．评价、审批变更   D．实施变更

解析：本题考查的是 CCB 的任务，变更控制委员会（CCB）的主要任务就是负责对已经提出变更申请的变更作出评价，并决定是批准变更还是拒绝变更。

答案：C

10．一般来说，变更控制流程的作用不包括（　　）。

    A．列出要求变更的手续   B．记录要求变更的事项

    C．描述管理层对变更的影响   D．确定要批准还是否决变更请求

解析：本题考查的是变更控制流程作用，包括：指出怎样提交变更的手续、记录变更的状况、列出管理层对变更的影响、记录变更的批准情况、说明能够批准变更的权限级别。变更控制流程的作用不包括"确定要批准还是否决变更请求"，这是变更控制委员会（CCB）的责任。

答案：D

第17小时 战略管理

17.0 章节考点分析

第17小时主要学习战略管理知识,主要涉及组织战略管理、组织战略类型和层次、组织战略目标分解等内容。

根据考试大纲,本小时知识点会涉及单项选择题,约占 2~4 分。这部分内容侧重于概念知识,根据以往全国计算机技术与软件专业技术资格(水平)考试的出题规律而言,本节考查知识点多数参照教材,扩展内容较少。<u>本小时的架构如图 1-1 所示。</u>

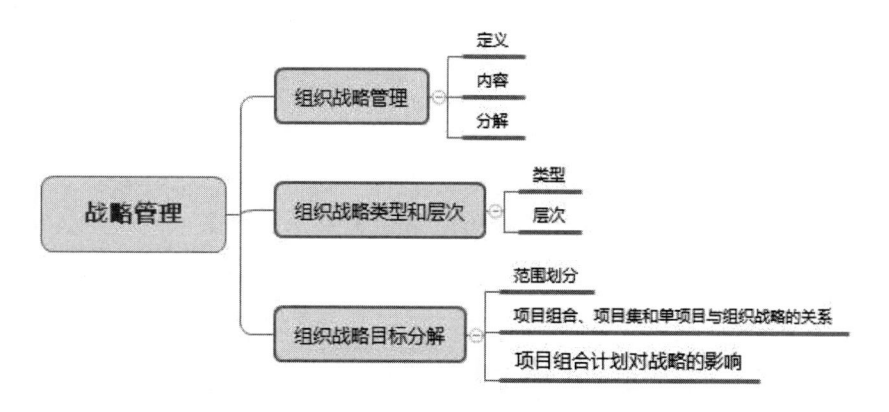

图 17-1 架构图

17.1 组织战略管理

【基础知识点】

1．基础概念。

（1）组织战略规划：依据外部环境和自身条件及其变化来制定和实施战略，并根据实施结果的评价来进行调整，重新制定新战略的一个循环过程。该规划必须是可执行的。

（2）战略管理：组织在一个时期内对其全局、长远的发展方向、目标、任务和政策、资源调配进行决策，以及对这些决策进行跟踪、监督、变更等方面的管理工作。

2．组织战略内容。

（1）战略目标：是依据和出发点。

（2）战略方针：是指导组织的纲领和制定组织战略计划的依据。

（3）实施能力：是实施的物质基础。

（4）战略措施：是实施战略的重要保障。

3．组织战略的分解。

组织战略是一个自上而下的动态管理过程。

自上而下指战略目标达成后，从高层向中下层传达，逐层分解和落实。

动态是战略实施过程中，循环"分析→决策→执行→反馈→再分析→再决策→再执行"过程，最终达成目标。

4．战略实施。

战略实施是战略管理过程中的行动阶段，比战略制定更重要。

战略实施分为如下四个阶段：战略启动阶段、战略计划实施阶段、组织战略运作阶段、组织战略的控制与评估。

```
1.战略启动 → 2.战略计划实施 → 3.组织战略运作 → 4.组织战略的控制与评估
```

战略启动阶段：在这一阶段上，组织领导层要研究如何将组织战略的愿景转变为组织员工的实际行动，调动起员工的实施战略目标的积极性。

组织战略运作阶段一般主要与六个因素有关，如图17-2所示。

图 17-2 组织战略运作六要素

（组织战略运作阶段的六要素：组织资源储备与分配；分支主题各级领导人员的素质和价值观念；信息沟通；企业的组织结构；控制及激励等企业的各种组织制度存在很大的关系；企业深层次文化）

组织战略的控制与评估主要内容如图 17-3 所示。

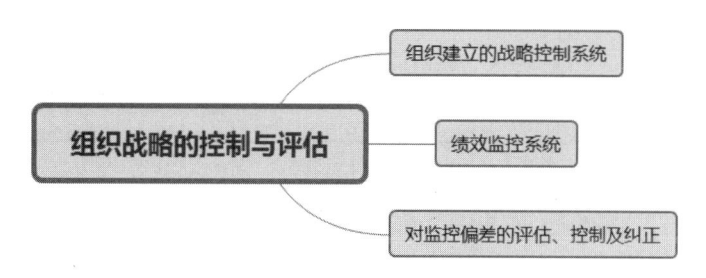

图 17-3　组织战略的控制与评估主要内容

17.2　组织战略的类型和层次

【基础知识点】

1．分类。

组织事业战略的类型（表 17-1）如下：

（1）<u>防御者战略</u>。

（2）<u>探索者战略</u>。

（3）<u>分析者战略</u>。

（4）<u>反应者战略</u>。

表 17-1　组织事业战略的类型及解释

类型	解释
防御者战略	在该战略体系中，组织面临的事业问题主要是如何保持稳定的市场份额
探索者战略	该战略主要致力于组织发现和发掘新产品、新技术和新市场可能为组织提供的发展机会，组织的核心技能是市场能力和研发能力，它可以拥有较多的技术类型和较长的产品线，同时也可能面临较大的风险
分析者战略	该战略主要是保证组织在规避风险的同时，又能够提供创新产品和服务。该战略主要应用于两种市场有效运作的组织类型：一类是较稳定的环境，另一类是变化较快的环境。前者强调规范化和高效运作，后者强调关注竞争对手的动态并迅速作出有利的调整。分析型组织的显著特质是平衡——在防御者战略和探索者战略之间平衡组织策略
反应者战略	该战略主要是指对外部环境缺乏控制，不敏感的组织类型，它既缺乏适应外部竞争的能力，又缺乏有效的内部控制机能

在实践中，没有哪一种战略是最好的，组织的成功并不决定于哪一种特定的战略模式，只要采取的战略与企业所处的环境、技术、结构相吻合，都能够取得成功。

在组织战略实践过程中，组织战略实施可以概括为如下五种类型：指挥型、变革型、合作型、文化型、增长型，如表 17-2 所示。

表 17-2 组织战略实施的五种类型及解释

类型	特点
指挥型	组织高层考虑如何制定一个最佳战略，然后按照该战略进行实施。这种模式的运用一般需要具有以下约束条件： 一是组织高层，尤其是组织"一把手"要有较高的权威； 二是组织战略比较简单，可在较容易实施的条件下使用； 三是适合于组织结构是高度集权式的组织体制； 四是组织业务相对比较单一； 五是组织内部信息相对集中，能够准确、有效地收集信息。 这种模式的缺点是把战略制定者和执行者分开
变革型	组织是以如何实施组织战略这一主题展开的。在战略实施中，组织高层决策者或在其他方面的帮助下需要对组织进行一系列的变革。 这种模式一般会比指挥型更加有效，但是这种模式并没有解决指挥型存在的如何获取准确信息的问题；还有可能产生新的问题，即组织通过建立新的组织机构及控制系统来支持战略实施的同时，可能会丧失战略的灵活性，在外界环境变化时使战略变得困难
合作型	这种模式是要求组织的最高层要与其他高层管理人员分担相关的战略责任，以发挥集体的智慧。具体过程是组织高层管理人员要对组织战略充分讨论，形成较为一致的意见。合作型克服了指挥型和变革型的局限性，使高层能够接近一线管理人员，获得比较准确的信息。同时，由于战略的制定是建立在集体参与基础之上，提高了战略实施成功的概率。该模式的缺点是，由于战略是不同观点、不同目的的参与者相互协商折衷的结果，有可能使战略的经济合理性有所降低
文化型	主要运用组织文化手段，不断向全体成员传播战略思想，以便在组织内部建立起共同的价值观和行为准则。组织战略实施迅速，风险较小。 文化型的局限性体现在该模式是建立在全体组织成员都具有共同的价值观和行为倾向假设基础之上的，在实践中职工很难达到这种价值观和行为层面的一致性。采用该模式要耗费较多的人力和时间，还可能因为组织的高层不愿意放弃控制权，使这样的战略组织模式流于形式
增长型	特点是如何激励一般管理人员制定实施战略的积极性及主动性来着眼战略的实施和制定。该战略的组织模式不是自上而下推行，而是自下而上产生的。 该模式的局限性主要体现在几个方面，首先是公司高层不可能控制所有重大机会和威胁，有必要给基层管理人员宽松的环境，但可能存在相关风险

上述五种战略实施模式在制定和实施战略上**侧重点不同**，指挥型和合作型更侧重于战略的制定，而把战略实施作为事后行为，而文化型和增长型更多考虑战略实施问题。

2. 层次。

组织完成的战略分三个层次，如图 17-4 所示；解释如表 17-3 所示。

图 17-4 组织完成的战略三个层次

表 17-3 组织完成的战略三个层次及解释

层次	解释
目标层	针对组织系统自身的
方针层	针对组织系统环境或系统中的一般问题，而建议采取的一些基本原则、方法和途径
行为层	针对组织战略层面的具体问题，并以重点工程、主要任务以及计划、规划等形式出现在行为层

17.3 组织战略目标分解

【基础知识点】

1. 范围划分。

从范围角度划分，分为组织层战略、事业层战略、职能层战略三方面。

平衡计分卡是一种绩效评价体系，其本来的目的是找出超越传统及财务量度为主的组织绩效评价模式，它从财务、客户、内部运营、学习和成长四个角度，为每一方面设计适当的评价指标，赋予不同的权重。

2. 项目组合、项目集和单项目与组织战略的关系。

（1）从项目管理的角度来看，项目组合、项目集和单项目就是在组织的各个层面细化和落实组织的战略，保证组织战略目标的实现。

（2）从组织的角度来看项目管理，由于组织治理出现在组织不同的决策层级，用以支持在组织战略规划过程中定义的具体目标、任务和战略。因此，项目组合管理、项目集管理和单项目管理均是组织整理战略计划和战略实施过程中一个必不可少的环节。

（3）项目组合管理是组织战略计划和项目集、单项目管理及组织运营之间联系的桥梁。

（4）集成不是要素之间的简单叠加，而是要素之间的有机组合。管理集成思想最基本的特点是整体优化性和动态发展性。管理集成运用系统化的思想，以系统整体优化为目标，是系统各要素集合成一个有机整体，并以系统为对象综合性地解决管理系统问题。

（5）项目组合管理通过与战略规划的不断调适，可以建立实现组织战略目标及绩效目标的项目组合体系，对批准的项目、项目集及运营的管理，要求执行包括这些活动的项目组合，实现组织战略和目标。

3．项目组合计划对战略的影响（图 17-5）。

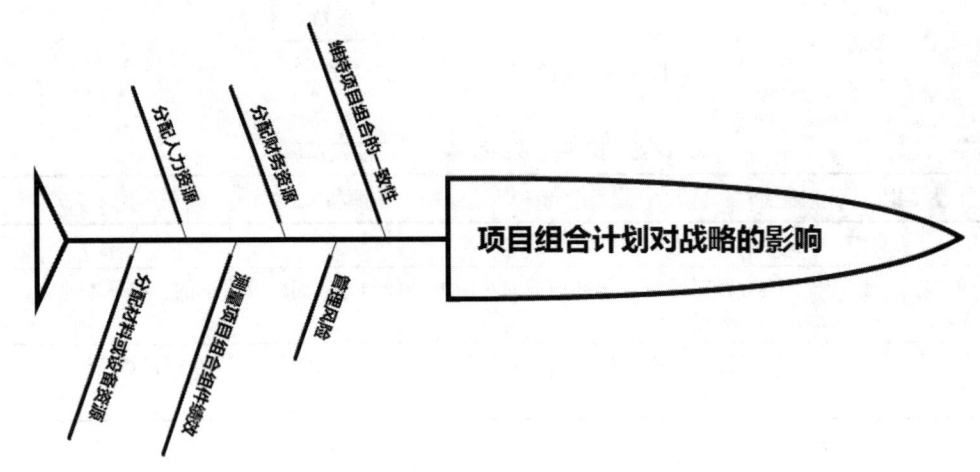

图 17-5　项目组合计划对战略的影响六要素

【补充知识点】

（1）SWOT 是一种战略分析方法，通过对被分析对象的优势、劣势、机会和威胁等加以综合评估与分析得出结论，通过内部资源、外部环境有机结合来清晰地确定被分析对象的资源优势和缺陷，了解对象所面临的机会和挑战，从而在战略和战术两个层面加以调整方法、资源，以保障被分析对象的实行，从而达到所要实现的目标。SWOT（Strength 优势/Weakness 劣势/Qpportunity 机遇/Threats 威胁）分析法又称为态势分析法，是一种能够较客观而准确地分析和研究一个单位现实情况的方法。

（2）行业集中度（Concentration Ratio）又称行业集中率或市场集中度（Market Concentration Rate），是指某行业的相关市场内前 N 家最大的企业所占市场份额（产值、产量、销售额、销售量、职工人数、资产总额等）的总和，是对整个行业的市场结构集中程度的测量指标，用来衡量企业的数目和相对规模的差异，是市场势力的重要量化指标。

17.4　练习题

1．战略管理的主要活动可以分为（　　）。
　　A．战略分析、战略执行、战略评估　　B．战略制定、战略执行、战略评估
　　C．战略分析、战略制定、战略执行　　D．战略分析、战略制定、战略评估
解析：战略管理的主要活动包括三个阶段：战略制定、战略执行、战略评估。
答案：B

2. （　　）是指依据组织外部环境和自身条件及其变化来制定和实施战略，并根据对实施过程与结果的评价和反馈来调整，重新制定新战略的一个循环过程。

  A．组织战略执行   B．组织战略评估

  C．组织战略规划   D．组织战略实施

解析：组织战略规划是指依据组织外部环境和自身条件及其变化来制定和实施战略，并根据对实施过程与结果的评价和反馈来调整，重新制定新战略的一个循环过程。

答案：C

3. 组织战略通常由以下（　　）因素组成，战略实施是一个自上而下的动态管理过程。

  A．战略目标、战略方针、战略实施能力、战略措施

  B．战略规划、战略方针、战略实施能力、战略措施

  C．战略目标、战略方针、战略执行能力、战略措施

  D．战略目标、战略方向、战略实施能力、战略措施

解析：组织战略通常由以下几个因素组成：战略目标、战略方针、战略实施能力、战略措施。

答案：A

4. 在（　　）阶段，组织领导层要研究如何将组织战略的愿景转变为组织员工的实际行动，调动起员工的实施战略目标的积极性。

  A．战略启动   B．战略计划实施

  C．组织战略运作   D．组织战略的控制与评估

解析：战略启动阶段：组织领导层要研究如何将组织战略的愿景转变为组织员工的实际行动，调动起员工的实施战略目标的积极性。

组织战略运作阶段：一般与六个因素有关：各级领导人员的素质和价值观念；企业的组织结构；企业深层次文化；组织资源储备与分配；信息沟通；控制及激励等企业的各种组织制度存在很大的关系。

组织战略的控制与评估阶段：这一阶段涉及到的主要内容是组织建立的战略控制系统、绩效监控系统，以及对监控偏差的评估、控制及纠正三方面的工作。

答案：A

5. 一般来说，组织面临的战略问题主要包括事业问题、工程问题和行政问题三类问题，其中（　　）主要关注组织如何管理市场占有率方面的问题；（　　）主要解决组织如何执行事业问题解决方案方面的问题，为事业问题的解决提供工程方面的支持；（　　）是解决组织应该如何架构以适应前两方面问题的需求，解决的是组织的授权、沟通和具体实施架构方面的问题。

  A．事业问题、工程问题、行政问题   B．工程问题、事业问题、行政问题

  C．工程问题、行政问题、事业问题   D．行政问题、工程问题、事业问题

解析：一般来说，组织面临的战略问题主要包括事业问题、工程问题和行政问题三类问题，其中事业问题主要关注组织如何管理市场占有率方面的问题；工程问题主要解决组织如何执行事业问题解决方案方面的问题，为事业问题的解决提供工程方面的支持；行政问题是解决组织应该如何架

构以适应前两方面问题的需求，解决的是组织的授权、沟通和具体实施架构方面的问题。

答案：A

6. 正在开发的产品和组织的整体战略之间通过（　　）联系在一起。

  A．项目发起人的要求　　　　　　　B．项目计划

  C．产品质量　　　　　　　　　　　D．产品描述

解析：正在开发的产品必须能满足组织整体战略中的用户需求和业务发展需求，首先要根据这些需求对产品进行描述，确定产品范围和目标再来开发产品，实现组织整体战略的需求。

答案：D

7. 基于"解决组织事业问题"这一核心问题，将组织战略细分为四种战略类型：防御者战略、探索者战略、分析者战略、反应者战略。其中，（　　）战略主要致力于组织发现和发掘新产品、新技术和新市场可能为组织提供的发展机会，组织的核心技能是市场能力和研发能力，它可以拥有较多的技术类型和较长的产品线，同时也可能面临较大的风险。

  A．防御者　　　　　　　　　　　　B．探索者

  C．分析者　　　　　　　　　　　　D．反应者

解析：防御者战略：在该战略体系中，组织面临的事业问题主要是如何保持稳定的市场份额。

探索者战略：主要致力于组织发现和发掘新产品、新技术和新市场可能为组织提供的发展机会，组织的核心技能是市场能力和研发能力，它可以拥有较多的技术类型和较长的产品线，同时也可能面临较大的风险。

分析者战略：主要是保证组织在规避风险的同时，又能够提供创新产品和服务。该战略主要应用于两种市场有效运作的组织类型：一类是较稳定的环境，另一类是变化较快的环境。前者强调规范化和高效运作，后者强调关注竞争对手的动态并迅速作出有利的调整。分析型组织的显著特质是平衡——在防御者战略和探索者战略之间平衡组织策略。

反应者战略：主要是指对外部环境缺乏控制，不敏感的组织类型，它既缺乏适应外部竞争的能力，又缺乏有效的内部控制机能。

答案：B

8. （　　）是一种绩效评价体系，其本来的目的主要是找出超越传统及财务量度为主的组织绩效评价模式，它从财务、客户、内部运营、学习和成长四个角度，为每一方面设计适当的评价指标，赋予不同的权重。

  A．平衡计分卡　　　　　　　　　　B．KPI

  C．360°考核　　　　　　　　　　　D．综合计分法

解析：平衡计分卡是一种绩效评价体系，其本来的目的是找出超越传统及财务量度为主的组织绩效评价模式，它从财务、客户、内部运营、学习和成长四个角度，为每一方面设计适当的评价指标，赋予不同的权重。

答案：A

9. （　　）对战略的影响主要体现在六个方面：维持项目组合的一致性；分配财务资源；分

人力资源；分配材料或设备资源；测量项目组合组件绩效；管理风险。

  A．项目发起人   B．项目组合计划
  C．组织   D．项目执行

  解析：项目组合计划对战略的影响主要体现在六个方面：维持项目组合的一致性；分配财务资源；分配人力资源；分配材料或设备资源；测量项目组合组件绩效；管理风险。

  答案：B

第18小时
组织级项目管理

18.0 章节考点分析

第18小时主要学习组织级项目管理知识,包括组织级项目管理概述、组织级项目管理对战略的支持、管理内容以及成熟度模型等内容。

根据考试大纲及历年真题分析,本小时知识点会涉及单项选择题型,约占0~2分。这部分内容侧重于概念知识。本小时的架构如图18-1所示。

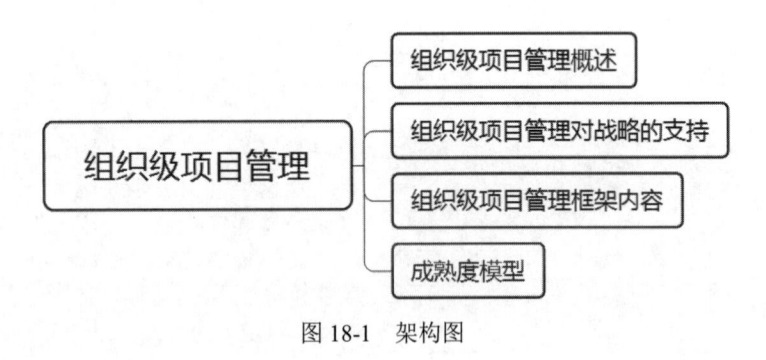

图 18-1 架构图

18.1 组织级项目管理概述

【基础知识点】

组织级项目管理(Organizational Project Management):是指立足于组织管理角度,从实现组织运营价值最大化的目标出发，考虑如何筹建组织级的项目管理体系，实现组织资源优化整合、提高项目成功率，并在项目立项和执行过程中及时把握市场和客户需求的变化，从而帮助组织快速调整经营目标和经营策略，最终实现组织的战略目标。

18.2 组织级项目管理对战略的支持

【基础知识点】
（1）组织治理：通过各项目组合、项目集和单项目来达到组织层次的战略目标的推动力。
（2）组织级项目管理主要包括三个方面的目的，如图 18-2 所示。

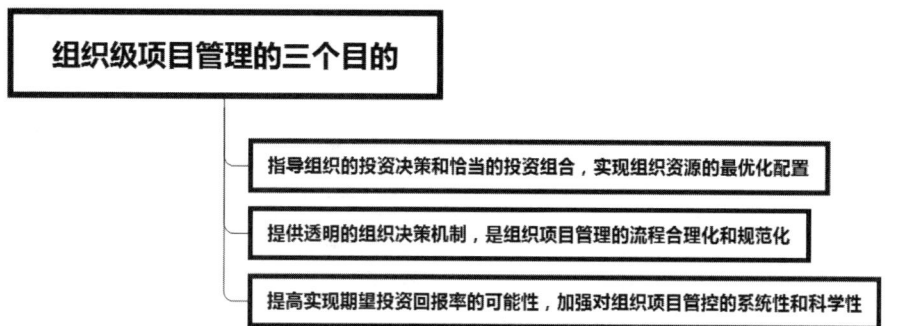

组织级项目管理的三个目的：
- 指导组织的投资决策和恰当的投资组合，实现组织资源的最优化配置
- 提供透明的组织决策机制，是组织项目管理的流程合理化和规范化
- 提高实现期望投资回报率的可能性，加强对组织项目管控的系统性和科学性

图 18-2　组织级项目管理的三个目的

18.3 组织级项目管理框架内容

【基础知识点】
组织级项目管理框架内容如图 18-3 所示。

组织级项目管理框架内容：
- 最佳实践
  - 组织级项目管理SMCI（标准化、度量、控制和持续改进）最佳实践，使组织级项目管理的流程都能够围绕着这样的循环，不断进行改进
  - 组织运行潜能方面的最佳实践，主要包括组织结构、文化、技术、人力资源等方面的最佳实践，是支持组织级项目管理流程实施的底层要素
- 组织能力
- 成果：是通过组织级项目管理体系中设置的关键绩效指标KPI来度量

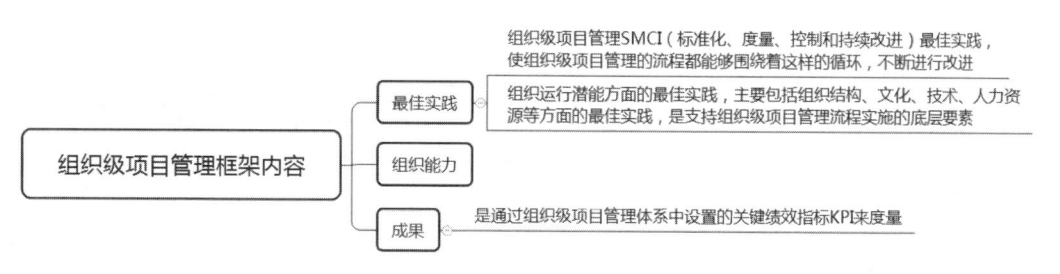

图 18-3　组织级项目管理框架内容

18.4 成熟度模型

【基础知识点】

（1）组织项目管理成熟度模型 OPM3 提供一个框架和方法，指导组织进行项目管理的实践。OPM3 为组织提供了一个测量、比较、改进项目管理能力的方法和工具。

（2）成熟度的四个梯级如图 18-4 所示。

成熟度四个梯级

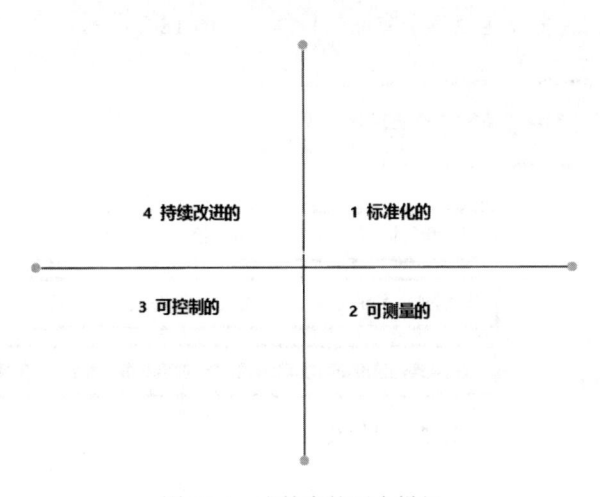

4 持续改进的　　1 标准化的

3 可控制的　　　2 可测量的

图 18-4　成熟度的四个梯级

（3）项目管理的十个领域如图 18-5 所示。

图 18-5　项目管理的十大领域

（4）项目的五个基本过程如图 18-6 所示。

启动过程 → 计划编制过程 → 执行过程 → 控制过程 → 收尾过程

图 18-6　项目的五个基本过程

（5）组织项目管理的三个版图如图 18-7 所示。

单个项目管理　项目组合管理　项目投资组合管理
——————————————————————
组合项目版图

图 18-7　组织项目管理的三个版图

18.5　练习题

1．下列不属于组织级项目管理框架内容组成的是（　　）。

　　A．最佳实践　　　B．组织能力　　　C．知识共享　　　D．成果

解析：组织级项目管理框架由三部分内容组成：最佳实践、组织能力、成果。

答案：C

2．当一个大型复杂项目在（　　）确定之后，就需要制订项目计划。

　　A．需求定义　　　B．需求分析　　　C．活动计划　　　D．项目团队

解析：当一个大型复杂项目在需求定义确定之后，就需要制定项目计划，需求定义是前提。

答案：A

3．（　　）识别出在组织中发挥重大影响的关键支撑点，这些关键支撑点体现组织治理、组织战略执行与单项目、项目集和项目组合交付之间的因果关系链条，以及彼此之间相互作用的机理，理解并运用这些关键支撑点作为管理的重点，组织就能够通过各项目组合、项目集和单项目系统的追踪组织的战略目标，并获得组织期望的成果。

　　A．组织级项目管理　　　　　　　　B．项目管理
　　C．项目集管理　　　　　　　　　　D．企业级管理

解析：组织级项目管理识别出在组织中发挥重大影响的关键支撑点，这些关键支撑点体现组织治理、组织战略执行与单项目、项目集和项目组合交付之间的因果关系链条，以及彼此之间相互作

用的机理，理解并运用这些关键支撑点作为管理的重点，组织就能够通过各项目组合、项目集和单项目系统的追踪组织的战略目标，并获得组织期望的成果。

答案：A

4．成熟度的四个梯级是（　　）。

    A．标准化的、可量化的、可控制的、持续改进

    B．标准化的、可测量的、可控制的、持续改进

    C．标准化的、可控制的、可测量的、持续改进

    D．标准化的、可度量的、可控制的、持续改进

解析：成熟度的四个梯级是：标准化的；可测量的；可控制的；持续改进的。

答案：B

5．组织项目管理的三个版图是（　　）。

    A．单个项目管理、项目组合管理和项目投资组合管理

    B．大项目管理、企业项目管理、项目投资管理

    C．组合管理、企业项目管理、项目投资管理

    D．组织级项目管理、单个项目管理、投资组合管理

解析：组织项目管理的三个版图是：单个项目管理、项目组合管理和项目投资组合管理。

答案：A

6．在大型复杂IT项目管理中，为了提高项目之间的协作效率，通常应首先（　　）。

    A．确定每个项目经理的目标　　　　B．建立统一项目过程

    C．为每一个项目单独制定规范　　　D．制定合理的沟通计划

解析：在大型复杂IT项目管理中，为了提高项目之间的协作效率，通常应首先建立统一项目过程作为IT项目管理的基础。

答案：B

第19小时 流程管理

19.0 章节考点分析

第 19 小时主要学习流程管理知识,包括流程管理基础概念知识、流程管理过程、BPR 及流程管理优化等内容。

根据考试大纲及历年真题分析,本小时知识点涉及单项选择题,约占 1~6 分。这部分内容侧重于概念知识,从历年真题分析来看,本小时知识简单,侧重于考记忆知识。本小时的架构如图 19-1 所示。

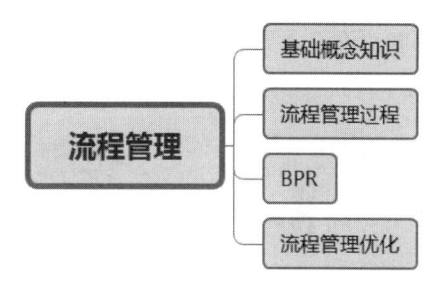

图 19-1 架构图

19.1 流程管理基础概念知识

【基础知识点】

(1)企业业务流程的整体目标是为顾客创造价值。

（2）业务流程的核心如图 19-2 所示。

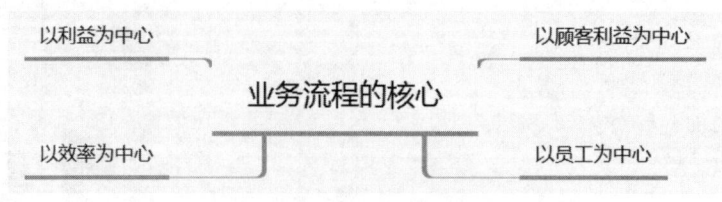

图 19-2　业务流程的核心

（3）流程六要素如图 19-3 所示。

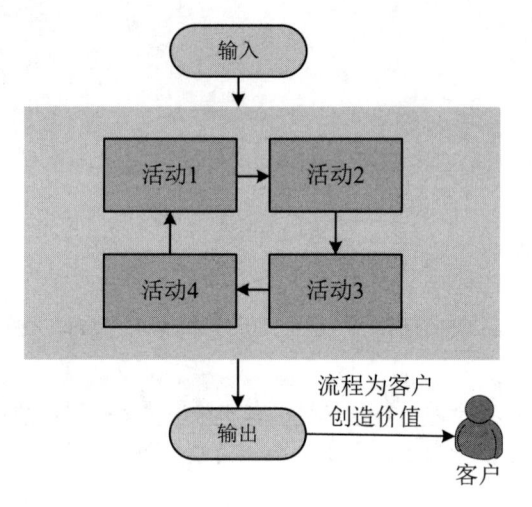

图 19-3　流程六要素

流程的目的是为流程的客户创造价值。

（4）良好的业务流程管理步骤如图 19-4 所示。

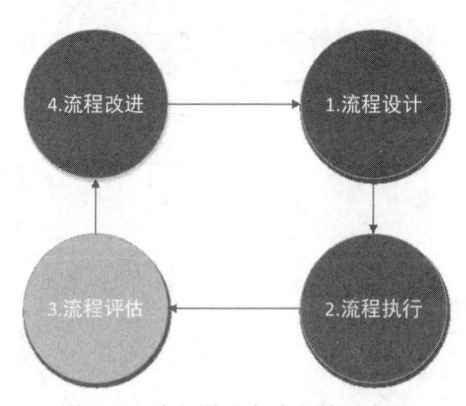

图 19-4　良好的业务流程管理步骤

流程管理是一个 PDCA 闭环的管理过程。

这里要特别强调的是，业务流程的管理不是在流程规划出来之后才进行的，而是在流程规划之前就要进行管理。

（5）企业流程管理的层次。

企业的流程管理一般分为生产流程层、运作层、计划层和战略层四个层次。

19.2 流程管理过程

【基础知识点】

1. 业务流程分析（Business Process Analysis）。

业务流程分析是对业务功能分析的进一步细化，从而得到业务流程图的方法，即 TFD（Transaction Flow Diagram），是一个反映企业业务处理过程的"流水账本"。

（1）业务流程分析的主要方法。

1）价值链分析法。

2）客户关系分析法。

3）供应链分析法。

4）基于 ERP 的分析法。

5）业务流程重构等。

（2）业务流程分析工具如图 19-5 所示。

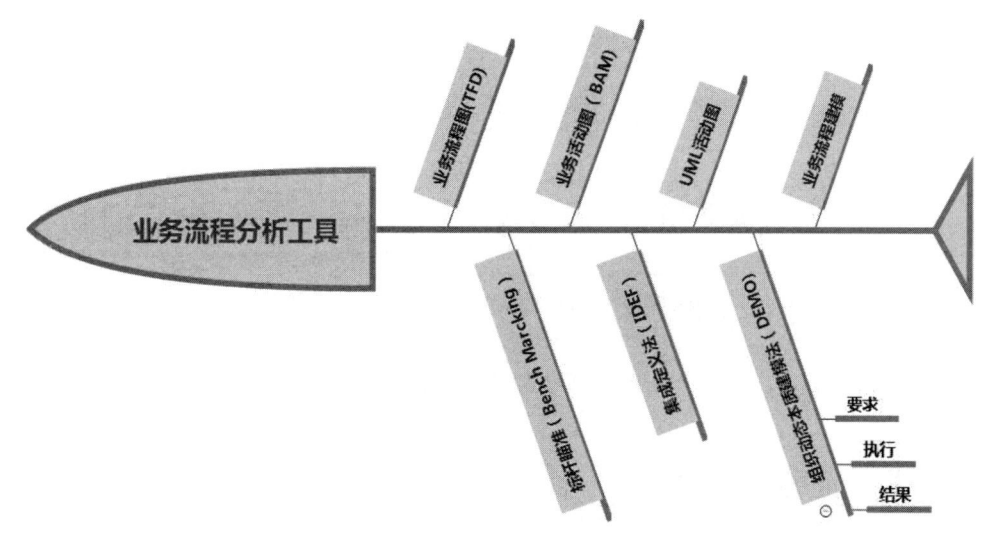

图 19-5 业务流程分析工具

2．业务流程的设计（Business Process Design）。

（1）工作流（Work flow）是一类能够完全或者部分自动执行的业务过程，根据一系列过程规则、文档、信息或任务，在不同的执行者之间传递和执行。工作流可以部分或全部模拟现实设计中的信息传递。

（2）工作流参考模型（WRM）的六个基本模块。

如图19-6所示为工作流参考模型。

图 19-6　工作流参考模型

这六个模块被认为是 WFMS **最基本的**组成部分。

3．业务流程评估（Business Process Evaluation）。

业务流程评估方法如图19-7所示。

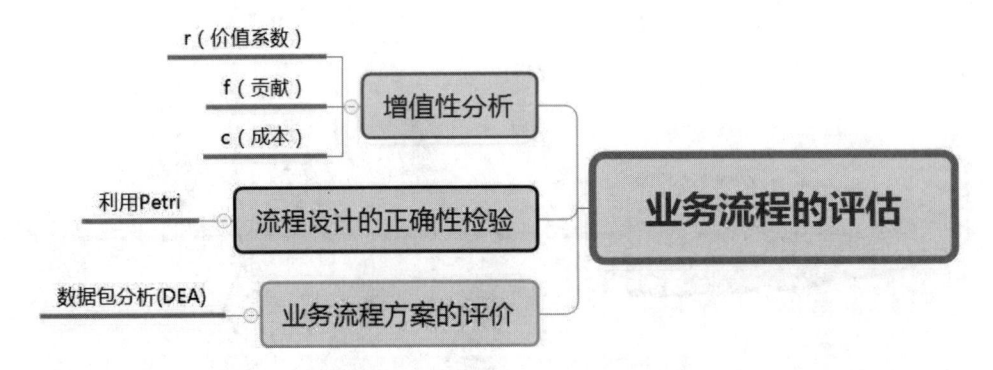

图 19-7　业务流程评估方法

19.3　BPR（业务流程重构）

【基础知识点】

（1）BPR 是对企业的业务流程（process）进行根本性的（fundamental）再思考和彻底性的

（radical）再设计，从而获得诸如成本、质量、服务和速度等方面的业绩来衡量显著性（dramatic）的成就。

"根本性""彻底性""显著性""流程"就是 BPR 强调的四个核心内容。

（2）BPR 遵循的原则如图 19-8 所示。

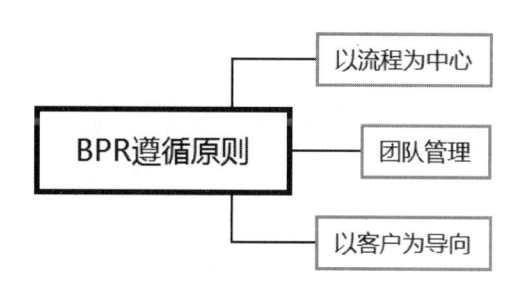

图 19-8 BPR 遵循的原则

BPR 在注重结果的同时，更注重**流程的实现**，并非以短期利润最大化为追求目标，而是追求企业能够持续发展的能力。

（3）BPR 的实施步骤如图 19-9 所示。

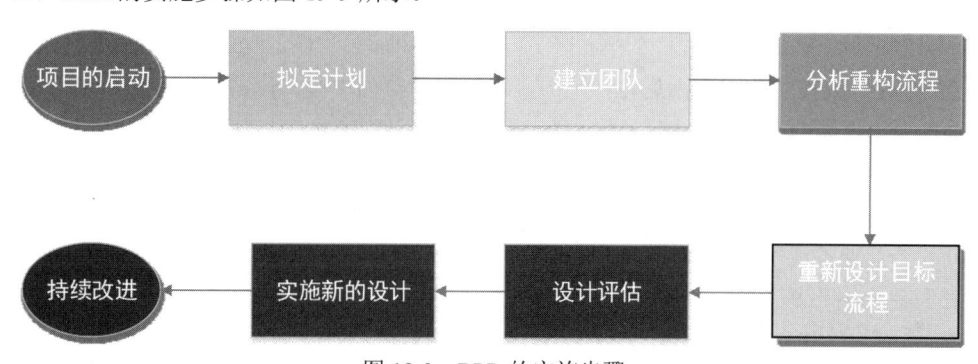

图 19-9 BPR 的实施步骤

19.4 流程管理的优化

【基础知识点】

（1）敏捷项目管理。
- 敏捷项目管理是规划和指导项目流程的迭代方法。
- 与敏捷软件开发一样，敏捷项目是在使用迭代的小型部门中完成的，每个迭代都由项目团队审核和评价，从迭代的评价中获得的信息用于决定项目的下一个步骤。
- 每个项目迭代通常安排在**两周**内完成。

（2）敏捷项目管理流程与传统项目管理流程的比较。

> 构想代替较传统的启动，表示构想的重要性。
> 推测阶段代替计划阶段。
> 敏捷项目管理模式用探索代替通常的管理阶段。
> 实施敏捷项目管理的团队密切关注构想、信息监控，从而适应当前情况。

敏捷项目管理模式以结束阶段收尾，目标是传递知识，也是一个庆典。

敏捷项目管理的各阶段任务如表 19-1 所示。

表 19-1 敏捷项目管理的各阶段任务

阶段	任务
构想阶段	确定产品构想、项目范围、项目团队以及团队共同工作的方式
推测阶段	制定基于功能的发布计划、里程碑和迭代计划，确保交付构想的产品；字典对"推测"的定义是"根据已知的测度未知的"
探索阶段	短期内提供测试的功能，致力于减少项目风险和不确定性
适应阶段	审核提交的结果、当前情况及团队的绩效，必要时作出调整

19.5 练习题

1. 企业业务流程的整体目标是为（　　），以顾客利益为中心，以员工为中心，以及以效率和利益为中心是业务流程的核心。

    A．企业创造价值　　　　　　　　　B．老板创造价值
    C．顾客创造价值　　　　　　　　　D．社会创造价值

解析：企业业务流程的整体目标是为顾客创造价值，以顾客利益为中心，以员工为中心，以及以效率和利益为中心是业务流程的核心。

答案：C

2. BPR 遵循的原则（　　）。

    A．以流程为中心、集体管理原则、以客户为导向
    B．以流程为中心的原则、团队管理原则、以客户为导向的原则
    C．以顾客为中心的原则、团队管理原则、以客户为导向的原则
    D．以流程为中心的原则、团队管理原则、以社会价值为导向的原则

解析：BPR 遵循的原则：以流程为中心的原则、团队管理原则、以客户为导向的原则。

答案：B

3. BPR 在注重结果的同时，更注重流程的实现，并非以短期利润最大化为追求目标，而是追求（　　）。

    A．企业持续盈利　　　　　　　　　B．企业能够持续发展的能力
    C．保证企业目标实现　　　　　　　D．全体员工价值实现

解析：BPR 在注重结果的同时，更注重流程的实现，并非以短期利润最大化为追求目标，而是追求企业能够持续发展的能力。

答案：B

4．（　　）的任务是确定产品构想、项目范围、项目团队及团队共同工作的方式。

　　A．构想阶段　　　　B．推测阶段　　　　C．探索阶段　　　　D．适应阶段

解析：构想阶段的任务是确定产品构想、项目范围、项目团队及团队共同工作的方式；推测阶段制定基于功能的发布计划、里程碑和迭代计划，确保交付构想的产品。字典对"推测"的定义是"根据已知的测度未知的"；探索阶段的任务是在短期内提供测试的功能，致力于减少项目风险和不确定性；适应阶段的任务是审核提交的结果、当前情况及团队的绩效，必要时作出调整。

答案：A

5．基于业务流程重构的信息系统规划的主要步骤是（　　）。

　　A．系统战略规划阶段、系统流程规划阶段、系统功能规划阶段、系统实施规划阶段

　　B．系统战略规划阶段、系统流程规划阶段、系统数据规划阶段、系统功能规划阶段、系统实施规划阶段

　　C．系统战略规划阶段、系统流程规划阶段、系统数据规划阶段、系统实施规划阶段

　　D．系统战略规划阶段、系统流程规划阶段、系统方案规划阶段、系统功能规划阶段、系统实施规划阶段

解析：基于业务流程重构的信息系统规划的主要步骤是：系统战略规划阶段、系统流程规划阶段、系统数据规划阶段、系统功能规划阶段、系统实施规划阶段。

答案：B

6．业务流程重构的实施步骤包括：项目的启动、拟定变革计划、建立项目团队、重新设计（　　）流程并实施，持续改进，重新开始。

　　A．已有流程　　　B．系统架构　　　C．目标流程　　　D．企业架构

解析：业务流程重构的实施步骤包括：项目的启动、拟定变革计划、建立项目团队、重新设计目标流程并实施，持续改进，重新开始。

答案：C

第 20 小时
项目集管理

20.0 章节考点分析

第 20 小时主要学习项目集管理知识,为改版后新增知识。包括项目集管理基础概念知识、项目集管理过程、项目集治理、项目集生命周期管理以及管理过程域等内容。

根据考试大纲,本小时知识点会涉及单项选择题。这部分内容侧重于概念知识,需区别项目管理、项目集管理及项目组合管理,侧重于考记忆知识。本小时的架构如图 20-1 所示。

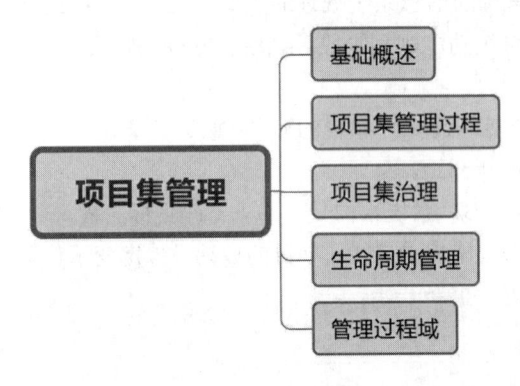

图 20-1 架构图

20.1 项目集管理基础概述

【基础知识点】

(1) 项目集定义。

项目管理协会(PMI)将项目集定义为"经过协调管理以获得单独管理所无法取得的收益的一组相关的项目、子项目集和项目集活动"。如图 20-2 所示为项目集定义。

如果项目集各干系人有不同的目标,并且这些目标不具有协调收益的交付特征,只是资金、技能、干系人等方面存在关联,则这些最好通过项目组合,而不是使用项目集方法来对这些组件进行管理。

项目集(相同目标) — 项目+ — 子项目集+ — 项目集+

图 20-2 项目集定义

所以大项目不应该用项目集管理方法来进行管理,而是应该用项目管理方法对其进行管理。

(2)项目集活动。

定义:在项目期间执行的、清晰的、已安排好的工作组成部分。

延伸:事实上,在项目集中有很多项目集经理开展的、对项目集推进十分重要的任务和行动,也应该被称为项目集活动。

图 20-3 为项目集活动三要素。

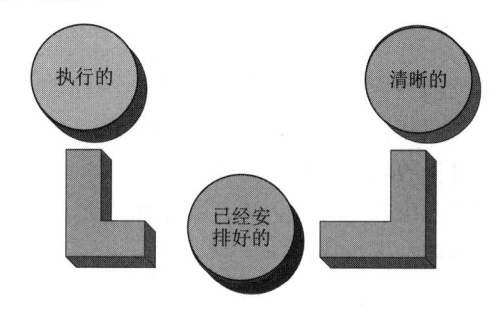

图 20-3 项目集活动三要素

(3)项目集管理。

定义:就是在项目集中应用知识、技能、工具和技术来满足项目集的要求,获得分别管理各项目集组件所无法实现的收益和控制。

(4)项目集经理实现项目管理绩效的五大要素如图 20-4 所示。

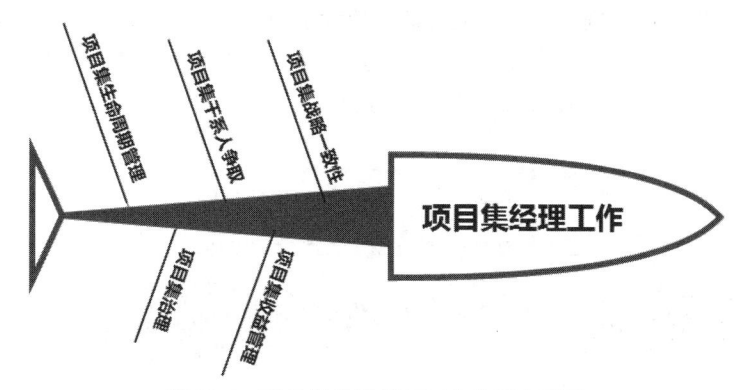

图 20-4 项目集经理管理工作的五大要素

20.2 项目集的管理过程

【基础知识点】

项目集管理与项目管理之间的关键区别如图 20-5 所示。

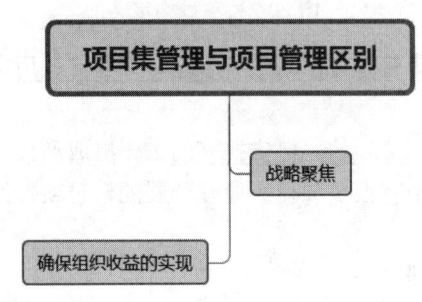

图 20-5 项目集管理与项目管理之间的关键区别

- 项目集商业论证阶段的项目集计划还只是<u>粗略</u>的，主要是为了配合项目集的商业论证和对关系人的影响而对项目集愿景和使命的描述。随着相关信息的不断补充，项目集计划会不断完善，指导项目集的具体执行。
- 项目集路线图与项目集进度计划<u>类似</u>，项目集路线图主要适合于为规划和制定**更加详细的时间表**而勾勒出的主要项目集事件。

20.3 项目集治理

【基础知识点】

（1）项目集治理概述。
- 项目集治理涵盖了由发起组织对项目集战略进行定义、授权、监督和支持的体系和方法。
- 是项目集发起组织确保项目集被有效和持续管理而执行的实战和流程，该机构一般称为项目集指导委员会（或项目集治理委员会、项目集董事会），是项目集的<u>决策机构</u>。

（2）项目集指导委员会的职责如图 20-6 所示。

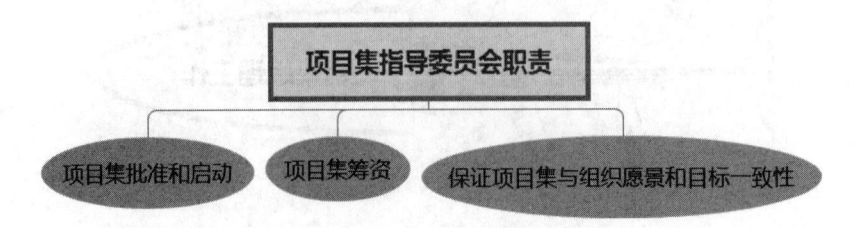

图 20-6 项目集指导委员会的三大主要职责

（3）项目集治理功能如图 20-7 所示。

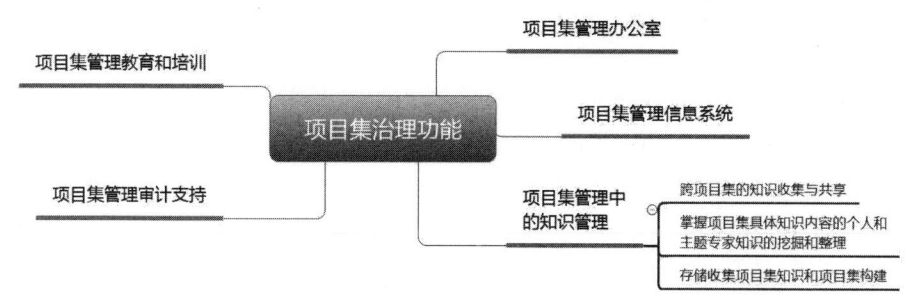

图 20-7　项目集治理功能

这些活动可以由单独的项目集治理委员会创建，仅用于支持该项目集；也可以看作是组织的核心资产，由组织来创建。

有的项目集办公室是非正式的，从各个组成部分中临时抽调人员组成。

20.4　项目集生命周期

【基础知识点】

（1）项目集生命周期的三个阶段如图 20-8 所示。

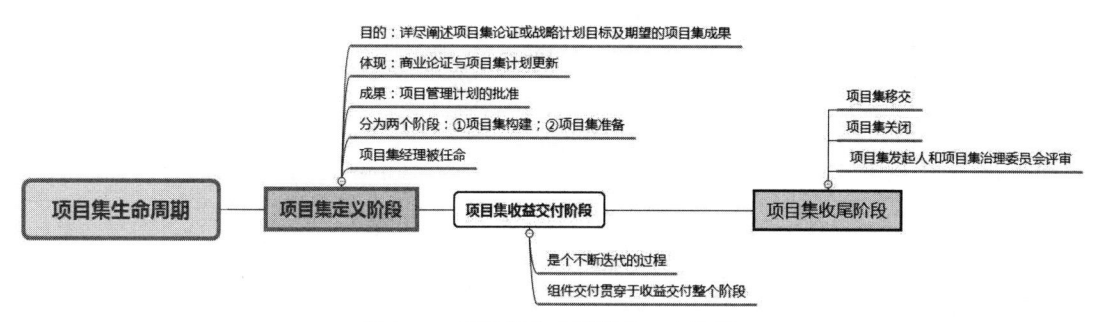

图 20-8　项目集生命周期的三个阶段

（2）项目集准备阶段。

项目集准备阶段开始于项目集章程的批准，其主要活动如图 20-9 所示。

图 20-9　项目集准备阶段主要活动

20.5 项目集管理过程域

【基础知识点】

项目集管理过程域的分类如图 20-10 所示。

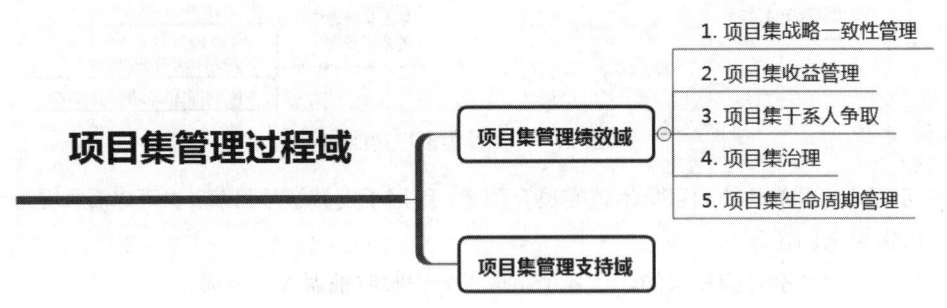

```
                                    ┌─ 1. 项目集战略一致性管理
                                    ├─ 2. 项目集收益管理
                  ┌─ 项目集管理绩效域 ─┼─ 3. 项目集干系人争取
项目集管理过程域 ─┤                   ├─ 4. 项目集治理
                  │                   └─ 5. 项目集生命周期管理
                  └─ 项目集管理支持域
```

图 20-10 项目集管理过程域的分类

<u>项目集管理过程域与项目管理非常不同，项目管理只从项目生命周期知识域两个维度对管理过程进行分类；而在项目集管理中增加了绩效域，强调在项目集管理之上，对项目集层面的战略、构建和治理方面的关注。</u>

20.6 练习题

1．项目集的核心构要素是（　　）。
　　A．具有协调收益交付的管理特点　　　B．干系人利益一致
　　C．知识共享　　　　　　　　　　　　D．技能共享
解析：具有协调收益交付的管理特点是项目集的核心构要素。
答案：A

2．项目集管理主要包括三项内容，（　　）一般不属于项目集知识管理的内容。
　　A．跨项目集的知识收集与共享
　　B．掌握项目集具体知识内容的个人和主题专家知识的挖掘和整理
　　C．项目集审计
　　D．存储收集项目集知识和项目集构建的项目管理信息系统建设
解析：项目集管理内容包括：跨项目集的知识收集与共享、掌握项目集具体知识内容的个人和主题专家知识的挖掘和整理、存储收集项目集知识和项目集构建的项目管理信息系统建设。
项目集审计不是项目集管理内容。
答案：C

3．项目集指导委员会的职责不包括（　　）。

A．项目集筹资　　　　　　　　B．保证风险排除
C．保证项目集与组织目和愿景一致　　D．项目集批准和启动

解析：项目集指导委员会的职责包括：项目集批准和启动、项目集筹资、保证项目集与组织目和愿景一致。

答案：B

4．如果项目之间只是在资金、技能、干系人等方面存在关联，则这些项目最好通过（　　）方式进行管理。

A．项目管理　　B．组合管理　　C．集中管理　　D．项目集

解析：如果项目之间只是在资金、技能、干系人等方面存在关联，则这些项目最好通过利用项目管理方式进行管理。

答案：A

5．经过协调管理以获取单独管理无法取得的收益的一组相关联的项目、子项目集和项目集活动属于（　　）。

A．项目集管理　　B．大项目管理　　C．组合管理　　D．组织级项目管理

解析：经过协调管理以获取单独管理无法取得的收益的一组相关联的项目、子项目集和项目集活动属于项目集管理。

答案：A

6．（　　）贯穿于项目集收益交付的整个阶段，主要用于相应需要再规划或启动新组件等项目集重大变更。

A．项目元素　　B．组件　　C．干系人　　D．风险

解析：组件贯穿于项目集收益交付的整个阶段，主要用于相应需要再规划或启动新组件等项目集重大变更。

答案：B

7．（　　）是从组织战略的角度，立足于项目集收益对将构建的项目集及各种备选的构建初始方案进行正式或非正式论证的过程，也是对初始项目集的可行性研究。

A．项目集评估　　B．项目集详细可研　　C．项目集商业论证　　D．项目集方案评审

解析：项目集商业论证是从组织战略的角度，立足于项目集收益对将构建的项目集及各种备选的构建初始方案进行正式或非正式论证的过程，也是对初始项目集的可行性研究。

答案：C

8．通过在授权范围内负责对项目集的建议作出签署或批准的评审与决策的活动，保证项目集活动与组织战略目标一致的活动称为（　　）。

A．项目集管理　　B．项目管理　　C．项目集决策　　D．项目集治理

解析：项目集治理是通过在授权范围内负责对项目集的建议作出签署或批准的评审与决策以及保证项目集活动与组织战略目标一致的活动。

答案：D

第21小时
项目组合管理

21.0 章节考点分析

第 21 小时主要学习项目组合管理知识，包括项目组合管理基础概念知识、项目组合管理、项目组合组件、项目组合管理过程实施、项目组合治理以及管理过程组、项目组合风险管理等内容。

根据考试大纲，本小时知识点主要在上午考试中出现，历年考试频率较高，考核分值在 1~3 分，曾经也在论文题考核过。这部分内容侧重于概念知识，主要考记忆知识。本小时的架构如图 21-1 所示。

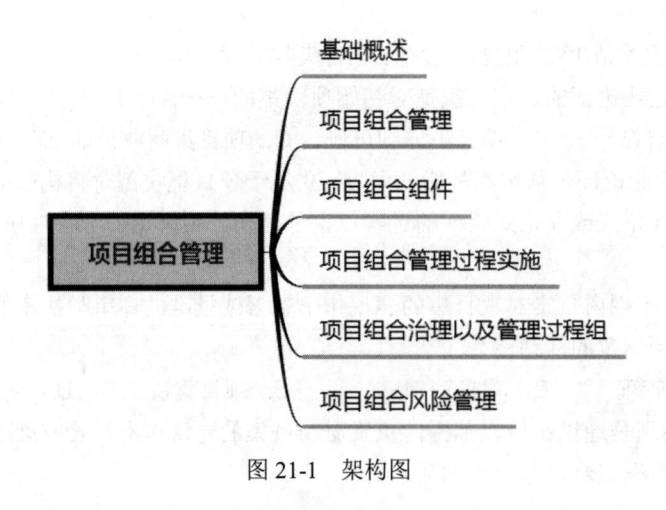

图 21-1 架构图

21.1 项目组合管理基础概述

【基础知识点】

(1) 项目组合定义及相关知识如图 21-2 所示。

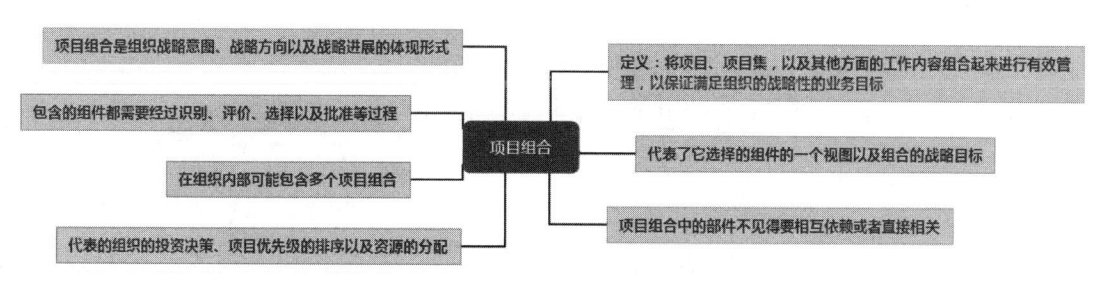

图 21-2 项目组合定义及相关知识

项目组合：
- 项目组合是组织战略意图、战略方向以及战略进展的体现形式
- 包含的组件都需要经过识别、评价、选择以及批准等过程
- 在组织内部可能包含多个项目组合
- 代表的组织的投资决策、项目优先级的排序以及资源的分配
- 定义：将项目、项目集，以及其他方面的工作内容组合起来进行有效管理，以保证满足组织的战略性的业务目标
- 代表了它选择的组件的一个视图以及组合的战略目标
- 项目组合中的部件不见得要相互依赖或者直接相关

(2) 项目组合、项目集和项目之间的关系。

➢ 项目组合中包含的项目既可以位于项目集之内，也可以位于项目集之外。
➢ 项目组合中的项目集和项目可能没有必然的联系。

(3) 项目组合模块具备的共同特征如图 21-3 所示。

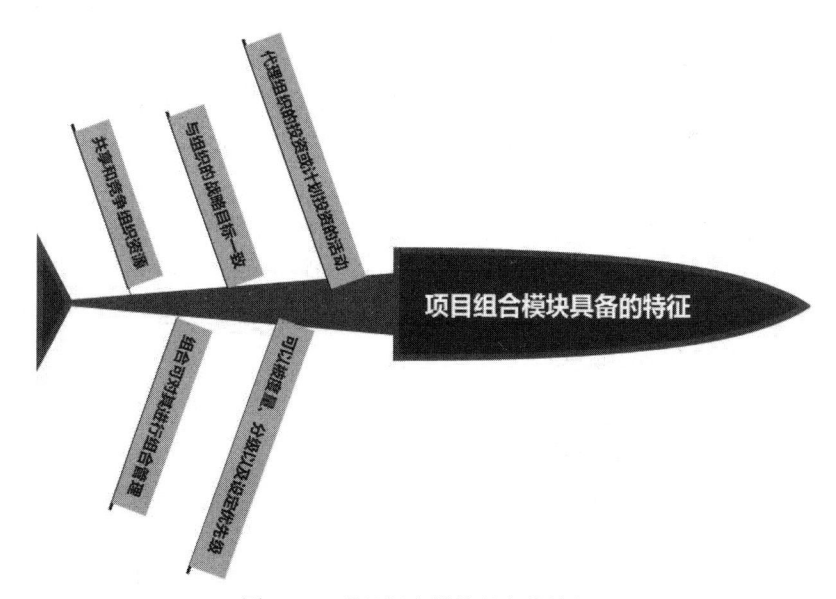

项目组合模块具备的特征：
- 代表组织的投资或计划投资的活动
- 与组织的战略目标一致
- 拥有和其他竞争组织的密码
- 可以衡量、分级、分类以及设定优先级
- 组合的列表进行综合管理

图 21-3 项目组合模块具备的特征

项目组合管理<u>首先识别项目集和项目之间的依赖关系</u>，然后根据组织设定的优先级为项目集和项目分配资源（如人力、设备、资金等）。

21.2 项目组合管理

【基础知识点】

(1) 项目组合管理定义及要求如图 21-4 所示。

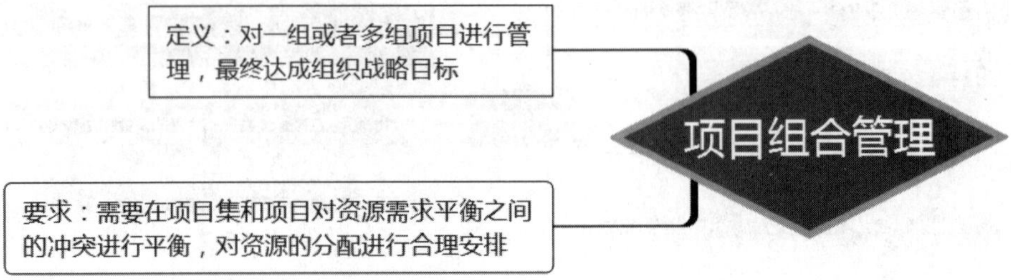

项目组合管理
- 定义：对一组或者多组项目进行管理，最终达成组织战略目标
- 要求：需要在项目集和项目对资源需求平衡之间的冲突进行平衡，对资源的分配进行合理安排

图 21-4　项目组合管理定义及要求

(2) 不同级别管理之间的特性及关联如表 21-1 所示。

表 21-1　不同级别管理之间的特性及关联

名称	特性及关联
组织级项目管理	(1) 是一种战略执行框架，在组织级项目管理中，**要求项目组合、项目集与项目与组织**的战略方向保持一致。 (2) **项目组合、项目集与项目为实现战略目标所作出的贡献不同**
项目组合	通过选择正确的项目和项目集、设定工作优先级并提供必需的资源的方式来促成组织的战略实现
项目集管理	对所包含的项目子集和项目依赖关系进行有效管理，从而实现项目集的特定的利益
项目管理	通过制定和实施集合来完成特定的工作范围，支持项目集和项目组合目标的实现，最终实现组织战略目标

(3) 项目组合管理与组织战略。
- 组织战略和组织目标：定义了组织如何通过日常业务运作的方式，或者通过项目集和项目的方式来达成组织的战略要求。
- 组合管理方式意义：有助于提升项目的选择过程和执行过程成功的可能性，组织战略计划识别出组织的竞争优势和核心竞争力。
- 组织确定战略方向并设置战略目标，战略目标中还应包含组织的愿景和使命。
- 将项目组合管理与组织的战略相关联，就可以在组织的项目集、项目以及日常运作活动之间应用资源平衡的方式，使得组织的整体利益最大化。

项目组合计划在六个方面与组织战略高度相关，如图 21-5 所示。

项目组合管理　第 21 小时

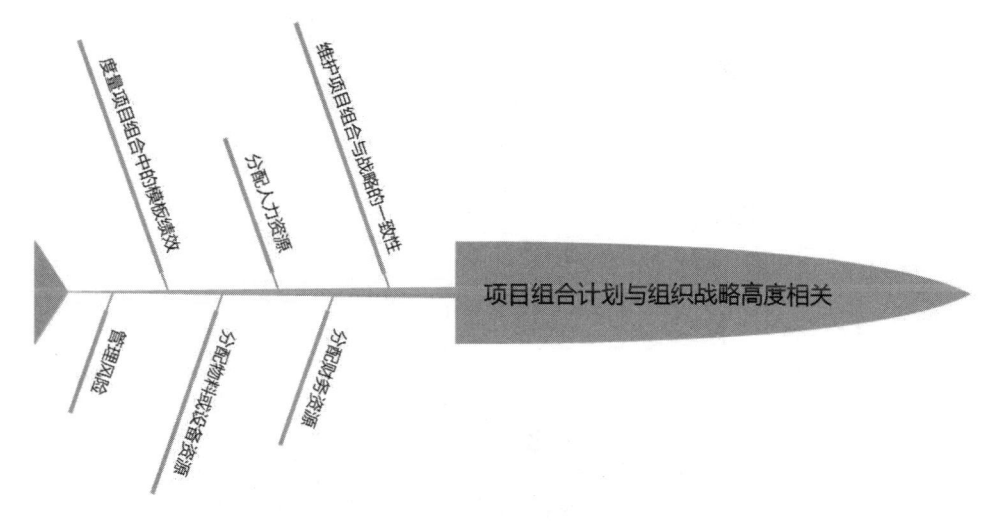

图 21-5　项目组合计划与组织战略高度六相关

21.3　项目组合组件

【基础知识点】

（1）项目集管理。

项目组合与项目组合中的组件是一种父子依赖关系，就像项目集和项目集中的项目所存在的父子关系一样。

项目集管理综合应用知识、过程、技能、工具以及技术来对其所包含的项目进行管理，以便满足项目集的需求，并能获取采用单一项目管理方式所达不到的收益和控制。项目集组件通常生成共同的结果或者为了交付一系列共同的利益。如果多个项目之间的共同之处仅限于同一个客户、同一个卖方、同一种技术或者使用相同的资源，此时应该将多个项目作为项目组合进行管理，而非作为项目集进行管理。

（2）项目管理。

项目管理综合应用知识、过程、技能、工具及技术来对其所包含的项目进行管理，以便满足项目的需求。项目管理过程组如图 21-6 所示。

（3）日常运作管理。

日常运作管理包括组织中所有持续进行的活动，这些活动通常具备循环执行的特征。

受内部或外部环境影响，正在进行的活动发生变更时，项目组合资源有可能从项目转移到日常运作活动中。

（4）项目组合治理委员会。

项目组合治理委员会的功能如图 21-7 所示。

图 21-6　项目管理过程组

图 21-7　项目组合治理委员会的功能

21.4　项目组合管理过程实施

【基础知识点】

如图 21-7 所示为项目组合管理过程实施主要内容。

图 21-8　项目组合管理过程实施主要内容

21.5　项目组合治理及管理过程组

【基础知识点】

（1）项目组合治理包含五个子过程，如图 21-9 所示。

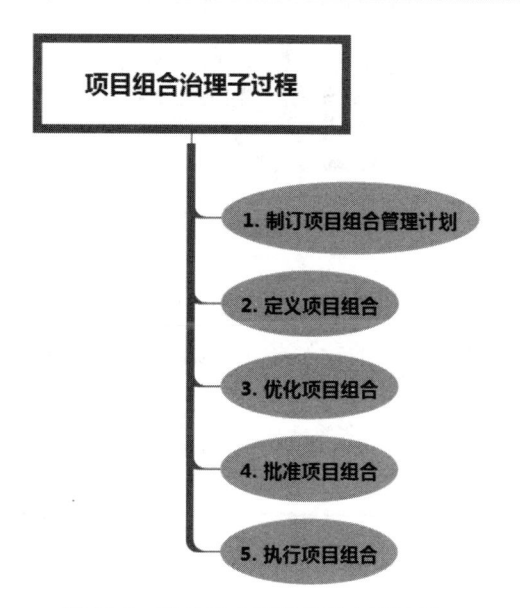

图 21-9　项目组合治理的五个子过程

项目组合治理子过程:
1. 制订项目组合管理计划
2. 定义项目组合
3. 优化项目组合
4. 批准项目组合
5. 执行项目组合

（2）项目组合管理过程组如图 21-10 所示。

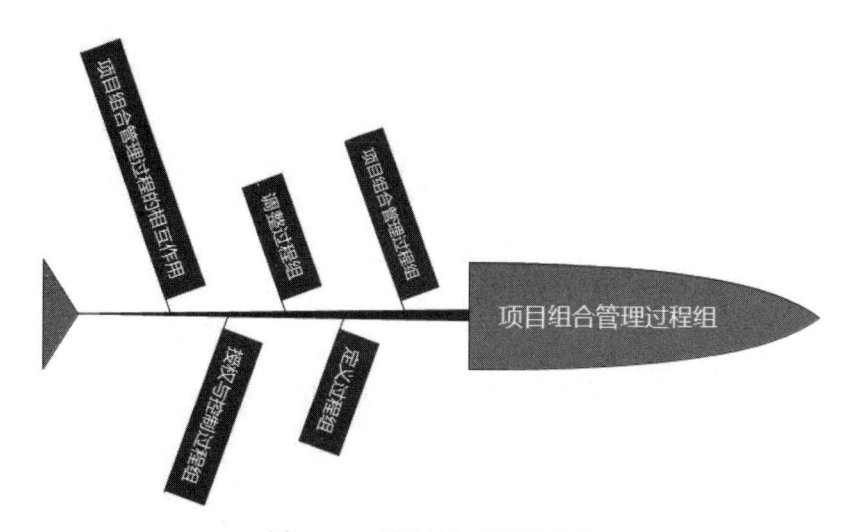

图 21-10　项目组合管理过程组

21.6　项目组合风险管理

【基础知识点】

（1）项目组合风险三要素如图 21-11 所示。

图 21-11 项目组合风险三要素

（2）制定项目组合风险管理计划的输入/输出，如图 21-12 所示。

图 21-12 项目组合风险的输入/输出工具技术

项目组合风险输入输出	
输入	1 项目组合管理计划 2 项目组合过程资产 3 组织过程资产 4 企业环境因素
工具与技术	1 加权排序和赋值技术 2 定性和定量分析 3 图形分析方法
输出	1 更新的项目组合管理计划 2 更新的项目组合过程资产 3 更新的组织过程资产

（3）项目组合风险的四个阶段的主要内容如图 21-13 所示。

图 21-13 项目组合风险四个阶段的主要内容

重要知识点：

项目组合风险主要有两种方式：项目组合风险和项目组合问题管理。

项目组合报告的内容如图 21-14 所示。

图 21-14 项目组合报告的内容

项目组合报告包含：
1 绩效报告
2 治理决策报告
3 项目组合状态报告
4 组织产能报告
5 项目组合趋势报告
6 组织资源使用报告
7 资金/预算报告
8 战略一致性报告

21.7 练习题

1．项目组合管理中，确定项目优先级的主要决定因素是（ ）。
 A．项目的进度 B．项目组合的利益
 C．项目的成本 D．组织战略

解析：组织确定战略方向并设置战略目标，战略目标中还应包含组织的愿景和使命。将项目组合管理与组织的战略相关联，就可以在组织的项目集、项目及日常运作活动之间应用资源平衡的方式，使得组织的整体利益最大化。在项目组合管理中，组织战略是确定项目优先级的主要决定因素。

答案：D

2．通过项目评价选择、多项目组合优化，确保项目符合企业的战略目标，从而实现企业受益最大化的过程属于（ ）。
 A．项目评价 B．项目商业论证
 C．项目组合管理 D．项目治理

解析：项目组合管理通过项目评价选择、多项目组合优化，确保项目符合企业的战略目标，从而实现企业受益最大化。

答案：C

3．项目组合管理是指在可利用的资源和企业战略计划的指导下，进行多个项目或项目群投资的选择和支持，项目组合管理是通过项目评价选择、多项目组合优化，确保项目符合企业的战略目标，从而实现企业收益最大化。项目组合管理可以将组织战略进一步细化到选择哪些项目来实现组织的目标，其选择的主要依据在于（ ）。

A．企业的根本利益 　　　　　 B．平衡风险和收益
C．资源计划 　　　　　　　　　D．战略目标

解析：项目组合管理可以将组织战略进一步细化到选择哪些项目来实现组织的目标，其选择的主要依据在于平衡风险和收益。

答案：B

4．在项目组合管理中，项目排序是对项目创造的（　　）和投入进行分析，以选择出对组织最有利项目的过程。

A．功能性交付物　　 B．交付物　　　　 C．期望货币值　　 D．期望价值

解析：在项目组合管理中，项目排序是对项目创造的期望价值和投入进行分析，以选择出对组织最有利项目的过程。

答案：D

5．项目组合管理是一个保证组织内所有项目都经过收益和风险分析，平衡资源的方法论，其中（　　）是项目组合管理工作中的一个要素。

A．风险管理　　　 B．范围管理　　　 C．组织管理　　　 D．资源管理

解析：项目组合管理是一个保证组织内所有项目都经过收益和风险分析，平衡资源的方法论，其中风险管理是项目组合管理工作中的一个要素。

答案：A

第22小时 信息系统安全管理

22.0 章节考点分析

第 22 小时组要学习信息系统安全管理。根据考试大纲，本小时主要涉及上午考试中的单项选择题类题型，考查考生对信息系统安全管理知识的掌握程度，考点较杂但难度不高。本学时预计分值为 3~4 分左右。本学时的架构如图 22-1 所示。

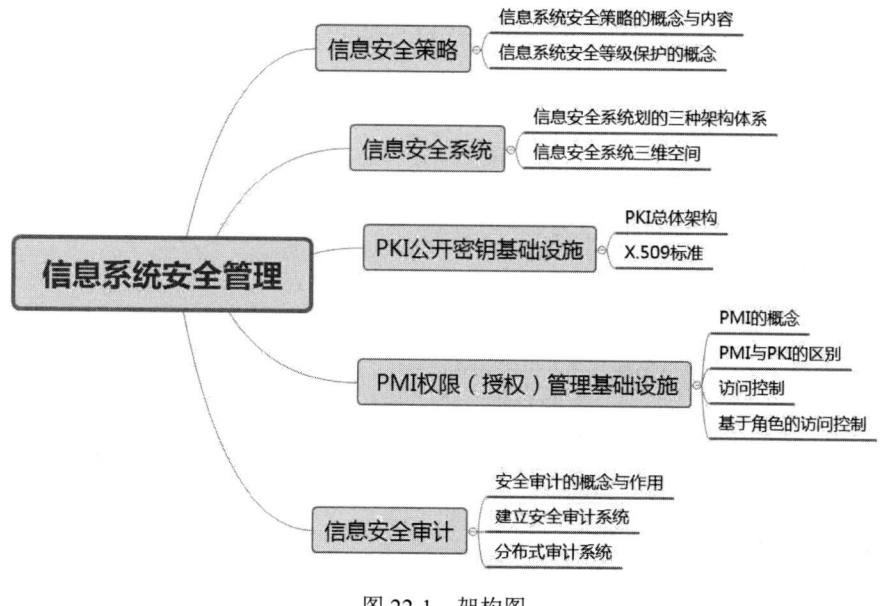

图 22-1 架构图

22.1 信息安全策略

【基础知识点】

1. 信息系统安全策略的概念与内容。

信息系统安全策略是指针对本单位的计算机业务应用系统的安全风险（安全威胁）进行有效的识别、评估后，所采取的各种措施、手段，以及建立的各种管理制度、规章等。

一个单位的安全策略一定是<u>定制的</u>，都是针对本单位的"安全风险（威胁）"来进行防护的。安全策略的<u>归宿点（立脚点）就是单位的资产得到充分的保护</u>。

安全策略的核心内容就是"七定"，即定方案、定岗、定位、定员、定目标、定制度、定工作流程。按照"七定"要求，系统安全策略<u>首先要解决定方案，其次是定岗</u>。

2. 信息系统安全等级保护的概念。

《计算机信息安全保护等级划分准则》是建立安全等级保护制度，实施安全等级管理的重要基础性标准，它将计算机信息系统分为以下五个安全保护等级。

第 1 级为<u>用户自主保护级</u>，适用于<u>普通内联网用户</u>。

第 2 级为<u>系统审计保护级</u>，适用于通过<u>内联网或国际网进行商务活动</u>，需要保密的<u>非重要单位</u>。

第 3 级为<u>安全标记保护级</u>，适用于<u>地方各级国家机关、金融单位机构、邮电通信、能源与水源供给部门、交通运输、大型工商与信息技术企业、重点工程建设等单位</u>。

第 4 级为<u>结构化保护级</u>，适用于<u>中央级国家机关、广播电视部门、重要物资储备单位、社会应急服务部门、尖端科技企业集团、国家重点科研单位机构和国防建设等部门</u>。

第 5 级为<u>访问验证保护级</u>，适用于<u>国防关键部门和依法需要对计算机信息系统实施特殊隔离的单位</u>。

22.2 信息安全系统

【基础知识点】

1. 信息安全系统三维空间。

我们用一个"宏观"三维空间图来反映信息安全系统的体系架构及组成，如图 22-2 所示。其中，<u>X 轴是"安全机制"</u>、<u>Y 轴是"OSI 网络参考模型"</u>、<u>Z 轴是"安全服务"</u>。

由 X、Y、Z 三个轴形成的信息安全系统三维空间就是信息系统的<u>"安全空间"</u>。

2. 信息安全系统划分为三种架构体系：MIS+S 系统、S-MIS 系统和 S2-MIS 系统。

- MIS+S 系统是初等的、简单的信息安全保障系统，特点有：<u>应用基本不变、硬件和系统软件通用、安全设备基本不带密码</u>。
- S-MIS 系统是建立在全世界都公认的 PKI/CA 标准上的信息安全保障系统，特点有：<u>硬件和系统软件通用、PKI/CA 安全保障系统必须带密码、应用系统必须根本改变</u>。

信息系统安全管理　第 22 小时

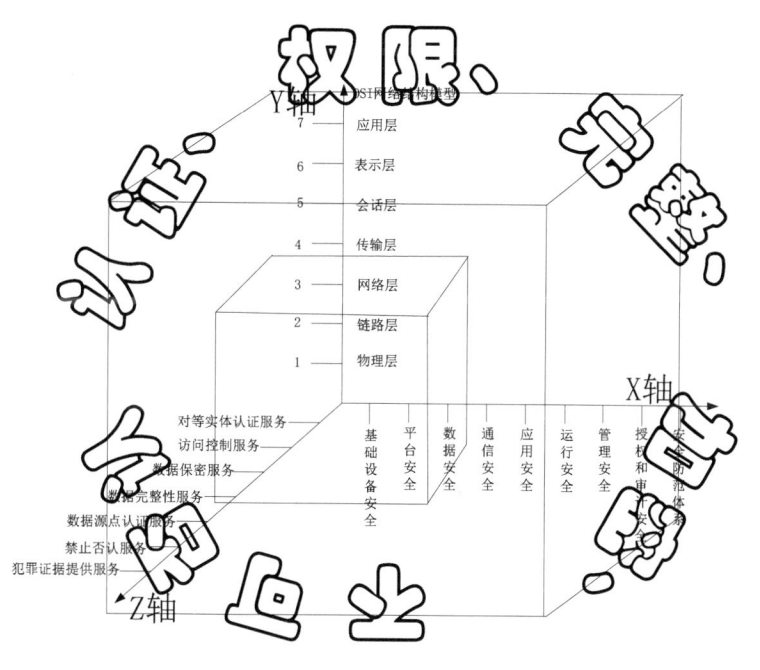

图 22-2　信息安全空间

➢ S2-MIS 系统是"绝对"安全的信息安全保障系统。它不仅使用全世界都公认的 PKI/CA 标准，同时硬件和系统软件都使用"专用的安全"产品，特点有：<u>硬件和系统软件都专用、PKI/CA 安全保障系统必须带密码、应用系统必须根本改变、主要的硬件和系统软件需要 PKI/CA</u>。

22.3　PKI 公开密钥基础设施

【基础知识点】

1. PKI 总体架构。

公钥基础设施 PKI（Public Key Infrastructure）是以<u>不对称密钥加密技术</u>为基础，以数据机密性、完整性、身份认证和行为不可抵赖为安全目的，来实施和提供安全服务的具有普适性的安全基础设施。

一个网络的 PKI 包括以下基本构件：

（1）数字证书。由认证机构经过数字签名后发给网上交易主体（企业或个人、设备或程序）的一段电子文档，它提供了 PKI 的<u>基础</u>。

（2）认证中心（CA）。它是 PKI 的<u>核心</u>，是第三方网上认证机构，负责使用数字证书的签发、撤销、生命周期管理，密钥管理服务和证书在线查询等服务。

（3）数字证书审批机构（RA）。是 CA 数字证书发放、管理的延伸，它是 PKI 不可缺少的部分。

（4）数字签名。是利用发信者的私钥和密码算法对信息或电子摘要进行加密处理的过程和结果。

（5）密钥和证书管理工具，管理和审计数字证书的工具。

（6）双证书体系，PKI 采用双证书体系，非对称算法和对称算法。

（7）PKI 的体系架构包括两部分：信任服务体系和密钥管理中心。信任服务体系提供基于 PKI 数字证书认证机制的实体身份鉴别服务；密钥管理体系提供密钥管理服务，向授权管理部门提供应急情况下的特殊密钥回复功能。

2．X.509 标准。

在 PKI/CA 架构中，一个重要的标准是 X.509 标准，数字证书就是按照 X.509 标准制作的。数字证书包括：版本号、序列号、签名算法标识符、认证机构、有效期限、主题信息、认证机构的数字签名、公钥信息。

22.4 PMI 权限（授权）管理基础设施

【基础知识点】

1．PMI 的概念。

PMI 建立在 PKI 基础上，以向用户和应用程序提供权限管理和授权服务为目标，主要负责向业务应用信息系统提供授权服务管理。

2．PMI 与 PKI 的区别。

PMI 主要进行授权管理，证明这个用户有什么权限、能干什么，即"你能做什么"。

PKI 主要进行身份鉴别，证明用户身份，即"你是谁"。

3．访问控制。

访问控制是为了限制访问主体对访问客体的访问权限，从而使计算机系统在合法范围内使用的安全措施。

访问控制有以下两个重要过程：

（1）认证过程，通过"鉴别"来检验主体的合法身份。

（2）授权管理，通过"授权"来赋予用户对某项资源的访问权限。

访问控制机制分为两种：强制访问控制（MAC）和自主访问控制（DAC）。

（1）强制访问控制（Mandatory Access Control，MAC），用于将系统中的信息分密级和类进行管理，以保证每个用户只能访问到那些被标明可以由他访问的信息的一种访问约束机制。通俗地说，在强制访问控制下，用户（或其他主体）与文件（或其他客体）都被标记了固定的安全属性（如安全级、访问权限等），用户不能改变他们的安全级别或对象的安全属性。在每次访问发生时，系统检测安全属性，以便确定一个用户是否有权访问该文件。

（2）自主访问控制（Discretionary Access Control，DAC），由客体的属主对自己的客体进行管理，由属主自己决定是否将自己的客体访问权或部分访问权授予其他主体，这种控制方式是自主的。也就是说，在自主访问控制下，用户可以按自己的意愿，有选择地与其他用户共享他的文件。在自主访问控制中，每个客体都拥有一个限定主体对其访问权限的<u>访问控制列表（ACL）</u>，每次访问发生时都会基于访问控制列表检查用户标志以实现对其访问权限的控制。

4．基于角色的访问控制。

基于角色的访问控制（RBAC）中，角色由应用系统的管理员定义。而且授权规定是强加给用户的，用户只能被动接受，不能自主决定，这是一种非自主型访问控制。其基本思想是，对系统操作的各种权限不是直接授予具体的用户，而是在用户集合与权限集合之间建立一个角色集合。每种角色对应一组相应的权限。一旦用户被分配了适当的角色，该用户就拥有此角色的所有操作权限。

22.5　信息安全审计

【基础知识点】

1．安全审计的概念与作用。

安全审计（Security Audit）是<u>记录、审查主体对客体进行访问和使用的情况，保证安全规则被正确执行，并帮助分析安全事故产生的原因</u>。安全审计产品主要包括<u>主机类、网络类、数据库类和业务应用系统级的审计产品。</u>

安全审计系统采用<u>数据挖掘</u>和<u>数据仓库技术</u>，对历史数据进行分析、处理和追踪，实现在不同网络环境下终端对终端的监控和管理，必要时通过多种途径向管理员发出警告或自动采取排错措施。因此安全审计系统被比喻为"黑匣子"。

安全审计的主要作用有：

（1）对潜在的攻击者起到震慑和警告作用。

（2）对已经发生的系统破坏行为提供纠正数据。

（3）提供有价值的系统使用日志。

（4）提供系统运行的统计日志。

2．建立安全审计系统。

建立安全审计系统的主体方案主要有以下三种。

（1）基于入侵监测预警系统的网络与主机信息监测审计。

入侵监测是指对计算机和网络资源上的恶意使用行为进行识别和响应的处理过程。它不仅检测来自外部的入侵行为，同时也检测内部用户的未授权活动。对<u>数据的分析</u>是入侵检测系统的<u>核心</u>。数据分析一般通过模式匹配、统计分析和完整性分析三种手段进行。

网络安全入侵监测系统负责监视网络上的通信数据流和网络服务器系统中的审核信息，捕获可疑的网络和服务器系统活动，发现其中存在的安全问题。当网络和主机被非法使用或破坏时，进行实时响应和报警，产生通告信息和日志，系统审计管理人员根据这些通告信息、日志和分析结果，调整和更新已有的安全管理策略或进行跟踪追查等事后处理措施。在这个层次上的入侵监测和安全审计是一对因果关系，前者获取的记录结构是后者审核分析资料的来源，任何一方都不能脱离另一方单独工作。

（2）重要应用系统运行情况审计。

1）基于主机操作系统代理。数据库操作系统和电子邮件系统在启动自身审计功能之后自动将部分系统审核数据（如用户登录活动、对象访问活动）传送到主机系统审计日志。然后通过运行于主机操作系统下载一个实时监控代理程序来读取并分析系统审计日志中的相关数据。此方案与应用系统编程无关，所以通用性和实时性好，但审计粒度较粗，并且对确认的违规行为不能实现阻断控制。

2）基于应用系统代理的审计的优点是实时性好，且审计粒度由用户控制，可以减少不必要的审核数据；缺点是要为每个应用单独编写代理程序，而且与应用系统编程相关。

3）基于应用系统独立程序的审计是指在应用程序内部嵌入与应用服务同步运行的专用审计服务应用进程，用来全程跟踪应用服务进程的运行。此方案与应用系统密切相关，每个应用程序都需要开发相应的独立程序，通用性、实时性不好，价格较高。但审计粒度可因需求而设置，并且用户工作界面与应用系统相同。

（3）基于网络旁路监控审计方式的优点有：第一，可以选择性记录任何通过网络对应用系统进行的操作，并对其进行实时与事后分析和处理；第二，可以记录完整的信息；第三，不对应用系统本身的正常运行产生任何影响；第四，可以对审计数据进行安全的保存，保证记录不被非法删除和篡改。

3．分布式审计系统。

分布式审计系统由审计中心、审计控制台和审计 Agent 组成。

审计 Agent 主要可以分为网络监听型 Agent、系统嵌入型 Agent、主动信息获取型 Agent 等。

【补充知识点】

网络入侵检测系统和防火墙是两种典型的信息系统安全防御技术，入侵检测系统是防火墙之后的又一道防线，可以发现防火墙没有发现的入侵行为。打个比方：假如防火墙是一幢大厦的门锁，那么入侵检测系统就是这幢大厦里的监视系统。防火墙可以允许内部的一些主机被外部访问，入侵检测系统则没有这些功能，只是监视和分析用户和系统活动。

22.6 练习题

1．安全审计（Security Audit）是通过测试公司信息系统对一套确定标准的符合程度来评估其安全性的系统方法，安全审计的主要作用不包括（　　）。

　　A．对潜在的攻击者起到震慑或警告作用

　　B．对已发生的系统破坏行为提供有效的追究证据

　　C．通过提供日志，帮助系统管理员发现入侵行为或潜在漏洞

　　D．通过性能测试，帮助系统管理员发现性能缺陷或不足

解析：安全审计系统的主要作用有：一是震慑或警告作用；二是对破坏行为提供有效的追究证

据；三是提供系统使用日志，从而帮助系统安全管理员及时发现系统入侵行为或潜在的系统漏洞；四是提供系统运行的统计日志，使系统安全管理员能够发现系统性能上的不足或需要改进的地方。

答案：D

2. 信息系统访问控制机制中，（ ）是指对所有主体和客体都分配安全标签来标识所属的安全级别，然后在访问控制执行时对主体和客体的安全级别进行比较，确定本次访问是否合法性的技术或方法。

  A．自主访问控制   B．强制访问控制
  C．基于角色的访问控制   D．基于组的访问控制

解析：强制访问控制（Mandatory Access Control，MAC），用于将系统中的信息分密级和类进行管理，以保证每个用户只能访问到那些被标明可以由他访问的信息的一种访问约束机制。通俗地说，在强制访问控制下，用户（或其他主体）与文件（或其他客体）都被标记了固定的安全属性（如安全级、访问权限等），在每次访问发生时，系统检测安全属性，以便确定一个用户是否有权访问该文件。

答案：B

3. 访问控制是为了限制访问主体对访问客体的访问权限，从而使计算机系统在合法范围内使用的安全措施，以下关于访问控制的叙述中，（ ）是不正确的。

  A．访问控制包括两个重要的过程：鉴别和授权
  B．访问控制机制分为两种：强制访问控制（MAC）和自主访问控制（DAC）
  C．RBAC 相比 DAC，其先进之处在于用户可以自主将访问的权限授给其他用户
  D．RBAC 不是基于多级安全需求的，因为基于 RBAC 的系统中主要关心的是保护信息的完整性，即"谁可以对什么信息执行何种动作"

解析：基于角色的访问控制（RBAC）：角色由应用系统的管理员定义，角色成员的增减也只可以由系统的管理员执行，授权规定是强加给用户的，用户只能被动接受，不可以自主决定，也不可以自主地将访问权限传给他人。

答案：C

4. 构建信息安全系统需要一个宏观的三维空间，如下图所示，请根据该图指出 X 轴是指（ ）。

  A．安全防范体系   B．管理安全
  C．安全机制   D．安全策略

解析："信息安全保障系统"一般简称为"信息安全系统"。三维空间中，Y 轴是 OSI 网络参考模型，信息安全系统的许多技术、技巧都是在网络的各个层面上实施的；X 轴是"安全机制"；Z 轴是"安全服务"。由 X、Y、Z 三个轴形成的空间就是信息系统的"安全空间"。

答案：C

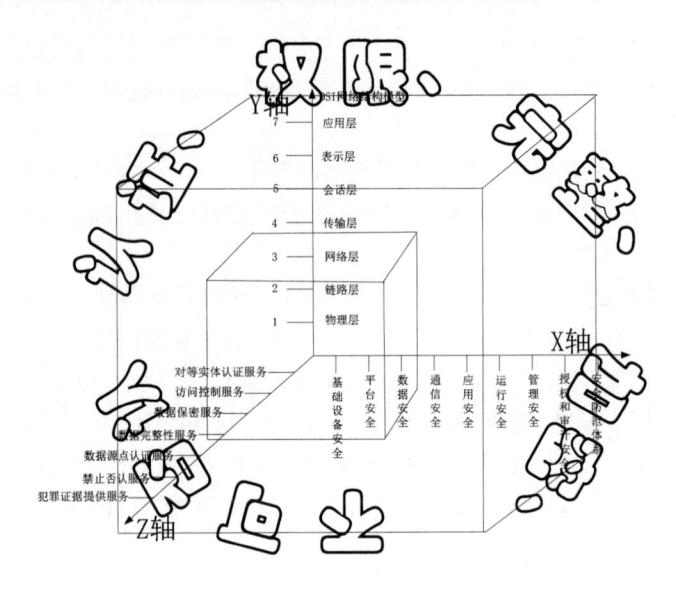

```
              Y轴  ┌──OSI网络参考模型
              7  │ 应用层
              6  │ 表示层
              5  │ 会话层
              4  │ 传输层
              3  │ 网络层
              2  │ 链路层
              1  │ 物理层
                                              X轴
   对等实体认证服务  基  平  通  应  运  授   安
   访问控制服务     础  台  信  用  行  权   全
   数据保密服务     设  安  安  安  安  和   体
   数据完整性服务    备  全  全  全  全  审   系
   数据源点认证服务  安
   禁止否认服务     全
   犯罪证据提供服务
              Z轴
```

(图外环绕文字：权限、授权、认证、身份、合法性)

5．某信息系统采用了基于角色的访问机制，其角色的权限是由（　　）决定的。

　　A．用户自己　　　　　　　　　　　B．系统管理员

　　C．主体　　　　　　　　　　　　　D．业务要求

解析：基于角色的访问控制（RBAC）：角色由应用系统的管理员定义，角色成员的增减也只可以由系统的管理员执行，授权规定是强加给用户的，用户只能被动接受，不可以自主地决定，也不可以自主地将访问权限传给他人。

答案：B

6．以下关于入侵检测系统功能的叙述中，（　　）是不正确的。

　　A．保护内部网络免受非法用户的侵入

　　B．评估系统关键资源和数据文件的完整性

　　C．识别已知的攻击行为

　　D．统计分析异常行为

解析：入侵监测系统：负责监视网络上的通信数据流和网络服务器系统中的审核信息，捕获可疑的网络和服务器系统活动，发现其中存在的安全问题。当网络和主机被非法使用或破坏时，进行实时响应和报警，产生通告信息和日志。系统不仅仅检测来自外部的入侵行为，还可以检测内部用户的未授权活动。

答案：A

7．《计算机信息系统安全保护等级划分准则》规定了计算机系统安全保护能力的五个等级。其中，按照（　　）的顺序从左到右安全能力逐渐增强。

　　A．系统审计保护级、结构化保护级、安全标记保护级

　　B．用户自主保护级、访问验证保护级、安全标记保护级

C．访问验证保护级、系统审计保护级、安全标记保护级

D．用户自主保护级、系统审计保护级、安全标记保护级

解析：

《计算机信息安全保护等级划分规则》将计算机信息系统分为五个安全保护等级：第1级为用户自主保护级，第2级为系统审计保护级，第3级为安全标记保护级，第4级为结构化保护级，第5级为访问验证保护级。

答案：D

8．在Windows操作系统平台上采用通用硬件设备和软件开发工具搭建的电子商务信息系统宜采用（　　）作为信息安全系统架构。

  A．S2-MIS　　　　　B．MIS+S　　　　　C．S-MIS　　　　　D．PMIS

解析：Windows操作系统支持世界公认的PKI/CA标准的信息安全保障体系，电子商务系统属于安全保密系统。根据上述信息安全保障系统的三种不同架构的定义，在Windows操作系统平台上采用通用硬件设备和软件开发工具搭建的电子商务信息系统属于S-MIS架构的范畴，因此应选C。

答案：C

9．关于入侵检测系统（IDS），下列说法不正确的是（　　）。

  A．IDS的主要功能是对计算机和网络资源上的恶意使用行为进行识别和响应

  B．IDS需要配合安全审计系统才能应用，后者为前者提供审计分析资料

  C．IDS主要用于检测来自外部的入侵行为

  D．IDS可用于发现合法用户是否滥用特权

解析：入侵检测系统（IDS）是对网络传输进行即时监视，在发现可疑传输时发出警报或者采取主动反应措施的网络安全设备，它主要用于检测来自外部的入侵行为，同时也可用于发现合法用户是否滥用特权。

答案：B

10．网络入侵检测系统和防火墙是两种典型的信息系统安全防御技术，下列关于入侵检测系统和防火墙的说法中正确的是（　　）。

  A．防火墙是入侵检测系统之后的又一道防线，防火墙可以及时发现入侵检测系统没有发现的入侵行为

  B．入侵检测系统通常是一个旁路监听设备，没有也不需要跨接在任何链路上，无须网络流量流经它便可以工作

  C．入侵检测系统可以允许内部的一些主机被外部访问，而防火墙没有这些功能，只是监视和分析系统的活动

  D．防火墙必须和安全审计系统联合使用才能达到应用目的，而入侵检测系统是一个独立的系统，不需要依赖防火墙和安全审计系统

解析：打个比方：假如防火墙是一幢大厦的门锁，那么入侵检测系统就是这幢大厦里的监视系

统。一旦小偷进入了大厦，或内部人员有越界行为，只有实时监视系统才能发现情况并发出警告，所以 A 是错误的，应该是入侵检测系统是防火墙之后的又一道防线，入侵检测系统可以发现防火墙没有发现的入侵行为。

选项 C 也弄反了，防火墙可以允许内部的一些主机被外部访问，入侵检测系统则没有这些功能，只是监视和分析用户和系统活动。

选项 D 的错误很明显，防火墙和入侵检测系统都是一个独立的系统。

答案：B

第23小时
信息系统综合测试与管理

23.0 章节考点分析

第 23 小时主要学习信息系统综合测试与管理知识。根据考试大纲，本小时主要涉及上午考试中的单项选择题类题型，要求考生掌握各类测试模型的特点并能根据题干描述判断出测试类型。本学时预计分值为 2~3 分左右。本学时的架构如图 23-1 所示。

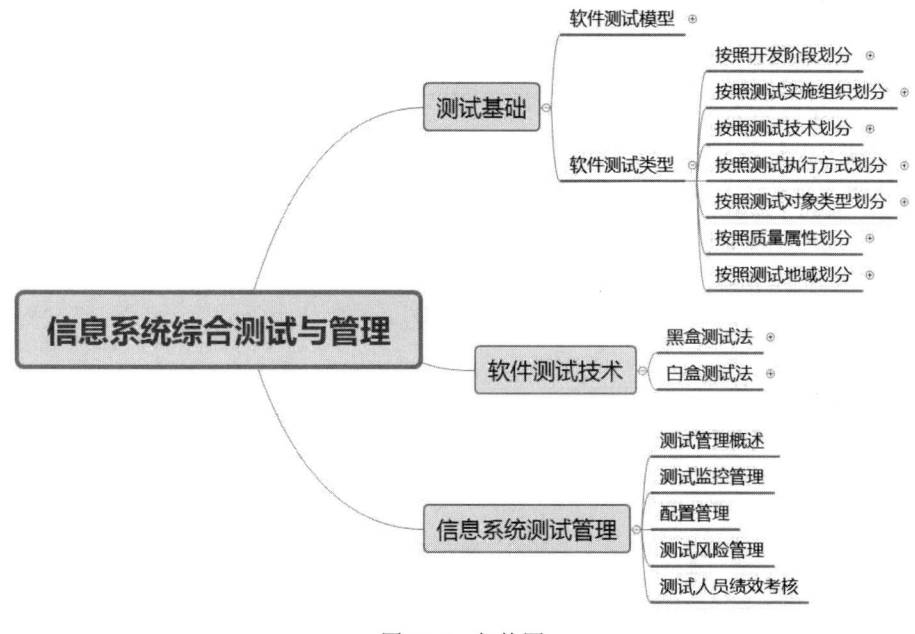

图 23-1 架构图

23.1 测试基础

【基础知识点】

1. 软件测试模型。

软件测试的主要模型有：V 模型、W 模型、H 模型、X 模型、前置测试模型。

（1）V 模型。

在如图 23-2 所示的软件测试 V 模型图中，左边表示开发过程中的各阶段，右边表示测试过程中的各阶段，<u>每个开发阶段对应一个测试阶段</u>。编码↔单元测试、系统结构设计↔系统测试、详细或者程序设计↔功能测试、编码↔单元测试。

水平虚线上部表明，其需求分析、功能设计和验收测试等主要工作是面向用户的，要和用户进行充分的沟通和交流，或者是和用户一起完成。水平虚线下部的大部分工作，相对来说都是技术工作，在开发组织内部进行，由工程师完成。

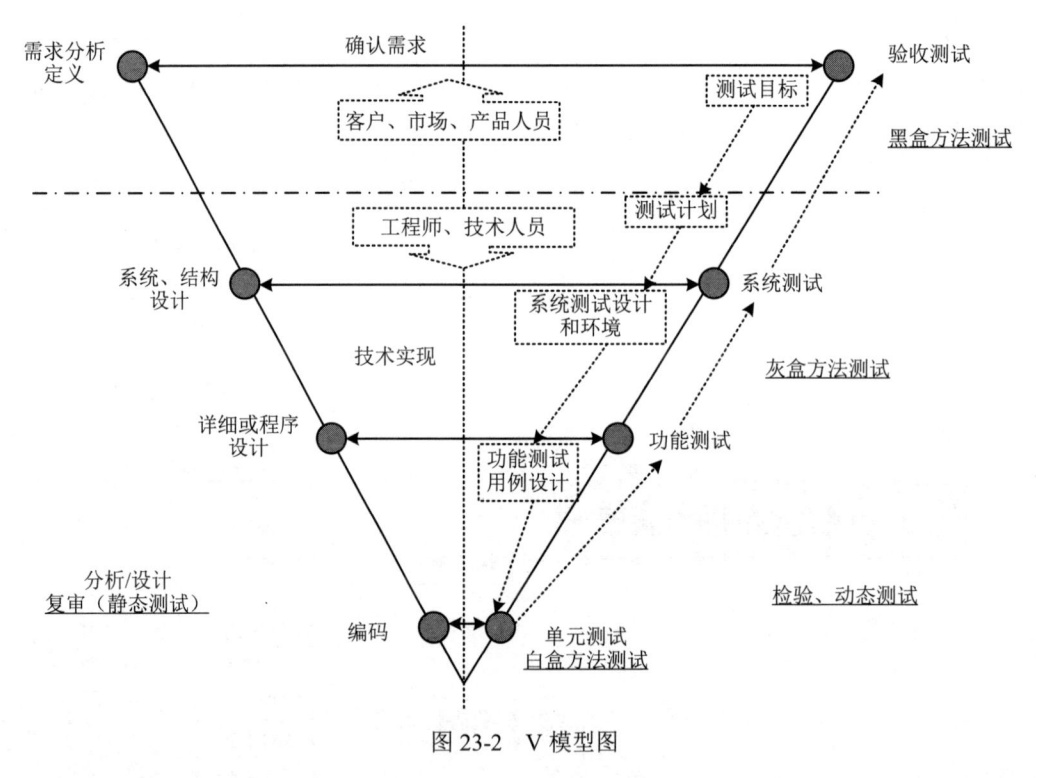

图 23-2 V 模型图

V 模型的优缺点如图 23-3 所示。它在<u>编码完成后才开始进行测试工作</u>，这样在需求、设计阶段产生的错误要到后期才能发现，当在最后验收测试中发现需求方面的错误时，可能很难再更改程序的结构去修正这些问题，从而导致整个项目的失败。并且在编码完成后再进行测试，需要给测试留出充分的时间，否则会导致测试工作做得不充分。

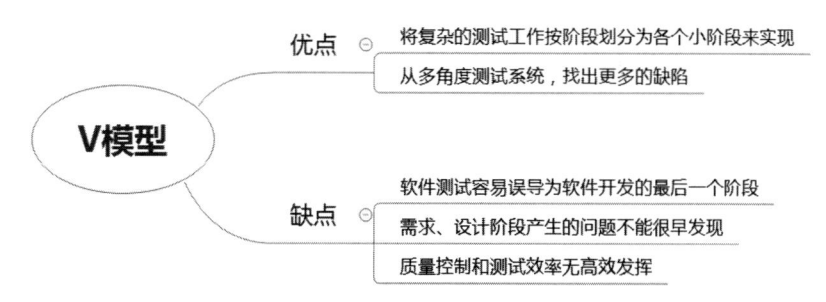

V 模型
- 优点
  - 将复杂的测试工作按阶段划分为各个小阶段来实现
  - 从多角度测试系统，找出更多的缺陷
- 缺点
  - 软件测试容易误导为软件开发的最后一个阶段
  - 需求、设计阶段产生的问题不能很早发现
  - 质量控制和测试效率无高效发挥

图 23-3　V 模型的优缺点

V 模型失败的原因是它把系统开发过程划分成具有固定边界的不同阶段，导致测试人员很难跨过这些边界来采集测试所需的信息，并且阻碍了测试人员从系统描述的不同阶段中取得信息进行考虑。

（2）W 模型。

如图 23-4 所示的 W 模型相当于<u>两个 V 模型的叠加，一个是开发的 V，另一个是测试的 V</u>。两个 V 是并列、同步进行的，即<u>开发和测试是同步进行的</u>，这相当于在一定程度上测试随着开发的进展不断向前进行，而且测试的对象不仅是程序，还包括需求分析、概要设计和详细设计，<u>测试伴随着整个软件开发周期</u>。因此，<u>W 模型有利于尽早、全面地发现问题</u>。W 模型的优缺点如图 23-5 所示。

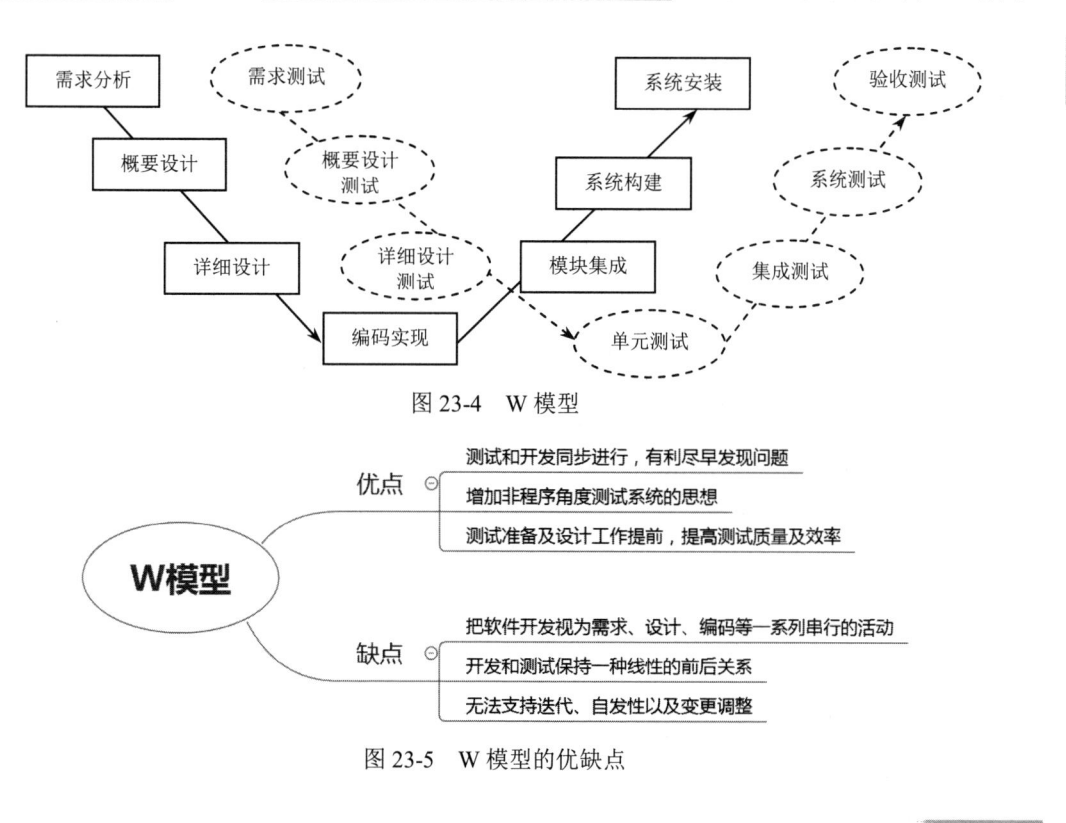

图 23-4　W 模型

W 模型
- 优点
  - 测试和开发同步进行，有利尽早发现问题
  - 增加非程序角度测试系统的思想
  - 测试准备及设计工作提前，提高测试质量及效率
- 缺点
  - 把软件开发视为需求、设计、编码等一系列串行的活动
  - 开发和测试保持一种线性的前后关系
  - 无法支持迭代、自发性以及变更调整

图 23-5　W 模型的优缺点

W 模型有一定的局限性，它和 V 模型一样都将软件的开发视为需求、设编码等一系列串行的活动，同时测试和开发保持着线性关系，需要上一阶段完成后才能进行下一阶段的工作，因此无法保持迭代的开发模型。另外由于软件开发复杂多变，W 模型并不能解除测试管理面临的困惑。

（3）H 模型。

如图 23-6 所示，H 模型与 V 模型和 W 模型不同，它将<u>测试活动完全独立出来</u>，形成了<u>一个完全独立的过程</u>，将测试准备活动和测试执行活动清晰地体现出来。在 H 模型中测试贯穿于整个软件产品周期，与其他流程并发进行。不同的测试活动可以按照次序先后进行，也可以反复进行，只要是某个测试达到准备就绪点，测试执行活动就可以开展。H 模型的优缺点如图 23-7 所示。

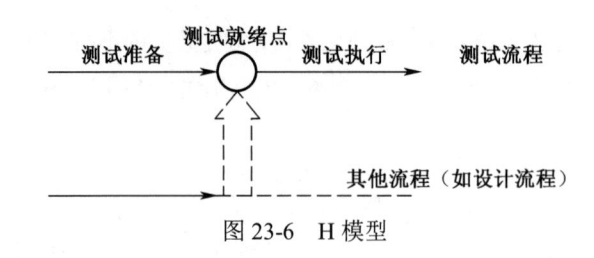

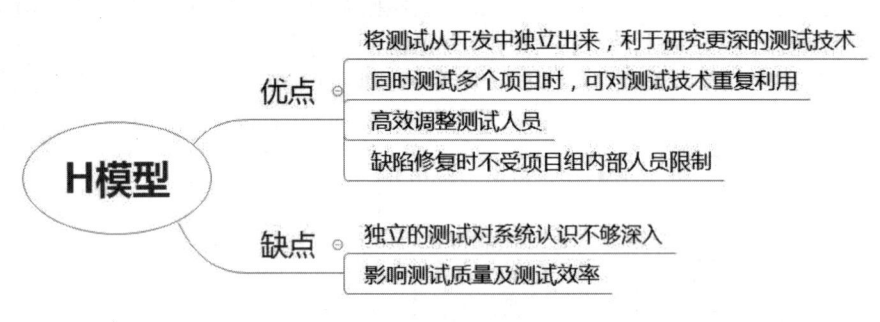

图 23-6　H 模型

图 23-7　H 模型的优缺点

（4）X 模型。

如图 23-8 所示，<u>X 模型左边是针对单独程序片段进行的相互分离的编码和测试，此后将进行频繁的交接，通过集成，最终成为可执行的程序，然后对这些可执行程序进行测试</u>。已通过集成测试的产品可以进行封装并提交给用户，也可以作为更大规模和范围内集成的一部分。多根并行的曲线表示变更可以在各个部分发生。X 模型的优缺点如图 23-9 所示。由图中可知，X 模型还定位了<u>探索性测试</u>，它能帮助测试人员在测试计划之外发现更多的软件错误。但这可能对测试造成人力、物力和财力的浪费，对测试员的熟练程度要求比较高。

（5）前置测试模型。

前置测试模型如图 23-10 所示，该模型将<u>测试和开发紧密结合，可以使项目加快进度</u>。

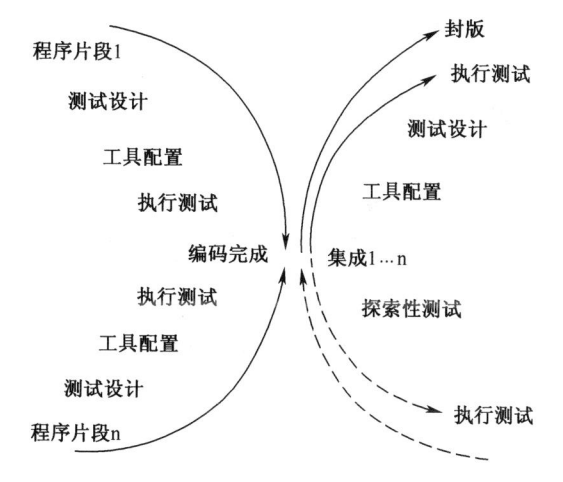

图 23-8　X 模型

图 23-9　X 模型的优缺点

X模型

优点
- 强调单元测试及集成测试的重要性
- 引入探索性测试使测试模型与现实更接近
- 缺陷修复时不受项目组内部人员限制

缺点
- 只强调测试过程中的部分内容
- 没有对需求测试、验收测试等内容进行说明

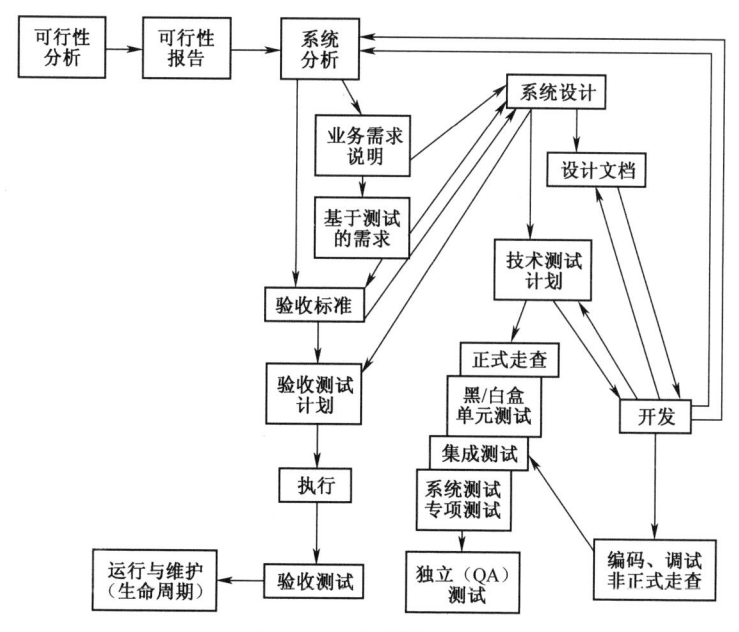

图 23-10　前置测试模型

前置模型的特点如图 23-11 所示。

前置模型特点
- 将测试执行和开发结合在一起，在开发阶段以"编码－测试－编码"的方式体现。当程序片段编写完成，立即进行测试
- 提倡验收测试和技术测试沿两条不同路线进行，每条路线分别验证系统是否能够如预期设计一样可以正常工作
- 用较低成本来尽早发现错误，强调了测试对确保系统高质量的重要意义
- 整个开发过程中反复使用各种测试技术，使开发人员、经理和用户节省时间，简化了工作

图 23-11　前置模型的特点

2．软件测试类型。

软件测试类型有几种划分方法，如图 23-12 所示。

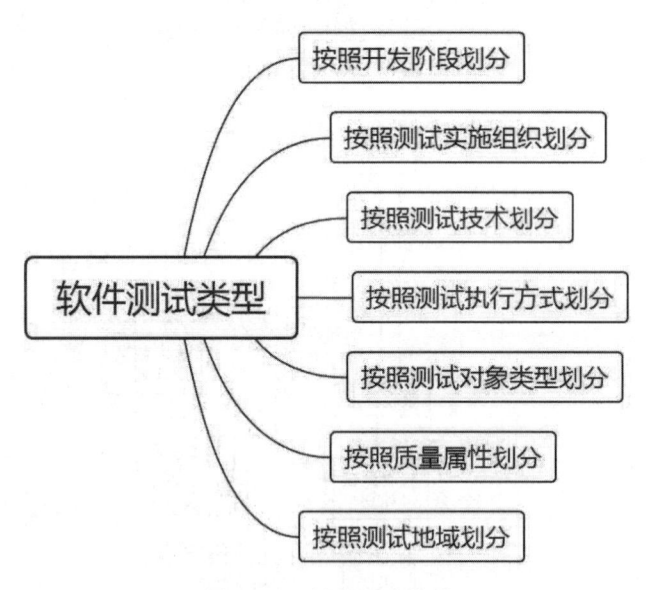

软件测试类型
- 按照开发阶段划分
- 按照测试实施组织划分
- 按照测试技术划分
- 按照测试执行方式划分
- 按照测试对象类型划分
- 按照质量属性划分
- 按照测试地域划分

图 23-12　软件测试类型

（1）按照开发阶段划分。

按照开发阶段划分的软件测试类型如图 23-13 所示。

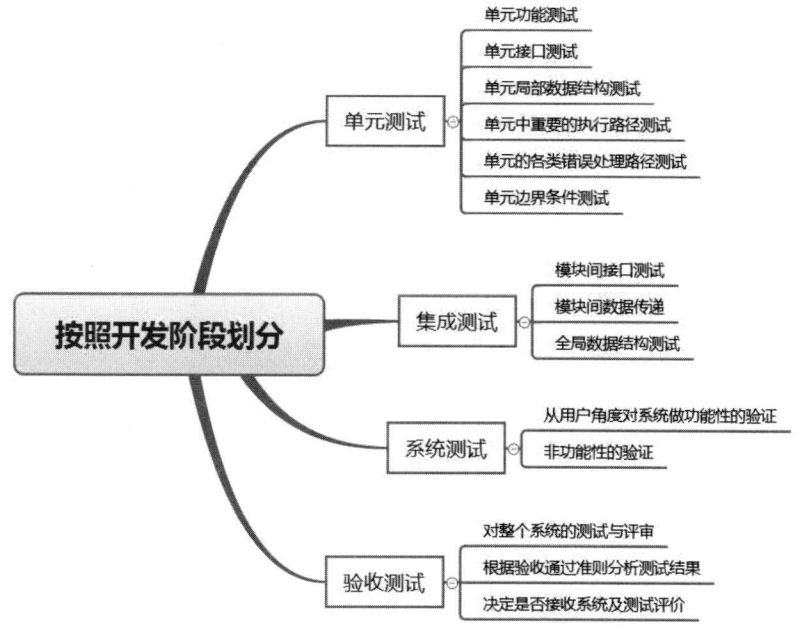

信息系统综合测试与管理 第 23 小时

```
                    ┌── 单元功能测试
                    ├── 单元接口测试
         单元测试 ──┼── 单元局部数据结构测试
                    ├── 单元中重要的执行路径测试
                    ├── 单元的各类错误处理路径测试
                    └── 单元边界条件测试

                    ┌── 模块间接口测试
按照开发阶段划分 ── 集成测试 ──┼── 模块间数据传递
                    └── 全局数据结构测试

                    ┌── 从用户角度对系统做功能性的验证
         系统测试 ──┤
                    └── 非功能性的验证

                    ┌── 对整个系统的测试与评审
         验收测试 ──┼── 根据验收通过准则分析测试结果
                    └── 决定是否接收系统及测试评价
```

图 23-13　软件测试类型——按照开发阶段划分

1）单元测试。

<u>单元测试</u>又称模块测试，是针对软件设计的<u>最小单元</u>（程序模块）进行<u>正确性验证</u>的工作。单元测试可以作为无错编码的一种辅助手段，也可以作为规格说明来工作。<u>单元测试必须是可重复的</u>。

单元测试的原则如下：

➢ 应该尽早地进行软件单元测试。
➢ 应该保证单元测试的可重复性。
➢ 尽可能采用测试自动化的手段来支持单元测试活动。

2）集成测试。

集成测试又称<u>组装测试、联合测试、子系统测试或部件测试</u>。集成测试是在单元测试的基础上，将所有模块按照设计要求组成子系统或系统进行的测试活动。集成测试的目的是<u>找出在模块接口上面，包括整体体系结构上的问题</u>。

集成策略分为增值策略与非增值策略两种，二者的区别如表 23-1 所示。

表 23-1　集成测试优缺点

集成策略	优点	缺点
增值策略 （渐增式组装）	能较早发现模块间的接口错误；发现问题易于定位	测试周期长；投入的人力物力受限
非增值策略	方法简单；允许多个测试人员并行工作，对人力、物力资源利用率较高	必须为每个模块准备驱动模块与桩模块测试成本较高；难以定位及纠正错误

3）系统测试。

系统测试是对已经集成好的软件系统进行测试,以验证软件系统的正确性和性能等是否满足其规约所指定的要求。

系统测试的目的是在真实系统工作环境下通过与系统的需求定义作比较,检验完整的软件配置项能否与系统正确连接,发现软件与系统设计文档或软件开发合同规定不符合或与之矛盾的地方,还要检验系统的文档是否完整有效。系统测试一般使用黑盒测试技术,并由独立的测试人员完成。

4）验收测试。

验收测试是在软件产品完成了功能测试和系统测试之后、产品发布前进行的软件测试活动,是技术测试的最后一个阶段,也称为交付测试、发布测试或确认测试。

验收测试是按照项目任务书或合同、供需双方约定的验收依据文档进行的对整个系统的测试与评审,决定是否接收系统。

验收测试主要包括易用性测试、兼容性测试、安装测试、文档(如用户手册、操作手册)等内容。

验收测试完成标准如下:

➢ 完全执行了验收测试计划中的每个测试用例。
➢ 在验收测试中发现的错误已经得到修改并且通过了测试。
➢ 完成软件验收测试报告。

验收测试需要注意以下几点:

➢ 必须编写正式的、单独的验收测试计划。
➢ 验收测试必须在实际的用户运行环境中运行。
➢ 由用户和测试部门共同执行比较好。

(2)按照测试实施组织划分。

按照测试实施组织划分的软件测试类型如图23-14所示。

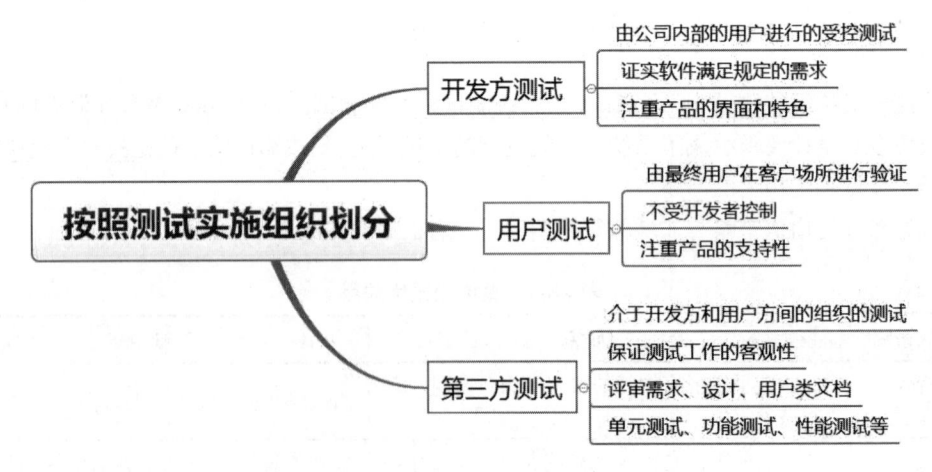

按照测试实施组织划分
- 开发方测试
  - 由公司内部的用户进行的受控测试
  - 证实软件满足规定的需求
  - 注重产品的界面和特色
- 用户测试
  - 由最终用户在客户场所进行验证
  - 不受开发者控制
  - 注重产品的支持性
- 第三方测试
  - 介于开发方和用户方间的组织的测试
  - 保证测试工作的客观性
  - 评审需求、设计、用户类文档
  - 单元测试、功能测试、性能测试等

图23-14 软件测试类型——按照测试实施组织划分

1）开发方测试。

也叫"验证测试"或"Alpha"测试（即 α 测试）。开发方通过检测和提供客观证据，证实软件的实现是否满足规定的需要，其特点如图 23-14 所示。有关手册应该在开发方测试前准备好。

2）用户测试。

也叫 Beta 测试（即 β 测试），该测试是在用户的应用环境下，用户通过运行和使用软件，检测与核实该软件实现是否符合自己预期的要求。用户测试的特点如图 23-14 所示。只有当 Alpha 测试达到一定的可靠程度后，才能开始 Beta 测试。

3）第三方测试。

也叫"独立测试"，是介于软件开发方和用户之间的测试组织的测试，其目的是保证测试工作的客观性，并且尽量多地发现程序中的错误。

（3）按照测试技术划分。

按照测试技术划分的软件测试类型如图 23-15 所示。

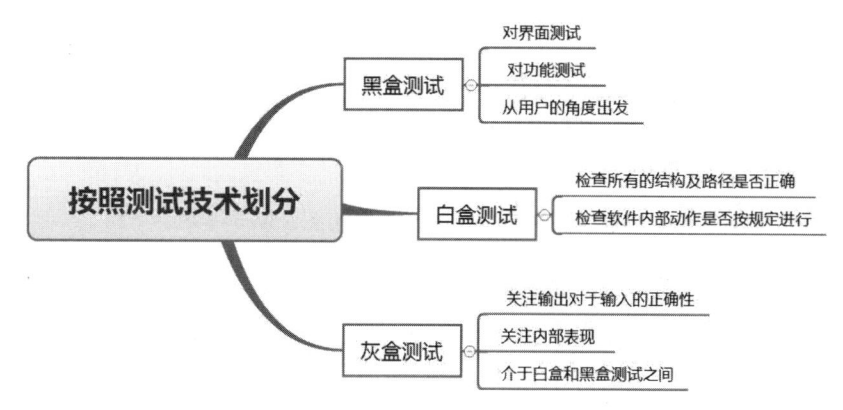

图 23-15　软件测试类型——按照测试技术划分

1）黑盒测试。

也叫"功能测试"，在测试中把程序看成一个不能打开的黑盒子，在接口处进行测试而不考虑程序内部结构。黑盒测试行为必须能够加以量化。黑盒测试的优缺点如表 23-2 所示。

表 23-2　黑盒测试的优缺点

优点	缺点
◆简单，不需要了解程序内部代码及实现。 ◆与软件的内部实现无关。 ◆从用户角度出发。 ◆基于软件开发文档测试，能了解软件实现了文档的哪些功能。 ◆做自动化测试方便	◆代码覆盖率较低，只有总代码量的 30%。 ◆自动化测试的复用性较低

黑盒测试的特点如图 23-15 所示，它主要用于发现以下几类错误：
- 功能不正确或遗漏。
- 界面错误。
- 输入和输出错误。
- 数据库访问错误。
- 性能错误。
- 初始化和终止错误等。

2）白盒测试。

也叫"结构测试"，把程序看成是装在一个透明盒子里，能清楚了解程序结构和处理过程。白盒测试的内容如图 23-15 所示，它的优点有：可以检查内存的泄露；检查异常处理分支语句是否正确；检查执行了多少逻辑，可以作为衡量测试是否完整的一个指标。

白盒测试必须遵循以下原则，才能达到测试目的：
- 保证一个模块中的所有独立路径至少被测试一次。
- 所有逻辑覆盖均需测试真（true）和假（false）两种情况。
- 检查程序的内部数据结构，保证其结构的有效性。
- 在上下边界及可操作范围内运行所有循环。

3）灰盒测试。

灰盒测试介于黑盒测试与白盒测试之间，其优缺点如图 23-16 所示。

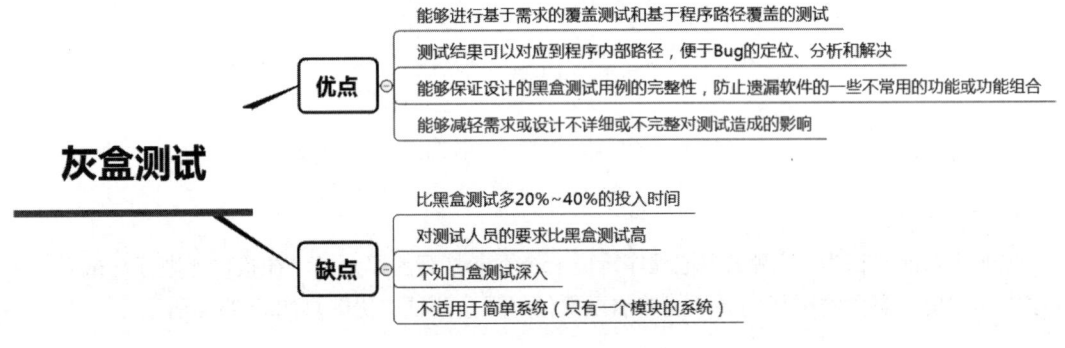

灰盒测试

优点
- 能够进行基于需求的覆盖测试和基于程序路径覆盖的测试
- 测试结果可以对应到程序内部路径，便于Bug的定位、分析和解决
- 能够保证设计的黑盒测试用例的完整性，防止遗漏软件的一些不常用的功能或功能组合
- 能够减轻需求或设计不详细或不完整对测试造成的影响

缺点
- 比黑盒测试多20%~40%的投入时间
- 对测试人员的要求比黑盒测试高
- 不如白盒测试深入
- 不适用于简单系统（只有一个模块的系统）

图 23-16　灰盒测试的优缺点

（4）按照测试执行方式划分。

按照测试执行方式划分的软件测试类型如图 23-17 所示。

1）静态测试。

静态测试是指不运行程序，通过人工对程序和文档进行分析与检查。它实际上是对软件中的需求说明书、设计说明书、程序源代码、用户手册等进行非运行的检查。静态测试可以人工进行，也可以借助软件工具自动进行。

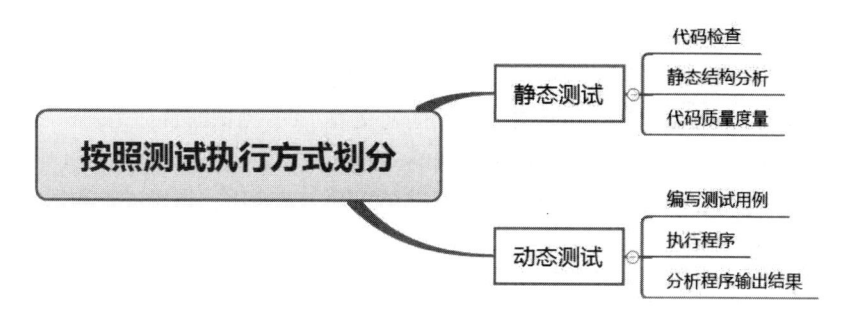

图 23-17　软件测试类型——按照测试执行方式划分

2）动态测试。

动态测试通过运行被测程序，检查运行结果与预期结果的差异，并分析运行效率结果与预期的差异，分析运行效率和健壮性等性能。静态测试与动态测试的区别如下：

- 静态测试是用于预防的，动态测试是用于校正的。
- 多次的静态测试比动态测试效率要高。
- 静态测试综合测试程序代码。
- 在相当短的时间里，静态测试的覆盖率能达到 100%，而动态测试是 50%左右。
- 动态测试比静态测试更花费时间。
- 静态测试比动态测试更能发现 Bug。
- 静态测试的执行可以在程序编码编译前，动态测试只能在编译后才能执行。

（5）按照测试对象类型划分。

按照测试对象类型划分的软件测试类型如图 23-18 所示。

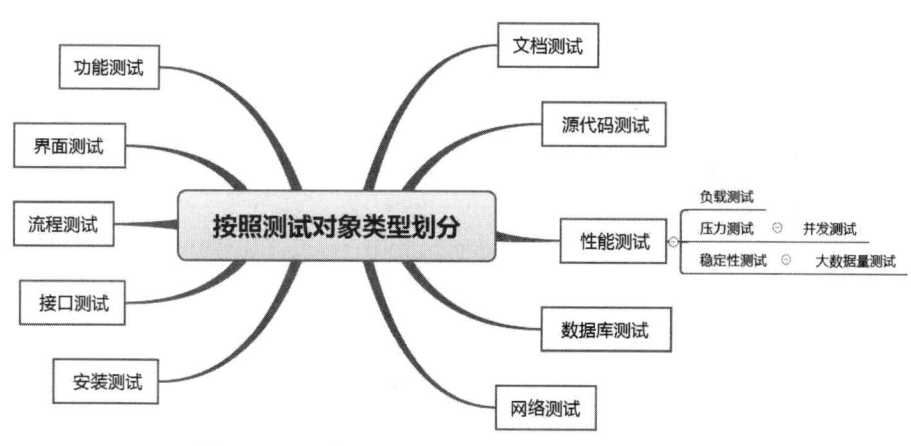

图 23-18　软件测试类型——按照测试对象类型划分

1）功能测试。

对软件进行功能测试主要检查软件功能是否实现了软件功能说明书（软件需求）上的功能要求。

2）界面测试。

界面测试是对软件的用户界面进行的测试，主要检查用户界面的美观度、统一性、易用性等方面。

用户界面（UI）测试用于核实用户与软件之间的交互，UI 测试的目标是确保用户界面通过测试对象的功能来为用户提供相应的访问或浏览功能。另外，UI 测试还可以确保 UI 中的对象按照预期的方式运行，并符合公司或行业标准。包括用户友好性、人性化、易操作性测试。UI 测试比较主观，与测试人员喜好有关。

3）流程测试。

流程测试包括业务流程、数据流程、逻辑流程，其目的是检查软件在按流程操作时是否能够正确处理。流程测试是测试人员把系统各个模块连贯起来运行、模拟真实用户的实际操作，满足用户需求定义的功能来进行的测试。

4）接口测试。

接口测试是测试系统组件间接口的一种测试。主要用于检测外部系统与系统之间以及内部各个子系统之间的交互点。测试的重点是检查数据的交换、传递和控制管理过程，以及系统间的相互逻辑依赖关系等。

5）安装测试。

安装测试的作用是确保软件在正常情况下和异常情况下都能进行安装。安装测试包括测试安装代码以及安装手册。

6）文档测试。

文档测试的内容如图 23-19 所示。文档测试不需要编写测试用例。

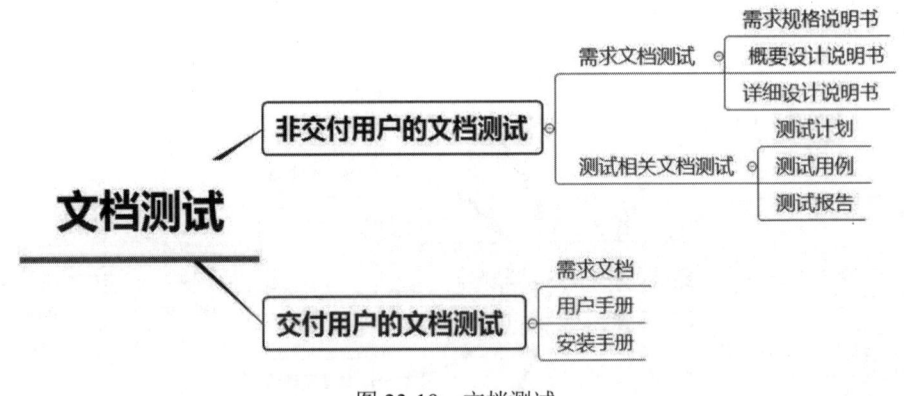

图 23-19　文档测试

7）源代码测试。

通过源代码测试发现应用程序、源代码中的安全漏洞，识别、定位存在的安全漏洞，并分析漏洞风险，提出整改建议，提高系统的安全性。

选择全部源代码进行测试时，首先要经过代码编译，生成应用程序或网站，由委托方确认应用程序功能或网站内容无误。代码量较大时，一般选择测试部分源代码。源代码的选择由委托测试方和测试方共同协商确定，对选定代码的测试结果仅对被测代码有效，不能作为评价全部源代码的依据。

8）性能测试。

性能测试的内容如图 23-20 所示。

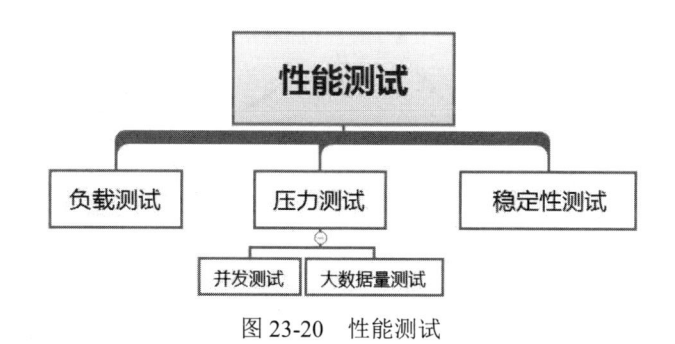

图 23-20　性能测试

9）数据库测试。

数据库测试的主要因素有：数据完整性、数据有效性、数据操作和更新。

10）网络测试。

网络测试主要验证：链路连接情况、错包率、连通性、网络质量、路由策略、备份路由、网管等。

负载测试又叫强度测试，是通过逐步增加系统负载，来测试系统最大负载量的测试。

压力测试通俗的说，是为了发现在什么条件下应用程序的性能会变的不可接受。

并发用户数计算公式：

- 平均并发用户数的计算：$C=NL/T$
- 并发用户峰值数：$C'\approx C+3\times\sqrt{C}$

其中 C 是平均的并发用户数，C' 指并发用户数的峰值，N 是平均每天访问用户数（login session），L 是一天内用户从登录到退出的平均时间（login session 的平均时间），T 是考察时间长度（一天内多长时间有用户使用系统）。

大数据量测试分为三种：实时大数据量测试、极限状态下的测试、实时大数据量与极限状态下结合的测试。

（6）按照质量属性划分。

按照质量属性划分的软件测试类型如图 23-21 所示。

1）容错性测试。

容错性测试检查软件在异常条件下的行为，当系统出错时，能否在指定时间间隔内修正错误并重新启动系统。容错性测试包括：输入异常数据或进行异常操作，以检验系统的保护性；灾难恢复性测试。

2）兼容性测试。

兼容性测试的内容如图 23-22 所示。

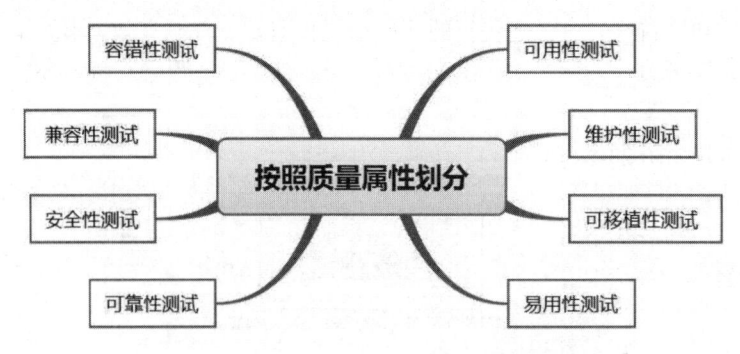

图 23-21 软件测试类型——按照质量属性划分

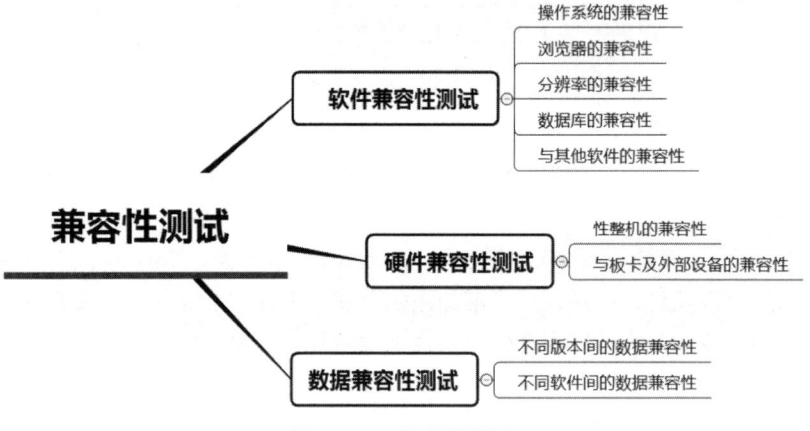

图 23-22 兼容性测试

3）安全性测试。

安全性测试关注：应用程序级别的安全性，包括对数据业务或业务功能的访问。

系统级别的安全性，包括对系统的登录或远程访问。

4）可靠性测试。

<u>可靠性测试属于黑盒测试</u>，是指在预期的使用环境中，为检测出软件缺陷，验证和评估是否达到用户对软件可靠性需求而组织实施的一种软件测试。可靠性测试是面向故障的测试，每次测试都由代表用户完成。可靠性测试包括可靠性增长测试和可靠性验证测试。

5）可用性测试。

<u>可用性测试适用于迭代产品的开发</u>。

6）维护性测试。

软件维护包括三大类：一是纠正性维护，用于纠正软件错误；二是适应性维护，为能适应变化的环境而对应用程序做出的修改；三是完善性维护，为能提升系统性能或扩大功能，对软件进行更改。这三种维护中，适应性维护与完善性维护所占比例最大。

7）可移植性测试。

可移植性测试指未经修改或修改部分源代码后，应用程序或系统从一种环境移植到另一种环境中还能工作的难易程度。这里的环境包括软件环境、硬件环境和组织环境。

8）易用性测试。

易用性测试主要考察评定软件的<u>易用易学性</u>、<u>各个功能是否易于完成</u>、<u>软件界面是否友好</u>等。易用性测试包括的内容如图 23-23 所示。

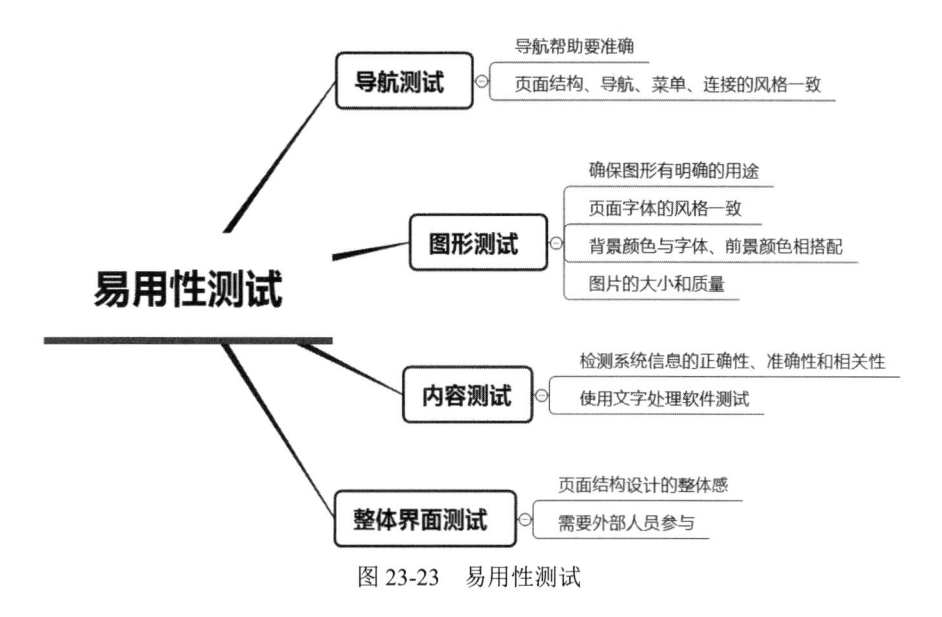

易用性测试
- 导航测试
  - 导航帮助要准确
  - 页面结构、导航、菜单、连接的风格一致
- 图形测试
  - 确保图形有明确的用途
  - 页面字体的风格一致
  - 背景颜色与字体、前景颜色相搭配
  - 图片的大小和质量
- 内容测试
  - 检测系统信息的正确性、准确性和相关性
  - 使用文字处理软件测试
- 整体界面测试
  - 页面结构设计的整体感
  - 需要外部人员参与

图 23-23　易用性测试

（7）按照测试地域划分。

按照测试地域划分的软件测试类型如图 23-24 所示。

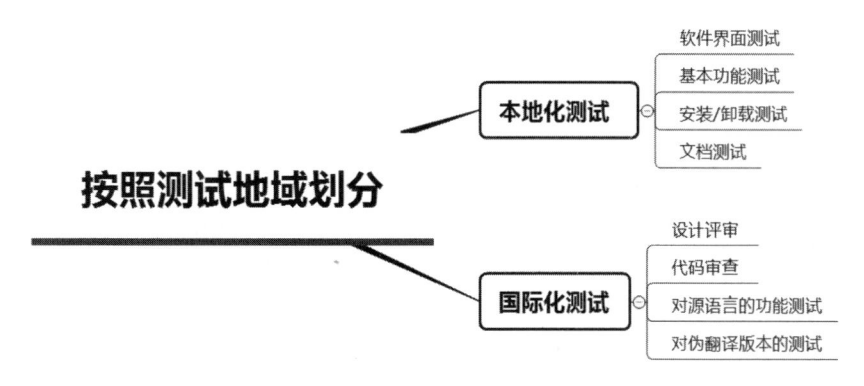

按照测试地域划分
- 本地化测试
  - 软件界面测试
  - 基本功能测试
  - 安装/卸载测试
  - 文档测试
- 国际化测试
  - 设计评审
  - 代码审查
  - 对源语言的功能测试
  - 对伪翻译版本的测试

图 23-24　软件测试类型——按照测试地域划分

23.2 软件测试技术

【基础知识点】

1. 黑盒测试法。

黑盒测试法如图 23-25 所示。

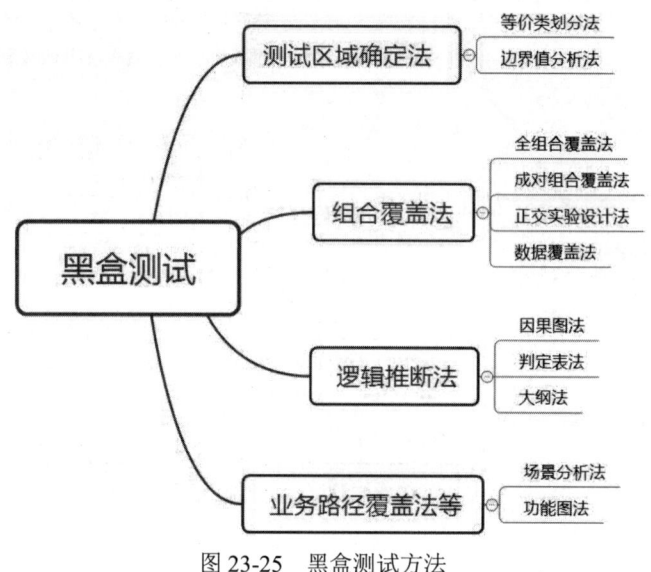

图 23-25 黑盒测试方法

（1）测试区域确定法。

1）等价类划分法。

该方法把所有可能的输入数据（即程序的输入域）划分为若干部分（子集），然后从每个子集中选取少数具有代表性的数据作为测试用例。如学生成绩是 0～100 分，那么，"$0 \leqslant X \leqslant 100$" 就是有效等价类，"$X > 100$" 和 "$X < 0$" 就是两个无效等价类。

2）边界值分析法。

该方法是对输入或输出的边界值进行测试的一种黑盒测试方法。如将"重量在 10～50kg 范围内的包裹，其邮费计算公式为……"作为测试用例，我们应该取 10 及 50，以及 10.01、49.99、9.99、50.01 等。

（2）组合覆盖法。

组合覆盖是覆盖率很高的一种方法。

（3）逻辑推断法。

1）因果图法。

因果图法适用于描述对于多种输入条件组合的测试方法。

2）判定表法。

判定表法是最为严格、最具有逻辑性的测试方法。它能够将复杂问题一一列举出来，简明且避免遗漏，同时能够处理针对不同条件的组合值，进行不同的操作。

3）大纲法。

大纲法是着眼于需求的测试方法。

（4）业务路径覆盖法。

1）场景分析法。

场景分析法包括四种类型：正常的用例场景、备选的用例场景、异常的用例场景、假定推测的场景。

2）功能图法。

功能图法是黑盒白盒混合用例设计方法，包括状态迁移图和逻辑功能模型。

2．白盒测试法。

白盒测试方法如图 23-26 所示。其中静态白盒测试的优点有：能尽早发现软件缺陷；为黑盒测试提供思路。

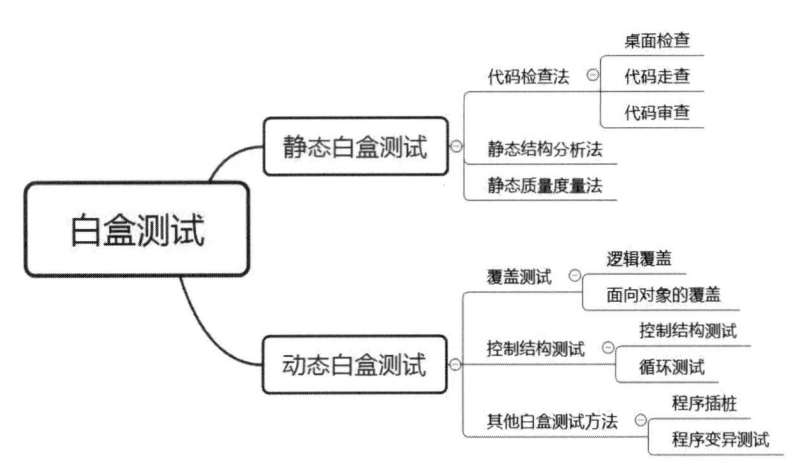

图 23-26　白盒测试方法

23.3　信息系统测试管理

【基础知识点】

1．测试管理概述。

测试管理是为了实现测试工作预期目标，以测试人员为中心，对测试生命周期及其所涉及的相应资源进行有效的计划、组织、领导和控制的协调活动。

测试管理的主要因素包括测试策略的制定、测试项目进度跟踪、项目风险评估、测试文档的评审、测试内部和外部的协调、测试人员的培养等。

2．测试监控管理。

测试监控管理的内容有：测试用例的执行进度、缺陷的存活时间、缺陷的趋势分析、缺陷的分布密度、缺陷修改质量。

3．配置管理。

测试过程中的配置管理不仅包括搭建满足要求的测试环境，还包括获取正确的测试、发布版本。

4．测试风险管理。

测试工作中，主要的风险有需求风险、测试用例风险、缺陷风险、代码质量风险、测试环境风险、测试技术风险、回归测试风险、沟通协调风险、其他不可预计风险。

5．测试人员绩效考核。

测试人员主要是测试设计和测试执行。

23.4 练习题

1．在软件开发的 V 模型中，应该在（　　）阶段制订单元测试计划。

　　A．需求分析　　　　B．概要设计　　　　C．详细设计　　　　D．代码编写

解析："V 模型"中，在代码编写的同时就会进行单元测试，这样可以尽快找出程序中的错误，充分的单元测试可以大幅度提高程序质量、减少成本，也可以合理使用人员、加快工期。

答案：D

2．除了测试程序之外，黑盒测试还适用于测试（　　）阶段的软件文档。

　　A．编码　　　　　　B．总体设计　　　　C．软件需求分析　　D．数据库设计

解析：黑盒测试法是通过分析程序的功能来设计测试用例的方法。黑盒测试除了测试程序外，还适用于对需求分析阶段的软件文档进行测试。白盒测试除了测试程序外，也适用于对软件具体设计阶段的软件文档进行测试。

答案：C

3．软件测试是软件开发过程中的一项重要内容，将测试分为白盒测试、黑盒测试和灰盒测试，主要是（　　）对软件测试进行分类。

　　A．从是否关心软件内部结构和具体实现的角度

　　B．从是否执行程序的角度

　　C．从软件并发阶段的细分角度

　　D．从软件开发复杂性的角度

解析：白盒测试：已知产品的内部工作过程，可以通过测试证明每种内部操作是否符合设计规格要求，所有内部成分是否已经过检查。

黑盒测试：把测试对象看作一个黑盒子，测试人员完全不考虑程序内部的逻辑结构和内部特性，只依据程序的需求规格说明书，检查程序的功能是否符合它的功能说明。因此黑盒测试又叫功能测试。

灰盒测试：介于白盒测试与黑盒测试之间。灰盒测试关注输出对于输入的正确性，同时也关注内部表现，但这种关注不像白盒那样详细、完整，只是通过一些表征性的现象、事件、标志来判断内部的运行状态。

答案：A

4．软件项目中的测试管理过程包括（　　）。

　　A．单元测试、集成测试、系统测试、验收测试

　　B．单元测试、集成测试、验收测试、回归测试

　　C．制定测试计划、开发测试工具、执行测试、发现并报告缺陷、测试总结

　　D．制定测试计划及用例、执行测试、发现并报告缺陷、修正缺陷、重新测试

解析：软件项目中的测试管理过程包括制定测试计划及用例、执行测试、发现并报告缺陷、修正缺陷、重新测试。

答案：D

5．（　　）指在软件维护阶段，为了检测由于代码修改而可能引入的错误所进行的测试活动。

　　A．回归测试　　　　B．修复测试　　　　C．集成测试　　　　D．冒烟测试

解析：回归测试：是指修改了旧代码后，重新进行测试以确认修改没有引入新的错误或导致其他代码产生错误。自动回归测试将大幅降低系统测试、维护升级等阶段的成本。

冒烟测试：源自硬件行业。对一个硬件或硬件组件进行更改或修复后，直接给设备加电。如果没有冒烟，则该组件就通过了测试。在软件中，"冒烟测试"这一术语描述的是在将代码更改嵌入到产品的源树中之前，对这些更改进行验证的过程。在检查了代码后，冒烟测试是确定和修复软件缺陷的最经济有效的方法。测试设计用于确认代码中的更改会按预期运行，且不会破坏整个版本的稳定性。

答案：A

第24小时 项目管理成熟度模型

24.0 章节考点分析

第 24 小时主要学习项目管理成熟度模型有关知识。根据考试大纲，本小时主要涉及上午考试中的单项选择题题型，本学时预计分值为 1~2 分左右。本学时的架构如图 24-1 所示。

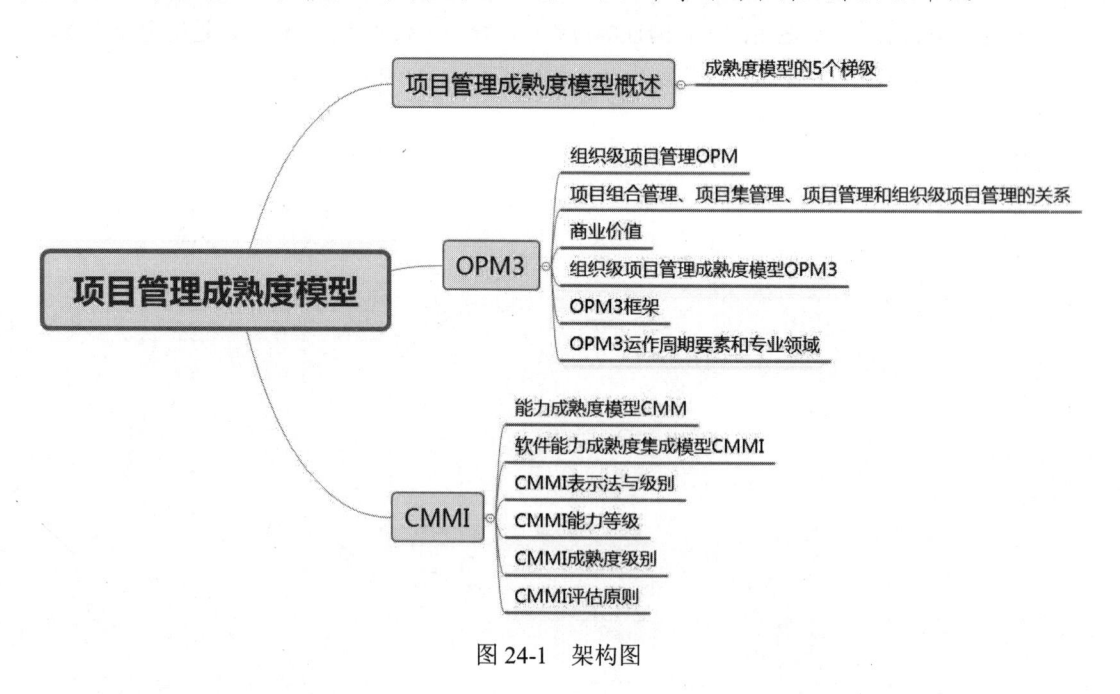

```
项目管理成熟度模型 ── 项目管理成熟度模型概述 ── 成熟度模型的5个梯级
                 ├── OPM3 ── 组织级项目管理OPM
                 │         ├── 项目组合管理、项目集管理、项目管理和组织级项目管理的关系
                 │         ├── 商业价值
                 │         ├── 组织级项目管理成熟度模型OPM3
                 │         ├── OPM3框架
                 │         └── OPM3运作周期要素和专业领域
                 └── CMMI ── 能力成熟度模型CMM
                           ├── 软件能力成熟度集成模型CMMI
                           ├── CMMI表示法与级别
                           ├── CMMI能力等级
                           ├── CMMI成熟度级别
                           └── CMMI评估原则
```

图 24-1 架构图

24.1　项目管理成熟度模型概述

【基础知识点】

项目管理成熟度实际上是项目管理过程的成熟度,项目管理成熟度模型是基于项目管理过程的基础,把企业项目管理水平分成多个等级,形成一个逐步上升的平台。企业项目管理成熟度不断升级的过程也是其管理水平不断提升的过程。借助项目管理成熟度模型可以帮助企业找出项目管理的薄弱环节,形成改进策略,从而使企业项目管理能力不断提高。

项目管理成熟度模型的要素包括改进的内容和改进的步骤。项目管理成熟度模型有三个基本组成部分,如图 24-2 所示。

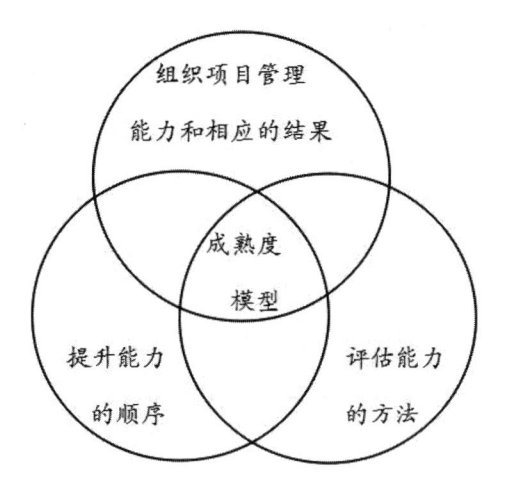

图 24-2　成熟度模型的构成

项目管理专家 Harold Kernzer 将项目成熟度模型分为五个梯级,如图 24-3 所示。

(1) 通用术语:在组织的各层次、各部门使用共同的管理术语。

(2) 通用过程:在一个项目上成功应用的管理过程,可重复用于其他项目。

(3) 单一方法:用项目管理来综合全面质量管理、风险管理、变革管理、协调设计等各种管理方法。

(4) 基准比较:将自己与其他企业及其管理因素进行比较,提取比较信息,用项目办公室来支持这些工作。

(5) 持续改进:从基准比较中获得的信息建立经验学习文档,组织经验交流,在项目办公室的指导下改进项目管理战略计划。

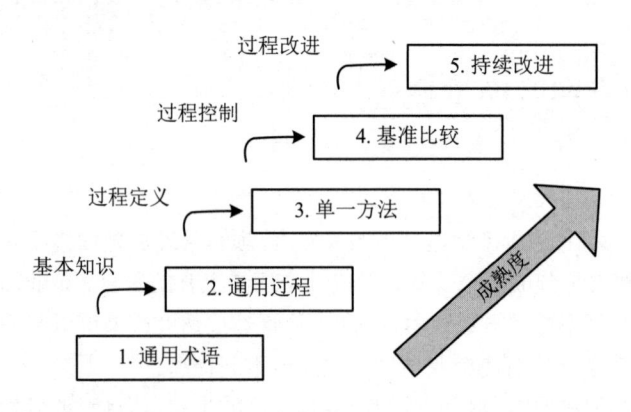

图 24-3　Kernzer 模型的 5 个梯级

24.2　OPM3

【基础知识点】

1．组织级项目管理 OPM。

组织级项目管理是一个战略执行框架，利用项目组合、项目集合和项目管理及组织运行潜能实践，自始至终地、可预测地交付组织战略，以产生更好的绩效、更好的结果和持续的竞争优势。

OPM 致力于集成如下内容：

- 知识（项目组合、项目集和项目过程的知识）。
- 组织战略（使命、愿景、目的和目标）。
- 人（有胜任能力的资源）。
- 过程（过程改进各个阶段的应用）。

2．项目组合管理、项目集管理、项目管理和组织级项目管理的关系。

项目组合管理通过选择正确的项目集或项目，对工作进行优先排序、提供所需资源，来与组织战略保持一致。项目集管理对项目集所包含的项目和其他组成部分进行协调，对它们之间的依赖关系进行控制，从而实现既定收益。项目管理通过制订好实施计划来完成既定的项目范围，为所在项目集或项目组合的目标服务，并最终为组织战略服务。OPM 把项目、项目集和项目组合管理的原则和实践与组织驱动因素（如组织机构、组织文化、组织技术、人力资源实践）联系起来，从而提升组织能力，支持战略目标。

3．商业价值。

商业价值包括有形和无形要素。有形要素包括货币资产、固定资产、股权和公共设施；无形要素包括信誉、品牌认知、公益和商标权。

4．组织级项目管理成熟度模型 OPM3。

OPM3 把项目组合、项目集和项目领域过程转化为高质量的交付过程，这些过程容易理解、稳定、可重复和可预测。

OPM3 运作周期包括：
（1）获取知识：为组织级项目管理评估做准备。
（2）实施评估：将组织的能力和 OPM 模型的能力进行比较。
（3）管理改进：制订改进计划。
（4）管理改进：实施改进。
（5）管理改进：重复此过程。

5．OPM3 框架。

OPM3 框架提供了评估一个组织的实践对比 OPM3 最佳实践的过程。OPM3 有助于组织达到实现一定水平的绩效和效益，或者持续提高组织竞争力和盈利能力这样的目标。

OPM3 框架包括运作周期起要素、专业领域和具有输入、工具和技术及输出的 OPM3 过程，表 24-1 提供了 12 个 OPM3 过程的运作周期要素和专业领域概要。

表 24-1　OPM3 过程的运作周期要素和专业领域概要

专业领域 \ 运作周期要素	获取知识	实施评估	管理改进
治理、风险和合规	理解 OPM	建立计划	度量结果
交付和利益管理	理解组织	定义范围	制定建议
		执行评估	选择措施
			实施改进
组织变革	评估变革准备状态	发起变革	管理变革

6．OPM3 运作周期要素和专业领域。

（1）专业领域。

1）治理、风险和合规。

组织采取行动，如基于法律和制度的公司治理、企业风险管理和公司合规来实现综合管理。组织接受这些领域来确保适当地监督、管理风险以及强调政策和公司合规。

2）交付和利益管理。

该领域贯穿 OPM3 执行的整个周期，关注于了执行一次成功的 OPM3 活动所需的是什么。交付和利益管理包括六个过程：理解组织、定义范围、执行评估、制定建议、选择措施和实施改进。

3）组织变革。

这个专业领域有三个过程：评估变革准备状态、发起变革和管理变革。

（2）OPM3 运作周期要素。

1）获取知识。

获取知识有三个过程：理解 OPM、理解组织、评估变革准备状态。

2）实施评估。

实施评估有四个过程：建立计划、定义范围、执行评估、发起变革。

3）管理改进。

管理改进有五个过程：度量结果、制定建议、选择措施、实施改进、管理变革。

24.3 CMMI

【基础知识点】

1．CMM。

CMM（Capability Maturity Model for Software，能力成熟度模型）是对于软件组织在定义、实施、度量、控制和改善其软件过程的实践中各个发展阶段的描述。CMM 的核心是把软件开发视为一个过程，并根据这一原则对软件开发和维护进行过程监控和研究，以使其更加科学化、标准化，使企业能够更好地实现商业目标。

2．CMMI。

CMMI（Capability Maturity Model Integration，能力成熟度模型集成/软件能力成熟度集成模型）旨在帮助软件企业对软件工程过程进行管理和改进，增强开发与改进能力，从而能按时地、不超预算地开发出高质量的软件。其所依据的想法是：只要集中精力持续努力去建立有效的软件工程过程的基础结构，不断进行管理的实践和过程的改进，就可以克服软件开发中的困难。

3．CMMI 表示法与级别。

CMMI 开发模型推荐使用渐进的路径供组织改进其开发产品或服务的过程，并采用级别来描述这一渐进路径。CMMI 支持两种使用级别的改进路径，这两种改进路径与两种级别相关联：能力等级与成熟度级别。这些级别对应两种过程改进方法，称为"表示法"，两种方法被称为"连续式"与"阶段式"。使用"连续式"能达成"能力等级"，使用"阶段式"能达成"成熟度级别"。

如表 24-2 所示为四个能力等级与五个成熟度级别的对比。

表 24-2 能力等级与成熟度级别的对比

级别	连续式表示法 能力等级	阶段式表示法 成熟度级别
0 级	不完整级	
1 级	已执行级	初始级
2 级	已管理级	已管理级
3 级	已定义级	已定义级
4 级		已量化级
5 级		持续优化级

4．CMMI 能力等级。

四个能力等级，每一级是一个层次，作为继续进行过程改进的基础。

（1）能力等级 0 级：不完整级。

执行过程不完整或是只执行了一部分，过程域目标没有得到满足。

（2）能力等级 1 级：已执行级。

过程域的特定目标得到满足。

（3）能力等级 2 级：已管理级。

该等级的过程是按照方针和计划执行的过程，雇佣有技能的人，有充分资源，有干系人参与，有监督和控制等。

（4）能力等级 3 级：已定义级。

与能力等级 2 级相比，3 级采用的项目标准是从组织标准中剪裁过来的，2 级适用于特定项目，而 3 级适用于特定的组织，同时 3 级的过程描述比 2 级更为严谨，过程得到了更积极的管理。

5．CMMI 成熟度级别。

五个成熟度级别，每一级是一个层次，作为继续进行过程改进的基础。

（1）成熟度级别 1 级：初始级。

该级别过程是随意且混乱的，组织不能提供稳定的环境支撑这些过程。组织的成功依赖于内部人员的能力，且组织有过渡承诺的倾向。

（2）成熟度级别 2 级：已管理级。

该等级的过程是按照方针和计划执行的过程，雇佣有技能的人，有充分资源，有干系人参与，有监督和控制等。

（3）成熟度级别 3 级：已定义级。

处于这个级别时，项目的过程得到清晰的说明与理解，并以标准、规程、工具与方法的形式进行描述。与能力等级 2 级相比，3 级采用的项目标准是从组织标准中剪裁过来的，2 级适用于特定项目而 3 级适用于特定的组织，同时 3 级的过程描述比 2 级更为严谨，过程得到了更积极的管理。

（4）成熟度级别 4 级：已量化级。

组织与项目建立了质量与过程性能的量化目标并将其用作管理项目的准则。成熟度级别 4 级和 3 级的区别是，4 级对于过程性能的可预测性高。

（5）成熟度级别 5 级：持续优化级。

5 级关注于通过增量式和创新式的过程与技术改进，不断地改进过程性能。4 级与 5 级的区别是，在 4 级别时关注子过程层面的绩效，5 级则是关注整体绩效。

6．CMMI 评估原则。

CMMI 评估原则与其他过程改进模型评估中使用的原则相同。

➢ 高层管理人员的发起与资助。

- 专注于组织的业务目标。
- 为被访谈人员保密。
- 使用文档化的评估方法。
- 使用过程参考模型（如 CMMI）。
- 协作的、团队式的途径。
- 专注于过程改进行动。

24.4 练习题

1. 以下对软件过程能力描述正确的是（　　）。
    A．人们在开发和维护软件及其相关产品时所涉及的各种活动、方法、实践和改革等，其中软件相关产品包括软件项目计划、设计文档、程序代码、测试用例和用户手册等
    B．当遵循某个软件过程时所能达到的期望效果，它可以有效预测企业接收新的软件项目时可能得到的结果
    C．当遵循某个软件过程时所达到的实际效果，它可以用于验证软件过程能力
    D．当遵循某个软件过程时所达到的实际效果，它可以用于验证软件开发能力

解析：当遵循某个软件过程时所能达到的期望效果，它可以有效预测企业接收新的软件项目时可能得到的结果。

答案：B

2. 在软件项目开始之前，客户就能对过程能力和风险有定量的了解的是（　　）。
    A．可重复级　　　　　　　　　　B．已定义级
    C．已管理级　　　　　　　　　　D．优化级

解析：已管理级是指在项目层面上按照一定的方针计划执行项目管理过程。

答案：C

3. 组织级项目管理 OPM 致力于集成（　　）内容。
    A．能力、组织战略、人、过程　　B．组织战略、人、过程
    C．知识、战略组织、人、过程　　D．知识、组织架构、人、过程

解析：组织级项目管理 OPM 致力于集成知识、战略组织、人、过程。

答案：C

4. 组织级过程改进的步骤包括（　　）。
    A．标准化、度量、控制、改进　　B．计划、度量、控制、改进
    C．标准化、度量、控制、优化　　D．标准化、实施、控制、优化

解析：组织级过程改进的步骤包括：标准化、度量、控制、改进。

答案：A

5．CMMI 的阶段式和连续式分别表示（　　）。

  A．组织的过程能力和项目的成熟度　　B．组织的成熟度和组织的过程能力

  C．项目的过程能力和项目的成熟度　　D．项目的过程能力和组织的成熟度

解析：阶段式表示组织的成熟度，从低到高用编号 1~5 表示成熟度级别；连续式表示组织的过程能力，从低到高用编号 0~3 表示能力级别。

  答案：B

第25小时
量化的项目管理

25.0 章节考点分析

第25小时主要学习量化的项目管理。根据考试大纲，本小时主要涉及上午考试中的单项选择类题型，本学时预计分值为0~1分左右。本学时的架构如图25-1所示。

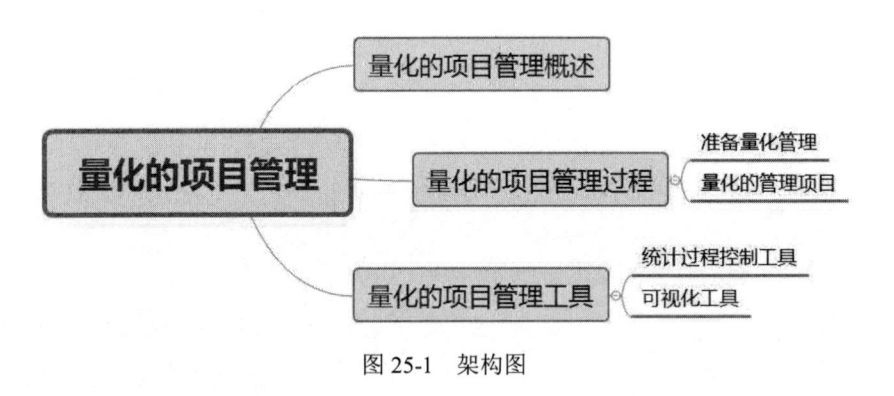

图25-1 架构图

25.1 量化的项目管理概述

【基础知识点】

量化的项目管理（Quantitative Project Management，QPM）的目的在于量化地管理项目，以达成项目已建立的质量与过程性能目标。

CMMI 中的"量化项目管理"过程域设计以下活动：
➢ 建立并维护项目的质量与规程性能目标。
➢ 组成项目已定义的过程以帮助达成项目的质量与过程性能目标。
➢ 选择对理解性能起关键作用并有助于达成项目质量与过程性能目标的子过程与属性。
➢ 选择将用于量化管理的度量项与分析技术。
➢ 使用统计与其他量化技术来监督所选子过程的性能。
➢ 使用统计与其他量化技术管理项目，以确定项目的质量与过程性能目标是否正在得到满足。
➢ 对选定的问题执行根本原因分析，以解决在达成项目质量与过程性能目标上的不足。

量化管理的一个基本要素是对预测有信心（即能够准确地预测项目在多大程度上满足其质量与过程性能目标的能力），还有基于对可预测过程性能的需要，选择使用统计与其他量化技术管理的子过程。另一个量化管理的基本要素是理解在过程性能中遇到的偏差本质和程度，并且察觉项目的实际绩效何时不足以达成项目的质量与过程性能目标。

25.2　量化的项目管理过程

【基础知识点】

量化项目管理过程包括两个目标：<u>准备量化管理和量化的管理项目</u>。

1. 准备量化管理。

该阶段的主要工作是进行量化管理的准备工作，需要进行的工作有：<u>①建立项目的目标；②组成已定义的过程；③选择子过程与属性；④选择度量项与分析技术</u>。

2. 量化的管理项目。

量化的管理项目是使项目得到量化的管理，具体执行的活动有：<u>①监督所选定子过程的性能；②管理项目绩效；③执行根本原因分析</u>。

25.3　量化的项目管理工具

【基础知识点】

1. 统计过程控制工具。

控制图、直方图、排列图、散布图、工序能力指数（CPK）、频度分析、相关分析、回归分析。

2. 可视化工具。

SAS、The R Project、Tableau Public、iCharts、ECharts。

25.4 练习题

1. 量化管理涉及使用统计与其他量化技术执行以下活动，但不包括（　　）。
   A．使用统计与其他量化技术来监督所选子过程
   B．确定项目的质量与过程性能目标是否正在得到满足
   C．对所选问题进行根本原因分析以解决不足
   D．确定项目是否进行了量化计划

解析：量化管理涉及使用统计与其他量化技术执行以下活动：
- 建立并维护项目的质量与规程性能目标。
- 组成项目已定义的过程以帮助达成项目的质量与过程性能目标。
- 选择对理解性能起关键作用并有助于达成项目质量与过程性能目标的子过程与属性。
- 选择将用于量化管理的度量项与分析技术。
- 使用统计与其他量化技术来监督所选子过程的性能。
- 使用统计与其他量化技术管理项目，以确定项目的质量与过程性能目标是否正在得到满足。

答案：D

2. 准备量化管理的主要工作是进行量化管理的准备工作。准备活动不包括（　　）。
   A．建立项目量化的目标
   B．组成有助于达成那些目标的已定义的过程
   C．选择对达成目标起作用的过程与属性
   D．选择支持量化管理的度量项与分析技术

解析：准备量化管理需要进行的工作有：①建立项目的目标；②组成已定义的过程；③选择子过程与属性；④选择度量项与分析技术。

答案：C

3. 质量既是软件过程的度量指标，又是已交付软件产品的度量指标。（　　）指标最能体现质量的高低。
   A．缺陷率　　　　B．缺陷　　　　C．功能点中的缺陷　D．检查表

解析：体现质量高低的指标有缺陷率、缺陷排除率等。

答案：A

4. 下列（　　）不是量化管理的基本要素。
   A．预测有信心（即能够准确地预测项目在多大程度上满足其质量与过程性能目标的能力）
   B．理解在过程性能中遇到的偏差本质和程度，并且察觉项目的实际绩效何时不足以达成项目的质量与过程性能目标
   C．基于对可预测过程性能的需要，选择使用统计与其他量化技术管理的子过程
   D．建立并维护项目的功能与成本过程目标

解析：量化管理的一个基本要素是对预测有信心（即能够准确地预测项目在多大程度上满足其质量与过程性能目标的能力），还有基于对可预测过程性能的需要，选择使用统计与其他量化技术管理的子过程。另一个量化管理的基本要素是理解在过程性能中遇到的偏差本质和程度，并且察觉项目的实际绩效何时不足以达成项目的质量与过程性能目标。

答案：D

5．（　　）指标不能反映过程的有效性。

  A．遗漏的缺陷 B．返工工作量 C．返工构件 D．开发工作

解析：过程的有效性包括：已包含的缺陷、遗漏的缺陷、返工工作量、返工构件。

答案：D

第四篇

深度项目管理知识

第26小时 知识产权与标准规范

26.0 章节考点分析

第 26 小时主要学习知识产权与标准规范。根据考试大纲,本小时主要涉及上午考试中的单项选择类题型,其中知识产权部分分值为 3 分,标准规范部分分值为 3~4 分。本学时的架构如图 26-1 所示。

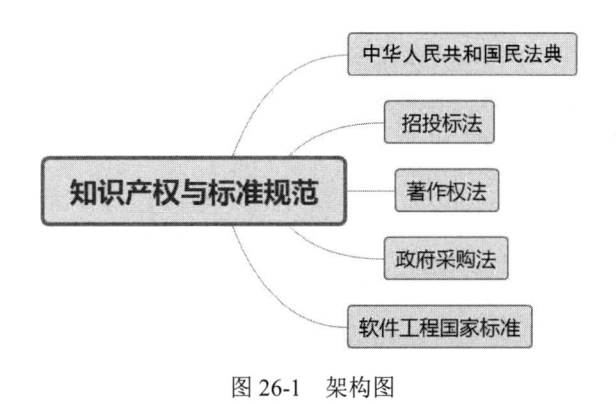

图 26-1 架构图

26.1 中华人民共和国民法典

【基础知识点】第三编 合同

第四百六十九条 当事人订立合同,可以采用书面形式、口头形式或者其他形式。

书面形式是指合同书、信件、电报、电传、传真等可以有形地表现所载内容的形式。以电子数据交换、电子邮件等方式能够有形地表现所载内容,并可以随时调取查用的数据电文,视为书面形式。

第四百七十条 合同的内容由当事人约定,一般包括下列条款:

（一）当事人的姓名或者名称和住所；

（二）标的；

（三）数量；

（四）质量；

（五）价款或者报酬；

（六）履行期限、地点和方式；

（七）违约责任；

（八）解决争议的方法。

当事人可以参照各类合同的示范文本订立合同。

第四百七十一条 当事人订立合同，可以采取要约、承诺方式或者其他方式。

第四百七十二条 要约是希望与他人订立合同的意思表示，该意思表示应当符合下列条件：

（一）内容具体确定；

（二）表明经受要约人承诺，要约人即受该意思表示约束。

第四百七十三条 要约邀请是希望他人向自己发出要约的表示。拍卖公告、招标公告、招股说明书、债券募集办法、基金招募说明书、商业广告和宣传、寄送的价目表等为要约邀请。

商业广告和宣传的内容符合要约条件的，构成要约。

第四百九十条 当事人采用合同书形式订立合同的，自当事人均签名、盖章或者按指印时合同成立。在签名、盖章或者按指印之前，当事人一方已经履行主要义务，对方接受时，该合同成立。

法律、行政法规规定或者当事人约定合同应当采用书面形式订立，当事人未采用书面形式但是一方已经履行主要义务，对方接受时，该合同成立。

第四百九十八条 对格式条款的理解发生争议的，应当按照通常理解予以解释。对格式条款有两种以上解释的，应当作出不利于提供格式条款一方的解释。格式条款和非格式条款不一致的，应当采用非格式条款。

第四百九十九条 悬赏人以公开方式声明对完成特定行为的人支付报酬的，完成该行为的人可以请求其支付。

第五百一十条 合同生效后，当事人就质量、价款或者报酬、履行地点等内容没有约定或者约定不明确的，可以协议补充；不能达成补充协议的，按照合同相关条款或者交易习惯确定。

第五百一十一条 当事人就有关合同内容约定不明确，依据前条规定仍不能确定的，适用下列规定：

（一）质量要求不明确的，按照强制性国家标准履行；没有强制性国家标准的，按照推荐性国家标准履行；没有推荐性国家标准的，按照行业标准履行；没有国家标准、行业标准的，按照通常标准或者符合合同目的的特定标准履行。

（二）价款或者报酬不明确的，按照订立合同时履行地的市场价格履行；依法应当执行政府定价或者政府指导价的，依照规定履行。

（三）履行地点不明确，给付货币的，在接受货币一方所在地履行；交付不动产的，在不动产所在地履行；其他标的，在履行义务一方所在地履行。

（四）履行期限不明确的，债务人可以随时履行，债权人也可以随时请求履行，但是应当给对方必要的准备时间。

（五）履行方式不明确的，按照有利于实现合同目的的方式履行。

（六）履行费用的负担不明确的，由履行义务一方负担；因债权人原因增加的履行费用，由债权人负担。

第五百一十二条 通过互联网等信息网络订立的电子合同的标的为交付商品并采用快递物流方式交付的，收货人的签收时间为交付时间。电子合同的标的为提供服务的，生成的电子凭证或者实物凭证中载明的时间为提供服务时间；前述凭证没有载明时间或者载明时间与实际提供服务时间不一致的，以实际提供服务的时间为准。电子合同的标的物为采用在线传输方式交付的，合同标的物进入对方当事人指定的特定系统且能够检索识别的时间为交付时间。

电子合同当事人对交付商品或者提供服务的方式、时间另有约定的，按照其约定。

第五百一十三条 执行政府定价或者政府指导价的，在合同约定的交付期限内政府价格调整时，按照交付时的价格计价。逾期交付标的物的，遇价格上涨时，按照原价格执行；价格下降时，按照新价格执行。逾期提取标的物或者逾期付款的，遇价格上涨时，按照新价格执行；价格下降时，按照原价格执行。

第五百八十六条 当事人可以约定一方向对方给付定金作为债权的担保。定金合同自实际交付定金时成立。

定金的数额由当事人约定；但是，不得超过主合同标的额的百分之二十，超过部分不产生定金的效力。实际交付的定金数额多于或者少于约定数额的，视为变更约定的定金数额。

第五百八十七条 债务人履行债务的，定金应当抵作价款或者收回。给付定金的一方不履行债务或者履行债务不符合约定，致使不能实现合同目的的，无权请求返还定金；收受定金的一方不履行债务或者履行债务不符合约定，致使不能实现合同目的的，应当双倍返还定金。

第五百八十八条 当事人既约定违约金，又约定定金的，一方违约时，对方可以选择适用违约金或者定金条款。

定金不足以弥补一方违约造成的损失的，对方可以请求赔偿超过定金数额的损失。

第七百八十八条 建设工程合同是承包人进行工程建设，发包人支付价款的合同。

建设工程合同包括工程勘察、设计、施工合同。

第七百八十九条 建设工程合同应当采用书面形式。

第七百九十八条 隐蔽工程在隐蔽以前，承包人应当通知发包人检查。发包人没有及时检查的，承包人可以顺延工程日期，并有权请求赔偿停工、窝工等损失。

第九百七十九条 管理人没有法定的或者约定的义务，为避免他人利益受损失而管理他人事务的，可以请求受益人偿还因管理事务而支出的必要费用；管理人因管理事务受到损失的，可以请求受益人给予适当补偿。管理事务不符合受益人真实意思的，管理人不享有前款规定的权利；但是，受益人的真实意思违反法律或者违背公序良俗的除外。

26.2 招投标法

【基础知识点】
第一章 总则
第二条 在中华人民共和国境内进行招标投标活动，适用本法。
第三条 在中华人民共和国境内进行下列工程建设项目包括项目的勘察、设计、施工、监理以及与工程建设有关的重要设备、材料等的采购，必须进行招标：

(一) 大型基础设施、公用事业等关系社会公共利益、公众安全的项目；

(二) 全部或者部分使用国有资金投资或者国家融资的项目；

(三) 使用国际组织或者外国政府贷款、援助资金的项目；

(四) 法律或者国务院对必须进行招标的其他项目的范围有规定的，依照其规定。

第五条 招标投标活动应当遵循公开、公平、公正和诚实信用的原则。

第六条 依法必须进行招标的项目，其招标投标活动不受地区或者部门的限制。任何单位和个人不得违法限制或者排斥本地区、本系统以外的法人或者其他组织参加投标，不得以任何方式非法干涉招标投标活动。

第十条 招标分为公开招标和邀请招标。

公开招标，是指招标人以招标公告的方式邀请不特定的法人或者其他组织投标。

邀请招标，是指招标人以投标邀请书的方式邀请特定的法人或者其他组织投标。

第十二条 招标人有权自行选择招标代理机构，委托其办理招标事宜。任何单位和个人不得以任何方式为招标人指定招标代理机构。

招标人具有编制招标文件和组织评标能力的，可以自行办理招标事宜。任何单位和个人不得强制其委托招标代理机构办理招标事宜。

依法必须进行招标的项目，招标人自行办理招标事宜的，应当向有关行政监督部门备案。

第十三条 招标代理机构是依法设立、从事招标代理业务并提供相关服务的社会中介组织。

招标代理机构应当具备下列条件：

(一) 有从事招标代理业务的营业场所和相应资金；

(二) 有能够编制招标文件和组织评标的相应专业力量；

第十六条 招标人采用公开招标方式的，应当发布招标公告。依法必须进行招标的项目的招标公告，应当通过国家指定的报刊、信息网络或者其他媒介发布。

招标公告应当载明招标人的名称和地址、招标项目的性质、数量、实施地点和时间以及获取招标文件的办法等事项。

第十七条 招标人采用邀请招标方式的，应当向三个以上具备承担招标项目的能力、资信良好的特定的法人或者其他组织发生投标邀请书。投标邀请书应当载明本法第十六条第二款规定的事项。

第十八条 招标人可以根据招标项目本身的要求，在招标公告或者投标邀请书中，要求潜在投标人提供有关资质证明文件和业绩情况，并对潜在投标人进行资格审查；国家对投标人的资格条件有规定的，依照其规定。

<u>招标人不得以不合理的条件限制或者排斥潜在投标人，不得对潜在投标人实行歧视待遇。</u>信良好的特定的法人或者其他组织发出投标邀请书。

第二十条 招标文件不得要求或者标明特定的生产供应者以及含有倾向或者排斥潜在投标人的其他内容。

第二十一条 招标人根据招标项目的具体情况，可以组织潜在投标人踏勘项目现场。

第二十二条 招标人不得向他人透露已获取招标文件的潜在投标人的名称、数量以及可能影响公平竞争的有关招标投标的其他情况。

<u>招标人设有标底的，标底必须保密。</u>

第二十三条 招标人对已发出的招标文件进行必要的澄清或者修改的，应当在招标文件要求提交投标文件截止时间至少<u>十五日前</u>，以书面形式通知所有招标文件收受人。该澄清或者修改的内容为招标文件的组成部分。

第二十四条 招标人应当确定投标人编制投标文件所需要的合理时间；但是，依法必须进行招标的项目，<u>自招标文件开始发出之日起至投标人提交投标文件截止之日止，最短不得少于二十日。</u>

第二十八条 投标人应当在招标文件要求提交投标文件的截止时间前，将投标文件送达投标地点。招标人收到投标文件后，应当签收保存，不得开启。<u>投标人少于三个的，招标人应当依照本法重新招标。</u>

<u>在招标文件要求提交投标文件的截止时间后送达的投标文件，招标人应当拒收。</u>

第二十九条 投标人在招标文件要求提交投标文件的截止时间前，可以补充、修改或者撤回已提交的投标文件，并书面通知招标人。补充、修改的内容为投标文件的组成部分。

第三十条 投标人根据招标文件载明的项目实际情况，拟在中标后将中标项目的部分非主体、非关键性工作进行分包的，应当在投标文件中载明。

第三十一条 <u>两个以上法人或者其他组织可以组成一个联合体，以一个投标人的身份共同投标。</u>

联合体各方均应当具备承担招标项目的相应能力；国家有关规定或者招标文件对投标人资格条件有规定的，联合体各方均应当具备规定的相应资格条件。<u>由同一专业的单位组成的联合体，按照资质等级较低的单位确定资质等级。</u>

联合体各方应当签订共同投标协议，明确约定各方拟承担的工作和责任，并将共同投标协议连同投标文件一并提交招标人。联合体中标的，联合体各方应当共同与招标人签订合同，就中标项目向招标人<u>承担连带责任</u>。

招标人不得强制投标人组成联合体共同投标，不得限制投标人之间的竞争。

第三十二条 投标人不得相互串通投标报价，不得排挤其他投标人的公平竞争，损害招标人或者其他投标人的合法权益。

投标人不得与招标人串通投标，损害国家利益、社会公共利益或者他人的合法权益。

禁止投标人以向招标人或者评标委员会成员行贿的手段谋取中标。

第三十三条 投标人不得以低于成本的报价竞标，也不得以他人名义投标或者以其他方式弄虚作假，骗取中标。

第三十四条 开标应当在招标文件确定的提交投标文件截止时间的同一时间公开进行；开标地点应当为招标文件中预先确定的地点。

第三十五条 开标由招标人主持，邀请所有投标人参加。

第三十六条 开标时，由投标人或者其推选的代表检查投标文件的密封情况，也可以由招标人委托的公证机构检查并公证；经确认无误后，由工作人员当众拆封，宣读投标人名称、投标价格和投标文件的其他主要内容。

招标人在招标文件要求提交投标文件的截止时间前收到的所有投标文件，开标时都应当当众予以拆封、宣读。开标过程应当记录，并存档备查。

第三十七条 评标由招标人依法组建的评标委员会负责。

依法必须进行招标的项目，其评标委员会由招标人的代表和有关技术、经济等方面的专家组成，成员人数为五人以上单数，其中技术、经济等方面的专家不得少于成员总数的三分之二。评标委员会成员的名单在中标结果确定前应当保密。

第三十九条 评标委员会可以要求投标人对投标文件中含义不明确的内容作必要的澄清或者说明，但是澄清或者说明不得超出投标文件的范围或者改变投标文件的实质性内容。

第四十条 评标委员会应当按照招标文件确定的评标标准和方法，对投标文件进行评审和比较；设有标底的，应当参考标底。评标委员会完成评标后，应当向招标人提出书面评标报告，并推荐合格的中标候选人。

招标人根据评标委员会提出的书面评标报告和推荐的中标候选人确定中标人。招标人也可以授权评标委员会直接确定中标人。

国务院对特定招标项目的评标有特别规定的，从其规定。

第四十一条 中标人的投标应当符合下列条件之一：

（一）能够最大限度地满足招标文件中规定的各项综合评价标准；

（二）能够满足招标文件的实质性要求，并且经评审的投标价格最低；但是投标价格低于成本的除外。

第四十二条 评标委员会经评审，认为所有投标都不符合招标文件要求的，可以否决所有投标。依法必须进行招标的项目的所有投标被否决的，招标人应当依照本法重新招标。

第四十三条 在确定中标人前，招标人不得与投标人就投标价格、投标方案等实质性内容进行谈判。

第四十五条 中标人确定后，招标人应当向中标人发出中标通知书，并同时将中标结果通知所有未中标的投标人。

中标通知书对招标人和中标人具有法律效力。中标通知书发出后，招标人改变中标结果的，或者中标人放弃中标项目的，应当依法承担法律责任。

第四十六条 招标人和中标人应当自中标通知书发出之日起三十日内，按照招标文件和中标人的投标文件订立书面合同。招标人和中标人不得再行订立背离合同实质性内容的其他协议。

招标文件要求中标人提交履约保证金的，中标人应当提交。

第四十七条 依法必须进行招标的项目，招标人应当自确定中标人之日起十五日内，向有关行政监督部门提交招标投标情况的书面报告。

第四十八条 中标人应当按照合同约定履行义务，完成中标项目。中标人不得向他人转让中标项目，也不得将中标项目肢解后分别向他人转让。

中标人按照合同约定或者经招标人同意，可以将中标项目的部分非主体、非关键性工作分包给他人完成。接受分包的人应当具备相应的资格条件，并不得再次分包。

中标人应当就分包项目向招标人负责，接受分包的人就分包项目承担连带责任。

第六十六条 涉及国家安全、国家秘密、抢险救灾或者属于利用扶贫资金实行以工代赈、需要使用农民工等特殊情况，不适宜进行招标的项目，按照国家有关规定可以不进行招标。

26.3 著作权法

【基础知识点】

第一章 总 则

第三条 本法所称的作品，包括以下列形式创作的文学、艺术和自然科学、社会科学、工程技术等作品：

（一）文字作品；

（二）口述作品；

（三）音乐、戏剧、曲艺、舞蹈、杂技艺术作品；

（四）美术、建筑作品；

（五）摄影作品；

（六）电影作品和以类似摄制电影的方法创作的作品；

（七）工程设计图、产品设计图、地图、示意图等图形作品和模型作品；

（八）计算机软件；

（九）法律、行政法规规定的其他作品。

第五条 本法不适用于：

（一）法律、法规，国家机关的决议、决定、命令和其他具有立法、行政、司法性质的文件，及其官方正式译文；

（二）时事新闻；

（三）历法、通用数表、通用表格和公式。

第二章 著作权

第十条 著作权包括下列人身权和财产权：

第二节 著作权归属

第十一条 著作权属于作者，本法另有规定的除外。

如无相反证明，在作品上署名的公民、法人或者其他组织为作者。由法人或者其他组织主持，代表法人或者其他组织意志创作，并由法人或者其他组织承担责任的作品，法人或者其他组织视为作者。

公民为完成法人或者其他组织工作任务所创作的作品是职务作品，著作权由作者享有，但法人或者其他组织有权在其业务范围内优先使用。作品完成两年内，未经单位同意，作者不得许可第三人以与单位使用的相同方式使用该作品。

有下列情形之一的职务作品，作者享有署名权，著作权的其他权利由法人或者其他组织享有：

（一）主要是利用法人或者其他组织的物质技术条件创作，并由法人或者其他组织承担责任的工程设计图、产品设计图、地图、计算机软件等职务作品；

（二）法律、行政法规规定或者合同约定著作权由法人或者其他组织享有的职务作品。

第十七条 受委托创作的作品，著作权的归属由委托人和受托人通过合同约定。合同未作明确约定或者没有订立合同的，著作权属于受托人。

第二十一条 公民的作品，其著作权的保护期为作者终生及其死亡后五十年，截止于作者死亡后第五十年的12月31日；如果是合作作品，截止于最后死亡的作者死亡后第五十年的12月31日。

26.4 政府采购法

【基础知识点】

第一章 总则

第二条 在中华人民共和国境内进行的政府采购适用本法。本法所称政府采购，是指各级国家机关、事业单位和团体组织，使用财政性资金采购依法制定的集中采购目录以内的或者采购限额标准以上的货物、工程和服务的行为。政府集中采购目录和采购限额标准依照本法规定的权限制定。

本法所称采购，是指以合同方式有偿取得货物、工程和服务的行为，包括购买、租赁、委托、雇用等。本法所称货物，是指各种形态和种类的物品，包括原材料、燃料、设备、产品等。本法所称工程，是指建设工程，包括建筑物和构筑物的新建、改建、扩建、装修、拆除、修缮等。本法所称服务，是指除货物和工程以外的其他政府采购对象。

第四条 政府采购工程进行招标投标的，适用招标投标法。

第五条 任何单位和个人不得采用任何方式,阻挠和限制供应商自由进入本地区和本行业的政府采购市场。

第六条 政府采购应当严格按照批准的预算执行。

政府采购实行集中采购和分散采购相结合。集中采购的范围由省级以上人民政府公布的集中采购目录确定。属于中央预算的政府采购项目，其集中采购目录由国务院确定并公布；属于地方预算的政府采购项目，其集中采购目录由省、自治区、直辖市人民政府或者其授权的机构确定并公布。纳入集中采购目录的政府采购项目，应当实行集中采购。

第十条 政府采购应当采购本国货物、工程和服务。但有下列情形之一的除外：

（一）需要采购的货物、工程或者服务在中国境内无法获取或者无法以合理的商业条件获取的；

（二）为在中国境外使用而进行采购的；

（三）其他法律、行政法规另有规定的。

第十九条 采购人可以委托经国务院有关部门或者省级人民政府有关部门认定资格的采购代理机构，在委托的范围内办理政府采购事宜。

采购人有权自行选择采购代理机构，任何单位和个人不得以任何方式为采购人指定采购代理机构。

第二十三条 采购人可以要求参加政府采购的供应商提供有关资质证明文件和业绩情况，并根据本法规定的供应商条件和采购项目对供应商的特定要求，对供应商的资格进行审查。

第二十四条 两个以上的自然人、法人或者其他组织可以组成一个联合体，以一个供应商的身份共同参加政府采购。参加联合体的供应商应当向采购人提交联合协议，载明联合体各方承担的工作和义务。联合体各方应当共同与采购人签订采购合同，就采购合同约定的事项对采购人承担连带责任。

第二十六条 政府采购采用以下方式：

（一）公开招标；

（二）邀请招标；

（三）竞争性谈判；

（四）单一来源采购；

（五）询价；

（六）国务院政府采购监督管理部门认定的其他采购方式。

公开招标应作为政府采购的主要采购方式。

第二十九条 符合下列情形之一的货物或者服务，可以依照本法采用邀请招标方式采购：

（一）具有特殊性，只能从有限范围的供应商处采购的；

（二）采用公开招标方式的费用占政府采购项目总价值的比例过大的。

第三十条 符合下列情形之一的货物或者服务，可以依照本法采用竞争性谈判方式采购：

（一）招标后没有供应商投标或者没有合格标的或者重新招标未能成立的；

（二）技术复杂或者性质特殊，不能确定详细规格或者具体要求的；

（三）采用招标所需时间不能满足用户紧急需要的；

（四）不能事先计算出价格总额的。

第三十一条 符合下列情形之一的货物或者服务，可以依照本法采用单一来源方式采购：

（一）只能从唯一供应商处采购的；

（二）发生了不可预见的紧急情况不能从其他供应商处采购的；

（三）必须保证原有采购项目一致性或者服务配套的要求，需要继续从原供应商处添购，且添购资金总额不超过原合同采购金额百分之十的。

第三十二条 采购的货物规格、标准统一、现货货源充足且价格变化幅度小的政府。

第三十六条 在招标采购中，出现下列情形之一的，应予废标：

（一）符合专业条件的供应商或者对招标文件作实质响应的供应商不足三家的；

（二）出现影响采购公正的违法、违规行为的；

（三）投标人的报价均超过了采购预算，采购人不能支付的；

（四）因重大变故，采购任务取消的。

废标后，采购人应当将废标理由通知所有投标人。

第三十七条 废标后，除采购任务取消情形外，应当重新组织招标；需要采取其他方式采购的，应当在采购活动开始前获得设区的市、自治州以上人民政府采购监督管理部门或者政府有关部门批准。

采购项目，可以依照本法采用询价方式采购。

第三十八条 采用竞争性谈判方式采购的，应当遵循下列程序：

（一）成立谈判小组。谈判小组由采购人的代表和有关专家共三人以上的单数组成，其中专家的人数不得少于成员总数的三分之二。

（二）制定谈判文件。谈判文件应当明确谈判程序、谈判内容、合同草案的条款以及评定成交的标准等事项。

（三）确定邀请参加谈判的供应商名单。谈判小组从符合相应资格条件的供应商名单中确定不少于三家的供应商参加谈判，并向其提供谈判文件。

（四）谈判。谈判小组所有成员集中与单一供应商分别进行谈判。在谈判中，谈判的任何一方不得透露与谈判有关的其他供应商的技术资料、价格和其他信息。谈判文件有实质性变动的，谈判小组应当以书面形式通知所有参加谈判的供应商。

（五）确定成交供应商。谈判结束后，谈判小组应当要求所有参加谈判的供应商在规定时间内进行最后报价，采购人从谈判小组提出的成交候选人中根据符合采购需求、质量和服务相等且报价最低的原则确定成交供应商，并将结果通知所有参加谈判的未成交的供应商。

第三十九条 采取单一来源方式采购的，采购人与供应商应当遵循本法规定的原则，在保证采购项目质量和双方商定合理价格的基础上进行采购。

第四十条 采取询价方式采购的，应当遵循下列程序：

（一）成立询价小组。询价小组由采购人的代表和有关专家共三人以上的单数组成，其中专家的人数不得少于成员总数的三分之二。询价小组应当对采购项目的价格构成和评定成交的标准等事项作出规定。

（二）确定被询价的供应商名单。询价小组根据采购需求，从符合相应资格条件的供应商名单中确定不少于三家的供应商，并向其发出询价通知书让其报价。

（三）询价。询价小组要求被询价的供应商一次报出不得更改的价格。

（四）确定成交供应商。采购人根据符合采购需求、质量和服务相等且报价最低的原则确定成交供应商，并将结果通知所有被询价的未成交的供应商。

第四十四条 政府采购合同应当采用书面形式。

第四十六条 采购人与中标、成交供应商应当在中标、成交通知书发出之日起三十日内，按照采购文件确定的事项签订政府采购合同。

第四十七条 政府采购项目的采购合同自签订之日起<u>七个工作日内</u>，采购人应当将合同副本报同级政府采购监督管理部门和有关部门备案。

第四十九条 政府采购合同履行中，采购人需追加与合同标的相同的货物、工程或者服务的，在不改变合同其他条款的前提下，可以与供应商协商签订补充合同，但所有补充合同的采购金额<u>不得超过原合同采购金额的百分之十</u>。

26.5 软件工程国家标准

【基础知识点】

1.《信息技术 软件工程术语》GB/T 11457－2006。

	术语	解释
1	验收准则	软件产品要符合某一测试阶段必须满足的准则，或软件产品满足交货要求的准则
2	验收测试	确定一系统是否符合其验收准则，使客户能确定是否接收系统
3	需方	从供方获得或得到一个系统、产品或服务的机构。需方可以是买主、拥有者、用户、采购人员等
4	活动	一个过程的组成元素。对基线的改变要经过有关当局的正式批准
5	审计	<u>为评估是否符合软件需求、规格说明、基线、标准、过程、指令、代码和标准或其他的合同计特殊要求是否恰当和被遵守，以及其实现是否有效而进行的活动</u>
6	代码审计	由某人、某小组或借助某种工具对源代码进行的独立审查，以验证其是否符合软件设计文件和程序设计标准。还可能对正确性和有效性进行估计
7	配置审计	证明所要求的全部配置均已产生出来，当前的配置与规定的需求相符。技术文件说明书完全而准确地描述了各个配置项，并且曾经提出的所有更动请求均已得到解决的过程
8	认证	一个系统、部件或计算机程序符合其规定的需求，对操作使用是可接受的一种书面保证。为使系统获准投入运行使用，对系统遵循规定的需求是可接受的所做的正式演示；验证系统或部件遵循规定的需求，且其操作使用是可接受的过程
9	走查	<u>一种静态分析技术或评审过程</u>，在此过程中，设计者或程序员引导开发组的成员通读已书写的设计或编码，其他成员负责提出问题并对有关技术、风格、可能的错误、是否违背开发标准等方面进行评论
10	鉴定	一个正式的过程，通过这个过程确定系统或部件是否符合它的规格说明，是否可在目标环境中适合操作使用
11	基线	已经过正式审核与同意，可用作下一步开发的基础，并且只有通过正式的修改管理步骤方能加以修改的规格说明或产品；在配置项生存周期的某一特定时间内，正式指定或固定下来的配置标识文件和一组这样的文件。基线加上根据这些基线批准统一的改动构成了当前配置标识。对于配置管理，有以下三种基线：<u>功能基线（最初通过的功能配置）、分配基线（最初通过的分配配置）、产品基线（最初通过的或有条件地通过的产品配置）</u>

续表

	术语	解释
12	配置控制委员会	对提出的工程上的更动负责进行估价、审批，对核准进行的更动确保其实现的权利机构
13	配置管理	标识和确定系统中配置项的过程，在系统整个生存周期内控制这些项的投放和更动，记录并报告配置的状态和更动要求，验证配置项的完整性和正确性；对部分工作进行技术和行政指导与监督的一套规范；对配置项的物理功能和物理特性进行标识和文件编制工作；控制这些特性的更动情况；记录并报告对这些更动进行的处理和实现的状态
14	配置状态报告	记录和报告为有效地管理某一配置所需的信息。包括列出经批准的配置标识表、列出对配置提出更动的状态表和经批准的更动的实现状态
15	设计评审	在正式会议上，将系统初步或详细的设计提交给用户、客户或有关人士，供其评审或批准；对现有的或提出的设计所做的正式评估和审查，其目的是找出可能会影响产品、过程或服务工作的适用性和环境方面的设计缺陷并采取补救措施，以及（或者）找出在性能、安全性和经济方面的可能的改进
16	桌面检查	对程序执行情况进行人工模拟，用逐步检查源代码中有无逻辑或语法错误的办法来检测故障
17	评价	决定某产品、项目、活动或服务是否符合其规定的准则的过程
18	故障、缺陷	功能部件不能执行所要求的功能
19	功能配置审计	验证一个配置项的实际工作性能是否符合其需求规格说明的一项审查，以便为软件的设计和编码建立一个基线
20	功能测试	忽略系统或部件的内部机制只集中于响应所选择的输入和执行条件产生的输出的一种测试。有助于评价系统或部分与规定的功能需求遵循性的测试

2.《信息技术 软件生存周期过程》（GB/T 8566－2007）。

	过程名	主要活动和任务描述
主要过程	获取过程	定义、分析需求或委托方进行需求分析而后认可；招标准备；合同准备以及验收
	供应过程	评审需求；准备投标；签订合同；制订并实施项目计划；开展评审及评价；交付产品
	开发过程	过程实施；系统需求分析；系统结构设计；软件需求分析；软件结构设计；软件详细设计；软件编码和测试；软件集成；软件合格测试；系统集成；系统合格测试；软件安装及软件验收支持
	运作过程	过程实施（制订并实施运行计划）；运行测试；系统运行；对用户提供帮助和咨询
	维护过程	问题和变更分析；实施变更；维护评审及维护验收；软件移植及软件退役
	文档编制过程	设计文档编制标准；确认文档输入数据的来源和适宜性；文档的评审及编辑；文档发布前的批准；文档的生产与提交、储存和控制；文档的维护

续表

过程名		主要活动和任务描述
支持过程	配置管理过程	配置标志；配置控制；记录配置状态；评价配置；发行管理与交付
	质量保证过程	软件产品的质量保证；软件过程的质量保证，以及按 ISO 9001 标准实施的质量体系保证
	验证过程	合同、过程、需求、设计、编码、集成和文档等的验证
	确认过程	为分析测试结果实施特定的测试；确认软件产品的用途；测试软件产品的适用性
	联合评审过程	实施项目管理评审（项目计划、进度、标准、指南等的评价）；技术评审（评审软件产品的完整性、标准符合性等）
	审核过程	审核项目是否符合需求、计划、合同以及规格说明和标准
	问题解决过程	分析和解决开发、运行、维护或其他过程中出现的问题，提出相应对策，使问题得到解决
	易用性过程	过程实施，以人为本的设计（HCD）、策略、推广和保障方面的人为因素
组织过程	管理过程	制订计划；监督计划的实施；涉及到有关过程的产品管理、项目管理和任务管理
	基础设施过程	为其他过程所需的硬件、软件、工具、技术、标准，以及开发、运行或维护所用的各种基础设施的建立和维护服务
	改进过程	对整个软件生存周期过程进行评估、度量、控制和改进
	人力资源过程	过程实施、定义培训需求、补充合格的员工、评价员工绩效、建立项目团队需求、知识管理
	资产管理过程	过程实施、资产存储和检索定义、资产的管理和控制
	重用大纲过程	启动、领域标识、重用评估、策划、执行和控制、评审和评价
	领域工程过程	过程实施、领域分析、领域设计、资产供应、资产维护

3.《信息技术 软件产品评价 质量特性及其使用指南》（GB/T 16260－2006）

GB/T16260.1－2006 中提出了软件生存周期中的质量模型，如图 26-2 所示。

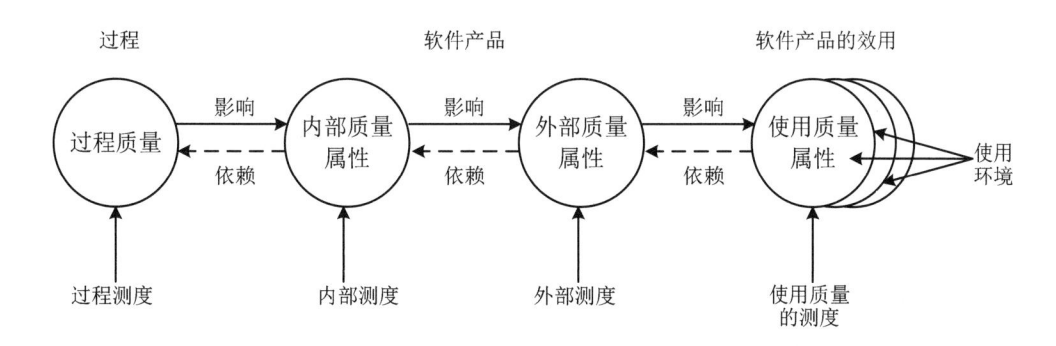

图 26-2 软件生存周期中的质量

软件产品质量可以通过测量**内部属性**（如测试中间产品）、测量**外部属性**（测量代码执行时的行为）或测量使用**质量**的属性来评价。目标是使产品在指定的使用环境下具有所需的效用。

GB/T16260.1－2006 定义了 6 个质量特性和 21 个质量子特性，如下表所示。

功能性	可靠性	易用性	效率	维护性	可移植性
适合性	容错性	易学性	时间特性	可测试性	适应性
准确性	易恢复性	易理解性	资源特性	可修改性	易安装性
互用性	成熟性	易操作性		稳定性	一致性
依从性				易分析性	可替换性
安全性					

速记词：

6 个质量特性：功能靠用小护翼——**功能**性、**可靠**性、易**用**性、**效率**、**维护**性、可**移植**性。

21 个质量子特性：是准用一安，错译成，学姐坐原石，试改定分，应装一蹄。（联想：薛老师让你翻译一句话，应该翻译为：是准备用一个安培，但你翻译错了，译成了：学姐坐在圆圆的石头上，结果不及格。你试着找老师修改分数成及格，不能空手去啊，应该用袋子装着一个猪蹄去找老师）。

26.6 练习题

1. 依据 GB/T 11457－2006《信息技术 软件工程术语》，（ ）是一种静态分析技术或评审过程，在此过程中，设计者或程序员引导开发组的成员通读已书写的设计或者代码，其他成员负责提出问题，并对有关技术风格、可能的错误、是否违背开发标准等方面进行评论。

  A．走查   B．审计   C．认证   D．鉴定

解析：根据《信息技术 软件工程术语》，走查是一种静态分析技术或评审过程，在此过程中，设计者或程序员引导开发组的成员通读已书写的设计或者代码，其他成员负责提出问题，并对有关技术风格、可能的错误、是否违背开发标准等方面进行评论。

答案：A

2～3. 过程质量是指过程满足明确和隐含需要的能力的特性之综合。根据 GB/T 16260－2006 中的观点，在软件工程项目中，评估和改进一个过程是提高（ ）的一种手段，并据此成为提高（ ）的一种方法。

  A．产品质量 B．使用质量 C．内部质量 D．外部质量

  A．产品质量 B．使用质量 C．内部质量 D．外部质量

解析：根据 GB/T 16260－2006 的有关内容，过程质量（即在 GB/T 8566－2001 中定义的任一生存周期过程的质量）有助于提高产品质量，而产品质量又有助于提高使用质量。因此，评估和改进一个过程是提高产品质量的一种手段，而评价和改进产品质量则是提高使用质量的方法之一。同

样，评价使用质量可以为改进产品提供反馈，而评价产品则可以为改进过程提供反馈。

答案：A B

4. 以下叙述中，不符合 GB/T 16680《软件文档管理指南》规定的是（ ）。

   A．质量保证计划属于管理文档

   B．详细设计评审需要评审程序单元测试计划

   C．文档的质量可以按文档的形式和列出的要求划分为四级

   D．软件产品的所有文档都应该按规定进行签署，必要时进行会签

解析：根据 GB/T 16680《软件文档管理指南》，软件文档分为开发文档（描述开发过程本身）、产品文档（描述开发过程的产物）、管理文档（记录项目管理的信息）。

基本的开发文档是：可行性研究和项目任务书、需求规格说明、功能规格说明（包括程序和数据规格说明）、开发计划。

基本的产品文档是：培训手册、参考手册和用户指南、软件支持手册、产品手册和信息广告。

管理文档是：开发过程每个阶段的进度和进度变更的记录、软件变更情况的记录、相对于开发的判定记录、职责定义。

详细评审主要评审计算机程序和程序单元测试计划。

文档的质量可以按文档的形式和列出的要求划分为四级。

最低限度文档（1级文档）：1级文档适合开发工作量低于一个人月的开发者自用程序。该文档应包含程序清单、开发记录、测试数据和程序简介。

内部文档（2级文档）：2级文档可用于在精心研究后被认为似乎没有与其他用户共享资源的专用程序。除1级文档提供的信息外，2级文档还包括程序清单内足够的注释以帮助用户安装和使用程序。

工作文档（3级文档）：3级文档适合于由同一单位内若干人联合开发的程序，或可被其他单位使用的程序。

正式文档（4级文档）：4级文档适合那些要正式发行供普遍使用的软件产品。关键性程序或具有重复管理应用性质（如工资计算）的程序需要4级文档。质量方面需要考虑的问题既要包含文档的结构，也要包含文档的内容。

软件产品的所有文档都应该按规定进行签署。必要时进行会签，签署不允许代签。

答案：A

5. 根据《中华人民共和国政府采购法》，（ ）应作为政府采购的主要方式。

   A．公开招标   B．邀请招标   C．竞争性谈判   D．询价

分析：根据《中华人民共和国政府采购法》第二十六条，政府采购采用以下方式：

（一）公开招标；

（二）邀请招标；

（三）竞争性谈判；

（四）单一来源采购；

（五）询价；

（六）国务院政府采购监督管理部门认定的其他采购方式。

公开招标应作为政府采购的主要采购方式。

答案：A

6．根据《中华人民共和国政府采购法》，以下叙述不正确的是（　　）。

　　A．集中采购机构是非营利性事业法人，根据采购人的委托办理采购事宜

　　B．集中采购机构进行政府采购活动，应当符合采购价格低于市场平均价格、采购效率更高、采购质量优良和服务良好的要求

　　C．采购纳入集中采购目录的政府采购项目，必须委托集中采购机构代理采购

　　D．采购未纳入集中采购目录的政府采购项目，只能自行采购，不能委托集中采购机构采购

解析：根据《中华人民共和国政府采购法》第十八条，采购人采购纳入集中采购目录的政府采购项目，必须委托集中采购机构代理采购；采购未纳入集中采购目录的政府采购项目，可以自行采购，也可以委托集中采购机构在委托的范围内代理采购。

答案：D

7．甲乙两人分别独立开发出相同主题的阀门，但甲完成在先，乙完成在后。依据专利法规定，（　　）。

　　A．甲享有专利申请权，乙不享有　　B．甲不享有专利申请权，乙享有

　　C．甲、乙都享有专利申请权　　　　D．甲、乙都不享有专利申请权

解析：根据《中华人民共和国专利法》第九条，两个以上的申请人分别就同样的发明创造申请专利的，专利权授予最先申请的人。因此，甲乙二人都具有申请权，但是专利权授予二人当中最先申请专利权的人。

答案：C

8．根据《中华人民共和国民法典》，以下叙述正确的是（　　）。

　　A．当事人采用合同书形式订立合同的，自合同付款时间起合同生效

　　B．只有书面形式的合同才受法律的保护

　　C．当事人采用信件、数据电文等形式订立合同的，可以在合同成立之前要签订确认书，签订确认书时合同成立

　　D．当事人采用合同书形式订立合同的，甲方的主营业地为合同成立的地点

解析：选项 A 错，根据《中华人民共和国民法典》第四百九十一条，当事人采用合同书形式订立合同的，自双方当事人签字或者盖章时合同成立。

选项 B 错，根据《中华人民共和国民法典》第四百六十九条，当事人订立合同，有书面形式、口头形式和其他形式。因此，除了书面合同，其他形式的合同同样具有法律效力。

选项 C 正确，根据《中华人民共和国民法典》第四百九十一条，当事人采用信件、数据电文等形式订立合同的，可以在合同成立之前要签订确认书，签订确认书时合同成立。

选项 D 错，根据《中华人民共和国民法典》第四百九十条，当事人采用合同书形式订立合同的，双方当事人签字或者盖章的地点为合同成立的地点。

答案：C

9. 格式条款是当事人为了重复使用而预先拟定，并在订立合同时未与对方协商的条款，对于格式条款，下列叙述不正确的是（　　）。

  A．提供格式条款一方免除其责任，加重对方责任、排除对方主要权利的，该条款无效

  B．格式条款和非格式条款不一致，应当采用格式条款

  C．对格式条款有两种以上解释的，应当作出不利于提供格式条款一方的解释

  D．采用格式条款订立合同的，提供格式条款的一方应当遵循公平原则确定当人之间的权利和义务。

解析：根据《中华人民共和国民法典》第四百九十八条，对格式条款的理解发生争议的，应当按通常理解予以解释。对格式条款有两种以上解释的，应当作出不利于提供格式条款一方的解释。格式条款和非格式条款不一致的，应当采用非格式条款。

答案：B

10. 依据《中华人民共和国招标投标法》，以下叙述不正确的是（　　）。

  A．招标人具有编制招标文件和组织评标能力的，可以自行办理招标事宜

  B．招标人不可以自行选择招标代理机构

  C．依法必须进行招标的项目，招标人自行办理招标事宜的，应当向有关行政监督部门备案

  D．招标代理机构与行政机关和其他国家机关不得存在隶属关系或者其他利益关系

解析：依据《中华人民共和国招标投标法》第十二条，招标人有权自行选择招标代理机构，委托其办理招标事宜。任何单位和个人不得以任何方式为招标人指定招标代理机构。

答案：B

第27小时
管理科学基础知识

27.0 章节考点分析

第 27 小时主要学习管理科学基础知识。根据考试大纲，本小时涉及上午考试中的单项选择题题型，考查运筹学的相关知识，涉及题型范围较广，难度较大。本学时分值 5 分。本学时的架构如图 27-1 所示。

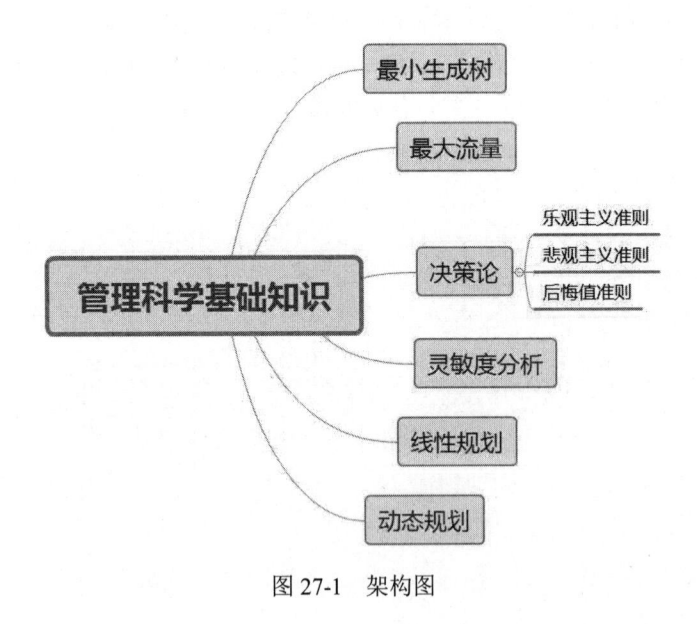

图 27-1 架构图

27.1 最小生成树

【基础知识点】

图 27-2 标明了六个城市（A~F）之间的公路（每条公路旁标注了其长度公里数）。为将部分公路改造成高速公路，使各个城市之间均可通过高速公路连接，至少要改造总计（　　）公里的公路，这种总公里数最少的改造方案共有（　　）个。

A．1000　　　　B．1300　　　　C．1600　　　　D．2000
A．1　　　　　 B．2　　　　　 C．3　　　　　 D．4

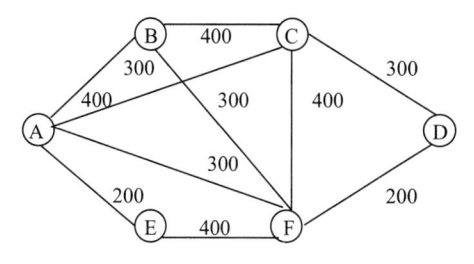

图 27-2　由线路相连接的城市

【解】

1．普里姆算法。

任取一点，例如 A，将其纳入已完成部分。点 A 与其他各点中的最小距离为 AE=200，从而将边 AE 以及点 E 纳入已完成部分。

点 A、E 与其他各点 B、C、D、F 这两个集合之间的最短距离为 AB=AF=300，从而可以将边 AB 与点 B（或边 AF 与点 F）纳入已完成部分。

点 A、B、E 与点 C、D、F 两个集合的最短距离为 AF=BF=300，从而可以将边 AF（或边 BF）与点 F 纳入已完成部分。

点 A、B、E、F 与点 C、D 两个集合之间的最短距离为 FD=200，从而将边 FD 与点 D 纳入已完成部分。

点 A、B、E、F、D 与点 C 两个集合之间的最短距离为 CD=300，从而将边 CD 与点 C 纳入已完成部分。

此时，所有 6 个点都已经接通，其路线为 AE、AB、AF、FD、CD，总长度为 1300（如图 27-3 所示）。

2．克鲁斯卡尔算法。

依次选取长度最小的边，题干图中是 6 个结点，则需要 5 条边（边数=结点数-1），因此有：AE、FD 为 200，AB、BF、AF、CD 为 400，所以最终方案有 3 种（如图 27-4 所示）。

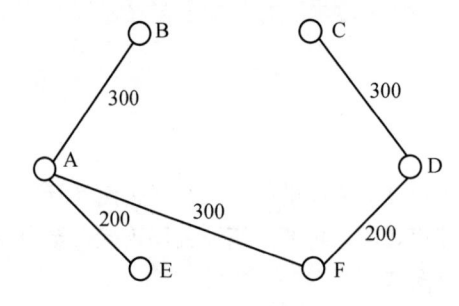

图 27-3　求解结果 1

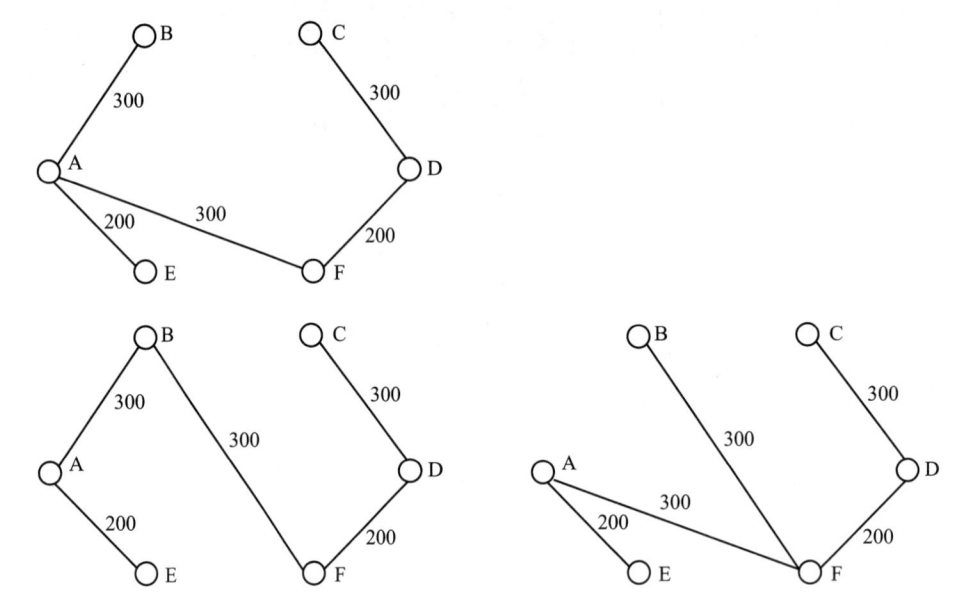

图 27-4　求解结果 2

27.2　最大流量

如图 27-5 所示标明了某地区的运输网。

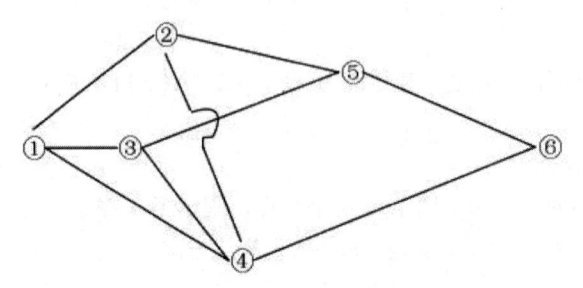

图 27-5　某地区运输网

各结点之间的运输能力如表 27-1 所示。

表 27-1 各结点之间的运输能力（单位：万吨/小时）

	①	②	③	④	⑤	⑥
①		6	10	10		
②	6			4	7	
③	10			1	14	
④	10	4	1			5
⑤		7	14			21
⑥				5	21	

从结点①到结点⑥的最大运输能力（流量）可以达到（　）万吨/小时。

A．26　　　　　B．23　　　　　C．22　　　　　D．21

【解】在本题中，从结点①到结点⑥可以同时沿多条路径运输，总的最大流量应是各条路径上的最大流量之和，每条路径上的最大流量应是其各段流量的最小值。

解题时，每找出一条路径算出流量后，该路径上各段线路上的流量应扣除已经算过的流量，形成剩余流量。剩余流量为 0 的线段应将其删除（断开）。例如，路径①③⑤⑥的最大流量为 10 万吨，经计算后，该路径上各段流量应都减少 10 万吨。从而①③之间断开，③⑤之间的剩余流量是 4 万吨，⑤⑥之间的剩余流量为 11 万吨，如图 27-6 所示。

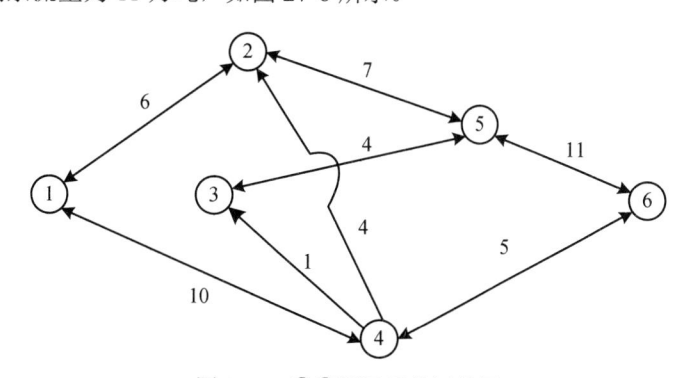

图 27-6　①③断开后的运输网

同理，依次执行类似步骤：

（1）路径①②⑤⑥的剩余最大流量为 6 万吨。经计算过后，该路径上各段流量应都减少 6 万吨。从而①②之间断开，②⑤之间的剩余流量是 1 万吨，⑤⑥之间的剩余流量为 5 万吨，如图 27-7 所示。

（2）路径①④⑥的剩余最大流量为 5 万吨。经计算后，该路径上各段流量应都减少 5 万吨。从而④⑥之间将断开，①④之间的剩余流量是 5 万吨，如图 27-8 所示。

（3）路径①④③⑤⑥的剩余最大流量为 1 万吨。经计算后，该路径上各段流量应都减少 1 万吨。从而④③之间断开，①④之间的剩余流量是 4 万吨，③⑤之间的剩余流量是 3 万吨，⑤⑥之间的剩余流量是 4 万吨，如图 27-9 所示。

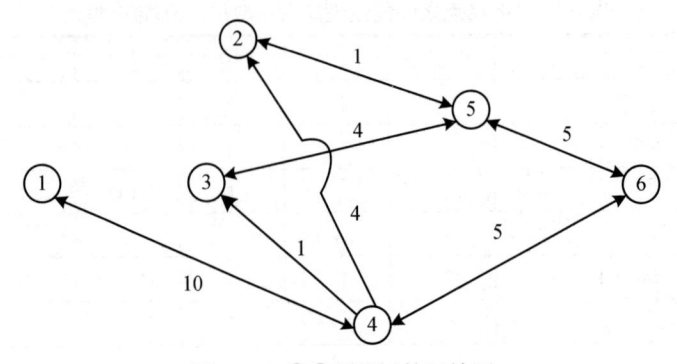

图 27-7 ①②断开后的运输网

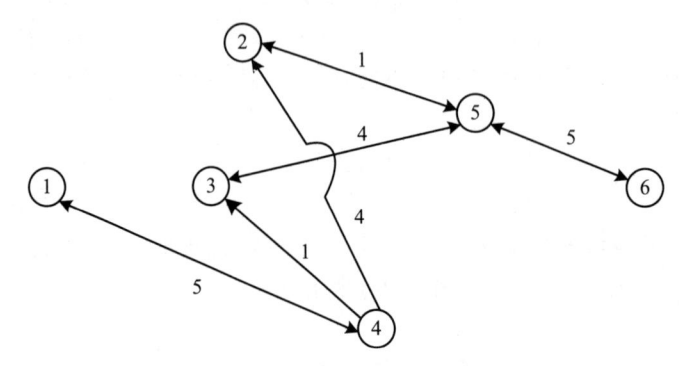

图 27-8 ④⑥断开后的运输网

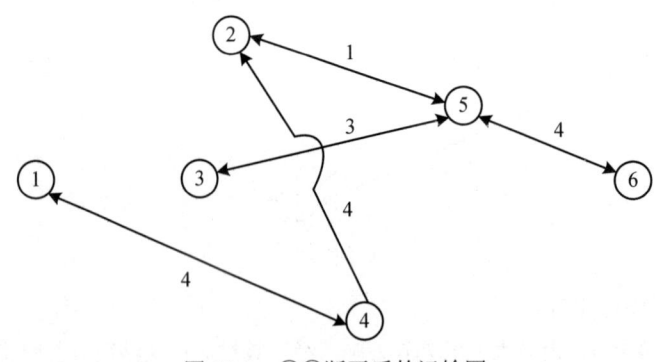

图 27-9 ④③断开后的运输网

（4）路径①④②⑤⑥的剩余最大流量为 1 万吨。经计算后，该路径上各段流量应都减少 1 万吨。从而②⑤之间断开，①④之间、④②之间、⑤⑥之间的剩余流量是 3 万吨，如图 27-10 所示。

至此，从结点①到结点⑥已经没有可通的路径，因此，从结点①到结点⑥的最大流量应该是所有可能运输路径上的最大流量之和，即 10+6+5+1+1=23 万吨。

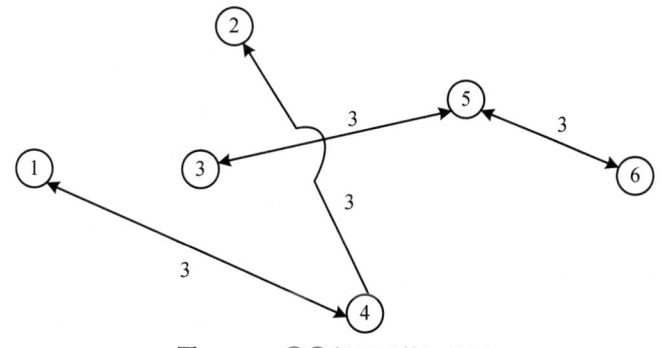

图 27-10　②⑤断开后的运输网

27.3　决策论

某公司需要根据下一年度宏观经济的增长趋势预测决定投资策略。宏观经济增长趋势有不景气、不变和景气 3 种，投资策略有积极、稳健和保守三种，各种状态收益如下表所示。

表 27-2　各状态收益

预计收益（单位百万元人民币）		经济趋势预测		
		不景气	不变	景气
投资策略	积极	50	150	500
	稳健	150	200	300
	保守	400	250	200

1. 乐观主义准则。

乐观主义准则，也称为"最大最大准则"，其决策原则是"大中取大"。决策者依次在决策表中的各个投资方案所对应的各个结果中选择出最大结果并记录，然后从这些结果中选出最大者，其所对应的方案就是应该采取的决策方案。

表 27-2 中积极方案的最大结果是 500，稳健方案的最大结果是 300，保守方案的最大结果是 400，三者的最大值是 500。因此，选择其对应的积极投资方案。

2. 悲观主义准则。

悲观主义准则也称为"最大最小"原则，其决策原则是"小中取大"。决策者依次在决策表中的各个投资方案所对应的各个结果中选择出最小结果并记录，然后从这些结果中选出最大者，其所对应的方案就是应该采取的决策方案。

表 27-2 中积极方案的最小结果是 50，稳健方案的最小结果是 150，保守方案的最小结果是 200，三者的最大值是 200。因此，选择其对应的保守投资方案。

3. 后悔值准则。

后悔值也叫做"最小最大后悔值"。该决策法的基本原理为，将每种自然状态的最高值（指收益矩阵，如果是损失矩阵应取最低值）定为该状态的理想目标，并将该状态中的其他值与最高值相比，所得之差作为未达到理想的后悔值。为了提高决策的可靠性，在每一方案中选取最大的后悔值，再在各方案的最大后悔值中选取最小值作为决策依据，与该值所对应的方案即为入选方案。

在本题中，根据表 27-2 可以得出后悔值矩阵，如表 27-3 所示。

表 27-3 各种状态的后悔值

预计收益（单位百万元人民币）		经济趋势预测		
		不景气	不变	景气
投资策略	积极	350	100	0
	稳健	250	50	200
	保守	0	0	300

在表 27-3 中，积极方案的最大后悔值为 350，稳健方案的最大后悔值为 250，保守方案的最大后悔值为 300，三者中的最小值者为 250。因此，选择其对应的稳健投资方案。

27.4 灵敏度分析

【例】假设有外表完全相同的木盒 100 只，将其分为两组，一组装白球，有 70 盒；另一组装黑球，有 30 盒。现从这 100 盒中任取一盒，如果这盒内装的是白球，猜对了得 500 分，猜错了罚 200 分；如果这盒内装的是黑球，猜对了得 1000 分，猜错了罚 150 分。为使期望得分最多，应选哪个方案？

【解】先画出决策树，如图 27-11 所示。

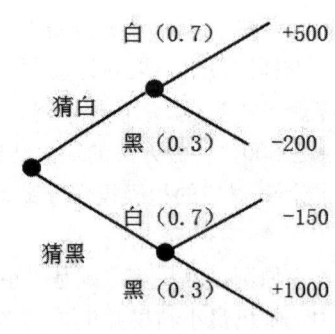

图 27-11 猜球问题的决策树

根据图 27-11，可以计算出各方案的期望值。

"猜白"的期望值：(0.7×500)+[0.3×(-200)]=290；

"猜黑"的期望值：[0.7×(-150)]+(0.3×1000)=195。

因此,"猜白"的方案是最优方案。假如白球的出现概率从 0.7 变为 0.8,此时各方案的期望值变为 360 和 80,"猜白"仍为最优方案。

但是当白球的概率从 0.7 变为 0.6 时,"猜白"的期望值是 220,"猜黑"的期望值是 310,此时"猜黑"变成最优方案。概率的变化引起了最优方案的改变,这个转折点的确定可以采用下面的公式。

设 P 为出现白球的概率,$(1-P)$ 为出现黑球的概率。当两个方案的期望值相等时,即

$$P \times 500 + (1-P) \times (-200) = P \times (-150) + (1-P) \times 1000$$

求得 $P=0.65$,称之为转折率。

27.5 线性规划

线性规划最常考的是列方程求解的问题。

某工厂计划生产甲、乙两种产品。生产每套产品所需的设备时、A、B 两种原材料和可获取利润及可利用资源数量如表 27-4 所示。则应按( )方案来安排计划以使该工厂获利最多。

表 27-4 设备、原材料资源表

	甲	乙	可利用资源
设备(台时)	2	3	14
原材料 A(千克)	8	0	16
原材料 B(千克)	0	3	12
利润(万元)	2	3	

A. 生产甲 2 套,乙 3 套
B. 生产甲 1 套,乙 4 套
C. 生产甲 3 套,乙 4 套
D. 生产甲 4 套,乙 2 套

【解】设甲生产 X 套,乙生产 Y 套,则有:2X+3Y≤14;

X≤2;

Y≤4;

同时要满足利润最大,只有 X 取 1,Y 取 4 时,最大利润是 14 万元。答案为 B 方案。

27.6 动态规划

动态规划是一种将问题实例分解为更小的、相似的子问题,并存储子问题的解而避免计算重复的子问题,以解决最优化问题的算法策略。

用一辆载重量为 10 吨的卡车装运某仓库中的货物(不用考虑装车时货物的大小),这些货物单件的重量和运输利润如表 27-5 所示。适当选择装运一些货物各若干件,就能获得最大总利润( )元。

表 27-5 重量运输和利润表

货物（类）	A	B	C	D	E	F
每件重量（吨）	1	2	3	4	5	6
每件运输利润（元）	53	104	156	216	265	318

A．530　　　　　B．534　　　　　C．536　　　　　D．538

【解】若想获得最高利润，最理想的方式是 10 吨都装满，且装的货物是单位利润最高的那些货物。因此，将每种货物的单位利润计算出来，如表 27-6 所示。由表中数据可知，D 单位利润最大，可以装 2 件 8 吨，剩余 2 吨选择单位利润第二大的 A，装 2 件，此时的最大利润为 538 元。答案为 D。

表 27-6 运输利润表

货物（类）	A	B	C	D	E	F
每件重量（吨）	1	2	3	4	5	6
每件运输利润（元）	53	104	156	216	265	318
单位利润	53	52	52	54	53	53

27.7 练习题

1．下图标明了某产品从产地 Vs 到销地 Vt 的运输网，箭线上的数字表示这条输线的最大通过能力（流量）（单位：万吨/小时）。产品经过该运输网从 Vs 到 Vt 的最大运输能力可以达到（　　）万吨/小时。

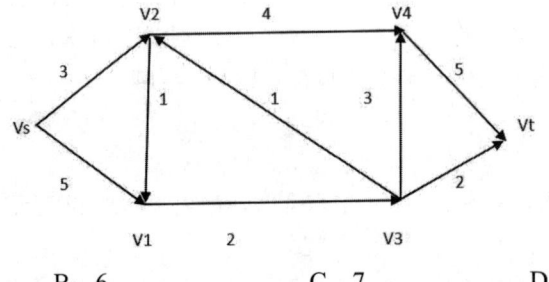

A．5　　　　　B．6　　　　　C．7　　　　　D．8

解析：从 Vs 到 Vt，每条路径的最大流量等于该路径中各段流量的最小值，如 Vs-V2-V4-Vt，最小值为 3，因此该条路径最大流量为 3。同理，Vs-V1-V3-Vt 最小值为 2。两条路径相加最大流量为 5，其他路径没有剩余流量可供使用，因此总的最大流量为 5。

答案：A

2．某企业生产甲、乙两种产品，其单位利润分别是 300 元、200 元，该公司有两个机械加工中心Ⅰ和Ⅱ，它们每天工作的有效工时分别为 20 小时、18 小时。甲、乙产品都需经过这两个中心加工，生产每单位产品甲在加工中心Ⅰ需要 1 小时，在加工中心Ⅱ需要 3 小时。生产每单位产品乙在加工中心Ⅰ和Ⅱ各需要 2 小时和 1 小时。根据市场调查，产品甲的日需求量不会超过 5 单位，产品乙则无论生产多少都能售完。利润最大的生产方案是（　　）。

　　A．每天生产产品甲 4.2 单位，乙 8.6 单位
　　B．每天生产产品甲 4.6 单位，乙 6.8 单位
　　C．每天生产产品甲 3.6 单位，乙 7.5 单位
　　D．每天生产产品甲 3.2 单位，乙 8.4 单位

解析：设甲产品生产 x 单位，乙产品生产 y 单位，则有：

$x+2y \leqslant 20$

$3x+y \leqslant 18$

$x \leqslant 5$

解得：$x=3.2$，$y=8.4$

答案：D

3．某企业要投产一种新产品，生产方案有四种：A 新建全自动生产线；B 新建半自动生产线；C 购置旧生产设备；D 外包加工生产。未来该产品的销售前景估计为很好、一般和较差三种、不同情况下该产品的收益值如下表所示（单位：百万元）。

	较好	一般	较差
A	800	200	−300
B	600	250	−150
C	450	200	−100
D	300	100	−20

用后悔值（在同样的条件下，宣传方案所产生的收益损失值）的方案决策应该选（　　）方案。

　　A．新建全自动生产线　　　　　　B．新建半自动生产线
　　C．购置旧生产设备　　　　　　　D．外包加工生产

解析：第一步：分别计算每个方案在收益较好、一般和较差情况下的后悔值。如在收益较好的情况下，方案 A 的利润最高是 800，因此 A 的后悔值=800−800=0，方案 B 的后悔值=800−600=200，方案 C 的后悔值=800−450=350，方案 D 的后悔值=800−300=500。同理计算收益一般和较差情况下的后悔值后得到下表。

	较好	一般	较差
A	0	50	280
B	200	0	130
C	350	50	80
D	500	150	0

第二步：确定每个方案的最大后悔值。A 的最大后悔值为 280，B 为 200，C 为 350，D 为 500。

第三步：确定决策方案。选择各方案最大后悔值最小的，即方案 B 为正确答案。

答案：B

4．已知网络图各段路线所需费用如下图所示，图中甲线和乙线上的数字分别代表相应点的有关费用。从甲线到乙线的最小费用路线有（   ）条，最小费用为（   ）。

A．1 B．2 C．3 D．4
A．15 B．16 C．17 D．18

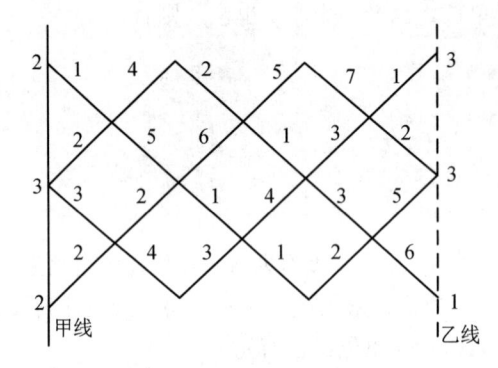

解析：

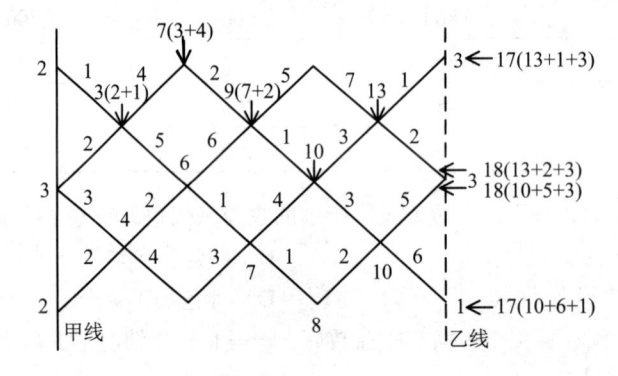

答案：B C

第 28 小时
项目管理过程实践和案例分析

28.0 章节考点分析

第 28 小时主要学习项目管理过程实践和案例分析。根据考试大纲，这部分作为下午考试的内容，共有 3 道大题，每题 25 分，共 75 分，45 分及格。考题形式为"计算+项目管理有关知识"，案例分析题没有统一的判卷标准，言之有理即可。本学时为广大考生总结了一些项目管理部分经常出现的考点及常见问题的解答方式，以供考生们参考。

28.1 考点梳理

时间	试题一	试题二	试题三
2009.05.	计算：范围/时间管理	人力资源管理	变更：需求管理
2009.11.	风险管理	计算：时间管理	变更：需求管理
2010.05.	变更：需求管理	人力资源管理	整体管理
2010.11.	招投标	变更：需求管理	计算：成本管理
2011.05.	质量管理	人力资源	变更：需求管理
2011.11.	计算：时间管理	变更：需求管理	采购管理
2012.05.	计算：时间管理	计算：成本管理	变更：需求管理
2012.11.	整体管理、配置管理	项目进度的延期	质量管理
2013.05.	质量管理	计算：时间管理	项目收尾

续表

时间	试题一	试题二	试题三
2013.11.	计算：成本管理	计算：成本管理	配置管理
2014.05.	质量管理	计算：成本管理	收尾管理
2014.11.	计算：成本管理	综合：范围+沟通	综合：整体+沟通
2015.05.	计算：成本+时间管理	综合：项目实施过程	启动+执行
2015.11.	整体管理	计算：成本+时间管理	需求管理
2016.05.	计算：时间管理	整体管理+风险管理	整体管理+时间管理
2016.11.	计算：时间+成本	整体管理+需求管理	收尾管理
2017.05.	计算：成本管理	质量管理	范围管理
2017.11.	变更管理	计算：时间+成本	人力资源+沟通
2018.05	质量管理	综合计算：时间+成本	人力资源管理
2018.11	范围管理	综合计算：时间+成本	项目集管理

案例分析题的历年考点分布如上表所示。可以看出，案例分析的考查形式基本都是"计算+项目管理有关知识"。对于计算题，近年来常考"时间+成本"的综合类计算，这部分要求大家平时多做练习，在计算题上要少丢分，甚至是不丢分，如果计算做错了，那么后面的问答题基本不用再答了；对于项目管理知识，考查点是围绕着项目的"五大过程组"展开的，每个部分考查的内容如下图所示，这部分出题方式一般为"出现的问题"+"解决方法"+"基础概念"，即让考生找出项目管理过程出现哪些问题，需要采取什么解决方式。同时，还会夹杂一些基本概念，如写出"变更控制的流程"等，这部分要求我们广大考生不仅要熟练掌握项目管理的理论知识点，还要结合题干去解答。

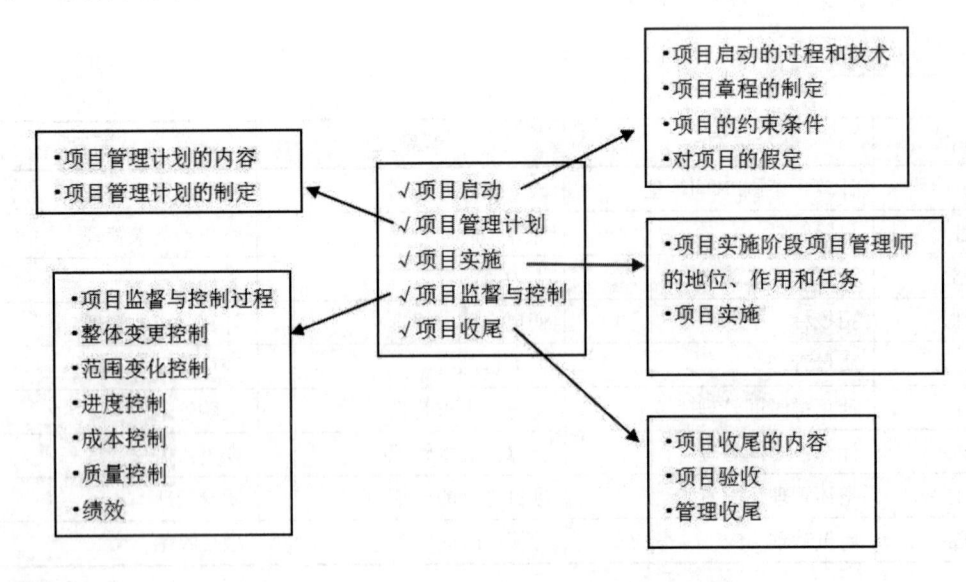

- 项目管理计划的内容
- 项目管理计划的制定

- 项目监督与控制过程
- 整体变更控制
- 范围变化控制
- 进度控制
- 成本控制
- 质量控制
- 绩效

√项目启动
√项目管理计划
√项目实施
√项目监督与控制
√项目收尾

- 项目启动的过程和技术
- 项目章程的制定
- 项目的约束条件
- 对项目的假定

- 项目实施阶段项目管理师的地位、作用和任务
- 项目实施

- 项目收尾的内容
- 项目验收
- 管理收尾

28.2 如何答题

1．要看清楚题目究竟是问什么问题。

拿到试卷不要着急答题，先看问题，要清楚问的是什么问题，然后带着问题去阅读正文，这样就能有针对性地迅速找到问题描述的题眼，从而略过对答题不重要的信息，节省考试时间。

2．对于问答题，要采取列点的方式写出要点。

阅卷老师要批改成千上万的试卷，如果答题没有次序和条理，写得混乱，那么老师判卷时很可能随便写几分，即使都答对也很可能只有一半分值。因此考生需要按照1234点来解答，答对几个给几分。如果不确定可以都答上，多答不扣分。

3．对于计算题，要写出计算步骤。

计算题一定要列出公式，写出计算步骤，这样即使结果算错了也能有个过程分。

4．答案要注意归纳和提炼，用词要尽量简洁，要使用专业用语。

答题要言简意赅和使用项目管理方面的专业词语，让判卷老师知道你是懂项目管理的专业人士，而不是门外汉。

5．严禁长篇大论。

问答题不是论文，切记长篇大论，要用简洁的语句答题，不要过于啰嗦和使用大量空洞性的词汇来凑字。

6．合理安排时间。

答题顺序一般遵循"先易后难"的原则，每道题30分钟，考生也可以根据自己的情况先做计算题，但是不要超过1个小时，要至少给两道问答题留出30分钟的时间。

28.3 案例分析常见问题与对策

1．项目启动过程。

【问题1】项目启动过程中存在哪些问题？

答案：

项目启动过程中存在的问题如下：

（1）项目章程的内容过于简单。

（2）制订项目文件时未请项目团队成员及客户代表参加，导致遗漏不少必要的内容。

（3）对项目干系人识别不充分。

（4）对项目干系人的需求了解不细致。

（5）启动工作未按照公司管理流程执行。

2．整体管理过程。

【问题1】

制定项目章程的输入项包括什么？并列举项目章程中需包括哪些内容。

答案：

项目章程输入包括：①项目合同；②工作说明书；③商业论证；④组织过程资产；⑤事业环境因素。

项目章程包括如下内容：

（1）项目目的或批准项目的原因。

（2）可测量的项目目标和相关的成功标准。

（3）项目的总体要求。

（4）概括性的项目描述。

（5）项目的主要风险。

（6）总体里程碑进度计划。

（7）总体预算。

（8）项目审批要求（用什么标准评价项目成功，由谁对项目成功下结论，由谁来签署项目结束）。

（9）委派的项目经理及其职责和职权。

（10）发起人或其他批准项目章程的人员的姓名和职权。

【问题2】

请分析该项目执行过程中存在哪些问题。

答案：

（1）项目经理缺乏相关经验，需要对其进行指导与培训。

（2）WBS 分解及分配任务存在问题，项目工作分解（或者是项目管理计划等）应该与项目成员共同完成，在分解过程中可以探讨、交流。

（3）根据合同中规定的时间编制项目进度计划并发给项目组成员存在问题，进度计划粒度太大，进度控制弱化。

（4）项目经理与各干系人沟通存在问题，没有及时了解相关工作进展情况，没有及时和甲方企业沟通项目进展和项目状态等信息，导致企业不满意而投诉。

（5）技术方案没有进行技术评审，导致使用时发现错误，延误工期。

（6）风险管理存在问题，没有应急措施。

【问题3】

请指出项目管理计划主要包括哪几个方面的内容。

答案：

项目管理计划主要包括：

（1）项目范围说明。

（2）项目进度计划。

（3）项目成本计划。

(4)项目资源计划(人、材料、设备、信息、资金)等。
(5)项目质量计划。
(6)项目沟通计划。
(7)风险人员配备计划。
(8)项目采购计划。
(9)变更控制、配置管理计划。
(10)进程改进计划。
其中(5)、(6)、(7)、(8)等属于项目辅助计划。
3．范围管理过程。

【问题1】

说明项目经理在需求管理及控制过程中存在哪些不足。

答案：

(1)分析完成后马上与用户进行需求确认。需求分析完成后，要编制需求规格说明书，编制的过程也是对需求渐进明细的过程，然后进行需求验证和评审。

(2)需求状态表中的内容不完整。

(3)技术方案设计完成后，缺少技术评审。

(4)开发组每周对已确定需求进行工作重评估，形成月度开发计划存在问题。应该在需求确认和评审通过后，制定项目的总体开发计划和月度开发计划。

(5)没有制定变更控制策略和需求变更控制流程。

(6)没有编制需求跟踪矩阵。

(7)缺乏项目的整体管理经验和能力。

(8)没有及时对项目进行监督、检查，导致项目延期半年。

【问题2】

帮助项目经理改进需求管理及控制过程中的不足。

答案：

(1)建立需求变更控制策略和需求变更控制流程。

(2)采用多种方式充分获取用户需求，并进行仔细的需求分析。

(3)形成需求规格说明书，并与用户进行需求验证(确认)和评审。

(4)需求确定后建立基线，以后的需求变更必须走变更控制流程，并及时更新需求规格说明书和需求跟踪矩阵。

(5)编写需求跟踪矩阵、需求状态表等文档。

(6)在需求规格说明书基础上编制技术方案，并进行评审。

(7)定期对项目绩效进行监督检查，找出问题原因并指导团队成员解决。

【问题3】

范围说明书包括的内容有哪些？

答案：

产品范围描述、验收标准、可交付成果、项目的除外责任、制约因素、假设条件。

【问题4】

项目的范围管理存在哪些问题？应采取哪些措施？

答案：

存在的问题：

（1）没有挖掘到全部需求，缺乏精确的范围定义。

（2）没有有效的范围管理，造成二次变更。

（3）对范围控制不足。

（4）没有和客户进行需求确认。

采取的措施：

（1）对项目范围进行清晰定义，并根据定义对工作进行分解，制定WBS。

（2）合理估算项目工作量。

（3）有效控制项目的范围。

（4）重新定义项目范围必须得到高层和客户的确认。

（5）沟通、协调干系人之间的矛盾。

4．进度管理过程。

【问题1】

为了满足客户提出的进度方面提前的要求，项目经理可以采取的措施有哪些？

答案：

（1）赶工。

（2）快速跟进。

（3）投入更多的优质资源。

（4）选派经验丰富高效的人员加入。

（5）使用新技术。

（6）加强阶段评审。

（7）加强外包生产进度的监控，及时处理变更。

【问题2】

在采取上述措施后，项目在执行过程中还可能面对哪些问题？

答案：

（1）赶工带来的成本增加，长期加班也会使人效率降低，项目质量降低。

（2）快速跟进会使后期返工率增加，风险提升。

（3）投入更多的优质资源会使成本增加。

（4）选派经验丰富的人员和投入更多的资源带来成本增加。

（5）如果采用该新技术方法，也可能引入新的风险。

（6）加强阶段评审，会使有限时间变少、成本增加。

（7）外包生产可能不能按时交付。

【问题3】

进度控制的工具技术有哪些？

答案：

数据分析、关键路径法、项目管理信息系统（PMIS）、资源优化、提前量和滞后量、进度压缩。

5．成本管理过程。

【问题1】

请帮助项目经理提出成本管理及成本控制方面的改进措施。

答案：

（1）先制定成本管理计划，进行成本管理。

（2）对项目进行WBS分解，进行成本估算和预算。

（3）运用成本管理与控制技术（如挣值技术）对成本进行有效的控制，包括以下几条：

1）监督成本执行，找出与成本基准的偏差；

2）防止错误的、不恰当的或未获批准的变更纳入成本或资源使用报告中；

3）就审定的变更，通知项目干系人；

4）采取措施，将预期的成本超支控制在可接受的范围内。

【问题2】

项目成本控制包括哪些内容？

答案：

（1）对造成成本基准变更的因素施加影响。

（2）确保所有变更请求都得到及时处理。

（3）当变更实际发生时，管理这些变更。

（4）确保成本支出不超过批准的资金限额，既不超出按时段、按WBS组件、按活动分配的限额，也不超出项目总限额。

（5）监督成本绩效，找出并分析与成本基准间的偏差。

（6）对照资金支出，监督工作绩效。

（7）防止在成本或资源使用报告中出现未经批准的变更。

（8）向有关干系人报告所有经批准的变更及其相关成本。

（9）设法把预期的成本超支控制在可接受的范围内。

6．质量管理过程。

【问题1】

请指出该项目在质量管理方面可能存在哪些问题。

答案：

（1）只制定了整体进度计划，没有制定质量管理计划。

（2）缺乏相应的质量标准。
（3）质量保证人员的选择不符合项目要求。
（4）对质量保证人员的授权不合理。
（5）没有采取质量保证措施。
（6）质量控制环节做得不到位。
（7）项目经理及团队成员缺乏质量意识。
（8）与相关干系人的沟通存在问题。

【问题2】
在质量检查中可能存在的问题有哪些？
答案：
（1）没有制定质量计划，质量管理过程没有依据。
（2）没有制定质量标准，只凭个人经验进行质量检查。
（3）没有经过审批，直接开具质量不合格报告。
（4）质量检查过程中发现的问题没有及时解决。

【问题3】
针对上述问题，如果你是项目经理，你会采取哪些措施？
答案：
（1）制定切实可行的质量管理计划，使质量管理过程有依据。
（2）制定质量测量指标。
（3）采取质量保证措施，加强质量控制。
（4）选择符合要求的质量保证人员，或对其进行相应的培训。
（5）加强阶段性的评审工作，发现问题及时解决。
（6）与相关干系人进行有效的沟通。

【问题4】
质量控制的工具技术有哪些？
答案：
老七种工具：因果图、流程图、直方图、检查表、散点图、排列图、控制图。
新七种工具：亲和图、树状图、矩阵图、优先矩阵图、过程决策程序图、活动网络图、相互关系图。

7．人力与沟通管理过程。

【问题1】
基于案例，请指出项目经理在项目团队管理和沟通管理过程中的不恰当之处。
答案：
（1）项目经理身为技术骨干，项目管理经验不足。
（2）项目经理一直投身于技术工作，忽视了管理工作。

（3）没有召开过任何项目例会，只是在项目出现问题时才召开项目临时会议，缺乏与团队成员的沟通和交流。
（4）没有制定有效的绩效考核标准。
（5）与团队成员的沟通方式存在问题。
（6）没有做好冲突管理工作，导致团队成员消极怠工。
（7）没有掌握人际关系技能。

【问题2】
针对与项目团队成员就绩效考核产生的矛盾，请说明项目经理该如何预防和改进。
答案：
（1）调整与团队成员沟通和交流的方式。
（2）掌握并提升人际关系技能。
（3）学习冲突管理的方法。
（4）制定有效的绩效考核标准，对团队绩效进行正式或非正式的评价。

【问题3】
项目经理应当重点学习哪些项目团队管理的方法？
答案：
（1）观察和交谈。
（2）项目绩效评估。
（3）冲突管理。
（4）人际关系技能。

【问题4】
请简要描述项目冲突管理的方法。
答案：
（1）撤退/回避。
（2）缓和/包容。
（3）妥协/调解。
（4）强迫/命令。
（5）合作/解决问题。

8．风险管理过程。

【问题1】
项目风险管理存在哪些问题？
答案：
（1）在没有成熟案例的情况下，参照以前模板编制的风险计划不妥，偏离项目实际情况。
（2）风险管理计划应该全员参与编制，必要时邀请相关专家以及干系人参与。
（3）没有进行风险识别，并导致实际出现的问题与风险计划没有相关性。

（4）风险管理计划中没有风险控制和风险应对的内容。

（5）管理过程中缺乏对风险的监督和控制。

【问题2】

项目会产生哪些方面的风险？

答案：

（1）进度风险：开发时间被压缩。

（2）质量风险：公司不具备××系统的开发经验。

（3）管理风险：没有按照规范进行风险管理，方法工具制度等不完善。

（4）人员风险：项目经理的经验与管理水平不够，开发技术人员经验不足等。

9．采购管理过程。

【问题1】

结合案例，请指出项目组在采购合同管理中存在什么问题。

答案：

（1）没有进行充分的自制/外购分析。

（2）项目组轻信甲方的推荐，没有考察就选择了未合作过的供应商。

（3）签订合同没有按照正常规范进行。

（4）没有对合同条款进行仔细审核。

（5）没有对供应商进行资质审核和调查，导致在供应商发生变更时，未及时进行合同变更。

（6）合同管理不足，未对合同风险进行分析，未对供货商进行监控，缺乏沟通。

（7）没有对新供应商的来料进行及时检测，合同缺少对违约责任的明确规定。

10．合同管理过程。

【问题1】

简述合同管理的主要内容。

答案：

合同管理的主要内容：合同签订管理、合同履行管理、合同变更管理、合同纠纷管理。

【问题2】

结合案例，说明项目合同管理出现哪些问题。

答案：

（1）合同签订过程中，合同内容不全面、不详尽。

（2）合同履行过程中，承建方没有按合同要求履行职责。

（3）合同变更管理中，承建方变更没有和业主进行沟通，也没有走合同变更程序。

（4）合同纠纷管理中，没有事先制定合同纠纷解决程序。

【问题3】

项目的合同书中有哪些不妥之处？

答案：

（1）项目的范围没有明确的约定。
（2）甲方和乙方对工程质量要求没有统一的标准（标准模糊）。
（3）合同中对项目的维护保养责任约定不明确（期限）。
（4）合同中对违约责任和处罚的约定不明确。
（5）合同中对合同履行地没有详细的约定。
（6）合同中对付款方式没有明确的约定。
（7）合同中关于变更和索赔条款的约定不明确。

【问题4】
合同应约定哪些内容？
答案：
（1）项目范围，功能需求，性能需求（软件）。
（2）产品型号，技术指标，性能要求（硬件）。
（3）项目工期。
（4）支付工程进度款的方式、数额及时间。
（5）超出约定内容、范围的调整方法，调整因素、程序及支付时间。
（6）工程质量保证金的数额、扣留方式及时间。
（7）产品质量要求及验收流程、验收标准。
（8）售后服务承诺及服务期满的收费标准。
（9）违约责任以及发生争执的解决方式、受理法院。

11．配置管理过程。

【问题1】
请结合以上案例，简要说明配置管理的目标和主要活动。
答案：
目标：系统地控制配置变更，在系统的整个生命周期中维护配置的完整性和可跟踪性，而标识系统在不同时间点上的配置。
主要活动：制定配置管理计划、配置标识、配置控制、配置状态报告、配置审计、发布管理和交付。

【问题2】
请说明项目经理在配置管理中存在的问题。
答案：
（1）没有制定配置管理计划。
（2）配置库只在名称上进行了区分，并没有做好实际的分类管理。
（3）对配置项的配置格式没有统一规范。
（4）没有建立 CCB 对配置变更进行审批。
（5）没有对配置库的变更控制，导致运维人员和系统集成人员经常针对同一个配置项进行修改。

（6）配置库增删比较混乱，很多配置项还找不到最后的版本，说明没有做好版本管理，造成版本的丢失。

（7）没有对项目成员进行配置管理的培训。

（8）没有对配置库的权限进行设置。

【问题 3】

根据你的理解，请指出配置审计的功能是什么。

答案：

（1）防止向用户提交不适合的产品。

（2）发现不完善的实现。

（3）找出各配置项不匹配或不相容的现象。

（4）确认配置项已在所要求的质量控制审核后纳入基线，并入库保存。

（5）确认记录和文档保持可追溯性。

12．变更管理过程。

【问题 1】

请分析该项目实施过程中存在哪些主要问题。

答案：

（1）项目经理没有按照变更管理的流程要求制定变更规则。

（2）客户需求发生变化时，应该由项目经理进行变更影响评估，而不是由其他人进行。

（3）对于变更请求，任何人不能直接进行修改，应该由 CCB（变更控制委员会）决策，同意修改后，由项目经理安排相关人员进行修改。

（4）没有对变更影响作评估以及对变更方案的论证。

（5）没有成立 CCB（变更控制委员会）。

（6）缺乏对变更过程的监控措施。

（7）没有对变更的效果作评估。

（8）没有变更文件。

【问题 2】

结合案例，请描述项目变更管理的主要工作程序。

答案：

（1）提出与接受变更申请。

（2）对变更的初审。

（3）变更方案论证。

（4）项目管理委员会审查。

（5）发出变更通知并组织实施。

（6）变更实施的监控。

（7）变更效果的评估。

（8）判断发生变更后的项目是否已纳入正常轨道。

【问题3】
变更管理过程涉及到的角色有哪些？
答案：
项目经理、变更申请人、变更执行人、配置管理员。

13．收尾管理。
【问题1】项目收尾包括哪些具体工作？
答案：
①项目验收工作；②项目总结工作；③系统维护工作；④项目后评价工作。

【问题2】
项目经理在收尾管理方面上主要存在哪些问题？
答案：
（1）只是简单核对了项目交付清单，没有进行正式的验收工作。
（2）没有正式的验收测试。
（3）验收报告没有经过双方签字确认。
（4）验收的流程有问题。
（5）没有向客户提交验收所需的全部文档，双方也没有对文档签字进行确认。
（6）在项目总结会议召开之前就遣散了团队成员。
（7）没有满足验收条件就进行了验收。
（8）与客户的沟通出现了问题。

【问题3】
对于软件和信息系统集成项目来说，项目收尾时一般提交的文件包括哪些？
答案：
①系统集成项目介绍；②项目集成项目最终报告；③信息系统说明手册；④信息系统维护手册；⑤软硬件产品说明书；⑥质量保证书等。

【问题4】
项目经理组织的项目总结会议是否恰当？请说明理由。
答案：
不恰当。项目总结会议应该由全体项目成员共同参与，并且要在项目总结会议结束之后再进行人员的遣散，而不是先遣散人员再召开总结会议。

【问题5】
请简要叙述项目总结会议上一般讨论的内容包括哪些。
答案：
①项目绩效；②技术绩效；③成本绩效；④进度计划绩效；⑤项目的沟通；⑥识别问题和解决问题；⑦意见和建议。

28.4 通用答题方法

1. 看到有由高级或资深程序员转型做项目经理，就回答在信息系统工程中，开发和管理是两条不同的主线，开发人员所需要的技能与管理人员所需要的技能很不一样，需要给他培训项目经理相关知识或技能。

2. 看到身兼数职，就要回答可能没有多少时间去学习管理知识，去从事管理工作。一人承担两个角色的工作，导致工作负荷过重、身心疲惫，其后果可能给全局带来不利影响。

3. 看到新技术，就要想到风险，接着就是应该对大家进行培训和学习，然后监控技术风险，或者找合适的人从事这项工作，实在不行就外包。

4. 看到对项目不满，就要回答可能没有建立有效的沟通机制和方式方法，缺乏有效的项目绩效管理机制，需要加强沟通。

5. 看到变更，就一定要注意变更控制的流程，如书面申请、审批和确认、跟踪变更过程。这几个方面缺一不可。

6. 看到验收不通过，往往需要说明验收标准没有得到认可或确认，没有验收测试规范和方法等。

7. 只要是人与人之间的问题，都可以找到沟通方面的答案。另外，还有没有考虑风险方面的问题。多寻求领导帮助、多沟通、多监控、多做好配置管理，如果有监理方的项目，多找监理协调。

28.5 练习题

试题一（25 分）

阅读下列说明，回答问题 1 至问题 3，将答案填入答题纸的对应栏内。

【说明】

某系统集成商因公司业务发展过快，项目经理人员缺口较大，因此决定从公司工作 3 年以上的业务骨干中选拔一批项目经理。张某原是公司的一名技术骨干，编程水平很高，在同事中有一定威信，因此被选中直接担当了某系统集成项目的项目经理。张某很珍惜这个机会，决心无论自己多么辛苦也要把这个项目做好。

随着项目的逐步展开，张某遇到很多困难。他领导的小组有两个新招聘的高校毕业生，技术和经验十分欠缺，一遇到技术难题就请张某进行技术指导。有时张某干脆亲自动手编码来解决问题，因为教这些新手如何解决问题反而更费时间。由于有些组员是张某之前的老同事，在他们没能按计划完成工作时，张某为了维护同事关系，不好意思当面指出，只好亲自将他们未做完的工作做完或将不合格的地方修改好。该项目的客户方是某政府行政管理部门，客户代表是该部门的主任，和公司老总的关系很好。因此对于客户方提出的各种要求，张某和组内的技术人员基本全盘接受，生怕得罪了客户，进而影响公司老总对自己能力的看法。张某在项目中遇到各种问题和困惑，也无处倾诉。项目的进度已经严重滞后,而客户的新需求不断增加,各种问题纷至沓来,张某觉得项目上的各种压力都集中在他一个人身上,而项目组的其他成员没有一个人能帮上忙。

【问题 1】(9 分)

请问该公司在项目经理选拔与管理方面的制度是否规范?为什么?

答案:

(1)不规范。

(2)原因是:

1)公司仅从技术能力方面考察和选拔项目经理,而没有或较少考虑其管理方面的经验、能力。

2)公司对项目经理缺乏必要的管理知识与技能方面的培训。

3)公司对项目经理的工作缺乏指导和监督。

4)公司和项目经理之间缺乏完善的沟通渠道。

【问题 2】(10 分)

请结合本案例,分析张某在工作中存在的问题。

答案:

(1)项目管理经验不足,未能完成从技术骨干到项目经理的角色转变。

(2)计划不周,分工不明,责权不清。

(3)缺乏团队领导经验,事必躬亲的做法不正确。

(4)缺乏良好的沟通能力和沟通技巧。

(5)没有控制好项目范围,导致需求蔓延。

(6)缺乏团队合作精神,没有做好团队建设工作,不能充分发挥团队整体效用。

【问题 3】(6 分)

请结合本案例,你作为项目经理可以向张某提出哪些建议?

答案:

(1)在客户和管理层等项目干系人之间建立良好的沟通。

(2)根据项目计划进行良好的项目分工,明确工作要求,发挥团队的集体力量。

(3)对客户提出的新需求,按变更管理的流程管理。

(4)对项目组成员,按岗位要求提供相应培训。

(5)对已完成工作和剩余工作进行评估,重新进行资源平衡,如有问题,应及时进行协调。

第 29 小时 项目收尾管理

29.0　章节考点分析

第 29 小时主要学习项目收尾管理知识,包括:项目验收工作、项目总结工作、系统维护工作、项目后评价工作。根据考试大纲,本小时知识点会涉及单项选择题,偶尔会涉及案例分析题。本小时的架构图如图 29-1 所示。

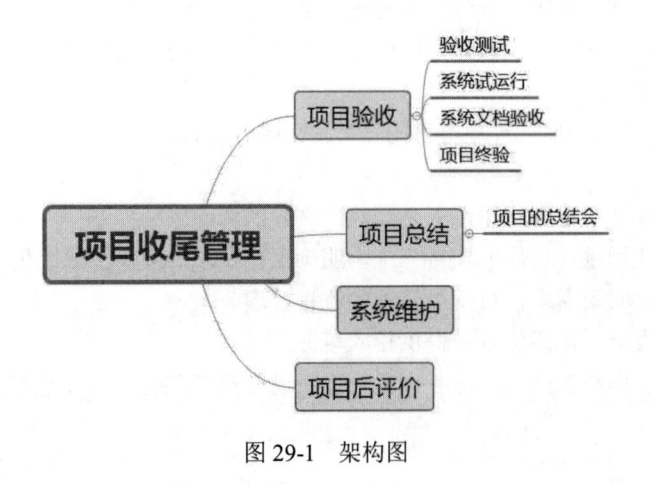

图 29-1　架构图

29.1　项目验收

【基础知识点】

项目验收是项目收尾管理中的**首要环节**,只有完成项目验收工作,才能进入后续的项目总结、系统维护以及项目后评价等工作阶段。

项目验收工作需要完成正式的验收报告，对于系统集成项目，一般需要执行正式的验收测试工作。

系统集成项目在验收阶段需要进行四个方面的工作：验收测试、系统试运行、系统文档验收、项目终验。

1．验收测试。

验收测试是对信息系统进行全面的测试，依照双方合同约定的系统环境，以确保系统的功能和技术设计满足建设方的功能需求和非功能需求，并能正常运行。

2．系统试运行。

信息系统通过验收测试后开通系统试运行，系统试运行包括数据迁移、日常维护以及缺陷跟踪和修复等方面的工作内容。

3．系统文档验收。

系统经验收测试后，系统的文档应当逐步、全面地移交给客户。在最终交付系统前，所有的文档都应验收合格并经双方签字认可。

系统集成项目包含的文档有：系统集成项目介绍、系统集成项目最终报告、信息系统说明手册、信息系统维护手册、软硬件产品说明书、质量保证书等。

4．项目终验。

在系统经过试运行后的约定时间，启动项目的最终验收工作。通常情况下，大型项目都分为试运行和最终验收两个步骤。对于一般项目而言，可以将系统测试和最终验收合并进行，但需要对最终验收的过程加以确认。

项目最终验收合格后，应由双方的项目组撰写验收报告，提请双方工作主管认可。这标志着项目组开发工作的结束和项目后续活动的开始。

29.2　项目总结

【基础知识点】

项目总结属于项目收尾的管理收尾。而管理收尾有时又被称为行政收尾，就是检查项目团队成员及相关干系人是否按规定履行了所有职责。

项目总结的意义：

（1）了解项目全过程的工作情况及相关的团队或成员的绩效状况。

（2）了解出现问题并进行改进措施总结。

（3）了解项目全过程中出现的值得吸取的经验并进行总结。

（4）对总结后的文档进行讨论，通过后即存入公司的知识库，从而纳入企业的过程资产。

项目总结会需要全体项目成员共同参与，并由全体讨论形成文件，文件要经过所有人确认。

项目总结讨论的内容：①项目绩效；②技术绩效；③成本绩效；④进度计划绩效；⑤项目的沟通；⑥识别问题和解决问题；⑦意见和建议。

29.3 系统维护

【基础知识点】

软件项目的后续工作：①软件 Bug 的修改；②软件升级；③后续技术支持。

系统集成项目的后续工作：①信息系统日常维护工作；②硬件产品更新；③满足信息系统的新需求。

29.4 项目后评价

信息系统后评价工作主要内容如下：
（1）信息系统目标评价。
（2）信息系统过程评价。
（3）信息系统效益评价。
（4）信息系统可持续性评价。

29.5 练习题

试题一（25 分）

阅读下列说明。回答问题 1 至问题 4，将答案填入答题纸的相应栏内。

【说明】

某公司承接了某银行的信息系统集成项目，并任命王工为项目经理，这也是王工第一次担任项目经理。王工带领近 20 人的团队，历经近 11 个月的时间，终于完成了系统建设工作，并通过了试运行测试。王工在与甲方项目负责人简单地核对了项目交付清单之后，就报告公司项目已经结束，部分项目人员可以进行转移。王工组织剩下的项目团队成员召开了项目总结会议。随后公司的财务要求王工根据合同催甲方支付剩余的 30%项目款。

当王工打电话催促甲方支付项目尾款时，甲方的项目经理告诉他项目还没有结束，甲方还没有在验收报告上签字确认，项目的很多常规性文件还没有提交，而且需要在试运行的基础上，进一步修改程序和功能设置，现在根本没有达到项目收尾的条件。

【问题 1】（4 分）

项目收尾包括哪些具体工作？

【问题 2】（8 分）

项目经理王工在收尾管理方面主要存在哪些问题？

【问题 3】（5 分）

对于软件和信息系统集成项目来说，项目收尾时一般提交的文件包括哪些？

【问题4】（8分）

（1）王工组织的项目总结会议是否恰当？请说明理由。

（2）请简要叙述项目总结会议上一般讨论的内容包括哪些。

答案：

【问题1】

项目收尾管理工作包括：①项目验收工作；②项目总结工作；③系统维护工作；④项目后评价工作。

【问题2】

（1）只是简单地核对了项目交付清单，没有进行正式的验收工作。

（2）没有正式的验收测试。

（3）验收报告没有经过双方签字确认。

（4）验收的流程有问题。

（5）没有向客户提交验收所需的全部文档，双方也没有对文档签字确认。

（6）在项目总结会议召开之前就遣散了团队成员。

（7）没有满足验收条件就进行了验收。

（8）与客户的沟通出现了问题。

【问题3】

①系统集成项目介绍；②项目集成项目最终报告；③信息系统说明手册；④信息系统维护手册；⑤软硬件产品说明书；⑥质量保证书等。

【问题4】

（1）不恰当。项目总结会议应该由全体项目成员共同参与，并且要在项目总结会议结束之后再进行人员的遣散，而不是先遣散人员再召开总结会议。

（2）①项目绩效；②技术绩效；③成本绩效；④进度计划绩效；⑤项目的沟通；⑥识别问题和解决问题；⑦意见和建议。

第五篇

全真模拟

第30小时

全真模拟题(单项选择题及解析)

1. 信息的传输模型中包括信源、编码器、信道、解码器、信宿、噪声等要素。噪声主要对( )形成干扰或影响。

　　A．信源　　　　　B．编码器　　　　　C．信道　　　　　D．解码器

解析：

```
                        噪声
                         │
                         ▼
信源 → 编码 → 信道 → 解码 → 信宿
```

根据信息的传输模型,噪声主要对信道造成干扰。

答案：C

2. 以下关于信息化的叙述中,不正确的是( )。

　　A．信息化的主体是程序员、工程师、项目经理、质量管控人员

　　B．信息化是一个长期的过程

　　C．信息化的手段是基于现代信息技术的先进社会生产工具

　　D．信息化的目标是使国家的综合实力、社会的文明素质和人民的生活质量全面达到现代化水平

解析：信息化的基本内涵：信息化的主体是全体社会成员,包括政府、企业、事业、团体和个人；它的时域是一个长期的过程；它的手段是基于现代信息技术的先进社会生产工具；它的目标是使国家的综合实力、社会的文明素质和人民的生活质量全面达到现代化水平。

答案：A

3. （　　）的目的是对最终软件系统进行全面的测试，确保最终软件系统产品满足需求。

  A．系统测试   B．集成测试   C．单元测试   D．功能测试

  解析：功能测试就是对产品的各项功能进行验证，根据功能测试用例逐项测试，检查产品是否达到用户要求的功能。目的是对最终软件系统进行全面的测试，确保最终软件系统产品满足需求。

  答案：D

4. 商业智能将企业中现有的数据转化为知识，帮助企业作出明智的业务经营决策，包括数据预处理、建立数据模型、数据分析及数据展现4个阶段；其主要应用的3个关键技术是（　　）。

  A．数据仓库/OLAP/数据挖掘   B．ETL/OLAP/数据展现

  C．数据仓库/OLTP/OLAP   D．数据集市/数据挖掘/数据质量标准

  解析：商业智能使用数据仓库、联机分析处理（OLAP）和数据挖掘技术。

  答案：A

5. 某网站提供电影票购买业务，消费者可以在网页上选择影院、影片、观影时间、座位，并可通过手机应用支付费用。该电子商务模式是（　　）。

  A．B2C   B．B2B   C．O2O   D．O2C

  解析：O2O 即 Online To Offline，含义是线上购买线下的产品和服务，实体店提货或者享受服务，在网上把线下实体店的团购、优惠的信息推送给互联网用户，特别适合餐饮、院线、会所服务等类型连锁企业。

  答案：C

6. 以下关于智慧城市的理解中，恰当的是（　　）。

  A．智慧城市建设的关键是大量、有效地建设城市 IT 系统

  B．社会治安防控体系不是智慧城市顶层设计主要考虑的内容

  C．电子政务系统是智慧城市的组成部分，由于其特殊性，不鼓励电子政务系统向云计算模式迁移

  D．通过传感器或信息采集设备全方位地获取城市系统数据是智慧城市的基础

  解析：智慧城市建设主要包括以下几个部分：首先，通过传感器或信息采集设备全方位地获取城市系统数据；其次，通过网络将城市数据关联、融合、处理、分析为信息；第三，通过充分共享、智能挖掘将信息变成知识；最后，结合信息技术，把知识应用到各行各业形成智慧。

  答案：D

7. 研究软件架构的根本目的是解决软件的复用、质量和维护问题，软件架构设计师是软件开放过程中的关键一步，因此需要对其进行评估。在这一活动中，评估人员关注的是系统的（　　）属性。

  A．功能   B．性能   C．质量   D．安全

  解析：在架构评估过程中，评估人员关注的是系统的质量属性。

  答案：C

8~9.（　　）不是面向对象技术的基本特征。对象实现了数据和操作的结合，使数据和操作（　　）于对象的统一体中。

A．封装性　　　B．模块性　　　C．多态性　　　D．继承性
A．结合　　　　B．隐藏　　　　C．配置　　　　D．抽象

解析：

面向对象方法的基本思路是用对象作为描写客观信息的基本单元,它包括封装在一起的对象属性（数据）和对象操作（方法、运算）。与此相关的概念还有：对象类、类的实例、对象类的继承、父类、子类、多重继承、方法的重载、限制以及接口等,因此面向对象技术的基本特征包括封装、多态、继承等。

面向对象（OO）技术是软件技术的一次革命,在软件开发史上具有里程碑意义。经过发展,最终形成面向对象的软件开发方法（ObjectModelling Technique，OMT）。这是一种自底向上和自顶向下相结合的方法,而且它以对象建模为基础,不仅考虑了输入、输出数据结构,也包含了所有对象的数据结构。对象实现了数据和操作的结合,使数据和操作隐藏于对象的统一体中。

答案：B　B

10．一个项目为了修正一个错误而进行了变更。但该错误被修正后,却引起以前可以正确运行的代码出错。（　　）最可能发现这一问题。

　　A．单元测试　　　B．接受测试　　　C．回归测试　　　D．安装测试

解析：回归测试是指修改了旧代码后,重新进行测试以确认修改没有引入新的错误或导致其他代码产生错误。自动回归测试将大幅降低系统测试、维护升级等阶段的成本。

答案：C

11．关于白盒测试,以下叙述正确的是（　　）。

　　A．根据程序的内部结构进行测试

　　B．从顶部开始往下逐个模块地加入测试

　　C．从底部开始往上逐个模块地加入测试

　　D．按照程序规格说明书对程序的功能进行测试,不考虑其内部结构

解析：白盒测试又称结构测试、透明盒测试、逻辑驱动测试或基于代码的测试。"白盒"法全面了解程序内部逻辑结构、对所有逻辑路径进行测试。"白盒"法是穷举路径测试。在使用这一方案时,测试者必须检查程序的内部结构,从检查程序的逻辑着手,得出测试数据。

答案：A

12．（　　）不是使用软件测试工具的目的。

　　A．帮助测试寻找问题　　　　　　B．协助问题的诊断

　　C．节省测试时间　　　　　　　　D．更好地控制缺陷,提高软件质量

解析：使用软件测试工具的目的是帮助测试寻找问题、协助问题的诊断、节省测试时间。

答案：D

13．（　　）不是在软件开发过程中产生的文档。

　　A．软件需求说明书　　　　　　　B．软件测试计划

　　C．试运行总结报告　　　　　　　D．用户手册

解析：GB/T 8567－1988《计算机软件产品开发文件编制指南》中规定，在软件的开发过程中，应该产生以下 14 种文件：

（1）可行性研究报告。

（2）项目开发计划。

（3）软件需求说明书。

（4）数据要求说明书。

（5）概要设计说明书。

（6）详细设计说明书。

（7）数据库设计说明书。

（8）用户手册。

（9）操作手册。

（10）模块开发卷宗。

（11）测试计划。

（12）测试分析报告。

（13）开发进度月报。

（14）项目开发总结报告。

答案：C

14．云计算通过（　　）技术形成可管理的弹性资源池。

  A．虚拟化　　　　　　　　　　　B．云存储

  C．面向文档的数据库　　　　　　D．高速计算

解析：云计算可以根据消费者的需求动态划分或释放不同的物理和虚拟资源。当增加一个需求时，可通过增加可用的资源进行匹配，实现资源的快速弹性提供；如果用户不再使用这部分资源，可释放这些资源。云计算为客户提供的这种能力是无限的，实现了 IT 资源利用的可扩展性。

答案：A

15．下面不属于路由协议的是（　　）。

  A．RIP　　　　B．ICMP　　　　C．BGP　　　　D．OSPF

解析：ICMP（Internet Control Message Protocol）是互联网控制信息协议，其他三个协议均为路由协议。

答案：B

16．以下网络安全防御技术中，（　　）是一种较早使用、实用性很强的技术，它通过逻辑隔离外部网络与受保护的内部网络的方式，使得本地系统免于受到威胁。

  A．防火墙技术　　　　　　　　　　B．入侵检测与防护技术

  C．VPN 技术　　　　　　　　　　　D．网络蜜罐技术

解析：防火墙是一种较早使用、实用性很强的技术，它通过逻辑隔离外部网络与受保护的内部网络的方式，使得本地系统免于受到威胁。

入侵检测与防护技术主要有两种：入侵检测系统（IDS）和入侵防护系统（IPS）。入侵检测系统注重的是网络安全状况的监管，通过监视网络或系统资源，寻找违反安全策略的行为或攻击迹象，并发出报警。入侵防护系统倾向于提供主动防护，注重对入侵行为的控制。其设计宗旨是预先对入侵活动和攻击性网络流量进行拦截，避免其造成损失。

虚拟专用网（VPN）是在公用网络中建立专用的、安全的数据通信通道的技术。

蜜罐技术（Honeypot）是一种主动防御技术，是入侵检测技术的一个重要发展方向，也是一个"诱捕"攻击者的陷阱。它通过模拟一个或多个易受攻击的主机和服务，给攻击者提供一个容易攻击的目标，使攻击者在蜜罐上浪费时间，延缓对真正目标的攻击。

答案：A

17．（　　）是指用户可通过 Internet 获取 IT 基础设施硬件资源。
　　A．Saas　　　　B．Paas　　　　C．Iaas　　　　D．Haas

解析：云计算可以认为包括以下三个层次的服务：基础设施即服务（IaaS）、平台即服务（PaaS）和软件即服务（SaaS）。这里所谓的层次，是分层体系架构意义上的"层次"。IaaS、PaaS、SaaS 分别在基础设施层、软件开放运行平台层、应用软件层实现。

IaaS（Infrastructure-as-a-Service）：基础设施即服务。消费者通过 Internet 可以从完善的计算机基础设施获得服务。

答案：C

18．（　　）可以帮助人们简单方便地复用已经成功的设计或体系结构。
　　A．商业构件　　　B．设计模式　　　C．遗留系统　　　D．需求规格说明

解析：设计模式（Design Pattern）的定义是："设计模式为改进软件系统的子系统、组件或间的关系提供了方案。它描述了在特定环境中解决一般设计问题的解决方案。"因这个设计问题经常出现，因而你可以多次复用已有的设计模式。

答案：B

19．可用于数字签名的算法是（　　）。
　　A．RSA　　　　B．IDEA　　　　C．RC4　　　　D．MD5

解析：选项 A 属于非对称加密算法，即加密与解密是不同的密钥，该算法可以用来进行数字签名。

选项 B 与选项 C 属于对称加密算法，即加密与解密是同一对密钥，该算法可以用来进行数据加密。

选项 D 为消息摘要算法第五版，是计算机安全领域广泛使用的一种散列函数，用以提供消息的完整性保护。

答案：A

20．下列（　　）不是数字签名的作用。
　　A．接收者可验证消息来源的真实性　　　B．发送者无法否认发送过该消息
　　C．接收者无法伪造或篡改消息　　　　　D．可验证接收者合法性

解析：将报文按双方约定的哈希算法计算得到一个固定位数的报文摘要。在数学上保证：只要改动报文中任何一位，重新计算出的报文摘要值就会与原先的值不相符。这样就保证了报文的不可更改性。

将该报文摘要值用发送者的私人密钥加密，然后连同原报文一起发送给接收者，而产生的报文即数字签名。数字签名能保证信息是由签名者自己签名发送的，签名者不能否认或难以否认。

同时接收方可以验证信息自签发后到收到为止未曾做过任何修改，签发的文件是真实文件，但是数字签名无法验证接收者的合法性。

答案：D

21．在网络设计和实施过程中要采取多种安全措施，其中（　　）是针对系统安全需求的措施。
  A．设备防雷击 　　　　　　　B．入侵检测
  C．漏洞发现与补丁管理 　　　D．流量控制

解析：选项 A 属于物理安全措施；选项 B 和选项 D 属于网络安全措施。

答案：C

22．按照行为方式，可以将针对操作系统的安全威胁划分为切断、截取、篡改、伪造四种。其中（　　）是对信息完整性的威胁。
  A．切断 　　B．截取 　　C．篡改 　　D．伪造

解析：

（1）切断，是对可用性的威胁。系统的资源被破坏或变得不可用或不能用，如破坏硬盘、切断通信线路或使文件管理失效。

（2）截取，是对机密性的威胁。未经授权的用户、程序或计算机系统获得了对某资源的访问，如在网络中窃取数据及非法拷贝文件和程序。

（3）篡改，是对完整性的威胁。未经授权的用户不仅获得了对某资源的访问，而且进行篡改，如修改数据文件中的值、修改网络中正在传送的消息内容。

（4）伪造，是对合法性的威胁。未经授权的用户将伪造的对象插入到系统中，如非法用户把伪造的信息加到网络中或向当前文件加入记录。

答案：C

23．IP 协议属于（　　）。
  A．物理层协议 　B．传输层协议 　C．网络层协议 　D．应用层协议

解析：IP 协议是网络层协议。

答案：C

24．关于企业应用集成（EAI）技术，下列描述不正确的是（　　）。
  A．EAI 可以实现表示集成、数据集成、控制集成、应用集成等
  B．表示集成和数据集成是白盒集成，控制集成是黑盒集成
  C．EAI 技术适用于大多数实施电子商务的企业以及企业之间的应用集成
  D．在做数据集成之前必须先对数据进行标识并编成目录

解析：
- 表示集成是黑盒集成，无须了解程序与数据库的内部构造。
- 数据集成是白盒集成，在集成之前必须先对数据进行标识并编成目录，另外还要确定数据模型，保证数据在数据库系统中分布和共享。
- 控制集成也称为功能集成或应用集成，属于黑盒集成，它是在业务逻辑层上对应用系统进行集成的。
- 业务流程集成也称为过程集成，它由一系列基于标准的、统一数据格式的工作流组成。当进行业务流程集成时，企业必须对各种业务信息的交换进行定义、授权和管理，以便改进操作、减少成本、提高响应速度。

答案：B

25．面向对象分析与设计技术中，下列（　　）是类的一个实例。
　　A．对象　　　　　B．接口　　　　　C．构件　　　　　D．设计模式

解析：对象是由数据及其操作构成的封装体，是系统中用来描述客观事物的一个封装，是构成系统的基本单位。类是现实世界中实体的形式化描述，类将该实体的数据和函数封装在一起。接口是对操作规范的说明。模式是一条由三部分组成的规则，它表示了一个特定环境、一个问题和一个解决方案之间的关系。类和对象的关系可以总结为：
- 每一个对象都是某一个类的实例。
- 每一个类在某一时刻都有零个或更多的实例。
- 类是静态的，对象是动态的。
- 类是生成对象的模板。

答案：A

26．UML 2.0 中共包括 14 种图，其中（　　）属于行为图。
　　A．类图　　　　　B．定时图　　　　C．状态图　　　　D．对象图

解析：UML 2.0 的图可以分为：
- 用例图。
- 静态图：包括类图、对象图、包图。
- 行为图：包括交互图（顺序图、通信图、定时图）、活动图、状态图。
- 实现图：构件图、部署图。

答案：C

27．以下关于数据仓库的叙述中，不正确的是（　　）。
　　A．数据仓库是相对稳定的
　　B．数据仓库是反映历史变化的数据集合
　　C．数据仓库的数据源可能是异构的
　　D．数据仓库是动态的、实时的数据集合

解析：数据仓库是一个面向主题的、集成的、相对稳定的、反应历史变化的数据集合，用于支

持决策管理。

答案：D

28．无线网络技术已经成为当前一种主流技术，并且呈现出快速演进的趋势，下列（　　）属于 4G 无线网络技术的标准。

    A．WPAN   B．FDD-LTE   C．TD-CDMA   D．WMAN

解析：1G 为模拟制式手机；2G 为 GSM、CDMA 等数字手机；3G 主流制式为 CDMA 2000、WCDMA、TD-SCDMA；4G 包括 TD-LTE 和 FDD-LTE 两种制式。

答案：B

29～30．物联网是随着智能化技术的发展而发展起来的新的技术应用形式，从架构上来讲，一般分为感知层、网络层和应用层，其中 RFID 技术一般应用于（　　）。从物联网应用的角度来看，（　　）不属于物联网的应用领域。

    A．感知层   B．网络层   C．应用层   D．展示层

    A．手机钱包   B．安全监控   C．智能家居   D．决策分析

解析：感知层：负责信息采集和物物之间的信息传输，信息采集的技术包括传感器、条码和二维码、RFID 射频技术、音频等多媒体信息。

物联网的应用有智能微尘、智能电网、智能物流、智能家居、智能交通、智能农业、环境保护、医疗健康、城市管理、金融服务保险业、公共安全。

决策分析都属于商业智能的技术。

答案：A　D

31．依据标准 GB/T 16260.1－2006《软件工程产品质量　第 1 部分　质量模型》定义的外部和内部质量的质量模型，可将软件质量划分为（　　）个特性。

    A．三   B．四   C．五   D．六

解析：GB/T 16260.1－2006《软件工程产品质量　第 1 部分　质量模型》定义的外部和内部质量的质量模型，可将软件质量划分为六个特性，并进一步细分为若干子特性。

答案：D

32．依据标准 GB/T 8566－2007《信息技术软件生存周期过程》标准为软件生存周期过程建立了一个公共库框架，其中定义了三类过程，下列（　　）不属于 GB/T 8566－2007 定义的过程类别。

    A．主要过程   B．支持过程   C．组织过程   D．工程过程

解析：三类过程分别是：主要过程、支持过程、组织过程。

答案：D

33．下列关于移动互联网的描述，不正确的是（　　）。

    A．移动互联网使得用户可以在移动状态下接入和使用互联网服务

    B．移动互联网是桌面互联网的复制和移植

    C．传感技术能极大地推动移动互联网的成长

    D．在移动互联网领域，仍存在浏览器竞争及"孤岛"问题

解析：移动互联网具有接入移动性、时间碎片性、生活相关性、终端多样性等特点，这些特征决定了移动互联网不是传统互联网应用的简单复制和移植，而是互联网的延伸和发展方向。

答案：B

34．（　　）是专注于系统的动态视图，将进程或其他计算结构展示为计算内部一步步的控制流和数据流。它对系统的功能建模和业务流程建模特别重要，并强调对象间的控制流程。

  A．状态图　　　　B．活动图　　　　C．控制图　　　　D．顺序图

解析：活动图将进程或其他计算结构展示为计算内部一步步的控制流和数据流。活动图专注于系统的动态视图。它对系统的功能建模和业务流程建模特别重要，并强调对象间的控制流程。

答案：B

35．依据《中华人民共和国政府采购法（2014 修订）》，采用竞争性谈判方式采购的，应当遵循下列程序（　　）。

①成立谈判小组；②谈判；③确定成交供应商；④确定邀请参加谈判的供应商名单；⑤制定谈判文件

  A．①②③④⑤　　B．①⑤②③④　　C．①⑤④②③　　D．①④⑤②③

解析：依据《中华人民共和国政府采购法（2014 修订）》，采用竞争性谈判方式采购的，应当遵循下列程序：①成立谈判小组；②制定谈判文件；③确定邀请参加谈判的供应商名单；④谈判；⑤确定成交供应商。

答案：C

36～37．根据GB/T 12504－1990《计算机软件质量保证计划规范》规定，基本文档最小集可不包括（　　）。（　　）是在软件发布前对软件进行检查，以确认已经满足在软件规格说明书中规定的所有要求。

  A．软件需求规格说明书　　　　　B．软件验证与确认计划
  C．软件配置管理计划　　　　　　D．软件设计说明书
  A．软件需求评审　　　　　　　　B．软件验证与确认评审
  C．功能检查　　　　　　　　　　D．物理检查

解析：根据GB/T12504－1990《计算机软件质量保证计划规范》，为了确保软件的实现满足需求，至少需要下列基本文档：软件需求规格说明书、软件设计说明书、软件验证与确认计划、软件验证和确认报告、用户文档。

功能检查是在软件释放前对软件进行功能检查，以确认已经满足在软件需求规格说明书中规定的所有要求。物理检查是在验收软件前对软件进行物理检查，以验证程序和文档已经一致并做好了交付的准备。软件需求评审和软件验证与确认评审属于阶段性评审中的内容。

答案：C　C

38．在"四控，三管，一协调"的监理内容中，（　　）活动属于"四控"的内容。

  A．监理单位对隐蔽工程进行旁站
  B．监理单位进行工程文档的整理

C. 监理单位进行合同索赔的处理

D. 监理单位主持召开项目的三方工程例会和专题会议

解析：监理活动的主要内容被概括为"四控、三管、一协调"。

> 四控：信息系统工程质量控制、信息系统工程进度控制、信息系统工程投资控制、信息系统工程变更控制。

> 三管：信息系统工程合同管理、信息系统工程信息管理、信息系统工程安全管理。

> 一协调：在信息系统工程实施过程中协调有关单位及人员间的工作关系。

答案：A

39～41. 某工程网络计划如下图所示（时间单位：天）。该工程的工期为（   ）天，工作 D 的自由时差是（   ）天。如因建设单位原因，原定任务 D 由 2 天延长至 5 天，则建设单位应当弥补承建单位工期（   ）天。

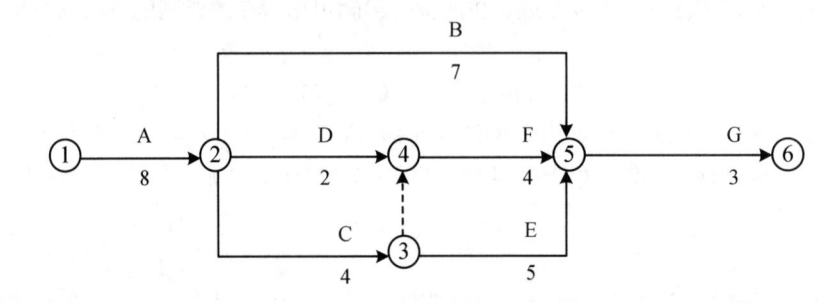

A. 18	B. 19	C. 20	D. 21
A. 3	B. 2	C. 1	D. 0
A. 3	B. 2	C. 1	D. 0

解析：通过计算，关键路径为 ACEG，总工期为 20 天；依据题意分别计算总工期 20 天，D 的自由时差 2 天，D 延长至 5 天在总时差范围内不影响总工期。

答案：C B D

42. 甲、乙合作开发了一套数据管理平台。丙公司欲在自己准备承担的经济决策支持系统项目中使用该平台，甲以丙公司没有名气为由拒绝，乙独自与丙公司签订合同，以 50 万元的价格将该数据管理平台作为产品许可丙公司使用。下列（   ）说法是不正确的。

A. 该数据管理平台的著作权由甲乙共同拥有

B. 该数据管理平台的著作权不可转让

C. 乙未征得甲同意而与丙公司签订的许可合同无效

D. 如甲同意，乙获得的 50 万元报酬合理分成给甲

解析：《中华人民共和国著作权法》第十七条规定，受委托创作的作品，著作权的归属由委托人和受托人通过合同约定。合同未作明确约定或者没有订立合同的，著作权属于受托人。

答案：B

43. 在建设工程合同的订立过程中，投标人根据招标内容在约定期限内向招标人提交的投标文件为（　　）。

　　A．要约邀请　　　　B．要约　　　　　C．承诺　　　　　D．承诺生效

解析：根据《中华人民共和国民法典》第四百七十二条：要约是希望和他人订立合同的意思表示，该意思表示应当符合下列规定：（一）内容具体确定；（二）表明经受要约人承诺，要约人即受该意思表示约束。

　　第十五条：要约邀请是希望他人向自己发出要约的意思表示。寄送的价目表、拍卖公告、招标公告、招股说明书、商业广告等为要约邀请。

　　答案：B

44．团队成员第一次违反团队的基本规章制度，项目经理对他应该采取（　　）形式的沟通方法。

　　A．口头　　　　　B．正式书面　　　C．办公室会谈　　D．非正式书面

解析：团队成员第一次违反团队的基本规章制度，项目经理对他应该采取非正式的交谈，口头沟通方法是常用的形式。但是如果是多次违反，需要项目经理采取正式的警告形式。

　　答案：A

45．质量控制工具（　　）与"二八定律"揭示的原理相同。

　　A．直方图　　　　B．散点图　　　　C．控制图　　　　D．帕累托图

解析：帕累托法则往往称为"二八原理"，即百分之八十的问题是百分之二十的原因所造成的。帕累托图在项目管理中主要用来找出产生大多数问题的关键原因，用来解决大多数问题。

　　排列图法是利用排列图寻找影响质量主次因素的一种有效方法。排列图又叫帕累托图或主次因素分析图，它是由两个纵坐标、一个横坐标、几个连起来的直方形和一条曲线组成的。在质量控制中，它主要用来分析发现影响质量的主次因素。

　　答案：D

46．根据《软件文档管理指南》GB/T 16680－1996，下列（　　）不属于基本的开发文档。

　　A．可行性研究和项目任务书　　　　B．培训手册
　　C．需求规格说明　　　　　　　　　D．开发计划

解析：根据《软件文档管理指南》GB/T 16680－1996，软件文档有三类：开发文档、产品文档和管理文档。基本的开发文档如下：

（1）可行性研究和项目任务书。

（2）需求规格说明。

（3）功能规格说明。

（4）设计规格说明。

（5）开发计划。

（6）软件集成和测试计划。

（7）质量保证计划、标准。

（8）项目进度计划。

（9）安全和测试信息。

而培训手册属于基本的产品文档，所以正确选项是 B。

答案：B

47．下列（　　）不属于项目监控工作的成果。

　　A．进度预测　　　B．项目文件更新　　　C．工作绩效报告　　D．项目管理计划更新

解析：项目监控工作的输出有：①变更请求；②工作绩效报告；③项目管理计划更新；④项目文件更新。

答案：A

48．依据变更的重要性分类，变更一般分为（　　）、重要变更和一般变更。

　　A．紧急变更　　　B．重大变更　　　C．标准变更　　　D．特殊变更

解析：依据变更的重要性分类，变更一般分为重大变更、重要变更和一般变更。

答案：B

49～50．在大型项目或多项目实施的过程中，负责实施的项目经理对这些项目大都采用（　　）方式。投资大、建设周期长、专业复杂的大型项目最好采用（　　）组织形式或近似的组织形式。

　　A．直接管理　　　B．间接管理　　　C．水平管理　　　D．垂直管理

　　A．项目型　　　　B．职能型　　　　C．弱矩阵型　　　D．直线型

解析：工作周期长、专业复杂或比较特殊的项目，投资或工程量较大的信息系统项目适宜采用强矩阵式或项目式的组织形式。由于大型项目大多可以分解为多个相互关联的、较小的项目进行管理，较小的项目由其项目经理直接管理，而大型项目经理通过领导和管理多个较小项目的项目经理，实现对多个较小项目的"间接管理"。

答案：B　A

51．在软件项目开始之前，客户就能对过程能力和风险有定量了解的是（　　）。

　　A．可重复级　　　B．已定义级　　　C．已管理级　　　D．优化级

解析：在软件项目开始之前，客户就能对过程能力和风险有定量了解的是已管理级。

答案：C

52．组织级项目管理 OPM 致力于集成（　　）内容。

　　A．能力、组织战略、人、过程　　　　B．组织战略、人、过程

　　C．知识、战略组织、人、过程　　　　D．知识、组织架构、人、过程

解析：组织级项目管理 OPM 致力于集成知识、战略组织、人、过程。

答案：C

53．组织级过程改进的步骤包括（　　）。

　　A．标准化、度量、控制、改进　　　　B．计划、度量、控制、改进

　　C．标准化、度量、控制、优化　　　　D．标准化、实施、控制、优化

解析：组织级过程改进的步骤包括：标准化、度量、控制、改进。

答案：A

54．OPM3运作周期包括（　　）。

　　A．准备评估、实施评估、制订改进计划、实施改进

　　B．准备评估、实施评估、制订改进计划、实施改进，重复此过程

　　C．准备评估、制订改进计划、实施评估、实施改进，优化过程

　　D．准备评估、制订改进计划、实施评估、实施改进，重复此过程

解析：OPM3运作周期包括：准备评估、实施评估、制订改进计划、实施改进，重复的实施改进过程。

答案：B

55．CMMI的阶段式和连续式分别表示（　　）。

　　A．组织的过程能力和项目的成熟度　　B．组织的过程能力和组织的成熟度

　　C．项目的过程能力和项目的成熟度　　D．项目的过程能力和组织的成熟度

解析：阶段式表示组织的过程能力，连续式表示组织的成熟度。

答案：B

56．质量既是软件过程的度量指标，又是已交付软件产品的度量指标。下列（　　）指标最能体现质量的高低。

　　A．缺陷率　　　B．缺陷　　　　C．功能点中的缺陷　D．检查表

解析：体现质量高低的指标有缺陷率、缺陷排除率等。

答案：A

57．下列（　　）不是量化管理的基本要素。

　　A．预测有信心（即能够准确地预测项目在多大程度上满足其质量与过程性能目标的能力）

　　B．理解在过程性能中遇到的偏差本质和程度，并且察觉项目的实际绩效何时不足以达成项目的质量与过程性能目标

　　C．基于对可预测过程性能的需要，选择将使用统计与其他量化技术管理的子过程

　　D．建立并维护项目的功能与成本过程目标

解析：量化管理的一个基本要素是对预测有信心（即能够准确地预测项目在多大程度上满足其质量与过程性能目标的能力）。还有基于对可预测过程性能的需要，选择将使用统计与其他量化技术管理的子过程。另一个量化管理的基本要素是理解在过程性能中遇到的偏差本质和程度，并且察觉项目的实际绩效何时不足以达成项目的质量与过程性能目标。

答案：D

58．下列（　　）指标不能反映过程的有效性。

　　A．遗漏的缺陷　　　　　　　　　　B．返工工作量

　　C．返工构件　　　　　　　　　　　D．开发工作

解析：过程的有效性包括：已包含的缺陷、遗漏的缺陷、返工工作量、返工构件。

答案：D

59. 配置项的状态可以分为草稿、（　　）和修改三种，下图体现了配置项的状态变化。

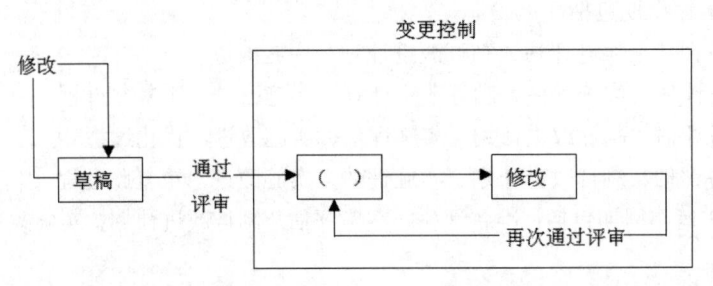

A. 发布　　　　B. 正式　　　　C. 基线　　　　D. 基准

解析：配置项状态可分为"草稿""正式""修改"三种。配置项刚建立时，其状态为"草稿"。配置项通过评审后，其状态变为"正式"。此后若更改配置项，则其状态变为"修改"。当配置项修改完毕并重新通过评审时，其状态又变为"正式"。

答案：B

60. 公司任命小李作为项目 A 的项目经理，由于小李不能计划所有不测事件，他设立了一个应急储备，包括处理已知或未知风险的事件、资金或资源。这属于（　　）。

A. 风险回避，用应急储备避免风险的发生

B. 风险接受，用应急储备接受风险的发生

C. 风险转移，因为应急储备使项目成本提高

D. 不当风险规划，因为应识别并虑及所有风险

解析：风险接受是指项目团队决定接受风险的存在，该策略可以是被动的或主动的。最常见的主动接受策略是建立应急储备，安排一定的时间、资金或资源来应对风险。

答案：B

61. 规划风险应针对项目目标，制定提高机会、降低危险的方案和措施。下列（　　）不是规划风险应对的工具与技术。

A. 应急应对策略　　　　　　　　B. 概率和影响矩阵

C. 专家判断　　　　　　　　　　D. 消极风险或威胁的应对策略

解析：规划风险应对的工具和技术有：消极风险或威胁的应对策略、积极风险或机会的应对措施、应急应对措施、专家判断。选项 B 是定性风险分析的工具技术。

答案：B

62. 以下关于项目管理计划的叙述中，不正确的是（　　）。

A. 项目管理计划最重要的用途是指导项目执行、监控和收尾

B. 项目管理计划是自上而下制定出来的

C. 项目管理计划集成了项目中其他规划过程的成果

D. 制定项目管理计划过程会促进与项目干系人之间的沟通

解析：项目管理计划是综合性的计划，是整合一系列分项的管理计划和其他内容的结果，用于

指导项目的执行、监控和收尾工作。项目管理计划的主要用途有：
（1）指导项目执行、监控和收尾。
（2）为项目绩效考核和项目控制提供基准。
（3）记录制订项目计划所依据的假设条件。
（4）记录制订项目计划过程中的有关方案的选择。
（5）促进项目干系人之间的沟通。
（6）规定管理层审查项目的时间、内容和方式。
答案：B

63．下列不属于项目范围定义输入的是（　　）。
　　A．项目范围管理计划　　　　　　B．组织过程资产
　　C．项目工作分解结构 WBS　　　 D．项目章程和初步的范围说明书
解析：范围定义的输入包括：
（1）项目章程。
（2）项目范围管理计划。
（3）组织过程资产。
（4）批准的变更申请。
答案：C

64．对于干系人的管理可使项目沿预期轨道进行，在进行干系人分析时，可使用权利/利益方格的方法。下列叙述正确的是（　　）。
　　A．对于权力高、利益低的干系人管理策略是随时汇报、重点关注
　　B．对于权力高、利益高的干系人的管理策略是重点管理、及时报告
　　C．对于权利低、利益高的干系人的管理策略是花较少的经历监督即可
　　D．对于权利低、利益低的干系人的管理策略是可以忽略不计
解析：根据下图的干系人权利/利益方格，处于 B 区的干系人有很高的权利和利益，对于这部分干系人的管理策略是"重点管理，及时报告"。

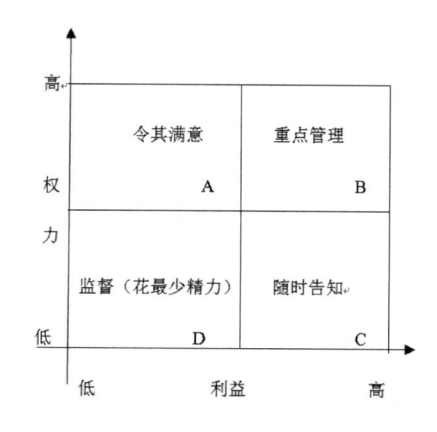

答案：B

65. 根据《中华人民共和国民法典》，以下叙述正确的是（　　）。
   A．当事人采用合同书形式订立合同的，自合同付款时间起合同生效
   B．只有书面形式的合同才受法律的保护
   C．当事人采用信件、数据电文等形式订立合同的，可以在合同成立之前要签订确认书，签订确认书时合同成立
   D．当事人采用合同书形式订立合同的，甲方的主营业地为合同成立的地点

解析：
选项 A 错，根据《中华人民共和国民法典》第四百九十一条，当事人采用合同书形式订立合同的，自双方当事人签字或者盖章时合同成立。

选项 B 错，根据《中华人民共和国民法典》第四百六十九条，当事人订立合同，有书面形式、口头形式和其他形式。因此，除了书面合同，其他形式的合同同样具有法律效力。

选项 C 正确，根据《中华人民共和国民法典》第四百九十一条，当事人采用信件、数据电文等形式订立合同的，可以在合同成立之前要签订确认书，签订确认书时合同成立。

选项 D 错，根据《中华人民共和国民法典》第四百九十条，当事人采用合同书形式订立合同的，双方当事人签字或者盖章的地点为合同成立的地点。

答案：C

66. 某机构拟进行办公自动化系统的建设，有四种方式可以选择：①企业自行从头开发；②复用已有的构件；③外购现成的软件产品；④承包给专业公司开发。针对这几种方式，项目经理提供了如下表所示的决策树。其中在复用的情况下，如果变化大则存在两种可能，简单构造的概率为 0.2，成本约 31 万元；复杂构造的概率为 0.8，成本约 49 万元。据此表，管理者选择建设方式的最佳决策是（　　）。

项目名称	办公自动化系统						
选择方案	自行开发		复用		外购		承包
决策结点	难度小	难度大	变化少	变化大	变化少	变化大	没变化	有变化
概率分布	0.3	0.7	0.4	0.6	0.7	0.3	0.6	0.4
预期成本	38 万元	45 万元	27.5 万元	见说明	21 万元	30 万元	35 万元	50 万元

   A．企业自行从头开发　　　　　B．复用已有的构件
   C．外购现成的软件产品　　　　D．承包给专业公司开发

解析：决策树的原理是通过概率计算，选择出哪种方案更为合理。结合本题选择成本最少的方案为最佳方案，观察表格中的四种方案中只有外购的成本最少，因此选择 C。

答案：C

67. 下图标明了某产品从产地 Vs 到销地 Vt 的运输网，箭线上的数字表示这条输线的最大通

过能力（流量）（单位：万吨/小时）。产品经过该运输网从 Vs 到 Vt 的最大运输能力可以达到（　　）万吨/小时。

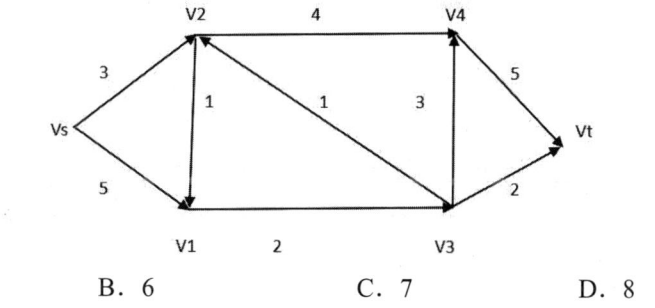

A．5　　　　　B．6　　　　　C．7　　　　　D．8

解析：从 Vs 到 Vt，每条路径的最大流量等于该路径中各段流量的最小值，如 Vs-V2-V4-Vt 的最小值为 3，因此该条路径最大流量为 3。同理，Vs-V1-V3-Vt 的最小值为 2。两条路径相加，最大流量为 5，其他路径没有剩余流量可供使用，因此总的最大流量为 5。

答案：A

68. 某电子商务公司要从 A 地向 B 地用户发送一批价值 90000 元的货物。从 A 地到 B 地有水、陆两条路线。走陆路时比较安全，其运输成本为 10000 元；走水路时一般情况下的运输成本只要 7000 元，不过一旦遇到暴风雨天气，则会造成相当于这批货物总价值的 10% 损失。根据历年情况，这期间出现暴风雨天气的概率为 1/4，那么该电子商务公司（　　）。

A．应选择走水路　　　　　B．应选择走陆路
C．难以选择路线　　　　　D．可以随机选择路线

解析：这是一个不确定性决策问题，其决策树如下图所示。

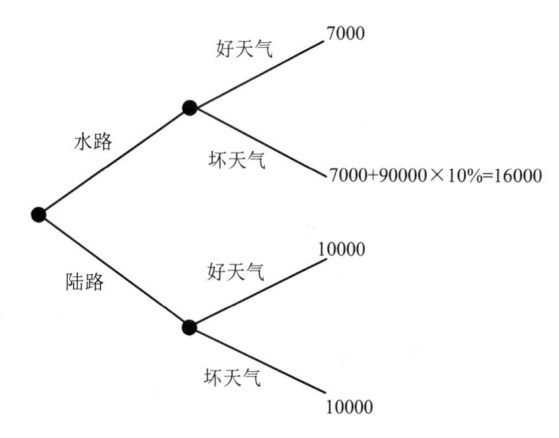

由于该问题本身带有不确定因素，因此实际的运输成本不能预先确定。不过，对掌握一定概率分布的不确定性问题，该电子商务公司可以通过计算数学期望值比较决策，而不是盲目碰运气或一味害怕、躲避风险。

根据上述决策树，走水路时，成本为 7000 元的概率为 75%，成本为 16000 元的概率为 25%，因此走水路的期望成本为 7000×75%+16000×25%=9250 元。走陆路时，其成本确定为 10000 元。因此，走水路的期望成本小于走陆路的成本，所以应该选择走水路。

答案：A

69．某厂编号为Ⅰ、Ⅱ、Ⅲ的三种产品分别经过 A、B、C 三种设备加工，已知生产各种产品每件所需的设备（台）时，各种设备的加工能力（台时）及每件产品的预期利润见下表。

（单位：台时）	Ⅰ	Ⅱ	Ⅲ	设备加工能力（台时）
A	1	1	1	100
B	10	4	5	600
C	2	2	6	300
每件产品利润（元）	10	6	4	——

适当安排生产计划可获得最大总利润（　　）元。

　　A．2000/3　　　B．2100/3　　　C．2200/3　　　D．2250/3

解析：按Ⅰ、Ⅱ、Ⅲ排列时间效率：A 为 1 1 1；B 为 1/10 1/4 1/5；C 为 1/2 1/2 1/6。利润率，A 为 10 6 4；B 为 1 1.5 0.8；C 为 5 3 2/3，所以第 3 种产品利润最低，不占用时间，因此推出 $x+y \leq 100$，$10x+4y \leq 600$，最后求得 $x=100/3$，$y=200/3$，利润为 $10x+6y=2200/3$。

答案：C

70．假设某 IT 服务企业固定成本为 30 万元，每项服务的变动成本为 1000 元/次，提供每项服务的价格为 1500 元/次，那么该企业的盈亏平衡点为（　　）次。

　　A．200　　　　B．300　　　　C．600　　　　D．无法确定

解析：设该企业的盈亏平衡点为 x 次，那么：

$0.15x = 30 + 0.1x$

$x = 600$

答案：C

71．In software engineering the design phase is divided into（　　）.

　　A．system design and detailed. design　　B．computer design and program design

　　C．system design and hardware design　　D．computer design and detailed design

翻译：在软件工程中设计阶段可以分为（　　）。

　　A．系统设计与详细设计　　　　　　　B．计算机设计与程序设计

　　C．系统设计与硬件设计　　　　　　　D．计算机设计与详细设计

答案：C

72．Cloud computing provides on-demand service to users by using distributed computing and（　　）resource management.

A．network　　B．virtual　　C．centralized　　D．specialized

　　翻译：云计算利用分布式计算和（　）资源管理技术按需提供服务。

　　A．网络　　B．虚拟化　　C．集中的　　D．特殊的

答案：B

73．The cost performance index (CPI) is the ratio of earned value to (　) and can be used to estimate the projected cost of completing the project.

　　A．cost variance　　B．planned cost　　C．Planned value　　D．actual cost

　　翻译：成本绩效指数是挣值和（　）的比率，用来估算完成整个工程的预计费用。

　　A．成本差值　　B．计划成本　　C．计划值　　D．实际花费

答案：D

74．A requirements specification is (　).

　　A．a rough list of things that the proposed software ought to do

　　B．a precise list of things that the proposed software ought to do

　　C．a formal list of things that the proposed software must do

　　D．an estimate of the resources (time, money, personnel, etc.) which will be required to construct the proposed software

　　翻译：需求规格说明书是（　）。

　　A．软件需要完成的工作的一个粗略的文档

　　B．软件需要完成的工作的一个精确的文档

　　C．软件需要完成的工作的一个正式的文档

　　D．用于估算（时间、成本、人员）等资源的文档，这种资源的估算用于指导软件的开发

答案：C

75．The (　) plan is aiming to integrate the Internet with traditional industries, and fuel economic growth.

　　A．Internet Plus action　　　　B．Internet action

　　C．Web Plus action　　　　　 D．Net Plus action

　　翻译：互联网+是为了整合互联网与传统工业，从而促进经济的发展。

　　A．互联网+行动　　　　B．互联网行动

　　C．万维网+行动　　　　D．网+行动

答案：A

第31小时
全真模拟题（案例题及评分标准）

试题一（26分）

阅读下列说明，回答问题1至问题3，将答案填入答题纸的对应栏内。

【说明】

A公司承接了一个为某政府客户开发ERP软件的项目，任命小张担任项目经理。由于该客户与A公司每年有上千万元的项目合作，A公司管理层对该客户非常重视，并一再嘱咐小张要保证项目的客户满意度。为此，小张从各部门抽调了经验丰富的工程师组成了项目团队。

在项目初期，小张制定了变更和配置管理规则：客户需求发生变化时，应首先由工程师对需求变化造成的影响作评估。如果影响不大，工程师可以直接进行修改并更新版本，不需要上报项目经理；当工程师不能判断需求变化对项目的影响时，应上报项目经理，由项目经理作出评估，并安排相关人员进行修改。

在项目实施过程中，用户针对软件的功能模块提出一些修改需求，工程师针对需求作了评估，发现修改工作量不大，对项目进度没有影响。因此，出于客户满意度的考虑，工程师直接接受了客户的要求，对软件进行了修改。在软件测试联调阶段，测试人员发现部分动能模块与原先设计不符，造成很多接口问题。经调查发现，主要原因是客户针对这些功能模块提出过修改要求，项目经理要求查验，没有发现相关变更文件。

【问题1】（10分）

请分析该项目实施过程中存在哪些主要问题。

答案：

（1）小张没有按照变更管理的流程要求制定变更规则。

（2）客户需求发生变化时，应该由小张进行变更影响评估，而不是由工程师进行评估。

（3）对于变更请求工程师不能直接进行修改，应该由CCB（变更控制委员会）决策，同意修改后，由项目经理安排相关人员进行修改。
（4）没有对变更影响做评估以及变更方案的论证。
（5）没有成立CCB（变更控制委员会）。
（6）缺乏对变更过程的监控措施。
（7）没有对变更的效果作评估。
（8）没有变更文件。

【问题2】（10分）
结合案例，请描述项目变更管理的主要工作程序。
答案：
（1）提出与接受变更申请。
（2）对变更的初审。
（3）变更方案论证。
（4）项目管理委员会审查。
（5）发出变更通知并组织实施。
（6）变更实施的监控。
（7）变更效果的评估。
（8）判断发生变更后的项目是否已纳入正常轨道。

【问题3】（6分）
请将下面（1）～（6）处的答案填写在答题纸的对应栏内。
根据变更的迫切性，变更可分为 (1) 和 (2)，通过不同流程处理。
变更管理过程涉及到的角色主要包括项目经理、(3)、(4)、(5)、(6)。
答案：
（1）紧急变更　　（2）非紧急变更
（3）变更控制委员会（CCB）　　（4）变更申请人　　（5）变更执行人　　（6）配置管理员

试题二（26分）

阅读下列说明，回答问题1至问题4，将答案填入答题纸的对应栏内。

【说明】
某信息系统项目包含A、B、C、D、E、F、G、H、I、J十个活动。各活动的历时、成本估算值、活动逻辑关系如下表所示。

活动名称	活动历时（天）	成本估算（元）	紧前活动
A	2	2000	—
B	4	3000	A

续表

活动名称	活动历时（天）	成本估算（元）	紧前活动
C	6	5000	B
D	4	3000	A
E	3	2000	D
F	2	2000	A
G	2	2000	F
H	3	3000	E、G
I	2	2000	C、H
J	3	3000	I

【问题 1】（10 分）

（1）请计算活动 H、G 的总浮动时间和自由浮动时间。

（2）请指出该项目的关键路径。

（3）请计算该项目的总工期。

答案：

（1）H 的总浮动时间为 0，自由浮动时间为 0；G 的总浮动时间为 3，自由浮动时间为 3。

（2）关键路径为：ABCIJ 和 ADEHIJ。

（3）总工期为 17 天。

【问题 2】（3 分）

项目经理在第 9 天结束时对项目进度进行了统计，发现活动 C 完成了 50%，活动 E 完成了 50%，活动 G 完成了 100%，请判断该项目工期是否会受到影响，为什么？

答案：会受到影响。活动 E 在关键路径上，在第 9 天结束时理应全部完成，而目前只完成了 50%，进度拖延，将会影响总工期。

【问题 3】（10 分）

结合问题 2，项目经理在第 9 天结束时对项目成本进行了估算，发现活动 B 的实际花费比预估多了 1000 元，活动 D 的实际花费比预估少了 500 元，活动 C 的实际花费为 2000 元，活动 E 的实际花费为 1000 元，其他活动的实际花费与预估一致。

（1）请计算该项目的完工预算 BAC。

（2）请计算该时点计划值 PV、挣值 EV、成本绩效指数 CPI、进度绩效指数 SPI。

答案：

（1）BAC=A+B+C+D+E+F+G+H+I+J=2000+3000+5000+3000+2000+2000+2000+3000+2000+3000
=27000 元

（2）PV=A+B+1/2C+D+E+F+G=2000+3000+2500+3000+2000+2000+2000=16500 元

EV=A+B+1/2C+D+1/2E+F+G=2000+3000+2500+3000+1000+2000+2000=15500 元

AC=A+B+1/2C+D+1/2E+F+G=2000+4000+2000+2500+1000+2000+2000=15500 元
CPI=EV/AC=15500/15500=1
SPI=EV/PV=15500/16500=0.94

【问题 4】（3 分）

项目经理对项目进度、成本与计划不一致的原因进行了详细分析，并制定了改进措施。假设该改进措施是有效的，能确保项目后续过程不会再发生类似问题，请计算该项目的完工估算 EAC。

答案：

该项目属于非典型偏差。EAC=ETC+AC=(BAC-EV)+AC=(27000-15500)+15500=27000 元

试题三（23 分）

阅读下列说明，回答问题 1 至问题 4，将答案填入答题纸的对应栏内。

【说明】

甲公司中标一个城市轨道交通监控系统开发项目，公司领导决定启用新的技术骨干作为项目经理，任命研发部软件开发骨干小王为该项目的项目经理。小王技术能力强，自己承担了该项目核心模块开发任务，自从项目管理计划发布以后，一直投身于自己的研发任务当中。除了项目阶段验收会之外，没有召开过任何项目例会，只是在项目出现问题时才召开项目临时会议。经过项目团队共同努力，该项目进展到系统测试阶段。在系统测试前，发现该项目有一个指示灯显示模块开发进度严重滞后，小王立刻会同该模块负责人小李一起熬夜加班赶工，完成了该模块。小王在项目绩效考核时，认为小李的工作态度不认真，给予较差评价并在项目团队内公布考核结果。小李认为自己连续熬夜加班，任务也已完成，觉得考核结果不公平，两人就此问题发生了严重冲突，小李因此消极怠工，甚至影响到了项目验收。

【问题 1】（11 分）

（1）基于以上案例，请指出小王在项目团队管理和沟通管理过程中的不恰当之处。

（2）针对小李在项目中的问题，请说明小王该如何预防和改进。

答案：

（1）

1）小王身为技术骨干，项目管理经验不足。
2）小王一直投身于技术工作，忽视了项目经理的管理工作。
3）没有召开过任何项目例会，只是在项目出现问题时才召开项目临时会议，缺乏与团队成员的沟通和交流。
4）没有制定有效的绩效考核标准。
5）与小李的沟通方式存在问题。
6）没有做好冲突管理工作，导致小李消极怠工。
7）没有掌握人际关系技能。

（2）
1）调整与团队成员沟通和交流的方式。
2）掌握并提升人际关系技能。
3）学习冲突管理的方法。
4）制定有效的绩效考核标准，对团队绩效进行正式或非正式的评价。

【问题2】（4分）
结合案例，说明项目经理小王应当重点学习哪些项目团队管理的方法。

答案：
（1）观察和交谈。
（2）项目绩效评估。
（3）冲突管理。
（4）人际关系技能。

【问题3】（2分）
结合案例中小王和小李的冲突，请指出他们之间的冲突属于_____（从候选答案中选择一个正确选项，将该选项编号填入答题纸对应栏内）。

A．项目优先级冲突　　　　　　　B．资源冲突
C．个人冲突　　　　　　　　　　D．技术冲突

答案：C

【问题4】（6分）
请简要描述项目冲突管理的方法。

答案：
（1）撤退/回避。
（2）缓和/包容。
（3）妥协/调解。
（4）强迫/命令。
（5）合作/解决问题。

第32小时

全真模拟题（论文题及判卷标准）

全国计算机技术与软件专业技术资格（水平）考试全真模拟题

信息系统项目管理师下午考试试题 II

注：从下列的 2 道试题（试题一和试题二）中任选 1 道解答。请在答卷上用"○"圈住选答的试题编号。若用"○"圈住的试题编号超过 1 道，则按题号最小的 1 道评分。

试题一　论信息系统工程项目的范围管理

项目范围管理对信息系统项目的成功具有至关重要的意义，在项目范围管理方面出现的问题，是导致项目失败的一个重要原因。要实现高水平的项目范围管理，就要做好与项目干系人的沟通，明确范围需求说明，管理好范围的变更。

请围绕"信息系统工程项目的范围管理"论题，分别从以下三个方面进行论述：

1. 概要叙述你参与的信息系统项目的背景、目的、发起单位的性质、项目周期、交付的产品等相关信息，以及你在其中担任的主要工作。

2. 请简要列出该信息系统项目范围说明书的主要内容，并简要论述如何依据项目范围说明书制定 WBS。

3. 请结合你的项目经历，简要论述做好项目范围管理的经验。

试题二　论信息系统工程项目的可行性研究

项目的可行性研究是项目立项前的重要工作，需要对项目所涉及的领域、投资的额度、投资的效益、采用的技术、所处的环境、融资的措施、产生的社会效益等多方面进行全面的评价，以便能够对技术、经济和社会可行性进行研究，从而确定项目的投资价值。项目可行性研究阶段若出现失真现象，将对项目的投资决策造成严重损失。因此，必须要充分认识项目可行性研究的重要性。

请围绕"信息系统工程项目的可行性研究"论题，分别从以下三个方面进行论述：

1．结合你参与过的信息系统工程项目，概要叙述研究的背景、目的、发起单位性质、项目周期、交付产品等相关信息，以及你在其中担任的主要工作。

2．结合你所参与的项目，从可行性研究的原则、方法、内容三个方面论述可行性研究所应实施的活动。

3．叙述你所参与的项目可行性研究过程，并加以评价。

论文评分的参考标准

一、论文满分是 75 分，论文评分可分为优良、及格与不及格三个档次。
评分的分数可分为：
60 分至 75 分优良（相当于百分制 80 分至 100 分）；
45 分至 59 分及格（相当于百分制 60 分至 79 分）；
0 分至 44 分不及格（相当于百分制 0 分至 59 分）；
评分时可先用百分制进行评分，然后转化为以 75 分为满分（乘以 0.75）。

二、建议具体评分时，参照每一试题相应的"解答要点"中提出的要求，对照下述五个方面进行评分：

（1）切合题意（30%）。
无论是管理论文、理论论文或实践论文，都需要切合解答要点中的一个主要方面或者多个方面进行论述。可分为非常切合、较好地切合与基本上切合三档。

（2）应用深度与水平（20%）。
可分为有很强的、较强的、一般的与较差的独立工作能力四档。

（3）实践性（20%）。
可分为如下四档：有大量实践和深入的专业级水平与体会；有良好的实践与切身体会和经历；有一般的实践与基本合适的体会；有初步实践与比较肤浅的体会。

（4）表达能力（15%）。
可分为逻辑清晰、表达严谨、文字流畅和条理分明三档。

（5）综合能力与分析能力（15%）。
可分为很强、比较强和一般三档。

三、下述情况的论文，需要适当扣分。
（1）摘要应控制在 200～400 字的范围内，凡是没有写论文摘要、摘要过于简略或者摘要中没有实质性内容的论文。
（2）字迹比较潦草，其中有不少字难以辨认的论文。
（3）正文基本上只是按照条目方式逐条罗列叙述的论文。
（4）确实属于过分自我吹嘘或自我标榜、夸大其词的论文。

（5）内容有明显错误和漏洞的，按同一类错误每一类扣一次分。

（6）内容仅属于大学生或研究生实习性质的项目，并且其实际施用背景的水平相对较低的论文。可考虑扣 5 分到 10 分。

四、下述情况之一的论文，不能给予及格分数。

（1）虚构情节、文章中有较严重的不真实的或者不可信的内容出现的论文。

（2）未能详细讨论项目开发的实际经验，主要从书本知识和根据资料摘录进行讨论的论文。

（3）所讨论的内容与方法过于陈旧，或者项目的水准相对非常低下的论文。例如，数据库设计仅讨论了 FoxPro 且没有鲜明特色的应用；开发的是仅能用单机版的（孤立型的）、规模很小的并且没有特色的应用项目。

（4）内容不切题意，或者内容相对很空洞，基本上是泛泛而谈且没有较深入体会的论文。

（5）正文与摘要的篇幅过于短小的论文（如正文少于 1200 字）。

（6）文理很不通顺、错别字很多、条理与思路不清晰、字迹过于潦草等情况相对严重的论文。

五、下述情况，可考虑适当加分。

（1）有独特的见解或者有着很深入的体会、相对非常突出的论文。

（2）起点很高，确实符合当今计算机应用系统发展的新趋势与新动向，并能初步加以实现的论文。

（3）内容详实、体会中肯、思路清晰、非常切合实际的很优秀的论文。

（4）项目难度很高、项目完成的质量优异，或者项目涉及国家重大信息系统工程且作者本人参加并发挥重要作用，并且能正确按照试题要求论述的论文。

可考虑加 5 分到 10 分。

信息系统项目管理师下午考试试题 II 参考写作要点

试题一

1．整篇论文陈述完整，论文结构合理、语言流畅，字迹清楚。（5 分）

2．所述项目切题真实，介绍清楚。（5 分）

3．针对要求的两个方面展开论述，不要求全面论述，可根据论述内容是否正确，涉及项目部分是否真实、得当，酌情给分。（45 分）

（1）详细的范围说明书包括或引用的文档有：

1）项目目标。项目目标包括衡量项目成功的可量化标准。

2）产品范围描述。产品范围描述了项目承诺交付的产品、服务或结果的特征。

3）项目需求。项目需求描述了项目可交付物要满足合同、标准、规范或其他强制性文档所必须具备的条件或能力。

4）项目边界。边界严格的定义了项目内包括什么和不包括什么，以免项目干系人假定某些产品或服务是项目中的一部分。

5）项目的可交付物。可交付物包括项目的产品和附属产出物（如项目管理报告和文档）。

6）产品可接受的标准。定义了接受最终产品的过程。

7）项目的约束条件。指具体的与项目范围相关的约束条件，它会对项目团队的选择造成限制。

8）项目的假设条件。与项目相关的假设条件，以及当这些条件不成立时对项目所造成的影响。

9）初始的项目组织。确定团队成员和项目干系人。

10）初始风险。识别已知的风险。

11）进度里程碑。客户或执行组织可以给项目团队定义里程碑，并给定一个强制性日期。

12）资金限制。描述了与项目资金相关的所有限制条件，不管是总量上的还是某一个时间段内的。

13）成本估算。项目成本估算会影响项目的总成本。

14）项目配置管理需求。描述了配置管理和变更控制的级别。

15）项目规范。描述了项目所必须遵守的规范。

16）已批准的需求。确定已批准的需求，它们可以应用于项目目标、可交付物和项目工作中。

（2）制定 WBS 的方法：项目范围说明书中定义的项目可交付物是进行 WBS 分解的基础。在进行项目工作分解的时候，一般遵从以下几个主要步骤：

1）识别项目交付物和相关项目工作。

2）对 WBS 的结构进行组织。

3）对 WBS 进行分解。

4）对 WBS 中各级工作单元分配标识符或编号。

5）对当前的分解级别进行检验，以确保它们是必须的、足够详细的。

（3）项目范围管理主要内容。

1）范围计划编制和需求计划编制。制定一个项目范围管理计划，它规定了如何对项目范围进行定义、确认、控制，以及如何制定工作分解结构（WBS）。

2）范围定义。开发一个详细的项目范围说明书，作为将来项目决策的基础。

3）创建工作分解结构（WBS）。将项目的主要可交付成果和项目工作细分为更小更易于管理的部分。

4）范围确认。正式接受已完成的项目交付物。

5）范围控制。控制项目范围变更。

（4）WBS 实例（不同项目的分解不同，仅供参考）。

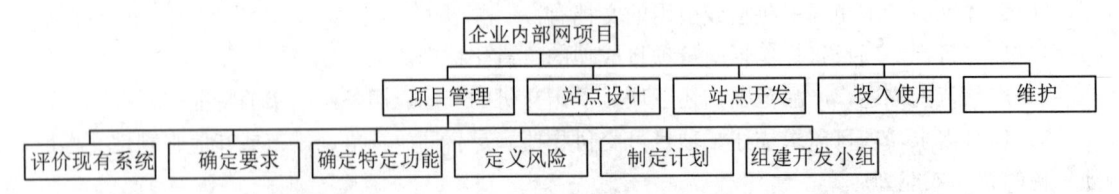

```
                        企业内部网项目
            ┌───────┬───────┬───────┬───────┬───────┐
          项目管理  站点设计  站点开发  投入使用   维护
         ┌────┬────┬────┬────┬────┐
    评价现有系统 确定要求 确定特定功能 定义风险 制定计划 组建开发小组
```

4. 根据考生对参与项目范围管理的经验，可确定他有无项目范围管理的经历，酌情给分。（20 分）

试题二

论文试题二写作要点

1. 整篇论文陈述完整，论文结构合理、语言流畅、字迹清楚，得 5 分。
2. 所述项目切题真实，介绍清楚得 5 分。
3. 从可行性研究的原则、方法、内容三方面论述在项目可行性研究过程中所实施的活动。

（1）可行性研究的原则。

1）科学性原则：要求运用科学的方法和认真的态度来收集、分析和鉴别原始的数据和资料，以确保真实可靠；要求每一项技术与经济的决定要有科学的依据，是经过认真的分析、计算得出的。

2）客观性原则：要求承担可行性研究的单位正确地认识各种信息化建设条件；要求实事求是地运用客观的资料作出符合科学的决定和结论；可行性研究报告和结论必须是分析研究过程合乎逻辑的结果，而不参照任何主观成分。

3）公正性原则：要求在可行性研究过程中，把国家和人民放在首位，综合考虑项目干系人的各方利益，决不为任何单位或个人产生偏私之心。

（2）可行性研究的方法：结合可行性研究过程中所运用到的方法（包括经济评价法、市场预测法、投资估算法、增量净效益法），从方法定义、具体实施等方面进行论述。

（3）可行性研究的内容。

1）市场需求预测：从市场需求分析的内容、需求预测的内容、预测方法三个方面进行论述。

2）配件和投入的选择供应：从配件和投入的分类、配件投入的选择与说明、配件和投入的特点三个方面论述。

3）信息系统结构及技术方案的确定：从技术的先进性、实用性、可靠性、连锁性以及技术后果的危害性等几个方面论述。

4）技术与设备选择：从技术选择和设备选择两个方面论述。

5）网络物理布局：从基本设施、社会经济环境、当地条件三个方面论述。

6）投资、成本估算与资金筹措：从总投资费用、资金筹措、开发成本、财务报表四个方面论述。

7）经济评价及综合分析：从经济评价（包括企业经济评价和国民经济评价）和综合（包括不确定性分析、综合分析）两个方面论述。

每个方面的论述 15 分，不要求全面论述，可根据论述内容是否正确、涉及其项目部分是否实际得当酌情给分。

（4）可行性研究的步骤。

1）确定项目规模和目标。
2）研究正在运行的系统。
3）建立新系统的逻辑模型。
4）导出和评价各种方案。

5）推荐可行性方案。

6）编写可行性研究报告。

7）递交可行性研究报告。

4．根据考生对参与的项目可行性研究过程的叙述与评价，可确定他有无项目可行性研究的经验。陈述问题得当、真实，可行性研究过程正确得 10 分；分析合理，评价得当得 10 分。其他酌情给分。